# 일제의 재만 조선인 정책

일제침탈사연구총서
정치
14

# 일제의 재만 조선인 정책

동북아역사재단 일제침탈사 편찬위원회 기획
김주용·김태국·이홍석 지음

동북아역사재단
NORTHEAST ASIAN HISTORY FOUNDATION

| 발간사 |

　일본이 한국을 침탈한 지 100년이 지나고 한국이 일본의 지배로부터 벗어난 지 70년이 넘었건만, 식민 지배에 대한 청산은 이루어지지 못하고 있다. 일본의 독도영유권 주장은 도를 넘어섰다. 일본은 일본군'위안부', 강제동원 등 인적 수탈의 강제성도 인정하지 않고 있다. 일본군'위안부'와 강제동원의 피해를 해결하는 방안을 놓고 한·일 간의 갈등은 최고조에 이르고 있다. 역사문제를 벗어나 무역분쟁, 안보위기 등 현실문제가 위기국면을 맞고 있다.

　한·일 간의 갈등은 식민 지배의 역사를 어떻게 볼 것인가 하는 역사인식에서 기인한다. 역사는 현재와 과거의 대화이며 이를 기반으로 미래로 나아갈 수 있다. 과거 침략의 역사를 미화하면서 평화로운 미래를 말하는 것은 불가능하다. 식민 지배와 전쟁발발의 책임을 인정하지 않고 반성하지 않으면 다시 군국주의가 부활할 수 있고 전쟁이 일어날 위험성도 배제할 수 없다. 미래지향적 한일관계를 형성하고 나아가 동아시아의 평화와 번영의 기틀을 조성하기 위해 일본은 식민 지배의 책임을 인정하고 그 청산을 위해 노력해야 할 것이다.

　식민 지배의 역사를 청산하기 위해서는 식민 지배는 어떻게 이루어졌는지 그 실상을 명확하게 규명하는 일이 긴요하다. 그동안 일본제국주의에 맞서 조국의 독립을 위해 헌신한 독립운동가들의 활동을 찾아내고 역사적으로 평가하는 일에는 상당한 성과를 거두었다. 반면 일제 식민침탈의 구체적인 실상을 규명하는 일에는 충분한 노력을 기울이지 못했다. 제국주의가 식민지를 침탈했다는 것은 너무나 당연한 사실로 여겨졌기 때문에, 굳이 식민 지배에서 비롯된 수탈과 억압, 인권유린을 낱낱이 확인할 필요가 없었는지도 모른다. 그러는 사이 일본은 식민 지배가 오히려 한국에 은혜를 베푼 것이라고 미화하고, 참혹한 인권유린을 부인하는 역사부정의 인식을 보이는 데까지 이르고 있다. 일제의 통치와 침탈, 그리고 그 피해를 종합적으로 조사하고 편찬할 필요성이 여기에 있다.

일제침탈사를 체계적으로 정리하는 일은 개인이 감당하기 어렵다. 이에 우리 재단은 한국학계의 힘을 모아 일제침탈사 편찬위원회를 꾸렸다. 편찬위원회가 중심이 되어 일제의 식민지 침탈사를 정치·경제·사회·문화 모든 방면에 걸쳐 체계적으로 집대성하기로 했다. 일제 식민침탈의 실체를 파악하기 위해 2020년부터 세 가지 방면으로 사업을 추진하고 있다. 하나는 일제침탈의 실상을 구체적이고 생생한 자료를 통해서 제공하는 일로서 〈일제침탈사 자료총서〉로 편찬한다. 다른 하나는 이들 자료들을 바탕으로 연구한 결과물을 〈일제침탈사 연구총서〉로 간행한다. 그리고 연구의 결과를 대중들이 이해하기 쉽게 〈일제침탈사 교양총서〉를 바로알기 시리즈로 간행한다. 자료총서 100권, 연구총서 50권, 교양총서 70권을 기본 목표로 삼아 진행하고 있다.

〈일제침탈사 연구총서〉는 일제침탈의 실태를 정치·경제·사회·문화 분야로 대별한 뒤 50여 개 세부 주제로 구성했다. 국내외 학계 전문가들이 현재까지 축적된 연구 성과를 반영하면서 풍부한 자료를 활용하여 집필했다. 연구자뿐만 아니라 교육 현장에서도 활용되고 일반 독자들도 이해할 수 있도록 집필하기 위해 노력했다. 연구총서 시리즈가 일제침탈의 역사적 실상을 규명하고 은폐된 역사적 사실을 기억하고 왜곡된 과거사에 대한 인식을 바로 잡음으로써 역사인식의 차이로 인한 논란과 갈등을 극복하는데 기여하는 디딤돌이 되기를 바란다.

2022년
동북아역사재단 이사장

| 편찬사 |

1945년 한국이 일제 지배로부터 해방된 지 77년의 세월이 지났다. 그럼에도 불구하고 일본 사회 일각에서는 여전히 일제의 한국 지배를 합리화하고 미화하는 주장이 나오고 있으며, 최근에는 한국 사회 일각에서도 일제 지배를 왜곡하고 옹호하는 주장이 나오고 있다. 이는 한국과 일본 사회, 한일 관계와 동아시아 국제관계의 미래를 위해서도 결코 바람직하지 않은 일이다.

이에 동북아역사재단은 일제의 한국 침략과 식민 지배에 대한 학계의 연구 성과를 총정리한 〈일제침탈사 연구총서〉를 발간하기로 하였다. 이에 따라 2019년 9월 학계의 전문가를 중심으로 편찬위원회를 구성하였으며, 편찬위원회는 학계의 연구 성과를 토대로 정치·경제·사회·문화 부문에서 일제의 침탈이 어떻게 이루어졌는지 정리하여 연구총서 50권을 발간하기로 하였다.

주지하듯이 1905년 일제는 러일전쟁에서 승리한 뒤, 한국에 군대를 주둔시키면서 한국의 외교권을 빼앗고 통감부를 두어 내정에 간섭하였다. 1910년 일제는 군사력으로 한국 정부를 강압하여 마침내 한국을 강제 병합하였다. 이후 35년간 한국은 일제의 식민 통치를 받았다.

일제는 한국의 영토와 주권을 침탈하였을 뿐만 아니라, 군사력과 경찰력으로 한국을 지배하면서, 정치·경제·사회·문화의 모든 부문에서 한국인의 권리와 자유, 기회와 이익을 박탈하거나 제한하였다. 정치적으로는 군사력과 경찰력, 각종 악법을 동원하여 독립운동을 탄압하고, 한국인의 정치활동을 억압하고 참정권을 박탈하였으며, 집회와 결사의 자유를 억압하였다. 경제적으로는 일본자본이 경제의 주도권을 장악하고, 일본인 위주의 경제정책을 수행했으며, 식량과 공업원료, 지하자원 등을 헐값으로 빼앗아 갔고, 농민과 노동자 등 대다수 한국인의 경제생활을 어렵게 하였다. 사회적으로는 한국인들을 차별적으로 대우하고, 한국인의 교육의 기회를 제한하고, 한국인으로서의 정체성을 박탈하여 결국은 일본의 2등 국민으로 만들고자 하였다. 문화적으로는 표현과 창작의 자유, 종교와 사상의 자유를 억압하고, 한글 대신 일본어를 주로 가르치고, 언론과 대중문화를 통제하였다. 중일전쟁, 아시아태평양전쟁을 도발한 뒤에는 인적·물적 자원을 전쟁에 강제동원하고, 많은 이들을 전장에 징집하여 생명까지 희생시켰다.

〈일제침탈사 연구총서〉는 침탈, 억압, 차별, 동화, 수탈, 통제, 동원 등의 단어로 요약되는 일제의 침략과 식민 지배의 실상과 그 기제를 명확히 밝히고자 하였다. 이를 통해 일제의 강제 병합을 정당화하거나 식민 지배를 미화하는 논리들을 비판 극복하고, 더 나아가 일제 식민 지배의 특성이 무엇이었는지, 식민 통치의 부정적 유산이 해방 이후에 어떤 영향을 미쳤는지를 밝히고자 하였다.

편찬위원회는 연구총서와 함께 침탈사와 관련된 중요한 주제들에 관하여 각종 법령과 신문·잡지 기사 등 자료들을 정리하여 〈일제침탈사 자료총서〉도 발간하기로 하였다. 아울러 일반인과 학생들이 보다 쉽게 읽을 수 있는 〈일제침탈사 교양총서〉를 바로알기 시리즈로 발간하기로 하였다.

일제의 한국 침략과 식민 지배의 역사는 광복 후 서둘러 정리해냈어야 했지만, 학계의 연구가 미흡하여 엄두를 내기 어려웠다. 이제 학계의 연구가 어느 정도 축적되어 광복 80주년을 맞기 전에 이와 같은 작업을 할 수 있게 된 것을 다행으로 생각한다. 한일 양국 국민이 과거사에 대한 올바른 역사인식을 갖고 성찰을 통해 미래를 향해 함께 나아갈 수 있기를 기대하면서 삼가 이 책들을 펴낸다.

2022년
동북아역사재단 일제침탈사 편찬위원회

차례

발간사 4
편찬사 7

서론　　　　　　　　　　　　　　　　　　　　　　　　　15

## 제1부 만주 지역 조선인 사회 형성과 일제의 조선인민회 정책

### 제1장　재만 조선인 사회의 형성과 중일의 조선인 지배정책
1. 만주 지역 조선인 사회의 형성　　　　　　　　　　　　36
2. 중일 양국의 재만 조선인 사회에 대한 지배정책　　　　　44

### 제2장　1910~1920년대 조선인민회의 설립과 활동
1. 만주 지역에서 조선인민회의 설립　　　　　　　　　　　66
2. 조선인민회의 임원 구성　　　　　　　　　　　　　　　98
3. 조선인민회의 조직 체계와 성격　　　　　　　　　　　100
4. 조선인민회의 활동을 통한 재만 조선인 사회에 대한 지배력 구축　107
5. 일제의 만주 침략에서 조선인민회의 위상과 역할　　　128

### 제3장　'만주국' 시기 전만조선인민회연합회의 설립과 활동
1. '만주국' 시기 조선인민회의 통합조직으로서
　 전만조선인민회연합회 설립　　　　　　　　　　　　134

2. 일본의 식민 지배정책과 전만조선인민회연합회의 활동     **159**
3. '만주국' 식민 지배 구축에서 전만조선인민회연합회의
　　위상과 역할     **191**

## 제2부 일본영사관 경찰의 재만 조선인 통제

### 제4장 일본영사관 경찰의 만주 지역 거주지 침투와 확장

1. 일본영사관 경찰의 유래와 경찰기구 설치     **198**
2. 간도 지역의 일본영사관 경찰기구 설치     **201**
3. 남·북만 조선인 거주지의 일본영사관 경찰기구 설치     **228**

### 제5장 일본영사관 경찰의 재만 조선인 통제와 탄압

1. 일본영사관 소속 조선인 경찰의 조선인 통제     **246**
2. 일본영사관의 조선인 경찰용원에 의한 조선인 통제     **260**
3. 일본영사관 경찰의 조선인 친일단체를 통한 조선인 통제     **272**

### 제6장 일본영사관 경찰의 만주 지역 조선인 탄압

1. 일본영사관 경찰의 탄압 능력 강화     **286**
2. 만주사변 전 영사관 경찰의 한국 독립운동에 대한 탄압     **312**
3. 만주사변 후 영사관 경찰의 한인 항일운동에 대한 탄압     **331**

## 제3부 '만주국' 성립 이후 일제의 조선인 이주정책

### 제7장 '만주국' 성립과 조선인 이주정책
1. 만주사변과 '안전농촌' 설치 354
2. '만주국'의 조선인 이주정책과 조선인 이주 실태 396

### 제8장 중일전쟁 이후 일제의 조선인 이주정책
1. '만주국'의 집단이민 정책 406
2. 흑룡강성 영안현 지역 집단부락 설치 418
3. 북간도 왕청현 나자구 지역 집단부락 설치 428

### 제9장 '개척민'의 등장과 '왕도낙토'의 실체
1. 만선척식회사와 '개척민' 434
2. 조선인 개척민의 생활 실태 441
3. '협화'의 허구성: 왕도낙토의 변명 452

### 제10장 남은 자와 떠난 자들의 변주곡
1. 토지 점유와 정착: 중국 공민 조선족으로 458
2. 귀환 460

**결론** 465

부록 473
참고문헌 490
찾아보기 497

| 일러두기 |

1. 이 책은 일제의 재만 조선인 정책을 다루었으며, 분석 시기는 주로 1907년 부터 1945년 8월 해방 때까지이다.
2. 화폐단위는 당시 통용되었던 일본화, 현지 중국화 등으로 표기하였다.
3. 일본지명 및 인명은 일본어 발음대로 표기하고 한자를 괄호 병기하였다. 중국 지명은 한자 발음대로 표기하고, 한자를 괄호 병기하였다. 단 하얼빈, 치치하얼, 하이라이얼 등은 예외로 두었다.
4. 인용문 번역은 본래 뜻을 살리기 위해 직역을 원칙으로 하였다. 단 일반 용어의 경우는 우리말 표현으로 바꾸었다.
5. 해방 전 만주 지역에서는 '조선인', '한인', '한국인' 등의 용어가 사용되었는데, 이 책에서는 조선인으로 표기를 통일하였다.

# 서론

## 1. 재만 조선인의 역사 개관

이 책은 19세기 말~20세기 중반까지 제국주의 일본의 만주 침략과 지배정책 가운데 재만 조선인에 대한 정책을 정리, 서술한 것이다. 서론에서는 먼저 재만 조선인의 역사를 개관한다.

만주(중국 동북지방)에 대한 국제적 관심은 19세기 중엽 이후부터 본격화되었다. 물론 러시아는 부동항 확보를 목적으로 그 이전부터 끊임없이 동진(東進)의 움직임을 보였다. 1900년 의화단사건을 계기로 열강은 중국뿐만 아니라 만주 지역을 차지하기 위한 물밑 작업을 전개하였다. 이렇듯 만주는 열강들에게는 마지막 자원의 보고이자 거대한 '먹잇감'이었다.

그 첫 번째 야욕을 러시아가 드러냈다. 시베리아 철도 부설과 의화단의 난을 계기로 한 동청철도(중동철도) 부설이 좋은 예이다. 특히 여순과 대련을 비롯한 요동반도 조차는 러시아의 숙원사업인 부동항 획득이란 점에서 괄목할 만한 외교적 성과였다. 두 번째는 일본의 움직임이다. 일본은 청일전쟁 승리로 요동반도를 획득하지만 삼국간섭으로 이를 도로 내놓았다. 이후 러시아가 요동반도를 일시적으로 차지했지만, 러일전쟁에서 승리한 일본이 서쪽에서는 요동반도의 끝자락에 위치한 여순과 대련에서, 동쪽에서는 간도 지역에서 만주 침략의 교두보를 만들기 시작하였다.

1906년 남만주철도주식회사를 설립한 일제는 만주 지역에 대한 본격적인 조사를 실시했으며, 1907년에는 조선인이 많이 거주하는 간도 지역에 통감부파출소를 설치하였다. 을사늑약을 계기로 한국의 외교권을 장악한 일제는 간도 지역 조선인을 보호한다는 명목으로 통감부 간도파출소를 설치했는데, 실질적인 목적은 조사와 조선인 감시였다.

1907년 이토 히로부미(伊藤博文)는 국경 확정과 조선인 이주자들의 지위를 결정한다면서 현역 군인인 사이토 스에지로(齋藤季治郎)를 간도에 파견했다. 사이토는 청국 지방 정부와 이 문제를 논의하면서 청국의 간도 영유권 포기를 요구했지만 청국 관리들은 이를 수용하지 않았다. 국경분쟁은 타협을 보지 못하고, 결국 청일 간의 '간도협약'[중국어 명칭은 '도문강중한계무조관(圖們江中韓界務條款)', 일본어 명칭은 '간도에 관한 일청협약(間島に關する日淸協約)']이 타결되었다.

1909년 9월 4일 체결된 '간도협약'은 대한제국 정부로부터 외교권을 박탈해 간 일제가 대한제국과 청국 간의 현안이었던 간도 문제를 만주 침략정책의 일환으로 이용한 대표적인 사례다. 청일은 '간도협약'과 함께 '만주협약'[중국어 명칭은 '동삼성교섭오안조관(東三省交涉五案條款)', 일본어 명칭은 '만주에 관한 일청협약(滿洲に關する日淸協約)']을 체결하였다. 이 협약을 통해 일본은 청으로부터 요동지방의 철도 부설권, 광산 채굴권을 양보받았다. 그리고 그 대가로 '간도협약'을 통해 두만강을 국경으로 삼는다는 청국의 요구를 들어주었다. 또 청은 용정촌, 국자가(局子街), 두도구(頭道溝), 백초구(百草溝)를 외국인의 거주 및 무역을 위해 개방하고, 일본은 이들 지역에 영사관 또는 영사관 분관을 설치하기로 하였다.

여기에서 주목할 것은 일본영사관을 간도 지역에 설치했다는 것과 간도파출소의 업무를 인계받은 영사경찰이 존속했다는 점이다. 일본은 만주 지역의 일본인 거주지에 영사관을 설치했을 뿐만 아니라 조선인 거주지에도 영사관 경찰기구를 설치하였다. 당시 만주에 조선인이 제일 많이 거주한 곳은 간도(間島: 연변 지역)이고 다음은 남만과 북만이었다. 이 지역의 일본영사관 경찰기구는 설치 시점, 경찰기구 명칭, 경찰 인원수 등에서 일정한 차이가 있다. 1909년 11월 2일 용정(龍井)에는 간도총영사관과 경찰서가 설치되었고, 국자가(연길)에는 영사관 분관과 경찰서가 설치되었다.

제국주의 일본의 만주 침략의 선봉은 군대와 경찰이었다. 관동군으로 대표되는 일본군은 '만주국'(이하, ' ' 생략) 성립의 주역이었고, 경찰(외무성 영사경찰, 조선총독부 파견경찰)은 만주국 성립 이전부터 일본인의 치안과 독립군 '색출'을 담당하는 존재였다. 특히 제국주의 일본은 광대한 만주 지역에 영사관 경찰기구를 설치함으로써 경찰로 하여금 정보 수집, 대민 관찰, 한국 독립운동가 동태 감시 등 침략자로서의 기능을 충실하게 담당하도록 했다. 이들 경찰 가운데 조선인 경찰은 이른바 '이한제한(以韓制韓)'의 상징적 존재였다. 경찰들은 만주 각지에 산재해 있는 조선인민회를 활용하여 한국 독립운동의 근거지를 파괴하기도 했다. 실핏줄처럼 만주 각지에 설치되었던 일본 영사경찰은 군대가 해야 할 일도 서슴지 않고 실행하였다.

한편 일제는 북간도 조선인 사회에 대한 지배력을 강화하고 북간도 침략의 기반을 확고하게 다지기 위해 일본영사관 관령(館令)으로 강고하고 권위 있는 공공단체를 설립하고자 했다. 즉 일본인거류민회에 준하여 조선인거류민회를 설립하는 계획을 적극 검토하였다.[1]

북간도 지역 조선인거류민회는 1916년 12월 혼춘(琿春)조선민공회에서 비롯되었다. 혼춘 영사분관은 친일 조선인을 내세워 사적 단체 형식으로 조선민공회를 설립하고 이를 영사분관에서 인가하는 방식으로 조선인

---

[1] 일제가 만주 지역에 설치했던 조선인민회는 다양한 명칭이 혼용되었다. 예컨대 조선민공회, 조선인회, 조선인민회, 조선인거류민회 등으로 사용되었다. 명칭이 조금씩 다르다고 해서 일제의 영향력 등 본질적인 성격이 변하지는 않았다.

사회를 장악하려 했다. 간도일본총영사관에서도 조선인거류민회 설립을 본격적으로 논의하였다. 그들은 훈춘의 방법을 참작하여 조선인거류민회를 사적 단체로 설립한 후 일본영사관에서 인가하는 방식을 취하였다. 이렇게 설립된 조선인거류민회는 1931년 9월 만주사변 전까지 북간도 지역에만 18개에 달했다. 일본영사관은 조선인거류민회의 설립 기획부터 규칙 제정, 설립비 조달, 보조금 지급, 임원 선정에 이르기까지 전 과정을 완전하게 장악하였다. 조선인거류민회의 설립과 운영 주체는 조선인이 아니라 일본영사관이었다.

일본영사관은 조선인거류민회를 확실하게 지휘하고 감독하는 체제를 구축하였다. 일본영사관은 조선인거류민회 회장을 비롯한 임원에 대한 임면권을 장악하고 회원들의 선거권이나 피선거권을 완전히 배제하였다. 조선인거류민회의 재정 문제와 제반 의결사항도 반드시 영사관의 인가를 받아 시행하도록 규정하였다. 그 결과 조선인거류민회는 일본영사관의 완전한 보조기관으로 전락하였다.

일본영사관이 조선인거류민회에 부여한 임무 중 가장 중요한 것은 조사 활동이었다. 여기에는 호구, 농업경영, 가축, 중국 지방 당국의 세금 내역 등 여러 가지 사항이 포함되었다. 일본영사관은 조선인거류민회의 이 같은 조사 활동을 통해 조선인 사회에 대한 기본 정보를 수집하였다.

남만 지역 조선인회는 1913년 11월 안동(安東)에 설립된 조선인조합이 그 시작이다. 조선인거류민회나 조선인회가 아닌 '조선인조합'이라는 명칭을 사용한 것은 남만 지역 조선인들이 북간도와 달리 중국 지방 당국에서 토지소유권을 인정받지 못하면서 사회경제적 지위가 불안정했기 때문이다. 1917년 이후 남만 지역에서 조선인회가 본격적으로 설립되기 시작하였다. 남만 지역 조선인회는 한 개 조직으로 운영되는 경우도 있었고 관할 지역 규모에 따라 본부와 산하에 몇 개 지부를 두는 경우도 있었다.

북만 지역 조선인회는 1917년부터 본격적으로 설립되었다. 하얼빈(哈爾濱)을 비롯한 치치하얼(齊齊哈爾) 등에 8개의 조선인회가 설립되었지만, 1931년 만주사변 이후 하얼빈, 일면파, 치치하얼 등 3개 조선인회만 유지되고 나머지는 폐쇄되었다. 만주국 성립 이후 1936년 9월 만주제국협화회 신경 조선인분회 설립을 계기로 만주 각지의 조선인민회(조선인회)는 협화회 분회로 흡수, 통합되었다. 이로써 조선인민회를 대신하여 만주제국협화회가 조선인 사회를 통제하였다.

만주에 거주하는 조선족의 원형은 불과 100여 년 전에 형성되었다고 할 수 있다. 1869년과 1870년 함경도 지방의 한재(旱災)로 인해 조선인의 만주 이주가 본격적으로 진행되었고, 1945년 해방 전까지 몇 가지 이주 형태로 나타났다. 조선인 이주 초기에는 개인의 자유의지로 결정되었으나, 1910년 한일병합을 계기로 정치적인 망명 등이 더해지면서 그 수는 급속히 증가하였다. 이러한 만주 지역 조선인 이주사는 '만주사변'을 기점으로 구분된다. 즉 자율과 통제의 경계선으로 만주사변이 작용한 것이다. 만주사변 이전 조선인 이주는 식민지 조선이라는 외연에 더 큰 비중을 두었고 개인 이주가 대부분이었다면, '만주사변'을 기점으로 조선인 이주 패턴은 개인 이주와 집단이주가 혼합된 형태로 진행되었다.

만주사변 이듬해 세워진 만주국을 통해 일제는 안정적인 식량 수급과 체제 안정이라는 두 마리 토끼를 잡으려고 농촌 사회 재편에 주력하였다. 그 결과물이 '안전농촌'과 '집단부락' 설치였다. '만주사변'은 그동안 잠재되어 있던 일제의 침략정책이 수면으로 등장한 것이며 이로 말미암아 이주 조선인 문제는 새로운 국면을 맞이하였다. 이때 새로운 형태로 등장한 조선인 문제에 대해 일제는 조선인의 효용 가치에 중점을 두면서 정책을 결정하였다.

조선인이 만주에 이주하게 된 원인은 크게 두 가지였다. 첫째, 19세기 말의 초기 이주는 국내 문제, 즉 중앙정부의 무능과 부패에 따른 생활 곤궁에서 탈출하기 위해서였다. 둘째, 20세기 초 일제의 조선 침탈은 조선인의 만주 이주를 더욱 가속화시켰다.

조선인의 만주 이주는 중국 관내의 한족(漢族) 이주와 맞물려 이곳의 지역 구조에 큰 영향을 미쳤다. 예컨대 오늘날 연변 지역으로의 조선인 이주는 중국 중앙정부에서 지방 관청을 설치할 정도로 매우 민감한 문제로 떠올랐다. 이처럼 한반도에서 이주해 오는 조선인의 물결이 거세질수록 중국 중앙정부와 지방정권은 조선인을 어떻게 통제하고 이용할 것인지 고민하였다. 물론 이러한 고민은 일제의 암묵적 협력 내지 통제를 통해서도 나타났다.

조선인의 만주 이주는 크게 자율기, 방임기, 통제기로 구분할 수 있다. 만주로의 이주는 1860년대 전에도 농사를 짓기 위해 압록강과 두만강을 수시로 건너는 경우가 있었다. 그러나 거주와 정착을 위한 이주는 1860년 후반부터이다. 이 시기에 여러 해 동안 기근과 흉작에 허덕이던 함경도 농민들은 두만강을 넘어 북간도에 정착하여 황무지를 개간하기 시작하였다. 같은 방식으로 평안도 지역 조선인들은 압록강을 넘어 서간도에 정착하였다. 1880년 조선 정부와 청국 정부는 조선인 이주를 적극적으로 추진하기 위해 월강금지정책을 폐지하였다. 조선인 이주민 수가 폭발적으로 증가하자 청국 정부는 만주를 효율적으로 관리하고자 1887년 혼춘에 초간국(招墾局)을 설치하였다. 만주에 이주한 조선인들은 농업과 삼림 채벌에 종사하였는데, 조선인들이 중국인보다 우위에 있었던 것은 수전(水田)농법이었다. 만주 지역 벼농사는 그렇게 조선인의 손에서 시작되었다.

일제강점기 조선인의 만주 이주는 중국 정부와 일본 정부의 대립으로 선의의 피해를 보는 매우 불리한 환경 속에서 이루어졌다. 일제는 조선인을 '일본제국의 신민(臣民)'으로 보호한다면서 그들을 이용하여 토지를 구입하는 등 자신들의 세력을 확장하는 데 치중하였다. 이에 따라 중국인들의 조선인에 대한 부정적인 인식, 즉 '일본의 주구'라는 인식이 확산되었다. 1930년에 발생한 '만보산사건'은 중일 양국 정부 사이에 끼어 피해를 보던 조선인 농민의 입장을 상징적으로 보여 준 사건이다.

1931년 만주사변을 일으킨 이듬해 '괴뢰 만주국'을 세운 일제는 조선인 이주정책을 적극적으로 실시하였다. '안전농촌'과 '집단부락'이 좋은 예이다. 조선인 이주는 이 시기 이후 '집단이주'의 양상을 띠게 된다. 일제는 일본 국내의 인구 과잉 문제를 해결하고 만주 지역을 개척하고자 일본인 이민정책도 본격적으로 추진하였다. 무장이민, 청소년의용단 등 일본인 집단이민 정책이 실시되었지만 효과는 크지 않았다. 특히 만주국에서 '자랑스럽게' 계획하고 실시했던 100만 호 일본인 계획은 실패로 돌아갔다. 이에 반해 한반도 남부에 거주하던 농민들을 선만척식주식회사(鮮滿拓殖株式會社)라는 알선업체를 통해 집단으로 이주시키기 시작하였다. 1930년대 초 약 100만 명이었던 조선인 이주자는 1945년 해방 당시 약 220만 명에 달했다. 이들 이주자는 대부분 흑룡강성(黑龍江省) 남부와 북부에 집중되었으며, 현재도 이들의 삶의 흔적을 쉽게 찾을 수 있다. 1945년 8월 15일 해방과 함께 만주 지역 거주 조선인들은 한반도로 귀환하거나, 그곳에 정착해야 하는 갈림길에 서게 되었다.

## 2. 일제의 재만 조선인 정책에 대한 연구

일제강점기 조선인의 만주 이주 및 만주의 조선인 사회에 대한 초기의 종합적인 조사자료로는 1932년에 나온 이훈구(李勳求)의 『만주와 조선인(滿洲와 朝鮮人)』을 들 수 있다.[2] 이 책은 숭실전문학교(崇實專門學校)에서 만주 지역 조선인들의 이주 실태와 현상을 파악하여 조선총독부에 그 대책을 제시하기 위해 만든 자료였다.

해방 후 1960년대 후반에는 현규환(玄圭煥)이 한국인의 해외 이민에 관한 방대한 자료를 수집 정리한 『한국유이민사(韓國流移民史)』 상·하권을 내놓았다.[3] 조선인의 만주 이민사는 이 책의 상권 「만몽(滿蒙)편」에서 다루었다. 만주 이민사를 이주, 정착, 사회활동, 교육, 종교, 항일운동 등 다양한 주제로 분류하여 자료를 정리하고 분석도 곁들인 역작이었다.

뒤이어 1970년대 초에 경제사학자인 고승제(高承濟)가 1960년대 말 이래 연구해 오던 해외 이민사를 『한국이민사연구(韓國移民史研究)』[4]로 출간하였다. 근대 해외 한인 이민사를 본격적인 연구 대상으로 올려놓은 최초의 학술서라고 할 수 있다.[5]

일제의 만주 조선인 정책은 2000년 이후 본격적으로 연구성과가 나

---

2  이훈구, 1932, 『滿洲와 朝鮮人』, 平壤崇實專門學校.
3  현규환, 1967, 『韓國流移民史』, 상·하, 語文閣.
4  고승제, 1973, 『韓國移民史研究』, 章文閣.
5  고승제는 경제학자로서 독립운동사의 한 분야로만 취급했던 만주 지역 한인 이민사를 경제적 측면에서 규명했다. 그는 글에서 한인 이주의 경제적 배경 및 한인들의 생활상의 실태를 아울러 살펴보았다(고승제, 1968, 「간도이민사의 사회경제적 분석」, 『백산학보』 5).

왔다. 먼저 이주정책 방면에서 김기훈의 글이 주목된다. 그는 「만주국의 이민정책 연구 시론」에서 일본인 이민 장려와 조선인 이민 통제에 주목하여 관동군의 조선인 이민정책의 변화 양상과 그 실태를 규명하였다.[6]

정안기[7]와 조정우[8]의 연구가 뒤를 이었는데, 이들의 연구는 조선총독부의 만주이민 정책에서 특히 선만척식주식회사(鮮滿拓殖株式會社) 및 만주척식주식회사(滿洲拓殖株式會社)의 역할에 주목하였다. 이들의 연구는 현지조사나 구술자료를 바탕으로, 만주 지역 집단이민은 만선척식주식회사[9]의 자작농창정이라는 '달콤한 유혹'에 따른 것이었지만 실질적으로 집단적 강제이주였으며, 그들의 생활은 빈곤을 면치 못했음을 밝혀냈다.[10]

주지하듯이 1930년대 이후에는 조선인들의 광범위한 집단이민 정책이 시행되었으며, 이에 따라 한반도 남부 지역 사람들이 대거 이주하여 집단부락을 형성했다. 만주국의 집단부락 정책과 조선인 이주 실태를 집대성한 유필규의 연구도 나왔다.[11] 이 연구에서는 만주국 시기 집단이민

---

6  김기훈, 2002, 「일제하 '滿洲國'의 이민 정책 연구 시론-일본인 이민 '장려'·조선인 이민 '통제'」, 『아시아문화연구』 18, 한림대.
7  정안기, 2011, 「만주국기 조선인의 만주 이민과 滿洲拓殖(주)」, 『동북아역사논총』 31.
8  조정우, 2014, 「조선총독부 만주이민정책의 이면-선만척식회사 설립 경위를 중심으로-」, 『사회와역사』 103.
9  관동군과 일본정부는 1935년 12월 만주척식회사를 설립하였으며, 1937년 이를 개편하여 만주척식공사를 만들었다. 조선총독부는 1936년 9월 선만척식주식회사와 만선척식주식회사를 조직하였다. 그러나 이 회사들은 1941년 9월 해산되었으며, 만주척식공사로 분할 인수되었다.
10 김주용, 2009, 「1930년대 간도 지역 한인의 집단이주와 삶」, 『한국학연구』 21, 인하대 한국학연구소.
11 유필규, 2015, 『만주국시기 한인의 강제이주와 집단부락』, 국민대학교 국사학과 박사학위논문.

정책은 조선인들을 안정적으로 만주에 이주시켜 항일세력을 차단하고, 광활한 토지를 활용하기 위한 방편이었음을 밝혔다.

한편 박강은 만주국에서의 아편 재배와 한인의 관계에 대한 연구를 내놓았다. 이 논문에서는 아편 재배는 토지 경작과 함께 중요한 수입원이라고 판단해서 허가하였지만, 이른바 '비적(匪賊) 토벌'이라는 명목으로 조선인의 아편 재배를 금지시키면서 조선인 사회가 크게 동요했고 고된 삶은 여전히 개선되지 않았다고 보았다.[12]

한편 중국 연변대학(延邊大學)에서는 1980년대 이후 조선인들의 중국 동북 지역 이주에 대해 지속적으로 연구해 왔다. 1980년대에는 강용범(姜龍範), 박창욱(朴昌昱), 손춘일(孫春日) 등이 조선인의 만주 이주를 연구하였으며, 지역적으로 특히 요녕성(遼寧省) 지역의 이주와 이주민 사회를 다루었다.[13]

2000년대 이후에는 이홍석, 김태국, 김춘선이 이를 이어받아 연구를 진행하였다. 이홍석(李弘錫)은 만주뿐만 아니라 중국 관내에 설치된 일본 영사관 영사경찰을 분석하여 조선인에 대한 감시와 통제가 얼마만큼 치밀하게 진행되었는지를 분석했다. 그는 특히 일본영사관 경찰 가운데 조선인 경찰을 배치하여, 이들을 통해 조선인들을 회유하고 통제하였음을 밝혔다.[14]

---

12  박강, 2017, 「1930년대 만주 지역의 아편 재배와 한인, 그리고 匪賊」, 『한국민족운동사연구』 92.

13  姜龍範, 1987, 「遼寧省開玄鎭屯鄕 朴家口村 朝鮮族社會歷史調査」, 『朝鮮族硏究論叢』 1, 延邊大學出版社; 朴昌昱, 1987, 「試論中國朝鮮族籍遷入及其歷史上限問題」, 『朝鮮族硏究論叢』 1, 延邊大學出版社; 孫春日, 1987, 「遼寧省本溪縣朴氏朝鮮族社會歷史調査」, 『朝鮮族硏究論叢』 1, 延邊大學出版社.

14  이홍석, 2005, 「만주 지역에서 일제의 '이한제한' 통치방식 연구」, 『한국민족운동사연

김태국(金泰國)은 서간도 지역의 독립운동 세력이 확장될 수 있었던 기초로서 조선인 사회의 형성과 발전에 주목하였다. 특히 신흥무관학교가 발전할 수 있었던 주요 기반으로 서간도 조선인 사회의 지원 양태를 규명하였다.[15]

김춘선(金春善)은 북간도 지역 조선인 사회의 형성 과정, 자치조직인 간민회의 활동, 독립운동 기지 건설 및 무장독립투쟁 등 한국 독립운동과의 관련을 분석하였다.[16]

만보산사건은 중국인과 이주 한인 간의 갈등과 충돌 양상을 보여 주는 대표적인 사례다. 1970년대 말 발간된 박영석(朴永錫)의 『만보산사건연구(萬寶山事件硏究)』는 만보산사건에 대한 본격적인 연구서다.[17] 이 연구서 이후 만보산을 둘러싼 국제관계, 재만 한인 문제, 화교에 대한 한인의 학살, 법적 문제, 만보산사건에 대한 언론 보도 양태 등 만보산사건에 대한 다양한 연구성과도 나왔다.[18]

---

구』 42.

15 김태국, 2011, 「신흥무관학교와 서간도 한인사회」, 『독립운동사연구』 44.
16 김춘선, 2016, 『북간도 한인사회의 형성과 민족운동』, 고려대학교 민족문화연구원.
17 박영석, 1978, 『萬寶山事件硏究』, 一潮閣.
18 만보산사건에 대한 연구성과는 다음과 같다. 손승회, 2003, 「만보산사건과 중국공산당」, 『동양사학연구』 83; 손승회, 2007, 「만보산사건과 중국의 언론」, 『역사문화연구』 28; 손승회, 2009, 「1931년 식민지조선의 배화폭동과 화교」, 『중국근현대사연구』 41; 손승회, 2009, 「근대 한중관계사의 새로운 시각 모색-萬寶山事件 연구에 대한 적용 가능성을 중심으로」, 『역사학보』 202; 고바야시 레이코, 2011, 「만보산사건과 리튼보고서-재만 조선인에 관한 조사결과를 중심으로-」, 『만주연구』 11; 송한용, 2011, 「張學良정권의 對한인정책」, 『만주연구』 11; 이준식, 2012, 「만보산사건과 중국인의 조선인식」, 『한국사연구』 156; 윤상원, 2012, 「만보산사건과 조선인 사회주의자들의 중국 인식」, 『한국사연구』 156; 최병도, 2012, 「만보산사건 직후 화교배척사건에 대한 일제의 대응」, 『한국사연구』 156; 정병욱, 2012, 「신설리패, 중국인 숙소에 불을 지르다-

그중 고바야시 레이코(小林玲子)의 글은 시사하는 바가 적지 않다. 먼저 그는 『리튼조사보고서』와 만보산사건을 연결하면서 이주 한인들의 생활 실태, 그 가운데 토지소유권 획득 과정에서 나타난 일본 측의 교묘한 편법 현상에 주목하였다. 이주 한인들이 처한 지위에 대하여 리튼조사위원회가 내린 결론이 '시선'보다는 '사실'에 입각하였음을 밝혔다. 각 나라의 입장이 투영된 한인의 위치가 아닌, 즉 박해를 받으면서도 배려받지 못하는 한인들의 지위가 사실이란 점을 드러냈다.[19]

송한용은 1920년대 장학량(張學良) 정권과 만보산사건의 원인(遠因)을 밝히는 글에서 수전(水田)을 둘러싼 중국과 일본의 알력, 한인들의 법적 지위 및 경제적 열악성 등의 상관성에 주목하였다. 수십 년 전에 이주했던 한인들은 장학량 정권에서 '귀화'를 강요당하거나 일제의 대항마로 인식되었다. 그는 중국 지방관료들의 일관성 없는 법 집행이 한인들의 피해로 이어졌으며, 이것이 고스란히 만보산사건을 잉태하였다고 지적하였다.[20] 이후 만보산사건 전반에 대한 연구사를 정리한 논문이 발표되었고,[21] 만주에서 활동했던 한국 독립운동 단체의 만보산사건 인식과 대응을 다룬 연구성과도 나왔다.[22]

---

1931년 반중국인 폭동에 대한 재해석」, 『역사비평』 97.
19 고바야시 레이코, 2011, 앞의 글.
20 송한용, 2011, 앞의 글.
21 윤상원, 2016, 「한국역사학계의 만보산사건 연구동향과 과제」, 『한국문화연구』 51 참조. 손승회는 만보산사건에 대한 중국 국민당과 공산당의 시각이 달랐으며, 국민당은 일제의 대륙 침략정책이 목적이었다고 보았고, 공산당은 중국인과 조선인의 적대적 민족 감정을 이용한 반일세력의 와해에 있다고 인식했다(손승회, 「만보산사건과 중국공산당」, 126쪽).
22 장세윤, 2021, 『중국동북지역 독립운동사』, 도서출판 선인, 388~394쪽.

1937~1941년까지 일본인 이주 5개년 계획이 추진되었다. 만주국에서 대화(大和)민족이 식민통치의 핵심으로 자리 잡고 피압박 민족의 항일 역량을 제어하려면 일본인의 대량 이민은 절대적이라는 인식이 투영된 계획이었다. 그러나 실질적인 일본인 이주 호수는 42,000여 호에 지나지 않았다. 이에 반하여 1933년부터 추진한 한인 집단부락 설치는 북간도 지역을 중심으로 탄력을 받아 진행되었다. '안전농촌' 설치가 강제성의 초기 단계라면 집단부락은 본격적 궤도에 들어섰다고 할 수 있다. 한인 집단부락에 대한 연구는 윤휘탁이 본격적으로 진행하였다.[23] 이 연구는 1930년대 만주국의 성립과 치안 숙정(治安肅靜), 집단부락 설치, 이주민의 성격을 비교적 정교하고 치밀하게 분석하였을 뿐만 아니라 항일세력의 토대 규명에도 돋보이는 연구성과였다.

　2000년대 이후 집단부락과 자작농창정에 대한 연구성과들이 안전농촌과 연동되어 나오기 시작하였다. 종래 안전농촌에 대한 연구에서는 일제의 안전농촌 설치 원인과 배경을 언급하면서 정작 일제가 실질적으로 무엇을 추구했는지에 대한 연구는 미흡한 측면이 있었다. 현은주는 종래 안전농촌 연구에서 미흡한 점, 즉 일제가 안전농촌 설치를 통해서 근본적으로 한인을 어떻게 활용하고 대륙 침략에 어떠한 수단으로 기능하게 했는지를 보완해서 안전농촌에 대한 본격적인 연구의 길을 개척하였다.[24] 그동안의 연구는 안전농촌 설립을 통해 드러난 일제의 '침략성'만을 부각시킨 것이 일반적인 경향이었다. 그러나 안전농촌은 만주사변 이후 '피난

---

23　윤휘탁, 1995, 『일제하 滿洲國 연구』, 一潮閣, 280~300쪽.
24　현은주, 2001, 『1930년대 재만 조선인사회에 대한 일제의 통제정책 연구: 안전농촌과 대둔부락을 중심으로』, 명지대 사학과 박사학위논문.

민의 구제'를 목적으로 설치한다고 했지만, 정착 집단부락의 설치와 연동된 '강제 합숙소'의 구현이라고 볼 수 있다.

손춘일은 일제의 강제성을 입증하는 예를 보완하는 연구를 진행했으며,[25] 김주용은 요녕성 영구(營口)와 한인 독립운동의 거점이었던 삼원포(三源浦) 지역 사례의 안전농촌 설치 현황과 운영 실태를 밝혔다. 일제는 안전농촌 건설이 '피난민'을 위한 것이라고 강조했지만, 실제로는 치안 유지의 한 방편이자 독립운동 세력 근거지에 대한 소멸이 목적이었다.[26]

이 책에서는 국내외 학계의 연구성과를 토대로, 19세기 후반 조선 말기부터 1945년 해방이 될 때까지 재만 조선인의 이주 역사, 일제의 조선인 이주정책, 재만 조선인 사회의 실상에 대해 정리하고자 한다. 이 책은 3명의 필자가 주제를 나누어, 제1부 만주 지역 한인사회 형성과 일제의 조선인민회 정책, 제2부 일본영사관 경찰의 재만 조선인 통제정책, 제3부 만주국 성립 이후 일제의 조선인 이주정책에 대해 김태국·이홍석·김주용이 각각 차례대로 집필했음을 밝혀 둔다.

제1부에서는 1910년대부터 1930년대까지 존속했던 조선인민회의 성격이 조선인 자치를 도모하기보다는 일제의 침략정책을 추진하는 보조수단으로 전락하여 이주 한인들이 일제 대륙 침략의 '앞잡이'라는 인식을 심어 주었다고 평가하였다. 조선인민회의 활동 가운데 가장 적극적 경제 활동이었던 민회금융부(民會金融部)는 저리로 대부사업을 한다는 명목으

---

25 손춘일, 2001, 『해방전 동북조선족 토지관계사 연구』, 길림인민출판사.
26 김주용, 2006, 「만주 安全農村 연구-營口와 三源浦를 중심으로-」, 『한국근현대사연구』 36.

로 이주 한인의 경제생활을 통제하였음을 서술하였다. 1937년 만주국에서 치외법권 철폐로 조선인민회는 그 기능과 역할을 다했지만 친일단체로서의 성격이 협화회로 이전하였다는 점을 강조하였다.

제2부에서는 일제가 만주 지역에 영사관을 설치하면서 '일본인의 안전과 안녕'을 추구하기보다는 대륙 침략의 선봉대로서 이주 조선인을 감시하고 통제하는 데 심혈을 기울였다는 점을 강조해서 서술하였다. 특히 일본영사관 경찰기구 설치가 만주 지역 조선인 거주지를 중심으로 이루어졌으며, 1920년 경신참변 때 일본군뿐만 아니라 영사관 경찰들이 동원되어 조선인 학살과 귀순 작업에 참여했음을 확인하였다. 1920년대 이후 일본영사관 경찰들의 활동은 만주 지역에 산재해 있는 한국 독립운동 세력에 대한 감시와 체포, 탄압에 치중되었다. 그중 간도 조선공산당 사건은 일본영사관 경찰들이 독립운동가를 검거한 사건으로는 규모가 가장 컸다. 1932년 만주국 성립 이후에도 반만(反滿) 항일세력을 '토벌'하는 데 일본영사관 경찰이 동원되었다.

제3부에서는 만주 지역 이주 조선인 정책을 1930년대 이후를 중심으로 서술하였다. 1931년 만주사변으로 이듬해 만주국을 건립한 일제는 조선인 이주정책을 적극적으로 실시하였다. 안전농촌과 집단부락이 그 좋은 예이다. 안전농촌은 만주사변으로 발생한 조선인을 계획된 공간에 수용하여 안정적으로 쌀을 재배할 수 있게 했던 정책의 산물이다. 집단부락은 반만 항일세력의 인적, 물적 공급을 차단하기 위해 거대한 울타리 속에 조선인을 집단으로 이주시켜 거주하게 했던 정책이었다. 다만 집단부락의 경작지는 울타리 밖에 존재하였다. 그리고 자경단을 조직하여 반만 항일세력과의 접촉을 차단하였다.

한편 일제는 일본 국내의 인구 과잉 문제를 해결하고 만주 지역을 개척하기 위해 일본인 이민정책을 본격적으로 추진하였다. 무장이민, 청소년의용단 등 일본인 집단이민 정책을 실시하였지만 그 효과는 크지 않았다. 특히 만주국에서 '자랑스럽게' 계획하고 실시했던 100만 호 일본인 계획은 실패로 돌아갔다. 이에 반해 한반도 남부에 거주하던 농민들을 선만척식회사라는 알선업체를 통해 집단적으로 이주시켰다. 1930년대 초 약 100만 명이었던 조선인 이주자는 1945년 해방 당시 220만 명 정도였다.

# 제1부
# 만주 지역 조선인 사회 형성과 일제의 조선인민회 정책

# 제1장
# 재만 조선인 사회의 형성과 중일의 조선인 지배정책

## 1. 만주 지역 조선인 사회의 형성

### 1) 조선인의 북간도 이주와 정착

　조선인의 북간도(北間島) 이주는 1860년대부터 본격화되었다. 1860년 대 말 조선 북부지역을 강타한 자연재해와 조선 정부의 '삼정문란(三政紊亂)' 등은 조선인들이 북간도로 이주한 주요 원인이었다. 한편 이 시기 러시아는 만주에 대한 침략을 가속화하였다. 청국 정부는 그 대응책으로 민간인의 만주 지역 출입을 엄격하게 통제하던 종전의 '봉금정책(封禁政策)'을 철폐하고, 만주 지역에 지방행정기구를 설치하고 민간인을 모집하여 변방을 지키는 '이민실변(移民實邊)' 정책을 실시하였다. 그러나 중국인을 이주시키고자 한 북간도의 '이민실변' 정책이 여러 가지 이유로 계획대로 추진되지 않자, 청 정부는 이주 조선인을 이용한 '이한실변(以韓實邊)' 정책을 실시하였다.[1]

　청 정부의 이 같은 정책 변화는 조선인의 북간도 이주를 가속화시켰다. 그 후 1905년 「을사늑약」의 강제 체결과 일본군의 의병 진압, 1910년 대한제국의 멸망, 그리고 일본 상인과 농민 등 일본인들의 조선 이주와 조선총독부의 화전(火田) 금지령 등으로 삶의 터전을 상실한 조선인들이 북간도 이주 행렬에 대거 가담하였다. 여기에 1909년 9월 4일 청일 양국 간에 체결된, 이른바 「간도협약」[정식 명칭은 도문강중한계무조약(圖們江中韓界

---

[1] 조선인의 북간도 이주와 조선인 사회 형성과 관련하여 다음의 연구가 많은 참고가 된다(김춘선, 2016, 『북간도 한인사회의 형성과 민족운동』, 고려대학교 민족문화연구원).

務條款)]을 통하여 북간도 잡거구(雜居區)에 거주하던 조선인들이 거주권과 토지 및 가옥의 소유권을 인정받으면서 조선인들의 북간도 이주는 더욱 본격화되었다. 1910년에 109,500명이던 조선인 인구가 1921년에는 약 3배로 늘어나 307,860명이 되었으며, 1930년에는 388,366명[2]으로 늘어나 지속적인 증가 추세를 보였다. 이 시기 조선인 인구는 북간도 전체 인구의 80퍼센트 이상을 유지하면서 북간도 주민의 주류가 되었다. 북간도 지역 조선인 인구를 연도별로 정리하면 〈표 1-1〉과 같다.

〈표 1-1〉 북간도 지역 조선인 이주와 비율(단위: 명, %)

| 구분 | 1910년 | 1912년 | 1916년 | 1921년 | 1926년 | 1931년 |
|---|---|---|---|---|---|---|
| 한인 | 109,500 | 143,000 | 183,422 | 307,806 | 356,016 | 396,847 |
| 중국인 | 33,500 | 36,000 | 43,896 | 73,748 | 86,347 | 120,394 |
| 한인 비율 | 76.5 | 79.8 | 80.6 | 80.6 | 80.4 | 76.7 |
| 중국인 비율 | 23.5 | 20.2 | 19.4 | 19.4 | 19.6 | 23.3 |

출처: 1) 1910~1916년: 上塚司, 『調査資料 第2輯-間島事情』, 13~14쪽.
2) 1921~1931년: 金正明, 1967, 『朝鮮獨立運動』 5, 原書房, 504쪽.

### 2) 조선인의 남만 이주와 정착

조선인의 남만주 이주는 일찍이 청나라가 발흥하던 17세기 초기부터 시작되어 북간도 지역보다 훨씬 앞섰다. 당시 이주한 사람들은 자의보다는 강제이주가 대부분으로, 전쟁에서 포로가 되었거나 납치되어 끌려온

---

[2] 朝鮮總督府警務局(高等警察資料), 1931, 『間島問題の經過と移住鮮人』, 65쪽.

사람들이었다. 1627년의 '정묘호란(丁卯胡亂)'과 1636년의 '병자호란(丙子胡亂)'이 바로 그것이다. 이 시기 청조에 끌려간 조선의 전쟁포로나 백성은 수만 명에 이르렀다.[3] 그 뒤로 조선인의 만주 이주는 조선과 청조의 국경 봉쇄조치로 말미암아 사실상 매우 어려워졌다.

그러나 이러한 조청 양국 간의 국경 봉쇄조치에도 불구하고 조선 북방 변민(邊民)들의 범월(犯越)은 계속되었다. 그들에게 만주 지역은 포기할 수 없는 생활 터전의 일부였기 때문이다. 이 시기 조선 변민의 범월은 주로 생계유지를 위한 인삼 채집이 목적이었다. 따라서 당시 범월자는 대부분 인삼(人蔘) 산지(産地)와 북방 육진(六鎭) 지방의 백성들이었다.[4]

특히 농업경작을 목적으로 한 이주는 1860년대에 들어서면서 급속히 증가하는 추세를 보였다. 이는 조선 북부지방에 계속된 자연재해에서 비롯된 것이라 볼 수 있다. 1860년 조선 북부지방에는 유례없는 홍수가 발생했다. 1869년과 1870년에 또다시 흉년이 발생하여 굶어 죽는 자가 속출하였다.[5] 기아에 허덕이던 조선인들은 극형으로 다스리던 '월강죄(越江罪)'를 무릅쓰고 압록강을 건너 봉금 지역으로 잠입하였다.

1860년대부터 조선인의 압록강 대안 지역으로의 이주가 급증하자 조선 정부는 이주 조선인의 관리에 적극적인 자세를 보이기 시작하였다. 1869년 강계군수는 정부의 승인을 받지 않고 압록강 대안의 조선인 이

---

3  朴昌昱, 1995, 「論中國朝鮮族歷史的上限問題」, 『中國朝鮮族歷史研究』, 延邊大學出版社, 7~9쪽.

4  이 시기 발생한 40여 건의 범월 사례 중 범월인들의 출신지는 경원(慶源) 5차, 종성(鍾城) 2차, 온성(穩城)·회령(會寧)·길주(吉州)·부녕(富寧)·이산(理山) 각 1차, 갑산(甲山) 4차, 삼수(三水) 4차, 강계(江界) 5차, 만포(滿浦)와 의주(義州) 각 1차로 나타나고 있다 (金慧子, 1982, 「朝鮮後期 北邊越境問題 硏究」, 『梨大史苑』 18·19합輯, 66쪽).

5  윤정희, 1991, 「間島開拓史」, 『韓國學研究』 別集3, 41쪽.

주 지역에 28개 면(面)을 설치하여 강계(江界-7면)·초산(楚山-8면)·자성(慈城-9면)·후창(厚昌-4면) 등 4개 군에 귀속시켰다. 1889년 조선 정부는 상기 28개 면을 24개 면으로 재조정하여 조선인에 대한 관리를 강화하였다.[6] 1897년 조선 정부는 압록강 대안 지역의 관리를 강화하기 위해 서상무(徐相懋)를 서변계관리사(西邊界管理使)로 임명하였다. 서상무는 기존의 28개 면을 제외하고 통화현(通化縣)에 11면, 환인현(桓仁縣)에 4면, 흥경부 왕청면(興京府 汪晴面) 외 1면을 신설하여 체제 정비를 단행하였다. 당시 서변계관리사가 관할한 조선인 이주민 수는 8,722호, 37,000명에 달하였다.[7] 1903년 임강현(臨江縣)·집안현(輯安縣)·통화현·환인현·관전현(寬甸縣)에 예속된 면은 32면, 호수는 9,754호, 인구는 45,593명에 달하였다.[8]

조선인의 남만 지역 이주는 지리적으로 가까운 압록강 북안에서 시작되어, 교통의 편리 여부, 거리의 원근, 경작지의 유무[9] 등에 따라 점차 북상하는 추세를 보였다.

여기에 대량의 토지를 가지고 있던 중국인 지주들도 조선인들의 이주를 환영하였다. 논농사 기술을 가지고 있던 조선인 농민들이 중국 지주들에게 막대한 이윤을 창출해 주었기 때문이었다. 게다가 주로 콩·수수 농사에 종사하던[10] 중국인 농민들은 폐기한 습지(濕地)나 초지(草地)를 이용

---

6 현규환, 1967, 『韓國流移民史』 上, 서울, 語文閣, 139쪽.

7 牛丸潤亮, 1928, 『最近間嶋事情』 -附露支移住鮮人發達史-, 78쪽.

8 牛丸潤亮, 1928, 위의 책, 80~82쪽.

9 朝鮮總督府, 1915, 「國境地方視察復命書」, 김정주(金正柱) 편, 1971, 『朝鮮統治史料』 9, 679쪽.

10 京城商業會議所, 1921, 『滿洲に於ける朝鮮人』, 378쪽.

하여 논농사를 지었기에 농지를 둘러싼 마찰도 피할 수 있었다. 이주 조선인들이 중국인들보다 토지를 고가로 매수한 점도 중국인 지주들이 이주 조선인을 반기는 이유였다.

또한 이 시기 발달한 교통편은 조선인들의 남만 이주 범위를 확대시키는 결과를 가져왔다. 1905년 3월에 시작된 경의선(京義線) 개축공사가 1911년 2월에 끝났다. 이와 동시에 안동(安東)과 봉천(奉天)을 연결하는 안봉선의 표준궤 개축공사도 준공되었다.[11] 조선인들은 철도를 이용하여 무순(撫順)·봉천(奉天)·신민부(新民府)·철령(鐵嶺)·개원(開原)·서풍(西豊)·동풍(東豊)·서안(西安)·해룡(海龍) 등 지역으로 진출하면서 조선인 부락을 형성하였다. 따라서 1914년에 이르러 주로 압록강 북안 10개 현(縣)에 집중되었던 조선인들은[12] 논농사에 적합한 지역을 중심으로 이주 범위를 확산시켜 나갔다. 1922년에 이르러 봉천성(奉天省) 전역에 걸쳐 이미 16만여 명의 조선인들이 이주하였다.[13]

길림(吉林) 지방의 경우 한반도에서 직접 이주하기보다는 북간도 지역의 조선인들이 2차 이주를 단행한 점이 특징인데, 그 시기는 1912년경이었다. 논농사를 목적으로 한 조선인들이 협소한 북간도 지역을 벗어나 보다 광활한 자연 여건을 찾아 이주하였다. 1913년에 이르러 돈화(敦化)·액목(額穆)·화전(樺甸)·반석(磐石) 등 현에서 농업에 종사하는 조선인은 이미

---

11  鄭在貞, 1982, 「韓末·日帝初期 鐵道運輸의 植民地的 性格」(上), 『韓國學報』 28, 一志社, 123쪽.

12  1914년 8월 현재 압록강 북안인 관전(5,000명)·환인(18,000명)·집안(30,000명)·통화(20,000명)·임강(2,451명)·장백(15,000명)·홍경(7,000명)·해룡(4,000명)·유하(10,000명)·무송(4,512명) 등 10개 현에 모두 135,000명에 달하는 조선인들이 거주했다(조선총독부, 「國境地方視察復命書」, 김정주 편, 1971, 앞의 책, 679쪽).

13  伊藤文十郎, 1971, 「在滿朝鮮人ノ現況」, 김정주 편, 『朝鮮統治史料』 8, 897~899쪽.

3,880여 명을 초과하였다. 1920년에는 조선 남부 지역의 심한 가뭄으로 조선인들이 길림 지방으로 대거 이주하면서 2만 5천여 명을 넘어섰다.[14] 서간도 지역 조선인 이주를 정리하면 다음과 같다.

〈표 1-2〉 남만 지역 조선인 이주 현황(1922년 봉천성 기준)(단위: 호, 명)

| 현명 | 호수 | 인구 | 현명 | 호수 | 인구 | 현명 | 호수 | 인구 | 현명 | 호수 | 인구 |
|---|---|---|---|---|---|---|---|---|---|---|---|
| 심양 | 510 | 3,917 | 봉성 | 443 | 2,888 | 개원 | 321 | 1,864 | 요원 | 350 | 960 |
| 신민 | 300 | 1,343 | 관전 | 4,307 | 21,488 | 유하 | 2,131 | 10,439 | 통료 | 132 | 808 |
| 흥경 | 5,124 | 25,805 | 집안 | 5,224 | 29,303 | 해룡 | 444 | 2,193 | 기타현 | 727 | 3,112 |
| 본계 | 250 | 1,000 | 통화 | 2,969 | 15,550 | 동풍 | 164 | 813 | | | |
| 무순 | 312 | 1,600 | 임강 | 2,165 | 10,930 | 서안 | 101 | 512 | 합계 | 30,264 | 159,907 |
| 안동 | 1,239 | 6,111 | 장백 | 2,658 | 17,564 | 서풍 | 393 | 1,707 | | | |

출처: 伊藤文十郎, 1971, 「在滿朝鮮人ノ現況」, 김정주 편, 『朝鮮統治史料』 8, 897~899쪽.

### 3) 조선인의 북만 이주와 정착

조선인의 북만 지역 이주도 길림 지방과 마찬가지로 대부분 2차 이주라는 점에서 그 특징을 찾아볼 수 있다. 북만 지역은 국경을 접한 북간도나 남만 지역에 비하면 지리적으로 한반도와 멀리 떨어져 있다. 따라서 조선인의 북만 지역 이주는 북간도와 남만 지역에서 조선인 이주가 어느 정도 이루어진 다음에야 가능했다.

---

14  依田憙家, 1976, 「滿洲における朝鮮人移民」, 滿洲移民史研究會 編, 『日本帝國主義下の滿洲移民』, 龍溪書舍, 494쪽.

북만 지역은 인구밀도가 낮고[15] 개간을 기다리는 끝없이 넓은 평야가 펼쳐져 있었다. 특히 1910년대 중반부터 중국인들이 폐지(廢地)로 간주하던 저습지(低濕地)에서 논농사가 가능해지면서 조선인 이주가 크게 증가하였다. 조선인들은 저습지를 논으로 탈바꿈시켰다. 조선인들이 북만 지역 논농사를 시작하고 독점하면서[16] 조선인 이주민의 수도 대폭 늘어났다.

조선인의 북만 지역 이주는 크게 네 갈래 방향으로 나누어 전개되었다. 첫째, 1898년 8월 중동철도(中東鐵道) 공사의 시공과 더불어 시작되었다. 러시아 지역에 이주하였던 조선인들이 중동철도 부설공사에 동원되었다가 공사가 끝나자 북만 지역에 정착한 것이 조선인 이주의 효시가 되었다. 조선인들은 중동철도를 따라 동녕현(東寧縣)·목릉현(穆棱縣)·영안현(寧安縣) 등 지방으로 이주 범위를 확대시켜 나갔다.[17]

한편 1917년과 1918년에 이르러 조선인의 북만 이주는 새로운 전기를 맞이했다. 이 시기 해림(海林)과 일면파(一面坡)에서 조선인이 논농사로 성공을 거두었다. 북만 지방에서도 논농사를 할 수 있다는 소문이 만주는 물론이고 조선에까지 파다하게 퍼졌다. 논농사를 목적으로 한 조선인의 북만 이주 행렬은 끊임없이 이어졌다.[18]

둘째, 조선인의 수원(綏遠)·요하(饒河)·수동(綏東) 등으로의 지방 이

---

15  1931년의 경우 흑룡강성의 인구밀도는 봉천성의 11퍼센트에 지나지 않았다. 따라서 1910년대는 이보다 훨씬 낮은 수준이라는 것을 짐작할 수 있다(石森久彌, 1933, 『對滿朝鮮移民の堅實性』, 朝鮮公論社, 7~9쪽).

16  김정주 편, 1971, 『朝鮮統治史料』 10, 韓國史料硏究所, 267쪽.

17  依田憙家, 1976, 앞의 글, 494쪽.

18  東洋協會, 1927, 『滿蒙の米作と移住鮮農問題』, 41쪽.

주는 주로 해로(海路)와 러시아 연해주 지역 철도를 통해 이루어졌다. 조선인들은 해로로 블라디보스토크에 도착했고, 그곳에서 다시 블라디보스토크-하바롭스크철도를 이용하여 하바롭스크까지 이동했다. 이주자들은 그곳에서 흑룡강(黑龍江)과 우수리강(烏蘇里江)을 건너 수원·요하·수동 등으로 이주했다.[19]

셋째, 북간도 지역 조선인들도 북만주 이주 대열에 가담했다. 북간도에서 떠난 조선인 이주자들은 위에서 살펴본 대로 길림 지방은 물론이고, 논농사를 목적으로 중동철도연선과 밀산현(密山縣) 방면으로 진출했다.

넷째, 남만 지역 조선인의 2차 이주였다. 남만 지역은 만주에서 가장 일찍 개발이 시작되었고, 중국인의 인구밀도도 가장 높았던 곳이다. 이곳에서 조선인들이 생활 터전을 마련하기는 매우 어려웠다. 북만 지역이 논농사가 유망하다는 소문이 나자 남만 지방 조선인들이 2차 이주 지역으로 북만 지역을 선택한 것이다. 조선인 이주자들은 봉천(奉天)을 출발하여 장춘(長春)을 경유, 하얼빈에 이르는 철도를 이용했다.

이처럼 북만 지역으로 이주한 조선인들은 주로 철도연선과 논농사에 적합한 지역을 중심으로 조선인 부락을 형성했다. 1922년 3월의 조사에 따르면 하얼빈(哈爾濱)·빈강현(濱江縣)·쌍성현(雙城縣)·동빈현(同賓縣)·영안현·목릉현·동녕현·부금현(富錦縣)·의란현(依蘭縣)·밀산현(密山縣)과 기타 현에 모두 2,312호, 9,217명에 달하는 조선인들이 거주했다.[20] 3년 뒤에는 그 수가 두 배 정도 증가하였다. 이를 표로 정리하면 다음과 같다.

---

19  현규환, 1967, 앞의 책, 164쪽.
20  김정주 편, 1971, 앞의 책 10, 270쪽.

〈표 1-3〉 북만 지역 한인 이주 현황(1922년 봉천성 기준)(단위: 호, 명)

| 구분 | 하얼빈 | 빈강현 | 쌍성현 | 동빈현 | 영안현 | 목릉현 | 동녕현 | 부금현 | 의란현 | 밀산현 | 호림현 | 합계 |
|---|---|---|---|---|---|---|---|---|---|---|---|---|
| 호수 | 1,100 | 300 | 30 | 500 | 900 | 600 | 1,200 | 30 | 60 | 200 | 200 | 5,120 |
| 인구 | 5,500 | 1,500 | 150 | 2,500 | 4,500 | 3,000 | 3,000 | 150 | 300 | 1,200 | 1,000 | 22,800 |

출처: 「南北滿洲及西伯利在住朝鮮人ノ狀況ニ關スル末松警視 報告ノ件(機密제247호)」, 『朝鮮人ニ對スル施政關係雜件 一般ノ部』 3, 1925.8.15.

## 2. 중일 양국의 재만 조선인 사회에 대한 지배정책

### 1) 북간도 지역에서 중일 양국의 조선인에 대한 정책

1840년 아편전쟁 이후 제정 러시아는 극동지역에 대한 침략을 본격화하였다. 러시아는 1858년 5월의 「애혼조약(璦琿條約)」과 1860년 11월의 「북경조약(北京條約)」을 통하여 청국 정부로부터 흑룡강 이북의 60만$km^2$와 우수리강 이동 40만$km^2$에 달하는 지역을 침탈하였다.[21]

러시아의 침략에 직면한 청국 정부는 1881년 혼춘협령(琿春協領)을 부도통(副都統)으로 승격시키고, 종전에 북간도에서 실시하던 '봉금정책'을 완전 철폐하고 민간인을 이주시켜 변방을 보호하는 '이민실변(移民實邊)'

---

21 常城 主編, 1987, 『東北近現代史綱』, 長春, 東北師範大學出版社, 11~12쪽.

정책을 실시하였다.[22] 그러나 북간도 지역은 변방에 위치했기 때문에 이주민 모집에 어려움이 있었고, 설사 이주했더라도 황무지 개간에는 아예 관심이 없었기 때문에 중국인을 이용한 '이민실변' 정책은 별 효과를 거둘 수 없었다. 그러자 청국 정부는 북간도에 이주한 조선인을 청나라에 귀화시켜 '이민실변' 정책을 실행하는 쪽으로 방향을 전환하였다.[23]

청국 정부는 1889~1894년 사이에 무산·회령·종성·온성·경원 등의 대안 지역을 중심으로 진원보(鎭遠堡)·영원보(寧遠堡)·수원보(綏遠堡)·수원보(安遠堡) 등 4보를 설치하였다. 그리고 4보 산하에 39사(社), 124갑(甲), 415패(牌)를 설치하여 상기 지역에 이주한 20,899명에 달하는 조선인들을 통일적으로 관리하기에 이르렀다. 청국 정부가 4보 39사를 설치한 것은 조선인의 북간도 이주를 공식 승인한 것이었다. 그러나 이러한 조치는 조선인의 청국에의 귀화입적(歸化入籍)과 민족 동화를 전제로 하였다. 즉 조선인의 호적 등록과 조세액을 정하여 편적승과(編籍升科)하고, 민족 동화를 목표로 한 치발역복(薙髮易服)을 실시하였다. 그리고 북간도를 4보 39사가 설치된 월간지역(越墾地域)과 초간지역(招墾地域)으로 구분하여 조선인에 대한 관리를 강화하고자 하였다.[24] 1902년 가을 청국 정부는 남강(南崗, 지금의 연길)에 연길청(延吉廳)을 설치하고, 1903년 2월 대랍자(大拉子)에 화룡욕분방경력(和龍峪分防經歷)을 설치하여 지방행정기구를 정비하였다.[25]

---

22　吳祿貞, 1907, 『延吉邊務報告』, 奉天學務所, 7~8쪽.
23　김춘선, 2016, 앞의 책, 141~172쪽.
24　李澍田 主編, 1991, 「琿春副都統衙門檔案選編」 中, 『長白叢書』 5, 吉林文史出版社, 320~322쪽.
25　延邊檔案館 所藏 吉林邊務處檔案, 「屯墾雜件」, 〈5-2-273〉.

1905년 러일전쟁에서 승리한 일제는 관동주(關東州)를 거점으로 남만 지역 침략에 본격적으로 나섰다. 또 북간도의 영토 문제가 아직 해결되지 않았고, 이곳에 거주하는 '조선인들의 생명·재산'을 보호한다는 명분으로 북간도를 침략하였다. 1907년 8월 일제는 용정촌(龍井村)에 통감부 간도임시파출소를 설립하였다. 그리고 산하에 10개 분견소(分遣所)와 4개 파견소(派遣所)[26]를 설치하였다. 또한 청나라의 지방행정제도에 대응하여 도사장제(都社長制)를 실시하였다. 혼춘과 북간도 서부를 제외한 북간도 지역을 4개 지역, 즉 북도소(北都所)·회령간도(會寧間島)·종성간도(鍾城間島)·무산간도(茂山間島)로 구분하고 각 지역에 도사장(都社長) 1명을 임명하고 산하에 41개 사(社), 290개 촌(村)을 두어 북간도 지역 조선인들을 관리하고자 하였다.[27]

청국 정부는 이 같은 일제의 북간도 침략에 맞서 1907년 10월 국자가(局子街)에 길림변무공서(吉林邊務公署)를 설치하고, 진소상(陳昭常)을 길림변무독판(吉林邊務督辦)으로, 오록정(吳祿貞)을 방판(幇辦)으로 임명하였다.[28] 길림변무공서는 통감부간도파출소가 분견소를 설치한 지역과 조선인 거주 지역에 15개[29] 파판처(派辦處)를 설치하여 간도임시파출소와

---

26  1907년 8월부터 1908년까지 통감부간도임시파출소는 신흥평·국자가·두도구·하천평·동불사·우적동·복사평·팔도구·걸만동·동경대(新興坪·局子街·頭道溝·下泉坪·銅佛寺·禹跡洞·伏沙坪·八道溝·傑滿洞·東京臺) 등 10개 곳에 분견소를 설치했다. 1909년에는 용암평·학성·용담촌·칠도구(龍岩坪·鶴城·龍潭村·七道溝) 등 4개 곳에 파견소(派遣所)를 증설하였다[김정주·오세창 편, 1968, 「間島憲兵分隊及韓國警察官配置人員表」, 『日帝秘錄(1) 間島問題』, 韓國史料硏究所, 463~464쪽].

27  篠田治策 編著, 1909, 『統監府臨時間島派出所紀要』, 岩田寫眞館製版部, 韓國學文獻硏究所 編, 1984, 國境資料叢書 I, 아세아문화사, 167~169쪽.

28  김정주·오세창 편, 1968, 「淸國軍隊及警察官新舊增減調査表」, 위의 책, 159~163쪽.

29  길림변무공서에서 파판처(派辦處)를 15개 지역은 육도구·동성용가·광제·마패·두도

분견소를 상대로 정면 대결을 펼쳤다. 이를 위해 길림변무공서는 파판처에 관할구역 내의 행정권·사법권·군사권·외교권 등을 처리할 수 있는 권한을 부여하였다.[30] 이와 같이 중일 양국은 북간도 지역에 거주하는 조선인의 지배권을 둘러싸고 치열한 공방전을 전개하였다.

일제의 북간도 침략과 더불어 1910~1920년대까지 재만 조선인의 법적 지위에 지대한 영향을 미친, 이른바 '이중국적(二重國籍)' 문제가 발생하였다. 위에서 살펴본 대로 중국 지방 당국은 북간도에 이주한 조선인을 이용하여 '이민실변' 정책을 실시하였다. 그러나 1907년 일제는 북간도에 이주한 조선인의 '생명·재산을 보호'한다는 명목으로 북간도에 대한 침략을 개시하였다. 또 1910년 대한제국을 강제로 합병한 이후에는 아직 귀화입적 수속을 밟지 않은 조선인은 물론이고, 이미 여러 가지 원인으로 중국에 귀화입적한 조선인들도 '일본 신민'의 범주에 포함시켜 치외법권과 영사재판권을 앞세워 조선인에 대한 통치권을 주장하였다. 일제의 이러한 침략 논리에 대응하여 중국 지방 당국은 재만 조선인의 귀화입적을 권장하는 자국민화 정책으로 맞섰다. 1931년 만주 침략 전까지 일제가 재만 조선인의 신분을 만주 침략에 이용하려는 의도를 끝까지 포기하지 않으면서 재만 조선인의 '이중국적' 문제는 중일 양국 간에 타협할 수 없는 현안으로 남았다. 재만 조선인이 중국인인가 아니면 일본제국의 '신민(臣民)'인가 하는 '이중국적' 문제는 중일 양국이 재만 조선인에 대한 통치권

---

구·화룡·화호리구·동불사·외육도구·팔도구·이도강·백초구·양수천자·흑정자·계사처(六道溝·東盛湧街·光霽·馬牌·頭道溝·和龍·火狐狸溝·銅佛寺·外六道溝·八道溝·二道江·百草溝·涼水泉子·黑頂子·稽查處) 등이었다(徐世昌 等編, 「邊務 延吉篇」, 『東三省政略』卷一, 29쪽).

30 徐世昌 等編, 위의 글, 『東三省政略』卷一, 25~28쪽.

을 둘러싸고 벌인 치열한 쟁탈전이었다.

1909년 9월 일제는 간도영유권을 청에 양보하는 조건으로 남만 지역에서 더욱 많은 침략 이권을 획득하는[31] 「도문강중한계무조관(圖們江中韓界務條約)」과 「만몽5안건(滿蒙五案件)」에 관한 조약을 체결하였다.[32] 청 정부가 「도문강중한계무조관」에 의하여 북간도에 거주한 조선인들에게 거주권, 토지와 가옥 소유권, 국경 자유왕래 및 자유무역 등 권리를 부여한 것으로 되어 있지만(제5조), 상기 거주권과 토지소유권은 엄격히 제한되었고, 조선인이 북간도에 이주한 기정사실을 법적으로 승인한 것에 지나지 않았다.

우선 조선인들의 거주를 인정한 '간지(墾地)'의 범위를 보면 연길현(延吉縣)·화룡현(和龍縣)·왕청현 춘융향(汪淸縣 春融鄕)의 일부 지역과 안도현(安圖縣)의 홍기하사(紅旗河社) 지방에 해당되고, 왕청현의 대부분 지역과 혼춘현은 제외되었다.[33]

다음으로 청국 정부는 '한민(韓民)이 소유한 토지'를 조선인이 무주지(無主地)를 스스로 개간하여 종전부터 사실상 점유한 것만을 의미한다고 해석하였다. 또 토지소유권은 귀화를 전제로 인정했기 때문에 비귀화 조선인들에게는 토지소유권이 없었다.[34] 이와 같이 청국 정부는 제한된 토

---

31 일제는 간도영유권을 청에 양보하는 대신에 남만 지역에서 1) 만철의 병행선이 되는 신법(新民屯-法庫門間)철도 부설권 문제, 2) 대석교(大石橋) 영구간(營口間)의 지선(支線) 문제, 3) 경봉선(京奉線) 철도를 봉천성 밑까지 연장하는 문제, 4) 무순·연태(撫順·煙台) 탄광의 채굴권 문제, 5) 안봉선(安奉線) 연선(沿線)의 광산 채굴권 등 침략이권을 획득하고자 하였다.

32 日本外務省, 1965, 『日本外交年表竝主要文書』 上, 原書房, 324~326쪽.

33 東亞經濟調査局, 1928, 「東部吉林省經濟事情」, 『經濟資料』 14-2, 6쪽.

34 天野元之助, 1931, 「間島朝鮮人の條約上の權利」, 『間島に於ける朝鮮人問題に就い

지소유권이기는 하지만 조선인을 자국민화하는 정책 목표를 달성하는 데 철저히 이용하였다.

한편 「도문강중한계무조관」에 새롭게 추가된 내용도 있었다. 조선인에 대한 재판권 문제이다. 즉 북간도 잡거(雜居)구역인 간지(墾地)에 거주하는 조선인들은 청국(淸國)의 법권(法權)에 복종해야 하고, 청국 지방관(地方官)의 재판을 받아야 한다고 규정했다. 하지만 이와 함께 일본영사관은 동 지역에 거주하는 조선인의 재판권과 관련한 입회권(立會權)·지조권(知照權)·복심청구권(覆審請求權) 등을 승인받음으로써 실제로는 조선인들에 대한 통치권을 확보하였다(제4조). 이처럼 「도문강중한계무조관」 제4조는 중일 양국이 조선인 재판권을 둘러싸고 아전인수격으로 조선인에 대한 통치권을 주장하는 분쟁의 씨앗을 묻었다.

「도문강중한계무조관」 체결 후 일제는 북간도에서 통감부간도임시파출소를 철수하고 대신 영사관을 설치하였다. 북간도일본영사관 설치와 더불어 조선인 사회에 대한 지배를 둘러싸고 중일 양국 간의 충돌은 새로운 양상으로 전개되었다.

1909년 11월 2일 일본은 「도문강중한계무조관」에 따라 통감부간도임시파출소를 철수하고 용정(龍井)에 간도일본총영사관을 개설하였다. 그리고 두도구·국자가·백초구·혼춘 등지에 선후로 영사분관을 설치하였는데 개관 일시는 〈표 1-4〉와 같다.

---

て』, 大連, 中日文化協會, 50~53쪽.

〈표 1-4〉 일본총영사관과 영사분관 설치 상황

| 영사관 명칭 | 개관 일시 |
|---|---|
| 간도일본총영사관 | 1909. 11. 2 |
| 간도총영사관 국자가영사분관 | 1909. 11. 2 |
| 간도총영사관 두도구영사분관 | 1909. 11. 9 |
| 간도총영사관 백초구출장소(분관) | 1910. 2. 27 |
| 간도총영사관 혼춘 영사분관 | 1910. 12. 11 |

출처: 국회도서관 소장 마이크로필름자료, 『外務省警察史 間島ノ部』 SP. 205 - 5, 202~216쪽(여기서 SP는 SPECIAL STUDIES의 약자로 특수문서를 지칭한다-필자 주).

    일본영사관 설치 이후 일제의 북간도 침략은 새로운 양상으로 전개되었다. 새롭게 설립된 일본영사관의 활동 범위가 상부지(商埠地: 청국이 외국인 거류지로 개방한 지역)로 제한되면서 통감부간도임시파출소 시기보다 일시적으로 위축되는 양상을 보였다. 일본영사관의 활동 범위는 중국에서 개방한 용정촌·국자가·두도구·백초구·혼춘 5개 상부지로 크게 축소되었다. 이에 따라 영사관 인원도 간도임시파출소 때보다 감축된 규모로 편성되었다. 그렇지만 영사관의 인적 구성을 볼 때 무장 경찰이 대부분을 차지함으로써 그 임무와 역할 면에서는 간도임시파출소 때와 크게 달라진 것이 없었다.[35] 오히려 영사관 내 경찰의 숫자는 시간이 갈수록 더욱 증가하는 추세를 보였다. 1910년대 북간도 지역 일본영사관 산

---

[35] 일본 외무성은 총영사 1명, 부영사 2명, 서기생 2명, 통역생 2명과 외무성 순사 33명, 장춘영사관에서 파견된 경찰 2명, 통감부간도임시파출소 소속 헌병 가운데 잔류를 희망하는 20명을 포함하여 모두 62명 인원으로 북간도에 영사관을 설립하였다(『外務省警察史 間島ノ部』 SP. 205-5, 199~201쪽).

하 경찰력은 1909년 설립 당시는 55명, 1918년 100명, 1920년 5월 240명, 1921년 11월 322명, 1930년 12월 596명으로 대폭 증가하였다.[36] 즉 북간도일본영사관의 주요 임무는 외교적 역할 못지않게 자국민 보호를 내세운 무장 침략의 역할도 크게 중시되었음을 알 수 있다. 이 같은 사실은 북간도일본영사관이 일본 외무성과 조선총독부의 지휘를 동시에 받는 이원체제로 운영된 점에서도 나타났다.

강제병합 이후 북간도는 한민족의 국외 독립운동기지로 부상하였다. 따라서 한반도를 통치하던 조선총독부는 북간도 조선인 사회와 '치안 상황'에 특별한 관심을 가졌다. 조선총독부는 간도임시파출소를 철수시킨 이후에도 북간도일본영사관을 통하여 '간도 문제(間島問題)'에 깊숙이 개입하였다. 조선총독부가 '간도 문제'에 지속적으로 개입할 수 있었던 제도적인 장치로는 다음과 같은 것들이 있었다.

우선 일제는 1911년 3월 3일 중의원(衆議院)에서 제정한 「간도 영사재판권에 대한 법률안」을 통해 조선총독부에 간도총영사관에서 영사재판권을 행사하여 접수 처리한 모든 사건을 최종 심의 판결하는 권리를 부여하였다. 이에 따라 조선총독부는 간도에서 발생한 사형·무기징역 또는 단기 1년 이상의 징역 혹은 금고(禁錮)에 해당하는 '범죄'와 형사사건에 관여된 '범인'을 북간도일본영사관으로부터 인계받아 처리할 수 있는 권리를 확보하였다.

또한 조선총독부는 금융 조직을 설립하여 북간도 지역 조선인들의 경제생활에 직접 개입하였다. 1911년 5월 용정촌에서 발생한 화재는[37] 조

---

36 李盛煥, 1991, 『近代東アジアの政治力學間島をめぐる日中朝關係の史的展開』, 錦正社, 99쪽.
37 5월 9일 오후 1시 용정 시가지 중심에서 발생한 화재로 시내 70퍼센트에 달하는 가옥

선총독부에게 금융 조직을 설립할 수 있는 기회를 제공하였다. 같은 해 9월 23일 조선총독부는 용정촌의 일본인과 조선인 세력을 만회하기 위해[38] 자본금 2만 5천 엔을 투자하여 간도용정촌구제회(間島龍井村救濟會)를 설립하였다. 용정촌구제회는 조선총독부의 출자로 설립되었지만 모든 업무는 재간도 총영사가 관장하였다. 본부도 용정총영사관 내에 설치하였다.[39] 간도용정촌구제회의 설립은 간도총영사관을 앞세운 일제의 식민지 자본이 북간도 조선인 사회를 잠식하는 효시가 되었다.

조선총독부는 간도와 안동의 총영사와 부영사를 총독부 관리로 임명하여[40] 영사관 활동에 조선총독부의 정책 결정사항이 일상적으로 반영되도록 하였다. 조선총독부는 내훈(內訓) 제1호를 통하여 전염병이나 위생 문제에 이르기까지 총영사와 영사의 사명을 구체적으로 명시하였다. 그 가운데 제2항의 조선인 문제가 주목된다. 총영사는 매년 두 차례 정기적으로 조선인의 상황과 조선인 자치조직에 대한 조사 결과를 보고하도록 하였다. 그리고 모든 문제를 현지의 간도 파견장교 및 함경남북도장관, 경

---

이 훼손되었다. 그 가운데서도 조선인들이 입은 손실은 가장 컸다. 조선인 2명이 불에 타 죽고 가옥 140채가 파손되었다. 일본인 가옥 40채, 중국인 가옥 20채도 동시에 불에 탔다(「龍井村ノ大火」, 『日本外務省 特殊調査文書』 11, 321쪽).

38 「當商埠地內日鮮人所有地保留方ニ關シ朝鮮總督府ト往復ノ件」, 明治44年 7月 31日 在間島總領事永瀧久吉이 외무대신에게 올린 보고서, 『韓國侵略史料集 間島關係(開放及調查)』 1, 142~143쪽.

39 조선총독부는 재간도 총영사를 총독부 서기관으로 임명하면서, 총영사에게 부여한 4가지 사명 가운데 하나로 구제회 운영상황을 정기적으로 보고할 것을 요구하였다(「在間島朝鮮總督府書記官又ハ朝鮮總督府事務官事務取扱方」, 大正2年 2月 7日 朝鮮總督府內訓 第1號, 『日本外務省 特殊調査文書』 11, 370쪽).

40 1912년 11월 26일 일제는 간도와 안동에 근무하는 총영사 또는 영사를 조선총독부 서기관을, 부영사는 조선총독부 사무관을 겸임하도록 하였다(大正元年11月26日 勅令 第48號, 『外務省警察史』 SP.205-5, 364쪽).

무부장 등 총독부의 관리와 협의토록 지시하였다.[41]

일본영사관은 조직계통상 일본 외무성 소속이었지만, 조선총독부와 밀접한 관계를 이루며 북간도 침략의 첨병 역할을 담당하였다. 따라서 일본영사관이 설립된 후, 일제의 북간도 침략은 일본 외무성이 주축을 이루고 조선총독부가 협조하는 이원체제로 전환하였다. 「도문강중한계무조관」 체결 이후 중국 지방 당국도 일제의 영사관 체제에 대응하여 행정기구 통폐합을 단행하였다. 이 시기 중국 지방 당국의 행정기구 개편을 살펴보면 〈표 1-5〉와 같다.

〈표 1-5〉 북간도 지역 중국 지방 당국 행정기구 변천 일람표

| 개편 전 명칭 | 개편 혹은 신설된 기구 | 대표자(이름) | 개편 시기 |
| --- | --- | --- | --- |
| 길림성 | 동남로병비도<br>동북로병비도<br>서남로병비도<br>서북로병비도 | 도원 | 1909.8.8 |
| 혼춘부도통 | 동남로병비도 | 도원(곽종희) | 1909.9.5 |
| 연길청 | 상부국·상부분국 | 총판(도빈) | 1909.9.20 |
| | 연길부로 승격 | 지부(도빈) | 1909.11.27 |
| | 혼춘청을 신설 | 동지(주유정) | 1909.12.25 |
| 길림변무독판공서 | 변무공서를 폐지하고<br>사무를 동남로병비도에 인계 | | 1910.1.24 |
| | 왕청 설치국 | 설치위원(오훈언) | 1910.2.5 |

---

41 「在間島朝鮮總督府書記官又ハ朝鮮總督府事務官事務取扱方」, 大正2年2月 7日, 朝鮮總督府內訓 第1號, 『日本外務省 特殊調査文書』 11, 370쪽.

| 연길청 | 연길부·혼춘청·화룡·왕청 등 4개 지역으로 새롭게 획분 | | 1910.2.27 |
|---|---|---|---|
| 화룡욕분방경력 | 화룡현으로 승격 | | 1910.3.11 |
| 동남로병비도 | 동남로관찰사공서 | 관찰사(도빈) | 1913.1.29 |
| 혼춘청 | 혼춘현 | 지사 | 1913.3.10 |
| 동남로관찰사공서 | 연길도윤공서 | 도윤(도빈) | 1914.6.6 |

출처: 延邊朝鮮族自治州檔案館 編, 1990, 『延邊大事記 1712~1988』, 延吉, 延邊大學出版社, 29~44쪽.

〈표 1-5〉를 보면 중국 지방 당국은 1909~1914년까지 북간도 지역에서 여러 차례 행정기구 개편을 단행하였다. 행정기구 개편 방향은 두 가지였다. 하나는 일제의 영사관 체제에 효과적으로 대응하는 것이고, 다른 하나는 지방 행정을 강화하는 것이었다.

중국 지방 당국은 일제의 영사관 체제에 대응하기 위한 조치로 기존의 혼춘부도통(琿春副都統)이나 연길변무독판공서(延吉邊務督辦公署)를 철폐시켜 행정업무를 동남로병비도(東南路兵備道)로 통일시켰다. 동남로병비도는 그 뒤로 동남로관찰사공서(東南路觀察使公署)와 연길도윤공서(延吉道尹公署)로 개편되었다. 또한 이 시기에 연길(延吉)·화룡(和龍)·왕청(汪淸) 3개 현을 설치하였다. 연길현은 국자가에, 화룡현은 대랍자에, 왕청현[42]은 백초구에 각기 현 공서를 설치하였다.

이러한 현공서의 설치는 지방행정체제의 정비보다 일본 측의 영사분관 설치에 대응하기 위한 측면이 크다. 왕청현공서의 설치 과정을 보면

---

42 왕청현을 설치한 것은 당시 북간도 지역에서 왕청현만이 잡거구(雜居區)와 비잡거구(非雜居區)로 나누어져 있었던 점과 무관하지 않았다. 즉 이 시기 중국 정부의 조선인에 대한 귀화입적 정책과 토지소유권 정책의 향배를 집중적으로 반영했기 때문이었다.

1909년 말 간도총영사관에서 백초구에 영사분관을 설치하자, 동남로병비도에서도 백초구에 현공서 설립을 서둘러 1910년 3월 정식으로 왕청현을 설치하였다. 당시 왕청현 지사였던 장조주(張朝柱)는 왕청현의 설치 목적을 "한교 문제(韓僑問題)를 해결하려는 것이 주된 목적이었고, 내정시설(內政設施)은 차요한 것"[43]이라고 언급하였다. 이는 중국 지방 당국의 행정기구 개편 목적을 뚜렷하게 보여 준다.

중국 당국의 지배 체제 강화와 더불어 주목할 것은 말단 행정기구의 운영이었다. 신설된 각 현에서는 말단 행정기구로 기존의 사(社) 또는 향(鄕) 체제를 그대로 유지하였다.[44] 1894년 4보 39사가 세워진 이래 사는 지방 말단 행정을 담당하는 실질적 역할을 수행하였다. 중국 지방 당국은 사의 책임자인 사장(社長)과 갑장(甲長)을 통해 조선인 사회를 통제하였다. 사장과 갑장은 귀화 조선인이나 중국인이 맡았다. 사장의 책무는 중국 당국의 법령을 향민(鄕民)들에게 주지시키고 징세(徵稅) 사무에 협조하는 것이었다. 특히 토지를 매매할 경우 반드시 사장의 증빙서류를 첨부하여 현지사(縣知事)에게 제출해야 했다. 촌락 내의 치안을 유지하고 향민의 복리를 도모하는 것도 사장의 책무였다. 사장의 행정업무를 돕기 위해 각 부락은 갑장·부장(部長)을 1명씩 선출하였다.[45]

중국 당국은 대다수의 비귀화 조선인에 대한 지배를 사, 향의 귀화 조

---

43 張朝柱, 1913, 『汪淸縣政治報告書』 1册, 「序言」, 5쪽, "韓民越墾喧賓奪主久爲邊患矣, 在設治目的名義上與普通爲治之設施無異, 實際上則韓僑問題爲第一要着, 內政設施猶其次也".

44 사(社) 또는 향(鄕)의 수장(首長)을 사장·향장·향약·향정(社長·鄕長·鄕約·鄕正)이라 불렀다(朝鮮總督府, 『國境地方視察復命書』, 200~202쪽).

45 朝鮮總督府, 위의 책, 200~202쪽.

선인이나 중국인 사장, 갑장을 통하여 관철시켜 나갔다. 이들 사장 내지 갑장들은 비귀화 조선인들을 중국 지방 당국의 통치체제 속에 편입시키고, 일본영사관 세력이 조선인 사회를 침투하려고 할 때 일선에서 저지하는 역할을 담당하였다.

북간도일본영사관은 자국민 보호를 내세워 영사관 경찰병력을 보충했지만, 정작 북간도에 거주하는 일본인의 수는 그리 많지 않았다. 1907~1928년 사이 북간도에 거주한 일본인의 수는 〈표 1-6〉과 같다.

〈표 1-6〉 1907~1926년 북간도 거류 일본인(단위: 명)

| 연도 | 일본인 수 | 연도 | 일본인 수 |
|---|---|---|---|
| 1907 | 100 | 1913 | 240 |
| 1908 | 250 | 1914 | 230 |
| 1909 | 270 | 1915 | 295 |
| 1910 | 200 | 1916 | 519 |
| 1911 | 170 | 1925 | 1,978 |
| 1912 | 200 | 1928 | 2,115 |

출처: 1907~1916년은 南滿洲鐵道株式會社 總務部調查課, 1918, 『調査資料 第2輯-間島事情』, 13~14쪽; 1925년은 韓國史料硏究所, 1971, 『朝鮮統治史料』10, 347쪽; 1928년은 고려서림 영인본, 1990, 『齋藤實文書』 11, 148쪽.

〈표 1-6〉을 통해 알 수 있듯이, 1907~1915년까지 북간도에 거주한 일본인의 수는 300명에도 못 미치는 극히 미미한 정도였다. 특히 영사관이 설립된 초창기에는 간도파출소 시기보다 오히려 감소한 것으로 나타났다. 일본영사관 입장에서 보면, 얼마 안 되는 일본인의 신변 안전과 무역활동 보호를 빙자하여 활동 범위를 넓혀 간다는 것은 사실상 어려운 일

이었다. 이에 일본영사관은 북간도 지역 인구의 80퍼센트 이상을 차지한 조선인을 이용해 침략세력을 확대하고자 했다. 이 같은 시도는 1915년 「만몽조약(滿蒙條約)」[46]을 체결한 후 더욱 노골화되었다.

　1915년 중일 양국 사이에 체결된 「만몽조약」은 일본영사관의 세력 확장이라는 측면에서 획기적인 전기를 마련하였다. 북간도에 「만몽조약」을 적용하면, 간지(墾地)에 거주하는 조선인을 '일본 신민'으로 간주할 수 있기 때문에 영사관의 활동무대가 기존의 상부지에서 북간도 전역으로 확대된다. 또한 북간도 지역 조선인에게 토지상조권을 부여하여 조선인을 토지침탈에 이용할 수 있었다. 이는 조선인들을 '거류민'으로 간주하여 일본영사관의 지휘와 감독을 받는 조선인거류민회를 합법적으로 조직할 수 있는 근거가 되었다. 일본의 주장은 중국 측의 강한 반발에 부딪혔지만, 일본영사관은 침략세력 확장 계획을 집요하게 추진시켜 나갔다. 이 계획은 1916년 12월부터 일본영사관이 조선인민회를 설립하는 것으로 나타났다. 일본영사관은 우선 중국의 세력이 확실하게 미치는 상부지와 인근 지역에서 조선인민회를 설립하였다.

　「도문강중한계무조관」과 「만몽조약」을 거치면서 북간도 조선인 사회를 장악하려는 중일 양국의 공방전은 조선인에 대한 재판권과 교육권을 둘러싸고 더욱 치열한 양상으로 전개되었다. 「만몽조약」의 시행기간(조약 체결 후 3개월 후인 8월 26일)이 다가오자 일본영사관은 북간도 지역 조선인

---

46　1915년 5월 25일 일본은 원세개를 협박하여 「남만주 및 동부 내몽고에 관한 조약」을 체결하였다. 이 조약을 흔히 「만몽조약」이라 부른다. 일본은 이 조약을 통하여 남만주와 동부 내몽고지역에서 토지를 상조(商租)할 수 있는 토지상조권을 획득하였다. 그러나 중일 양국 토지상조권 내용, 토지상조권의 적용 범위, 적용 대상에 대한 해석을 둘러싸고 첨예한 대립을 보였다(日本外務省, 1965, 『日本外交年表竝主要文書』上, 原書房, 406~407쪽; 東亞勸業株式會社, 1926, 『南滿洲に於ける土地商租權問題』, 17~18쪽).

들의 민·형사에 관한 소송을 수리하고 상부지 외곽지역에서도 치외법권을 행사하기 시작했다. 그리고 간도임시파출소 시기인 1908년 7월 용정에 보통학교를 설립하여 조선인들을 상대로 친일교육을 시작하였다. 그 후로 두도구(1916.4), 국자가(1917.4), 백초구(1917.7), 혼춘(1918.5) 등지에 보통학교를 설립하는 한편 부속서당을 확장하고 조선인사립학교를 친일학교로 변질시켜 조선인 사회에서 친일교육의 기반을 확대하였다.[47]

중국 지방 당국은 일제의 침략에 맞서 조선인의 귀화입적(歸化入籍)을 적극 권장하였다. 조선인을 일제의 세력범위에서 완전히 벗어나 중화민국의 국민으로 만드는 방법과 교육을 획일화하는 방법을 통하여 조선인의 자연동화를 추진하고자 하였다. 1915년 10월 연길현(延吉縣) 권학소원(勸學所員) 정란간(鄭蘭幹)은 연길도윤(延吉道尹)에게 「건백서(建白書)」를 올려 조선인의 귀화입적을 적극적으로 유도하는 방안을 제안하였다.[48] 1915년 화룡현에서는 「화룡현간민입적간장(和龍縣墾民入籍簡章)」을 제정하여 조선인들의 귀화입적을 권장하였다.[49] 또한 일제의 친일교육에 맞서 연길도윤공서(延吉道尹公署)는 「획일간민교육법(劃一墾民教育法)」을 제정하여 조선인 교육을 중국 지방 당국의 관리·감독하에 두고자 하였다.[50]

이러한 상황에서 북간도 조선인 교육을 이끌어 오던 간민교육회(墾民教育會)는 중국 당국의 「획일간민교육법」에 순응하면서도 조선인 교육의 특수성을 유지하는 방법을 모색하기로 하였다.[51] 중국 지방 당국이 조선

---

47 박규찬 주편, 1991, 『중국조선족교육사』, 동북조선민족교육출판사, 89쪽.
48 東洋拓殖株式會社京城支店, 1918, 『間島事情』, 日韓印刷所, 42~43쪽.
49 현규환, 1967, 앞의 책, 242쪽.
50 박규찬 주편, 1991, 위의 책, 77쪽.
51 박규찬 주편, 1991, 위의 책, 78쪽.

인학교에서 한국 역사와 한글, 지리 등 교과목을 공식적으로 설치하는 것을 승인하지 않았지만, 간민교육회는 비밀리에 이를 가르치는 방법으로 대응하였다.

### 2) 남만 지역에서 중일 양국의 조선인 사회에 대한 정책

1911년의 신해혁명(辛亥革命)은 청나라의 봉건통치를 종식시켰다. 그러나 손문(孫文)의 혁명세력과는 무관한 원세개(袁世凱)가 중화민국의 권력을 장악하면서, 중국은 또 한 차례 혁명과 보수의 갈등을 겪었다. 특히 1916년 원세개 사후 만주에서는 장작림(張作霖)이 새로운 실력자로 등장하면서 봉계군벌(奉系軍閥)을 형성하기 시작하였다. 1910년대 중반부터 봉계군벌이 만주의 실질 권력을 장악하였다.[52]

중국 지방 당국의 남만에 이주한 조선인에 대한 정책을 살펴보면 다음과 같다. 남만 지역에서 '이민실변' 정책을 추진한 청 정부는 국가 세수 수입 증대를 위해 조선인의 이주를 환영하였다. 따라서 이주자들에게 여러 가지 편의를 제공하고 어떠한 정치적 단속도 실시하지 않았다.[53] 그러나 청에 귀화입적한 조선인 외에는 토지소유권을 인정하지 않았으며 이미 개간하여 경작한 토지마저 몰수하였다.[54] 귀화하지 않은 대부분의 이

---

52 小林英夫, 1996, 『滿鐵「知の集團」の誕生と死』, 吉川弘文館, 90~92쪽.
53 日本外務省編, 『日本의 韓國侵略史料叢書』, 韓國出版文化院, 229쪽.
54 예를 들면, 1907년 청국 정부는 혜산진(惠山鎭) 대안의 탑전자(塔甸子)에 장백부(長白府)를 설치하고 장백부의 관할구역 내 경작지를 고전(古田)과 신전(新田)으로 획분하였다. 장백부는 조선인들이 경작하던 고전을 일정한 기한을 정하여 경작토록 했다. 그 후 조선인들의 토지를 몰수하여 새로 이주한 중국인 이주자들에게 분여하였던 것이다.

주 조선인들은 중국인 지주의 소작농으로 생활할 수밖에 없었다.

1905년 러일전쟁 후 일제는 남만주 침략을 본격적으로 시작하였고, 1910년 대한제국을 강제병합한 이후에는 이주 조선인을 만주 침략에 적극적으로 이용하려 하였다. 즉 일제는 재만 조선인도 '일본 신민'의 범위에 포함시키고 영사재판권을 주장하면서 침략세력의 확장을 시도하였다. 이에 중국 지방 당국은 일제가 만주를 침략하는 빌미를 미리 차단할 목적으로 이주 조선인들에게 귀화입적을 강요하였다. 입적자들에게는 토지소유권을 부여하고, 아동을 학교에 보낼 수 있도록 하며, 소송에서 편의를 봐주는 등 조건을 제시하며 조선인들의 입적을 유도하였다. 임강현의 경우 1908년부터 조선인 이주자들의 입적을 추진한 결과, 1914년에는 임강현 조선인의 3분의 1을 입적시켰다.[55]

그러나 일제는 중국 국적에 입적한 조선인들을 포기하지 않았다. 일본의 국적법이 한국에는 적용되지 않는다는 점을 들어, 중국 국적을 취득한 조선인들을 여전히 '일본 신민'으로 간주하면서 영사재판권을 행사하려 했다. 일제가 재만 조선인 '이중국적' 문제를 포기하지 않자, 중국 지방 당국도 재만 조선인을 중국 국적에 가입시키는 기존의 정책을 포기할 수밖에 없었다. 특히 1925년 「미쓰야협정(三矢協定)」이 체결된 후, 중국 지방 당국은 재만 조선인을 이용하여 침략세력을 확장하고자 하는 일제의 시도를 미리 차단하기 위해 재만 조선인에 대한 구축과 압박정책을 본격적으로 실시하기에 이르렀다.

1905년 러일전쟁의 승리로 일본은 만주 침략의 새로운 발판을 마련하였다. 일제는 관동도독부(關東都督府) · 남만주철도주식회사(南滿洲鐵道株

---

[55] 朝鮮總督府, 1915, 「國境地方視察復命書」, 김정주 편, 1971, 앞의 책, 929~930쪽.

式會社-이하 만철로 약함)·관동군(關東軍)·일본영사관 등 4대 침략기관을 앞세워 본격적인 만주 침략에 나섰다.[56] 여기서는 조선인민회와 직접적인 연관이 있는 일본영사관의 설립만 살펴본다.

일제는 관동주와 만철철도 부속지(附屬地)를 제외한 지역에는 영사관을 설립하는 방법으로 세력을 확장시켜 나갔다. 남·북만 지역의 개항지와 만철 연선의 대도시 그리고 만주의 행정 중심지에 일본영사관을 설립하였다. 그 설립 상황은 〈표 1-7〉과 같다.

〈표 1-7〉 남·북만 지역 일본영사관의 설치와 경찰 배치(단위: 명)

| 설치 당시 명칭 | 영사관 개설 시기 | 경찰 설치 시기 | 경찰수 |
| --- | --- | --- | --- |
| 우장영사관 | 1897.6.30 | 1904.8.31 | 2 |
| 안동영사관 | 1906.5.1 | 1906.6.6 | 3 |
| 봉천총영사관 | 1906.6.1 | 1906.6.1 | 22 |
| 봉천총영사관 철령출장소 | 1906.8.1 | 1906.7.9 | 2 |
| 봉천총영사관 요양출장소 | 1906.8.1 | 1906.8.7 | 4 |
| 봉천총영사관 장춘분관 | 1906.11.15 | 1906.11.5 | 6 |
| 하얼빈총영사관 | 1907.3.8 | 1907.3.8 | 6 |
| 길림영사관 | 1907.3.10 | 1907.3.9 | 4 |
| 치치하얼영사관 | 1908.10.29 | 1908.10.10 | 6 |
| 철령영사관 해룡분관 | 1916.10.4 | 1916.9.29 | 3 |
| 철령영사관 도록분관 | 1916.10.11 | 1916.9.10 | 3 |

---

56 관동도독부, 남만주철도주식회사, 관동군 설립과 관련된 구체적인 내용은 김태국의 학위논문(『만주 지역 '조선인민회' 연구』, 국민대학교 박사학위논문, 2001, 112~114쪽)을 참조.

| 봉천총영사관 정가둔분관 | 1916 | 1916.10.16 | 3 |
| 봉천총영사관 통화분관 | 1917.2.28 | 1917.2 | 3 |

출처: * 영사관 설립 시기는 副島昭一, 1990, 「中國における日本の領事館警察」, 『和歌山大學教育學部紀要 人文科學』 39; 田中隆一, 2001, 「朝鮮統治における'在滿朝鮮人問題'」, 『東洋文化研究』 3, 學習院大學東洋文化研究所, 136~137쪽에서 재인용.
** 영사관 설립 당시의 명칭, 경찰 설치 시기, 설치 당시의 경찰 수는 대한민국 국회도서관 마이크로필름 자료, 『外務省警察史 間島ノ部』, SP. 205-3, 2376~2379쪽에 의하여 작성.

〈표 1-7〉로 알 수 있듯이, 일제는 남·북만 지역에 모두 13개의 일본영사관을 설립하였다. 만주가 개방되기 시작한 직후에 1개, 러일전쟁 후 8개, 1915년 「만몽조약」 체결 후 4개를 설립하였다. 북간도 지역에서 조선인이 집중된 도회지나 중국지방관청의 소재지에 영사기관이 설립된 것에 비해 남만 지역에서는 개항장, 중국 지방 당국의 행정 소재지, 대도시, 교통 요충지에 일본영사관이 설립된 것이 특징이다.

우선 일본영사관이 가장 일찍 설립된 우장(牛莊)은 제2차 아편전쟁 직후 1861년 영국과 청국이 체결한 「천진조약(天津條約)」[57]으로 개방된 만주 지역 첫 번째 개항장이었다.

다음으로 봉천성·길림성(吉林省)·흑룡강성 등 3개 성 정부 소재지인 봉천·길림·치치하얼은 중국 지방 당국의 행정 중심지였다. 철령·요양(遼陽)·장춘 등은 남만 지역의 중심 도시이자 만철이 통과하는 지역이었다. 안동은 한반도와 만주를 잇는 주요한 관문 지역이므로 영사관이 설립된 것으로 보인다. 하얼빈은 북만 지역 최대 도시로, 중동선철도의 중추 역할을 담당했다. 러시아가 만주에서 침략 이권을 확보하는 데 있어 가장

---

57 常城 主編, 1987, 『東北近現代史綱』, 東北師範大學出版社, 13쪽.

중요한 거점도시가 하얼빈이었다면, 만주 침략을 추진하던 일본에게도 하얼빈은 매우 중요했다.

그리고 해룡(海龍)·도록(掏鹿)·정가둔(鄭家屯)·통화(通化) 등지에 영사분관이 설치된 것은 1915년 「만몽조약」 체결과 밀접한 관련이 있는 것으로 보인다. 여기에 인근의 동풍(東豊)·서풍(西豊)·유하(柳河)·휘남(輝南)·신빈(新賓)·환인(桓仁)·집안(輯安)·임강(臨江)·장백(長白) 등 현에 형성된 조선인 사회를 통제하기 위해서도 영사기관의 설립은 대단히 필요하였다. 정가둔은 만주에서 몽골로 들어가는 길목에 해당하는 지역이다. 이곳은 토지가 비옥하고 농업이 발달하여 봉천성에서도 유명한 곡창지대이다.[58] 정가둔에 조선인 이주가 시작된 것은 영사분관이 설립되고, 1917년 봄 사평가(四平街)에서 정가둔에 이르는 철도가 개통된 뒤였다.[59] 따라서 정가둔이 지니는 지리적 위치의 중요성 때문에 영사분관이 설치된 것으로 보인다. 이처럼 1916년 이후는 그 전과 달리 남·북만 지역 조선인 사회를 통제할 목적으로 영사관이 설립되었음을 알 수 있다.

1910년 대한제국이 멸망한 후 한국 독립운동 진영에서는 재만 조선인 사회를 기반으로 망명촌 건설, 민족교육 실시, 독립군 양성이라는 단계를 거치면서 독립운동기지를 건설하였다. 유하현(柳河縣)·통화현·집안현·환인현 등 압록강 북안 지역에서 독립운동 단체가 경학사(耕學社, 1911~1913)·공리회(共理會, 1913~1916)·부민단(扶民團, 1916~1919)과 한족회(韓族會)로 변천하면서 독립운동기지 건설운동을 전개하였다.[60]

---

58 龜岡榮吉, 1927, 『朝鮮 鐵道沿線要覽』, 朝鮮拓殖資料調査會, 1097쪽.

59 「鄭家屯朝鮮人會」, 『全滿朝鮮人民會聯合會會報』 20(이하 『會報』로 줄여서 인용·), 1934년 10월, 23쪽.

60 서중석, 2001, 『신흥무관학교와 망명자들』, 역사비평사, 91~104쪽; 조동걸, 2001, 「滿

일본영사관은 재만 조선인 사회를 통제할 수 있는 조선인 사회단체의 설립을 적극적으로 추진하였다. 그로 인해 만주 지역에 설립된 일본인거류민회를 모방한 조선인 친일조직이 설립되었다. 남·북만 지역 조선인회는 이러한 배경에서 설립되었다.

---

洲에서 전개된 한국 독립운동의 의의: 청산리전쟁 80주년의 회고와 반성」, 『한국근현대사의 이상과 형상』, 푸른역사, 358~360쪽.

# 제2장
## 1910~1920년대 조선인민회의 설립과 활동

## 1. 만주 지역에서 조선인민회의 설립

### 1) 북간도 지역 조선인민회의 설립

북간도 지역 조선인민회는 1916년 12월 혼춘조선민공회(朝鮮民公會)에서 비롯하여 용정(龍井)·두도구(頭道溝)·국자가(局子街)·팔도구(八道溝)·백초구(百草溝)·남양평(南陽坪)·동불사(銅佛寺)·천보산(天寶山)·이도구(二道溝)·의란구(依蘭溝)·가야하(嘎呀河)·양수천자(凉水泉子)·두도구(頭道溝-혼춘현)·흑정자(黑頂子)·대랍자(大拉子)·부동(釜洞)·걸만동(傑滿洞) 등 18개 지역에 설치되었다. 이들 민회는 설립 시기를 다른데, 1920년「경신참변」을 전후하여 두 시기로 나눌 수 있다.

일제는 1915년「만몽조약」체결을 계기로 북간도 지역에서 조선인을 이용한 침략세력 확장을 시도하였다. 이 같은 음모는 북간도 지역의 조선인 친일단체들을 일본거류민회의 규칙에 준해 일본영사관의 지휘와 감독을 받는 단체로 설립한 후 대륙 침략정책에 이용하려는 것이었다. 일본영사관의 첫 시도는 혼춘으로, 1916년 12월에 혼춘조선민공회가 설립되었다.

혼춘은 북간도에 위치해 있으나 북간도의 기타 지역과 다른 특징을 지니고 있었다. 혼춘은「도문강중한계무조관」체결 전에 이미 상부지(商埠地)로 일본에 개방되었다. 즉 1907년 6월 15일 청국 정부는 만주의 봉황성(鳳凰城)·요양(遼陽)·영고탑(寧古塔)·삼성(三姓)·하이라얼(海拉爾)·애훈(愛琿) 등 6개 지역과 함께 혼춘을 일본에 개방하였다.[1] 1910년 12월

---

1　外務省, 1965, 『日本外交年表竝主要文書』上, 168쪽.

11일 간도총영사관은 혼춘에 분관을 설립하였다. 그러나 혼춘 상부지는 극히 제한된 지역에 한정되었고, 혼춘의 대부분 지역은 「도문강중한계무조관」에 따라 비잡거지역(非雜居地域)으로 획분되어 조선인 사회가 발전하기 어려운 조건이었다.[2] 1910년대 초 중국 지방 당국은 여러 가지 조치를 강구하였다. 잡거구역에서는 제한정책을 실시하여 조선인들의 권리를 축소하고, 비잡거구역에서는 단속정책을 실시하고 조선인들을 압박하여 귀화입적시키거나 아예 경외로 축출하는 정책을 실시한 것이다. 따라서 비잡거구역에서 조선인들은 토지소유권은 물론이고, 거주권도 취소되었다.[3]

1907년 상부지를 설치되고 1910년 영사관분관이 설치되었지만, 중국 지방 당국의 조선인 통제가 강화되면서 일제가 조선인들을 상대로 친일화 공작을 펼칠 기회는 그리 많지 않았다.

1916년 12월 혼춘 영사분관은 조선인 사회를 장악할 목적으로 친일 조선인들을 종용하여 조선민공회를 설립하였다. 설립 당시 회원은 42명이었다. 12월 5일 조선민공회는 혼춘 영사분관의 설립 인가를 받고 출범식을 가졌다.[4] 북간도 지역 조선인민회의 효시라고 할 수 있는 혼춘조선민공회가 탄생한 것이다.

혼춘조선민공회의 회칙과 세칙을[5] 통하여 다음과 같은 몇 가지 점을

---

2  東亞經濟調査局, 1928, 「東部吉林省經濟事情」, 『經濟資料』 142, 6쪽.

3  김춘선, 2016, 앞의 책, 272~282쪽.

4  琿春浦川分館主任, 1916.12.13, 「琿春朝鮮民公會成立ノ件」, 『外務省警察史』, SP.2055, 608쪽.

5  혼춘조선민공회 회칙 가운데 주요 조항을 살펴보면 다음과 같다. 제2조 본회는 조선인의 공동이익과 관련한 사항을 심의 처리한다. 제3조 회장과 부회장은 영사관이 지명하고 평의원은 회장이 지명하고 영사의 인가를 받도록 한다. 제6조 회장 이하 역원은 영사관은 영사관의 인가가 없이는 사임할 수 없다. 단 결원(缺員)이 발생하였을 경우 제

새롭게 살필 수 있다. 우선 일본영사관의 지휘와 감독을 받는 북간도 지역 친일단체의 효시는 용정조선인거류민회가 아니라 훈춘조선민공회라는 사실이다.[6] 앞서 언급하였듯이 훈춘조선민공회의 설립 시기 및 과정이나 회칙과 세칙 내용을 용정조선인거류민회와 비교하면 알 수 있다. 두 단체는 모두 일본영사관의 획책으로 설립되었고, 일본영사관에서 설립 인가를 받았다. 회칙에서 회장을 비롯한 임원을 영사관이 지명한 점, 임원은 영사관이 인정하는 정당한 이유가 없을 경우 사임할 수 없다는 점은 동일하였다. 두 단체는 완전히 일본영사관의 지휘와 통제 속에서만 움직일 수 있도록 규정하였다.

다음으로 간도총영사관은 훈춘에서 조선민공회가 설립된 것을 계기로 북간도 상부지에서 조선인거류민회를 설립하는 문제를 영사관 차원에서

---

3조 규정을 준용한다. 제8조 본회는 필요에 따라 수시로 회의를 개최한다. 단 그때마다 미리 영사관의 인가를 받아야 한다.
다음으로 세칙 중 주요 조항을 살펴보면 다음과 같다. 제1조 회비는 두 가지로 구분한다. 갑종 훈춘가(琿春街)에 거주하는 자; 을종 훈춘가에 거주하지 않는 자. 제2조 갑종에 속하는 회원은 3등으로 구분한다. 1등은 1개월 금 40전; 2등은 1개월 금 20전; 3등은 1개월 금 5전, 등급은 평의원의 결의에 따른다. 제5조 부수 사업으로 일반 조선인이 영사관에 제출하는 제원계(諸願屆)를 대신 처리하는 것과 조선인 사이의 계쟁(係爭) 사건을 중재한다. 제8조 위생 발달을 도모하기 위하여 훈춘 안부의원(琿春 安部醫院)의 호의에 의해 아래와 같은 두 가지 사항을 설치한다. (1) 본회 회원과 동 가족으로서 진료를 받을 경우 약값 등은 별표(別表)의 규정에 따른다. (2) 본회 회원으로 빈곤자가 있을 경우 진료를 받을 수 있다. 제4장 교육 제1조 자제(子弟)들에게 보통 지식 기능을 전수하고 특히 덕성을 함양하고 국어(國語)를 보급할 목적으로 학교를 설치한다. 훈춘보통학교(琿春普通學校)라 한다. 제4조 학교 교과목은 수신·국어·조선어·한문·체조·도화로 한다. 제5조 교과용 도서는 조선총독부에서 편찬한 것을 사용한다. 제6조 생도의 수업료를 면제한다. 학용품 전부를 대여 또는 지급한다(「大正 5年 12月 13日附 琿春浦川分館主任發信本野外務大臣宛報告要旨, 琿春朝鮮民公會成立ノ件」, 『外務省警察史』, SP. 2055, 612~616쪽).

6 조선인민회와 관련한 선행연구는 모두 용정조선인거류민회를 일본영사관의 지휘와 감독을 받는 북간도 지역 친일단체의 효시로 보고 있다.

본격적으로 논의하기 시작하였다.[7] 조선민공회의 설립 목적은 조선공민회의 세칙을 통해 파악할 수 있다. 조선민공회는 일본영사관에 제출하는 각종 민원서류를 대신 처리하고, 조선인들 사이에 발생한 민사사건 중재를 담당하였다. 조선민공회는 일본인이 개업한 병원을 이용하여 회원들의 위생 상황을 개선하려 했다. 회원과 가족에게 치료비를 할인하고, 회원을 상대로 종두나 전염병 치료를 실시하는 등 혜택을 주겠다고 하였다. 조선민공회의 철저한 친일화 교육 추구는 보통학교 설립 계획에 나타난다. 즉 학교를 설립하는 주요 목적이 일본어 보급이었고, 조선총독부가 편찬한 교과서를 사용하겠다는 것이다. 학생을 유치하고자 수업료를 면제하고 학용품 전부를 대여 또는 지급하는 계획도 수립하였다.

혼춘조선민공회를 설립한 일제는 1917년 간도일본총영사관을 중심으로 조선인거류민회 설립을 추진하였다. 북간도에서 조선인거류민회 설립의 필요성을 인식한 일본영사관은 1917년 3월 일본 외무성에 정식으로 조선인거류민회 설립을 요청하였지만,[8] 외무성은 미온적이고 소극적 태도를 견지하였다. 당시 외무성의 입장은 북간도에 조선인거류민회를 설립하는 것은 시기상조라고 판단하였다.[9]

일본 외무성의 자세는 간도가 중국의 영토라는 점에서, 중국의 승인 없이 조선인거류민회를 정식으로 영사관 관령(館令)으로 규정하고, 일본의 공적 기관으로 설립하면, 중국에서 거센 항의가 있을 것으로 예상했기 때문으로 보인다. 즉 공적 단체로서의 거류민회보다는 사적(私的)인 친일조

---

7 「朝鮮人居留民會設立ニ關スル件(機密 第19號)」, 『雜件』 1, MT 3.8.2. 306, 1917.3.16, 9~11쪽.

8 1917.3.16, 위의 글, 9~11쪽.

9 「朝鮮人居留民會設立ニ關スル件(機密 第10號)」, 『雜件』 1, 1917.4.18, 21~24쪽.

직으로 북간도 조선인 사회를 통제하는 방법이 더 효과적이라 판단했던 것 같다. 이 시기 일본 외무성은 사적 조직의 운영에 깊은 관심을 보였다. 그러나 일본영사관은 같은 해 5월 조선인거류민회 설립의 필요성을 일본 외무성에 강력하게 주장하였다.[10] 일본영사관의 주장은 다음과 같다.

첫째, 「도문강중한계무조관」의 유무효 논쟁 속에서[11] 중국 지방 당국이 추진하고 있던 조선인에 대한 포섭정책으로 조선인들이 일본의 영향력에서 점차 멀어져 가는 결과를 우려하였다. 따라서 이를 타개하기 위한 대책으로 영사관령(領事館令)으로써 강력하고 권위 있는 공공단체를 조직하는 것이 무엇보다 필요하다는 점을 강조하였다.

둘째, 북간도 조선인 중에는 반일감정을 가진 자가 많다는 점을 들었다. 따라서 이들 반일 인사들에 대한 통제를 강화하려면 사적 단체로는 곤란하고 공공단체를 설립해야 한다는 것이다. 즉 영사관의 지휘와 감독을 받는 공공단체를 설립하면 조선인 사회 내의 내분을 더욱 조장시킬 수 있다는 것이다. 여기에서 영사관 측이 일본 외무성 당국의 반대에도 불구하고 거류민회의 설립을 강력하게 주장했던 이유를 알 수 있다.

셋째, 친중국 성향의 조선인들은 토지소유 및 경제적 이해관계에

---

10 「朝鮮人居留民會設立ニ關スル件(機密 第35號)」, 『雜件』 1, 1917.5.14, 25~30쪽.
11 1915년 5월 25일 일본은 만몽조약이라 부르는 「남만주 및 동부 내몽고에 관한 조약」을 체결하였다. 그러나 토지상조권 내용, 성격, 적용 대상을 둘러싸고 두 나라가 첨예하게 대립하자 일본은 「도문강중한계무조관」을 폐기하고 대신 북간도 지역에도 「만몽조약」을 적용할 것을 주장하였다. 이에 대해 중국은 「도문강중한계무조관」은 특정 지역과 특정인을 대상한 조약이고 북간도는 남만주에 속하지 않는다는 점을 들어 일본의 주장을 반박하고 나섰다(東亞勸業株式會社, 1926, 『南滿洲に於ける土地商租權問題』).

따라 중국 관헌과 밀착될 수밖에 없는 상황임을 지적하였다. 따라서 거류민회를 설립하여 조선인들의 법적 권한을 영사관에 귀속시킴으로써 조선인 사회에 대한 영향력을 강화하고자 하였다. 즉 거류민회 설립을 통해 중국 관헌에 의존하던 조선인들을 일본 측으로 유인할 수 있다는 계산이 깔려 있었다.

넷째, 조직 운영상으로 보더라도 강제권을 갖지 못하는 사적 단체보다는 공공단체가 유리하다는 점을 들었다. 공공단체는 회비를 징수할 수 있는 강제성을 지니게 되어 종래 몇몇 개인의 부담으로 돌아가던 폐단을 해소할 수 있다는 것이다. 따라서 강제권을 발동하면 조직을 더욱 편리하게 운영할 수 있다는 점을 지적하였다.

다섯째, 북간도 조선인 사회는 남만주나 기타 지역에 비해 조선인들의 기반이 튼튼하기 때문에 거류민회 같은 공공단체를 설립하여 지배 통제해야 한다는 것이다. 북간도 조선인 사회의 기반은 40~50년의 역사를 이루고 있으며, 그중에는 상당한 사회경제적 기반을 구축한 조선인 지도자들이 있으므로, 이들을 통제하려면 공적이고 법적인 지위를 갖는 공공단체의 설립이 필요하다는 것이다. 따라서 외무성의 주장과 달리 거류민회 설립이 절대로 시기상조가 아니라는 것이다.

일본영사관의 강력한 주장으로 일본 외무성은 당초의 입장에서 후퇴했다. 영사관 관령으로 설립하는 것은 인정하지 않되, 사적 단체로 출발시킨 뒤 영사관에서 인가하는 형태로 거류민회 설립을 허가하였다.[12]

북간도조선인거류민회는 영사관의 주장처럼 처음부터 관령으로써 거

---

12 「朝鮮人居留民會設立ニ關スル件(機密 第11號)」, 『雜件』 1, 1917.5.31, 36~38쪽.

류민회로 설립된 것은 아니지만, 먼저 사적 단체로 설립된 뒤 영사관에서 인가를 받는 형식을 띠며 추진되었다. 거류민회의 규칙도 영사관에서 작성하고 재정적 지원도 일본 외무성의 보조를 받았다.

용정조선인거류민회의 설립 과정에서 확인되듯이 설립 논의, 규칙 작성, 자금 조달, 회장 임명 등 과정은 전적으로 간도일본총영사관이 추진하였다.[13] 이를 통해 용정조선인거류민회를 설립한 주체가 당지의 조선인이 아니라 간도총영사관이었음을 알 수 있다.

일본영사관은 1921년까지 북간도에 18개의 조선인거류민회를 설립하였다. 이들 조선인거류민회는 1920년 일본의 간도 침공을 전후하여 두 시기로 나누어 살펴볼 수 있다. 일본군의 간도 침공 이전에 조직된 조선인거류민회는 7개였다(〈표 2-1〉 참조).

〈표 2-1〉 1916~1919년 조선인거류민회 설립 상황(단위: 엔)

| 명칭 | 설립연월 | 설립비 보조금 | 매월 지급된 보조금 내역 | | | | |
| --- | --- | --- | --- | --- | --- | --- | --- |
| | | 일본 외무성 | 조선총독부 | | | 외무성 | |
| | | | 1917 | 1918 | 1919 | 1918 | 1919 |
| 혼춘조선민공회 | 1916.12 | | 30 | 20 | 20 | 30 | 30 |
| 용정조선인거류민회 | 1917.8.10 | 500 | 50 | 33 | 33 | 17 | 17 |
| 두도구조선인거류민회 | 1917.10.1 | 250 | 30 | 20 | 20 | 30 | 30 |
| 백초구조선인거류민회 | 1918.10 | 100 | | | | 25 | 25 |
| 국자가조선인거류민회 | 1918.12.10 | 183 | | | | 40 | 40 |
| 팔도구조선인거류민회 | 1918.12.27 | 50 | | | | 15 | 15 |

---

13 「朝鮮人居留民會設立ニ關スル報告(第53號)」, 『雜件』 1, 1917.8.10, 47쪽.

| 남양평조선인거류민회 | 1919.1 | 100 | | | | | 20 |

출처: 「大正9年3月, 滿洲各地ニ於ケル朝鮮人會ニ關スル調査」, 『雜件』 2, 249~255쪽.

〈표 2-1〉을 통해 이 시기 설립된 조선인거류민회는 5개 상부지와 영사관 세력이 미치는 2개 지역이라는 것을 알 수 있다. 이 7개 지역은 북간도에서 일찍부터 형성된 도회지였다. 상기 도회지는 교통이 발달하였으며 중국 지방 당국의 관공서, 일본 영사기관과 경찰조직이 세워져 있었다. 또한 상권(商圈)을 형성하면서 인근 조선인 사회의 중심지로 자리 잡았다. 조선인거류민회는 조선인 사회의 중심지역에서 일본영사관과 경찰조직을 기반으로 생겨난 것임을 알 수 있다.

일본 외무성과 조선총독부에서 조선인거류민회 설립비와 보조금을 지급한 사실도 주목할 필요가 있다. 조선인거류민회 '규칙'에는 설립·운영에 관한 비용을 당지(當地) 유지들에게 모금하거나 회비로 충당한다고 명시했을 뿐, 어디에도 일제기관의 보조금을 받는다는 내용은 없다. 각지 조선인거류민회가 당지 유지들로부터 모금한 사례가 없는 것은 아니지만, 〈표 2-1〉을 보면 대부분의 조선인거류민회가 설립할 때 일본 외무성의 보조금을 받았음을 알 수 있다.

일제의 보조금은 설립 보조금과 운영 보조금으로 나뉜다. 일본 외무성에서 설립 보조금과 운영 보조금을 지급하고, 조선총독부에서 운영 보조금을 지급하였다. 각 조선인거류민회는 동일한 액수로 보조금을 받은 것이 아니라 차등 지급받았음도 확인된다. 용정의 경우 설립 보조금으로 500엔이 지급되었으나 팔도구의 경우 50엔이 지급된 것으로 나와 있어, 그 차이가 상당히 컸다. 보조금의 차이는 조선인거류민회의 규모와 중요성에 근거한 것으로 생각된다. 조선인거류민회가 애초 일제의 보조금을 받아 세워졌다는 사실은 거류민회와 일제기관의 밀접한 관계를 말해준다.

1919년 3·1운동 직후 북간도 지역에는 수많은 독립운동 단체들이 설립되면서 활발한 무장독립운동이 전개되었다. 특히 '독립전쟁의 제1회전'이라 일컬어진 봉오동전투의 승리는 일본군은 물론이고 현지에 주재하고 있던 일본영사관에 큰 충격을 주었다. 이에 일본영사관은 조선인 독립운동에 대한 대책 마련에 부심하였다. 영사관 조직의 결속과 정보와 첩보 기능 강화, 무장독립운동 단체의 작전에 대비한 경찰조직의 정비 강화, 북간도 조선인 사회에 대한 회유 방책 등 사항을 논의 결정했다.[14]

한편 일제는 중국군을 이용해 조선인 독립운동 단체를 토벌하려던 계획이 실패로 돌아가자, 1920년 8월 「간도 지방 불령선인 초토계획(間島地方不逞鮮人剿討計劃)」을 세우고,[15] 출병 기회만 엿보고 있었다. 그리고 10월 2일 중국 마적단을 이용하여 혼춘에 있는 일본영사분관을 습격하는, 이른바 「혼춘사건」을 조작하여 북간도 침공을 시작했다. 청산리전쟁 당시 현지 일본영사관은 북간도에 파견된 일본군과 긴밀히 배합하여 정보 수집, 독립운동기지 파괴 공작, '귀순자 취급' 업무 등을 충실히 수행했다.[16]

일제는 일본군 출병으로 한국 독립운동의 근거지를 파괴하는 데 어느

---

14 「各分館主任打合會議ニ關スル件,在間島堺總領事代理發內田外務大臣宛報告」, 『外務省警察史』, SP. 205-5, 1920.8.25, 1957~1971쪽.

15 김정주 편, 1971, 「間島出兵史」 下, 『朝鮮統治史料』 2, 161쪽.

16 청산리전쟁 시기 일본영사관의 동향과 관련해서는 김태국, 2000, 「청산리전쟁 전후 북간도 지역 일본영사관의 동향과 그 성격」, 『한국사연구』 111호, 71~94쪽 참조.

정도 효과를 거두었지만, 중국 측의 외교적 항의로 일본군을 계속 주둔시킬 수 없었다. 1920년 11월 2일 일본 각의에서 일본군의 간도 철병을 결정하였다. 각의 결정에 따라 일제는 1920년 12월 31일 2개 대대로 간도파견대를 편성하였다. 일본군 철병이 결정되고 간도파견대가 편성된 상황에서 일본영사관은 두 가지 측면에서 자구책을 서둘렀다. 바로 영사관 경찰분서와 조선인거류민회의 증설이었다.

우선 대랍자·동불사·걸만동·이도구·부동·의란구·가야하·양수천자·혼춘 두도구·흑정자 등 10개 지역에 영사관 경찰분서를 설치하여[17] 일본군 철수에 따른 지배력의 공백 상태를 메운다는 것이다. 1921년 3월까지 일본영사관은 상부지를 포함 상기 11개 지역에 모두 18개 경찰조직을 설치하고 경찰 344명을 배치하였다.[18] 경찰서를 설립한 동일한 지역에 조선인거류민회를 설립하여 조선인 사회에 대한 통제를 강화해 나간다는 것이다. 간도 침공과 더불어 설립된 조선인거류민회는 11개로 그 설립 시기를 구체적으로 밝히기 어렵지만, 대체로 1921년 즈음으로 추측된다.[19] 이때 생겨난 조선인거류민회는 연길현에 동불사·천보산·이도구·의란

---

17  일본영사관은 단 4일 동안에 10개 지역에 경찰분서를 개설하였다. 이것은 일본군 침공이라는 특수한 상황에서 가능한 것이라 하겠다. 1920년 12월 29일에는 대랍자·동불사·걸만동·이도구 등 4개 분서, 1920년 12월 30일에는 부동·의란구·가야하·양수천자 등 4개 분서, 1920년 12월 31일은 혼춘 두도구, 1921년 1월 1일은 흑정자 분서를 개설하였다(『外務省警察史』, SP. 205-3, 2365~2366쪽).

18  日本外務省,「間島地方警察問題ニ關スル件」,『外務省警察史』, SP. 205-3, 2075쪽.

19  11개 거류민회 가운데 발회식 일자를 확인할 수 있는 곳은 모두 3개로 동불사·천보산·대랍자가 그것이다. 동불사는 1921년 3월 19일, 천보산은 26일, 대랍자는 28일에 각각 발회식을 가졌다. 여기에 1922년 2월 현재까지 8개 거류민회가 새롭게 추가된 것으로 보아, 이들 거류민회의 설립 시기도 대체로 1920년 10월 일제의 간도 침공 이후로 파악된다.

구 등 4개, 왕청현에 가야하·양수천자 등 2개, 혼춘현에 두도구·흑정자 등 2개, 화룡현에 대랍자·부동·걸만동 등 3개 등이었다.[20] 이처럼 일본영사관에서 동시에 두 조직을 단시일 내에 설립할 수 있었던 것은 일본군이 북간도를 무력 점령한 상황이었기 때문이다.

조선인거류민회는 우선 회원 모집에 힘을 쏟았다. 본회 구역 내에 거주하며, 독자적으로 생계를 영위할 수 있는 남자 호주 혹은 그 동거자를 회원으로 모집하였다. 용정조선인거류민회의 경우, 설립 당시 용정촌 상부지에 거주하던 조선인 590호 가운데 530호와 상부지 외에 거주하던 40호가 가입할 정도로 조선인 사회에 재빨리 파고들었다.[21] 즉 용정촌 상부지에 거주하던 조선인들은 89퍼센트가 조선인거류민회에 가입한 것으로 나타나고 있다. 1914년 용정 상부지에 거주하던 조선인이 2,184명이었는데,[22] 1918년 10월 용정조선인거류민회의 회원이 2,000명이었다는 점은 입회율이 대단히 높았음을 말해 준다. 두도구조선인거류민회에도 상부지 외에 거주하던 수백 명의 조선인들이 입회를 신청하면서 1918년 10월 회원이 1,200명에 이르렀다.[23]

조선인거류민회의 회원 모집이 강제성을 띠기 시작한 것은 1920년 10월 일본군이 간도 침공을 감행하면서부터였다. 일본영사관은 조선인들에게 면죄증서(免罪證書)와 서약서(誓約書)를 발급하여 조선인거류민회 가입을 강박하였다. 간도를 침공한 일본군은 1920년 11월부터 1921년

---

20 國家報勳處, 1922.1, 『獨立運動史料-日本篇』 7, 「不逞團關係雜件 朝鮮人ノ部 在滿洲ノ部」 32, 親日團體調査表, 139~146쪽.
21 東洋拓殖株式會社京城支店, 1918, 앞의 책, 952쪽.
22 김정주 편, 1971, 『朝鮮統治史料』 9, 733쪽.
23 「滿洲各地ニ於ケル朝鮮人會ニ關スル調査」, 『雜件』 2, 1920.3, 250~254쪽.

1월 20일까지 북간도 지역 조선인 4,603명을 협박하여 일본영사관에 서약서를 제출하고 면죄증서를 받도록 하였는데, 이를 지역별로 상세히 구분하면 〈표 2-2〉와 같다. 〈표 2-2〉의 내용은 조선인들이 서약서를 제출하고 면죄증서를 발부받은 숫자와 일본군이 자행한 만행 정도를 가늠하게 하는 또 다른 증거이다. 이 숫자와 정비례하여 일본군의 탄압이 이루어졌을 것으로 짐작할 수 있다.

〈표 2-2〉 일제가 '귀순자'들에게 발급한 면죄증서(단위: 명)

| 귀순 지점 | 일본군에 귀순한 자 | 일본영사관에 귀순한 자 | 합계 |
|---|---|---|---|
| 용정 | 1,025 | 119 | 1,144 |
| 국자가 | 909 | 27 | 936 |
| 두도구 | 510 | 58 | 568 |
| 백초구 | 1,948 | 7 | 1,955 |
| 합계 | 4,392 | 211 | 4,603 |

출처: 中華民國檔案資料, 延吉道, 道尹公署,「日本軍이 韓民들에게 免罪證을 發給하고 돈을 받았다는 事件에 關한 王衍繽의 報告」, 중화민국 10년 1월 30일.

일본군의 압력을 못 이겨 면죄증서를 받고 서약서를 제출하였던 상기 4,600여 명의 관련자들은 강제로 조선인거류민회에 가입하였다. 그뿐만 아니라 일제의 무차별 탄압 속에서 조선인 마을 전체가 조선인거류민회 회원으로 가입하는 경우도 속출하였다.

1922년 4월 11일 당시 혼춘현 두도구조선인거류민회의 관할구역인 마적달(馬滴塔)·삼도구(三道溝)·연통랍자(烟筒磖子)·유수하자(柳樹河子) 등에서는 조선인 촌락 전체가 거류민회 회원으로 가입하였다. 유일하게 중국 경찰이 주재하고 있던 호로별(葫蘆別) 마을만 조선인거류민회가 설립되지 않았다.[24] 즉 일본군과 일본영사관의 영향력이 미치는 지역에 거주하던 대부분의 조선인들은 조선인거류민회에 가입할 수밖에 없었다. 이 시기 조선인들이 조선인거류민회에 가입한 상황을 보면 〈표 2-3〉과 같다.

〈표 2-3〉 1922년 2월과 1928년 12월 현재 북간도 지역
조선인거류민회와 그 규모(단위: 호, %)

| 지역 | 명칭 | 1922년 2월 현재 | | 1928년 12월 현재 | | |
|---|---|---|---|---|---|---|
| | | 입회 호수 | 회장 | 입회 호수 | 미입회 호수 | 총호수에 대한 입회자의 비례 |
| 연길현 | 용정촌조선인거류민회 | 4,882 | 이희덕 | 5,224 | 1,669 | 75.8 |
| | 두도구조선인거류민회 | 5,614 | 김명여 | 5,500 | 113 | 98.0 |
| | 국자가조선인거류민회 | 4,570 | 강재후 | 2,480 | 222 | 94.0 |
| | 팔도구조선인거류민회 | 4,058 | 박정규 | 1,983 | 654 | 75.2 |
| | 동불사조선인거류민회 | 2,228 | 허영 | 1,772 | 283 | 90.9 |
| | 천보산조선인거류민회 | 680 | 박용순 | 1,970 | 2,384 | 45.3 |
| | 이도구조선인거류민회 | 20,796 | 신현묵 | 2,814 | 4,015 | 41.2 |
| | 의란구조선인거류민회 | | 이여화 | 1,628 | 818 | 65.5 |
| 왕청현 | 백초구조선인거류민회 | 3,019 | 현도윤 | 1,615 | 2,845 | 37.0 |
| | 가야하조선인거류민회 | 5,350 | 최철범 | 1,073 | - | 100 |
| | 양수천자조선인거류민회 | 26 | 최원삼 | 809 | 126 | 86.1 |
| 혼춘현 | 혼춘조선인거류민회 | 5,000 | 김용욱 | 3,478 | 338 | 91.2 |
| | 두도구조선인거류민회 | 2,000 | 부회장 최천약 | 2,554 | 553 | 82.0 |
| | 흑정자조선인거류민회 | 1,187 | 이춘 | 729 | 780 | 48.0 |

---

24 吉林憲兵營琿春分駐所排長遲成田,「駐琿憲兵排呈報韓民會威嚇墾民入會由」,『一件朝鮮居留民會第4號卷』, 1922.4.11, 延邊檔案館 7-5-185.

| | | | | | | |
|---|---|---|---|---|---|---|
| 화룡현 | 남양평조선인거류민회 | 3,090 | 박만수 | 2,900 | 1,023 | 74.3 |
| | 대랍자조선인거류민회 | 3,405 | 이운소 | 2,531 | 641 | 79.8 |
| | 걸만동조선인거류민회 | 2,015 | 최규오 | 1,850 | 374 | 84.0 |
| | 부동조선인거류민회 | 4,300 | 안수익 | 3,412 | - | 100 |
| 합 계 | | 72,220 | | 44,322 | 16,829 | 75.1 |

출처: 1922년 2월 상황은 國家報勳處, 『獨立運動史料-日本篇』 7, 「不逞團關係雜件 朝鮮人ノ部 在滿洲ノ部」 32, 親日團體調査表, 1922. 1, 139~146쪽에 의거하여 작성.
1928년 12월 상황은 天野元之助, 1931, 『滿蒙パンフレット 17-間島に於ける朝鮮人問題に就いて』, 大連 社團法人 中日文化協會, 15~16쪽.

    우선 〈표 2-3〉의 1922년과 1928년 조선인거류민회의 규모를 비교하면 1922년이 훨씬 크다는 점이 주목된다. 물론 이도구의 경우[25]와 통계에서 누락된 의란구가 있지만 조선인거류민회의 입호 호수가 너무 비대하게 팽창되어 있다. 이는 '경신참변' 직후 일본군의 폭압 속에서 조선인들이 어쩔 수 없이 조선인거류민회에 가입하였던 절박한 상황을 나타내는 것이라 하겠다. 양수천자와 천보산조선인거류민회를 제외하면 모두 1천 호 이상으로 나타났다. 그 가운데 1천 호 이상이 1개, 2천 호 이상이 4개, 3천 호 이상이 3개, 4천 호 이상이 4개, 5천 호 이상이 3개이다. 3천 호 이상의 조선인거류민회는 11개로 전체의 61퍼센트를 차지하였다.
    그러나 1928년에 이르면 입회 호수가 현저하게 감소한 조선인거류민회가 적지 않았다. 국자가·팔도구·백초구·가야하·혼춘·남양평·대랍자 등 조선인거류민회는 1,000~2,000여 호가 감소한 것으로 나타났다.

---

[25] 이도구의 경우 회원이 2만 명이 넘는 것으로 되어 있으나, 당시 이도구의 인구 전체가 2만 명이 될 수 없으므로 자료상의 오기인 것으로 보인다.

이러한 감소 현상은 몇 가지 측면에서 그 원인을 생각해 볼 수 있다. 우선 1922년의 경우는 조선인거류민회 소재지는 물론이고 인근 지역의 가입자들도 포함된 것으로 보이지만, 1928년의 통계는 조선인거류민회 소재지로 한정한 것으로 보인다. 1922년에는 일제의 폭압 속에서 허위로 조선인거류민회에 가입한 조선인들이 많았던 것으로 판단된다. 1928년에 이르러 조선인 사회가 안정을 찾으면서 강제로 가입했던 조선인들이 조선인거류민회를 탈퇴하면서 회원 수가 줄어든 것으로 보인다.

그럼에도 불구하고 일부 거류민회는 1928년에도 여전히 높은 입회율을 보였다. 화룡현 부동과 왕청현 가야하의 경우 주민 100퍼센트가 조선인거류민회에 가입하였고, 연길현 두도구·국자가·동불사와 혼춘의 경우 90퍼센트 이상의 높은 가입률을 보였다. 상기 지역은 1910년대에 북간도 지역 한민족 운동의 중심지였지만, 1920년대를 경과하면서 조선인거류민회에 잠식되어 갔음을 알 수 있다. 이는 일본영사관을 정점으로 하고 영사관 경찰기관의 무력을 바탕으로 조선인거류민회가 북간도 조선인 사회에 대한 지배를 강화해 나갔던 상황을 반영하는 것이라 하겠다. 이는 1920년대 말에 이르면 북간도에서 조선인들이 중국을 배척하는 것은 별로 문제 되지 않지만, 일본을 배척하고는 하루도 살아갈 수 없는 상황이 되었음을 단적으로 보여 준다.[26]

1928년 현재 북간도조선인거류민회에 가입한 호수는 46,000여 호에 이르고, 이를 1호당 평균 5명으로 산정할 때 대략 23만여 명이 조선인거류민회의 영향 아래 있었다고 하겠다. 이 무렵 북간도 전체 조선인의 수가 40만여 명이었으므로, 약 60퍼센트에 달한다. 이러한 수치는 위의 표

---

[26] 沈茹秋, 1930, 『延邊調査實錄』, 延邊大學出版社, 1987(復刻本), 77쪽.

의 75.1퍼센트에는 못 미치지만, 그 이유는 조선인거류민회가 설치된 지역만의 통계이기 때문으로 파악된다.

한편 중국 지방 당국은 원칙적으로 상부지 밖에 설립된 조선인거류민회를 불법 단체로 규정하였다. 중국 지방 당국은 「도문강중한계무조관」 제4조에 근거하여[27] 상부지 밖에 설립된 조선인거류민회의 불법성을 지적하였다. 중국은 상부지 밖에 거주하는 조선인들에 대해 행정관할권을 가지고 있으므로, 일본영사관의 하부기관으로서 조선인거류민회를 설립할 수 없다는 것이다.[28]

중국 지방 당국은 현실적으로 일본영사관의 비호를 받는 조선인거류민회를 완전히 폐쇄할 수 있는 힘이 없었고, 이런 실정에서 조선인거류민회를 효과적으로 단속할 수 있는 행동지침을 수립했다.

첫째, 조선인거류민회가 개최하는 모든 회의에 대해 사전 신고제를 실시하였다. 조선인거류민회에서 회의를 개최할 경우, 반드시 12시간 전에 중국 경찰서에 신고하여 허가를 받도록 규정하였다. 그리고 회의장에 반드시 중국 경찰의 감림석(監臨席)을 설치하여 회의를 감독할 수 있도록 하였다.[29] 길림성 성장은 지방 당국의 이런 조치에 대해 매우 적절하게 대처

---

27 「도문강중한계무조관」 제4조에는 두만강 북쪽 잡거지구 내(雜居地區內) 간지(墾地)에 거주하는 한민(韓民)은 청국의 법권(法權)에 복종하고 청국지방관의 관할재판권에 복속한다. 청국관헌은 한민을 청국민과 동일하게 대우해야 하고 납세와 행정상의 모든 처분도 청국민과 동일하게 해야 한다. 일본영사관 또는 그 위임을 받은 관리는 자유로이 법정에 입회할 수 있다. 또 인명에 관한 중안(重案)은 일본영사관에 지조(知照)해야 하고 일본영사관은 복심(覆審)을 청구할 수 있다고 규정하고 있다(日本外務省, 1965, 『日本外交年表竝主要文書』 上, 324~325쪽).

28 「朝鮮人居留民會ニ對スル支那官憲ノ抗議ニ設立ニ關スル件(機密 第5號,)」, 『雜件』 1, 1918.7.21, 49~56쪽.

29 代理延吉警察廳廳長 聯成, 「延警廳呈報日領强迫韓民崔元三在英豪甸子普通學校開會

하였다며 칭찬을 아끼지 않았다. 그리고 민회에 대한 감시를 강화할 것과 민회의 회명에서 '거류(居留)'란 두 글자를 삭제하고 대신 '간민(墾民)'으로 바꿀 수 있는지 검토하라고 지시하였다.[30] 거류민회를 중국 측의 행정조직으로 개편하려는 중국 당국의 의도를 엿볼 수 있는 대목이다. 둘째, 조선인거류민회가 강압적으로 회원을 모집하고, 회비를 징수하는 것을 법으로 금지하였다. 1921년 12월 22일 연길도윤공서는 훈령 제1454호를 발포하여 조선인거류민회가 조선인을 강압적으로 입회시키고, 회비를 강제적으로 징수하는 것을 금지하였다. 만약 강압적으로 회비를 징수하는 상황이 발생하면 즉시 부근 경찰에 신고하여 보호를 받도록 하였다.[31] 셋째, 중국 경찰당국은 치안경찰법 제7조·제9조·제11조에 근거하여 조선인거류민회가 강압적인 수단을 동원하여 조선인들을 조선인거류민회에 가입시키고, 회원들로부터 회비를 징수하는 것을 엄하게 단속하고자 하였다. 그리고 조선인거류민회의 규칙 가운데 중국의 주권을 침해할 소지가 있는 부분은 시정명령을 발동했다.[32]

중국 지방 당국의 조선인거류민회에 대한 단속은 워싱턴회의를 계기로 고조되었다. 중국은 워싱턴회의를 통하여 제국주의 열강으로부터 국가 주권을 표면상으로나마 어느 정도 인정받으면서 조선인거류민회에 대한 단속을 강화하였던 것으로 보인다. 조선인들에게 중국 관헌에 복종할

---

交渉經過情形由」,『一件朝鮮居留民會第4號卷』, 1922.3.11, 延邊檔案館 7-5-185.

30 吉林省長公署指令 第4號, 「呈一件取締朝鮮居留民會將變通方法呈候核令由」,『一件朝鮮居留民會第4號卷』, 1922.2.7, 延邊檔案館 7-5-185.

31 署理琿春縣知事 王煥彤, 「琿春縣知事呈報民會派員赴鄕向墾民收捐擬提出交涉可否請示由」,『一件關於朝鮮居留民會 附號 第5號卷』, 1923.4.17, 延邊檔案館 7-5-337.

32 代理延吉警察廳廳長 聯成, 「延警廳呈爲鮮民會可否令其照章具報以便隨時取締請示由」,『一件朝鮮居留民會第4號卷』, 1921.12.24, 延邊檔案館 7-5-185.

의무를 강조하고, 조선인민회 탈퇴를 종용하고, 중국 국적 가입을 독려하는 등 조치로 압박을 가했다.[33]

## 2) 간도혼춘민회연합회의 설립

북간도 지역에서 조선인거류민회연합회의 결성 논의가 시작된 것은 1927년부터였다. 논의 배경에는 동년 7월 조선총독부 정무총감 유아사 구라헤이(湯淺倉平)의 '간도 시찰'이 직접적인 계기로 작용하였다. 당시 북간도 지역 조선인거류민회 회장들은 공동으로 유아사 구라헤이에게 「진정서」를 제출하기 위해 회합한 자리에서 연합회 설립 문제를 구체적으로 논의하였다.[34] 이를 토대로 동년 11월에 18개 조선인거류민회 회장들은 용정에 다시 모여 총회를 개최하고 연합회 조직에 관한 구체안을 결의하였다. 그러나 본회의에서는 연합회의 설립안을 결의하였을 뿐 연합회 상설기구를 직접 건립하자는 수준에 이르지는 못하였다. 그 후 각 조선인거류민회 회장들은 매년 춘추 2회 민회장 정기총회를 개최하는 방식으로 북간도 지역 조선인거류민회의 활동을 논의한 것으로 파악된다. 그러다가 1929년 5월 제5회 정기총회에서 민회장들은 각 조선인거류민회를 실질적으로 지휘 감독할 수 있는 최고기관으로서 연합회를 상설할 것을 결의하였다.

지금까지 북간도 지역 간도혼춘민회연합회의 조직기구와 임원에 대해서는 밝혀지지 않았다. 다만 본 연합회의 집행위원장에 국자가조선인

---

33 朝鮮總督府, 1930, 『極秘 在滿鮮人卜支那官憲』, 5쪽.
34 吉林公所, 「間琿18個處鮮人民會長聯合會」, 313쪽.

거류민회 회장 최윤주(崔允周)가 담임하였다는 사실만 확인될 뿐이다.[35] 본 연합회는 앞에서 살펴본 것처럼 간도총영사관의 지도하에 계획적으로 건립된 것이 아니라 각 지역 민회장들의 주도하에 임의로 건립된 것으로 파악된다. 연합회는 건립 후 간도총영사관에 인가를 요구했다. 동시에 연합회 운영경비를 신청하였으나 간도총영사관에서는 시기상조라는 이유로 연합회 설립을 비준하지 않았다. 그러나 간도총영사관의 허가를 못받았다고 해서 연합회가 해산된 것은 아니었다.[36] 다만 일본영사관의 적극적인 지지를 받지 못한 관계로 정기총회를 개최할 뿐 실질적인 활동을 전개하지 못한 것으로 판단된다.

그럼에도 불구하고 간도혼춘민회연합회는 민회장 회의와 연합회의 정기총회를 통해 북간도 지역 민회 조직의 운영방침과 구체적인 대안을 상세하게 논의하였다. 즉 북간도 정세에 대한 인식과 대책 방안, 금융기관 설립, 민회 사무에 대한 통일, 교육 시설 확충, 산업 진흥, 면세 구역 확장 등 문제들이 구체적으로 논의되었다.

이처럼 1920년대 말 북간도 지역의 정세 변화와 더불어 일제는 북간도 지역 조선인거류민회의 결속을 다질 필요를 느꼈다. 그 결과 1929년 북간도 지역에서는 민회장 연합회의를 바탕으로 18개 조선인거류민회 조직을 총망라한 연합회가 설립되었다.

---

35 「間島局子街民會長兼間島琿春民會聯合會執行委員長崔允周ノ泣訴」, 『齋藤實文書』 11, 287쪽.

36 1929년 10월 30일 간도혼춘민회연합회가 해산하였다고 기록하고 있다. 그러나 1932년 3월 최윤주가 여전히 연합회의 회장 자격으로 「간도주민대표대회」에 참여한 사실로 미루어 볼 때 연합회는 해체되지 않고 계속 유지된 것으로 파악된다(吉林公所, 「間琿18個處鮮人民會長聯合會」, 311~312쪽).

### 3) 남만 지역의 조선인회 설립

남만 지역은 북간도 지역과 달리 조선인의 사회경제적 지위와 법적 지위가 열악하였다. 조선인의 토지소유권은 물론이고 거주권도 인정되지 않아 대부분의 조선인은 중국인에 예속된 소작농 처지에 머물렀다.

1910년 대한제국 멸망 전까지 남만 지역에서 조선인의 분포는 압록강 대안 지역인 안동영사관 관할구역에 집중되었다. 안동영사관은 1906년 5월에 설치되었다. 안동영사관의 관할구역은 안동·봉성(鳳城)·관전(寬甸)·집안(輯安)·임강(臨江)·장백(長白)·수암(岫岩)·장하(莊河) 등 8개 현이었다. 일제는 만주 침략을 감행하기 전까지 남만 지역에 많은 조선인회를 설립하였다. 그 설립 상황을 살펴보면 〈표 2-4〉와 같다.

〈표 2-4〉 남만 지역 조선인회 설립 상황

| 명 칭 | 설립 일시 | 비고 |
| --- | --- | --- |
| 안동조선인조합 | 1913.11 | 안동영사관 관할 8개 현에 지부를 설치, 운영. 1920년 11월 안동조선인회로 개칭(MF05047) |
| 봉천거류조선인회 | 1917.7 | 1920년 3월 27일 봉천거류조선인협회로 개편 (MF05048) |
| 철령조선인농업조합 | 1919.2 | 1922년 4월 1일 철령조선인회로 개편 (MF05047) |
| 장춘조선인회 | 1919.2.10 | |
| 길림조선인회 | 1919.12.27 | |
| 도록조선인회 | 1920.5.24 | |
| 무순조선인회 | 1921.1.23 | |
| 정가둔조선인회 | 1922.8.1 | |

| 해룡조선인회 | 1923.3.1 | 본부보다 4개 지부가 먼저 설립됨. 지부에 강한 자주성이 부여됨 |
|---|---|---|
| 영구조선인회 | 1924.2.14 | |
| 통화조선인회 | 1924.3.3 | 보민회 지부를 조선인회로 개편 |
| 사평가조선인회 | 1925.5.31 | |
| 안산조선인회 | 1926.4 | |

출처: 김태국, 2001, 『만주 지역 '조선인민회' 연구』, 국민대학교 박사학위논문, 119~120쪽.

〈표 2-4〉에서 보듯이 남만 지역 조선인회의 설립은 1913년 11월 안동조선인조합(安東朝鮮人組合)에서 비롯되었다. 1917년에는 봉천총영사관 관할 아래 봉천거류조선인회가 설치되고 점차 남·북만 지역으로 조선인회가 확산되면서 1926년까지 13개의 조선인회가 설립되었다. 조선인회의 설립 시기는 1919년을 전후하여 두 시기로 나누어 볼 수 있다.

우선 첫 번째 시기에 안동을 중심으로 조선인조합이 생겨날 수 있었던 배경을 살펴보자. 안동은 남만 지역에서 일제가 만주 대륙을 침략하는 교두보였다. 1905년 러일전쟁이 끝나고 1906년 일제는 남만 지역의 봉천과 안동에 영사관을 설치했다. 1910년대 초반까지 조선인의 남만 이주는 안동을 비롯한 압록강 대안 지역을 크게 벗어나지 못하였다. 또한 1910년 대한제국이 멸망한 후 독립운동 단체들은 유하현·통화현을 중심으로 한 남만 지역에 독립운동기지를 건설하기 시작하였다. 한반도의 식민통치를 담당한 조선총독부는 조선인의 독립운동을 탄압할 목적으로 대책 마련을 서둘렀다. 1912년 11월 26일 조선총독부는 안동과 간도 일본영사관에서 근무하는 총영사(또는 영사)를 조선총독부 서기관으로, 부영사를 조선총독부 사무관으로 겸임하도록 하여 남만 지역 조선인 사회를 직접 관할하는 체제를 마련하였다.37 이를 계기로 안동영사관은 관할구역 내의 조선인 사회를 효과적으로 통제하는 데 비상한 관심을 보이기 시작하였다.

안동영사관은 일본인거류민회38의 운영 경험을 조선인 사회를 통제하는 데 적용하려 하였다. 안동에는 이미 1904년 가을에 일본인회가 조직되었다. 이듬해 일본인거류민회로 재편되면서 4천여 명에 달하는 일본인 자치조직으로 활동하였다. 일본인거류민회는 주로 토목·교육·위생·군사·치안 등의 활동을 통해 일차적으로 거류민의 공동이익을 추구하였다. 그러나 모든 활동이 일본영사관의 감독하에 전개되어 궁극적으로는 침략세력의 선봉에 서서 재지(在地)세력의 역할을 충실히 이행했을 뿐이다.39

안동영사관은 이 같은 경험을 살려 안동일본인거류민회에 준하여 조선인 사회를 통제하는 단체를 설립하였다. 1913년 11월 일본영사관 주도로 설립된 안동조선인조합이다. 안동조선인조합 임원 후보자의 선정, 규약의 제정 등은 모두 안동영사관의 주도로 이루어졌다. 안동조선인조합 규약40을 보면 동 규칙에는 이미 향후 설립될 남만 지역 기타 조선인회 규

---

37 「大正元年11月26日 勅令第48號」, 『外務省警察史』, SP. 205-5, 364쪽.

38 일본인거류민회는 일본의 치외법권이 인정된 지역에 진출한 일본인들로 구성된 자치 성격을 띤 단체이다. 일본인거류민회는 한국을 시작으로 중국에서도 설립되었다. 한국에서는 부산(1879)·원산(1880)·인천(1883)·서울(1885)·목포와 진남포(1898)·군산과 마산(1899)·대구(1904)·신의주(1905) 등지에 설립되었다. 중국에서는 상해·천진·한구·봉천·안동·우장 등지에 일본인거류민회가 설립되었다. 1905년 3월 7일 일제는 일본인거류민회를 재지 침략세력으로 적극 활용하기 위하여 6개 조항으로 된「거류민단법(居留民團法)」을 공포하였다(木村健二, 1993,「在外居留民の社會活動」, 大江志乃夫ほか, 『岩波講座 近代日本と植民地 膨脹する帝國の人流』, 29~41쪽).

39 木村健二, 1993, 위의 글, 31~33쪽, 45~51쪽.

40 안동 조선인조합규약(安東 朝鮮人組合規約)은 모두 4장 19조로 구성되었다. 그 주요 조항을 살펴보면 다음과 같다. 제1조 본 조합은 영사의 명령 감독하에 그 관할 내 거주하던 조선인의 상호 친목을 돈독히 하고, 지덕(智德)을 닦으며, 교육을 장려하고, 실업을

약의 기본내용을 담고 있었다. 따라서 안동조선인조합의 설립을 남만 지역 조선인회의 효시로 삼고자 한다.

여기서 명칭을 조선인거류민회나 조선인회가 아닌 조선인조합이라 한 것은 남만 지역 조선인의 사회적 지위와 무관하지 않아 보인다. 이미 여러 차례 지적한 대로 남만 지역에서 조선인들은 북간도와 달리 토지소유권과 거주권을 인정받지 못하였다. 조선인의 사회경제적 지위가 상당히 불안정한 상태에서 조선인 사회의 기반도 튼튼하지 못한 실정이었다. 여기에 중국 지방 당국의 반발을 최소화하고자 조선인거류민회나 조선인회보다 조선인조합이라는 보다 느슨한 형태로 출발한 것으로 보인다. 명칭은 조선인조합이었지만 규약과 인적 계승의 관계는 조선인거류민회나 조선인회와 크게 다른 점이 없었다.

안동조선인조합은 안동영사관의 관할구역인 안동·봉성·관전·집안·임강·장백·수암·장하 등 8개 현을 자체의 관할구역으로 지정하고, 조선인들이 많이 거주하던 안서(安西)·봉성·관전·집안·임강·장백 등 6개

---

독려하여 공동의 이익을 도모하는 것을 목적으로 한다. 제4조 본 조합원의 자격은 가정을 가지고 있는 호주(戶主)여야 한다. 제7조 조합원은 제반 사건에 대하여 조합의 조정, 조율 및 보호를 요청할 수 있다. 조합원에 대하여 조합 규약을 위반하거나 기타 무리한 행위를 하였을 경우 그 처분을 요구할 수 있다. 제8조 본 조합은 조합장 1명, 부조합장 1명, 평의원 약간 명을 둔다. 제9조 조합은 총회에서 평의원 후보자 10명을 선거하고 영사의 지명을 받는다. 조합장 및 부조합장은 평의원 가운데서 영사가 임명한다. 제15조 본 조합의 기본금 및 경비는 조합원들이 부담한다. 조합비 및 유지의 기부금 및 기타 수입으로 이를 충당한다. 제18조: 회계 사무는 수시로 영사 검사를 받는 것을 원칙으로 한다. 부칙 제19조 본 규약의 개정 변경 및 세칙의 제정은 총회의 의결(議決)에 따르고, 영사의 인가를 받아야 한다(外務省紀錄 明治45年 7月~大正2年 11월, 『不逞團關係雜件 朝鮮人 ノ 部 在滿洲 ノ 部』 第2卷, 4門-3類-2項-2-1-3號, 機密公信第102號, 安東朝鮮人組合 成立에 관한 건, 1913년 11월 22일, 在安東領事 吉田茂).

지방에 지부를 설립하였다.[41] 그 가운데 관전·집안·장백[42] 등 3개 현에만 총지부 3개, 지부 24개가 설치되었다.[43] 1915년 안동조선인조합에 가입한 호수는 118호, 남자 252명, 여자 317명으로 합계 569명에 달하였다.[44]

첫 번째 단계에서 주목할 것은 1913년에 안동조선인조합이 만들어진 이래 1917년까지 소강상태를 보인 점이다. 이는 제1차 세계대전 당시 만주 지역의 정세와 관련하여 살필 필요가 있다. 제1차 세계대전이 발발하자, 일제는 대륙 침략을 위해 산동(山東) 출병을 단행하고, 이를 빌미로 1915년 「만몽조약」을 체결하면서 만주 침략 계획을 보다 구체화해 나갔다. 전쟁 소용돌이 속에서 일제가 민간인 조직 확장보다는 군사 침략을 우선시하면서 조선인회 설립이 어려웠던 것으로 파악된다.

한편 조선인회 설립은 조선인 사회의 확대와 연관시켜 살펴볼 수 있다. 제1차 세계대전으로 쌀 가격이 폭등하고, 남만 북부지역에서 수전 개발이 성공하면서 논농사를 목적으로 한 조선인의 이주가 남만 지역에서 급속하게 확대되었다. 일제도 남만 각처에 영사분관을 확대 설치하면서 지배력을 강화해 갔다. 1917년 이후 조선인회가 봉천을 비롯하여 남만 각처에 확산될 수 있었던 것은 그와 같은 배경에서 이해할 수 있다.

1917년부터 재만 일본영사관은 조선인 사회에 대한 통제 방법으로 조선인민회 설립을 본격적으로 논의하기 시작하였다. 이 시기부터 일제는

---

41  『會報』 22, 1934년 12월호, 31쪽.

42  1920년 10월 16일 안동현조선인회는 장백현 각지에 지부를 설치하고, 장백현지부장에 이청포(李淸浦), 김화포(金華浦)지부장에 이성실(李成實), 13도구 지부장에 이중섭(李衆涉)을 임명하였다(채근식, 1949, 『武裝獨立運動秘史』, 112~113쪽).

43  入江正太郞, 「大正十年五月十四日, 朝鮮人會補助ニ關スル件稟申」, 『朝鮮人民會』, MF05047.

44  국사편찬위원회, 1968, 『日帝侵略下 韓國36年史』 3, 259쪽.

「만몽조약」을 통하여 획득한 제반 권리를 재만 조선인에게도 적용하여 만주 침략을 확대하고자 하였다. 한편 제1차 세계대전이 종전기에 접어들면서 일제는 만주 침략 계획을 재정비할 필요성을 느꼈고, 조선인민회를 설립하여 만주 침략의 세포조직으로 이용하고자 했다. 이와 같은 배경에서 1917년 7월 봉천총영사관은 친일 조선인들을 종용하여 봉천거류조선인회를 설립하였다.[45] 이는 시기적으로 볼 때 북간도에서 조선인거류민회가 설립되는 것과 맥락을 같이한다.

일본영사관은 조선인민회를 설립하는 명분을 재만 조선인도 '일본 신민'이라는 데 두고 있었지만, 일본인거류민회와는 별도로 조직을 세워 나갔다. 그들의 논리대로라면 재만 조선인도 당연히 일본인거류민회에 포함되어야 했다. 실제로 용정의 경우 친일 조선인들이 일본인거류민회에 합류할 것을 요구한 일도 있었지만, 일본영사관의 입장은 단호하였다. 자신의 기득권 상실을 우려한 일본인거류민회가 조선인들과 공동으로 거류민회를 설립하는 것에 반대했기 때문이다.

봉천거류조선인회의 경우 유일하게 일본인거류민회와 합동한 예다. 그러나 처음부터 합동으로 설립한 것이 아니었다. 1917년 7월에 설립된 봉천거류조선인회는 회장과 임원 사이의 내분이 끊이지 않았다. 그러자 봉천총영사관은 1920년 1월 동회를 해산시키고, 모든 업무를 봉천 일본거류민회에서 인수하도록 하였다.[46] 1920년 3월 봉천거류민회 내에 봉천거류조선인협회(奉天居留朝鮮人協會)를 설치하였다.[47]

---

45 赤塚正朝, 「大正六年七月十二日, 奉天居留朝鮮人會設置ニ關スル件」, 『雜件』, 98~100쪽.

46 內山淸, 「大正12年度鮮人民會補助ニ關スル件」, 『朝鮮人民會』 MF05048.

47 「鮮人騷擾事件 奉天ニ於ケル鮮人救濟機關 奉天居留朝鮮人協會」, 『朝鮮人民會』

두 번째 단계는 1919년 3·1운동을 전후한 시기였다. 3·1운동은 만주에서도 발흥하였다. 만주 지역 3·1운동은 무장항쟁으로 전환하면서 1920년 봉오동전투와 청산리전쟁의 승리로 이어졌다. 그 후 독립운동 진영은 일제의 '경신참변'을 감내하면서 다시 남만 지역을 중심으로 독립운동 대열을 정비하였다. 남만 지역 독립운동 단체들은 통군부(統軍府)·의군부(義軍府)·통의부(統義府)로 통합을 모색하다가 1923년 참의부(參議府)와 1924년 정의부(正義府)를 설립하면서 북만 지역에 조직된 신민부(新民府)와 함께 삼부(三府)시대를 열어 갔다.[48]

1919년 3·1운동 이후 일제는 남만 지역의 독립운동을 탄압하기 위하여 친일 조선인들을 앞장세워 두 가지 성격의 친일단체를 조직하였다. 하나는 일본영사관 소재지에서 멀리 떨어져 있고, 독립운동 단체들이 활약하는 지역에 무장단체를 조직하여 무력 탄압을 감행하는 방식이었다. 보민회(保民會)와 선민부(鮮民府)가 그것이다. 다른 하나는 일본영사관 소재지를 중심으로 주로 조선인 사회를 통제할 목적으로 조선인회를 설립하였다. 1924년까지 무려 11개 조선인회가 설립된 것은 당시 남만 지역의 독립군 발흥과 관련지어 볼 수 있다. 통군부·의군부·통의부·참의부·정의부로 대표되는 독립군 세력이 남만 지역을 무대로 활약하자 경쟁적으로 세워진 것으로 파악된다. 여기서 조선인회의 설립은 독립운동 세력의 기반을 와해시키려는 일제의 의도가 짙게 깔려 있었음을 파악할 수 있다.

조선인회 설립과 관련하여 특히 통화(通化)조선인회와 해룡(海龍)조선인회가 주목된다. 해룡조선인회는 기존 단체를 지부로 흡수 통합하는 방

---

MF05048.

48 조동걸, 2001, 앞의 책, 363~364쪽.

식으로 설립되었다. 해룡현(海龍縣)·유하현(柳河縣)·휘남현(輝南縣)에는 이미 조선인들의 친목과 단합을 취지로 공공의 복리 증진을 목표로 활동하는 조선인 단체들이 있었다. 북산성자진조선인농업조합(北山城子鎭朝鮮人農業組合, 1920.3: 해룡현 북산성자), 유하조선인거류민회(1920.12: 유하현 유하), 양자초조선인보민회(樣子哨朝鮮人保民會, 1920.10: 유하현 양자초), 휘남현 조선인농업조합(1921.3: 휘남현 휘남) 등이다.[49]

유하현은 남만 지역 한국 독립운동의 중심지였다. 이곳에 친일단체인 조선인회가 설립되었다는 점이 주목된다. 여기에는 조선인 사회를 내부에서부터 분열시켜 독립운동을 약화시키려는 일제의 의도가 깊숙이 반영된 것으로 보인다.

1923년 3월 해룡조선인회가 상기 4개 단체를 지부로 개편[50]한 것도 이와 비슷한 시기에 동일한 지역을 중심으로 독립운동 진영에서 대한통군부(1922년초)·통의부(1922년 8월)·대한의군부(1923년 2월)[51]·대한민국 임시정부 육군주만참의부(1924년 6월)[52] 등을 조직하면서 통합을 모색하던 상황과 무관하지 않았을 것이다. 독립운동 단체에 대응하기 위하여 일제가 해룡영사분관 소재지에 조선인회를 설립하고 상기 4개 단체를 지부로 흡수했다고 볼 수 있다. 그러면서도 4개 지부에 상당한 자율성을 부여하였다. 즉 각 지부에 독자적인 규칙을 마련하도록 하고 기타 조선인회와 비슷한 조직체계를 유지하도록 한 것이다.[53]

---

49  淺山龍二, 「朝鮮人民會補助費其他ニ關スル件」, 『朝鮮人民會』, MF05049.
50  「海龍朝鮮人會規則」, 『朝鮮人民會』, MF05049.
51  채영국, 2000, 『韓民族의 만주독립운동과 正義府』, 國學資料院, 55~65쪽.
52  신주백, 1999, 『만주 지역 한인의 민족운동사(1920~45)』, 아세아문화사, 57쪽.
53  淺山龍二, 「朝鮮人民會補助費其他ニ關スル件」, 『朝鮮人民會』, MF05049.

통화현은 남만 지역에서도 독립운동의 중심지였다. 이곳에 설립된 보민회는 통화현성에 보민회 지부를 설립하고 독립운동 탄압에 열을 올렸다. 그러나 일제의 세력을 빙자한 보민회 회원의 행패가 극에 달하고, 특히 회장인 최정규(崔晶圭)가 보민회에 지급한 보조금 가운데 절반 이상을 착복하면서 내분이 표면화되었다.[54] 더 이상 보민회를 유지할 수 없게 된 일본영사관은 1923년 9월 20일에 보민회를 해체시켰다.[55] 일본영사관은 통화현 보민회 지부를 조선인회로 재편하고, 조선인 사회에 대한 통제를 정비하였다.[56]

### 4) 북만 지역의 조선인회 설립

북만 지역의 조선인회 설립 시기는 대체로 남만 지역보다 늦다. 그것은 조선인의 이주와 직결되는 것으로, 조선인의 초기 이주는 압록강 대안에서 시작하여 북상하는 형태로 전개되었다. 북만 지역은 러시아의 세력범위였으므로 조선인의 이주가 활발하게 이루어지지 못했다. 조선인이 북만 지역으로 이주하기 시작된 것은 대략 1910년대 후반부터였다. 이 무렵 조선인의 이주는 소규모 수준이었고, 본격적인 이주는 1920년대 이후에 시작했다고 볼 수 있다. 북만 지역 조선인회 설립 상황을 살펴보면 〈표 2-5〉와 같다.

---

54 「保民會長 討罪의 陳情: 최정규의 죄목 이십일개조를 들어서 각처에 있는 지부장들이 총영사관에」, 『조선일보』, 1923.7.15.
55 김정주 편, 「在滿領事官會議附錄: 保民會ノ經過」, 『朝鮮統治史料』 8, 864~867쪽.
56 『會報』 21, 1934년 11월호, 11~15쪽.

<표 2-5> 북만 지역 조선인회 설립 상황(단위: 명, 호, 엔)

| 명칭 | 설립 일시 | 회장 | 회원 | | 1921년 민회 재정 예산 | | | 1921년 보조금 | |
|---|---|---|---|---|---|---|---|---|---|
| | | | 인수 | 호수 | 수입 | 지출 | 차액 | 외무성 | 총독부 |
| 하얼빈조선인회 | 1920.4 | 신태현 | 691 | 132 | 5,104,300 | 6,007,010 | 902,710 | 500 | 100 |
| 일면파조선인회 | 1920.11 | 전민혁 | 170 | 44 | 1,800,000 | 3,000,000 | 1,200,000 | 250 | 70 |
| 해림조선인회 | 1921.1 | 강인수 | 1,712 | 528 | 3,267,800 | 3,622,000 | 354,200 | 350 | 100 |
| 횡도하자조선인회 | 1920.11 | 피성준 | 117 | 57 | 568,500 | 960,000 | 391,500 | 250 | 65 |
| 소수분조선인회 | 1920.10 | 전인관 | 845 | 153 | 1,123,000 | 1,596,000 | 473,000 | 250 | 50 |
| 수분하조선인회 | 1920.9 | 박성도 | 445 | 77 | 612,000 | 901,200 | 289,200 | 200 | 50 |
| 석두하자조선인회 | 1921.4 | 이동원 | 123 | 25 | 35,100 | 190.00 | 154,900 | 250 | 65 |
| 치치하얼조선인회 | 1928.2 | | | | | | | | |

출처: 1)「朝鮮人團體調」,『朝鮮人民會』, MF05050.
　　 2) 치치하얼조선인회의 설립은 日本駐滿大使館, 1936, 『在滿朝鮮人槪況』, 730쪽.
비고: 1) 회원 수와 보조금은 1921년 11월 현재 통계임.
　　 2) 하얼빈조선인회의 수입 5,104,300엔에는 본회의 수입 3,704,300엔과 조선총독부의 보조금 1,400,000엔이 포함된 숫자임.

〈표 2-5〉에서 보듯이, 북만 지역에는 8개의 조선인회가 설립되었다. 1928년에 설립된 치치하얼(齊齊哈爾)을 제외하고 1920년과 1921년 초에 7개가 집중적으로 생겨났다. 그런데 북만 지역 민회의 규모는 북간도 지역보다 훨씬 작았다. 해림을 제외하면 2백 호 미만인데, 그 이유는 북만 지역 조선인의 숫자가 적었기 때문이다. 그 후 1930년대에 조선인 사회가 확산되면서 민회의 규모도 팽창하였다. 북만 지역의 민회 조직이 급속하게 확산된 것은 북간도 지역에서 경신참변 직후 11개의 거류민회가 생겨났던 것과 상당히 비슷한 양상을 띠고 있다. 차이점은 북간도에서는 경신참변 직후에 조선인회가 집중적으로 설립되지만, 북만 지역에서는 경신

참변 이전부터 조선인회가 설립되었다는 점이다.

북만 지역의 경우 그 이유를 정확히 밝히기는 어렵지만, 이 지역 조선인 사회가 1917년 이후부터 본격적으로 형성된 것과 연관시켜 이해할 수 있다. 게다가 러시아의 세력범위였으므로 하얼빈총영사관(1907년 3월)과 치치하얼영사관(1908년 10월 10일) 두 개만 설치되었을 뿐이고, 그 활동 범위도 크게 제약되었다.

1917년 러시아혁명 이후 북만 지역에서 러시아의 세력은 크게 위축되었다. 또한 1920년 일제는 연해주 일대의 독립군 단체를 '소탕'하기 위해 이른바 연해주 지역의 '4월 참변'을 감행하였는데 이를 계기로 수많은 독립군 단체들이 북만 지역으로 이동했다. 일제는 이에 대처하기 위한 방안으로 북만 지역 조선인회 설립에 박차를 가한 것으로 보인다. 아울러 경신참변 직후에 일면파(一面坡)·횡도하자(橫道河子)·소수분(小綏芬)·석두하자(石頭河子) 등지에 조선인회를 설립했다.

여기서 주목할 것은 하얼빈과 석두하자의 경우 조선인 자치조직을 발전시켜 조선인회를 설립했다는 점이다. 하얼빈은 1909년 조선인 친목단체로 만들어진 공제회(共濟會)를 흡수하여 조선인회로 개편했고, 석두하자 역시 1917년 조선인 구제를 목적으로 조직된 구제회(救濟會)를 조선인회로 개칭했다.[57] 즉 북만 지역에서도 북간도와 마찬가지로 조선인 친목단체를 변질시켜 조선인회를 구성한 것이다. 일본영사관은 기존의 조선인 친목단체를 상대로 회유와 포섭정책을 구사하고, 이런 경험을 살려 다른 지역에서 친일단체를 설립하였음을 알 수 있다.

1921년의 재정 상황을 보면 모든 조선인회가 적자 운영이었음을 알

---

57 「朝鮮人團體調」, 『朝鮮人民會』, MF05049.

수 있다. 이런 상황은 남만 지역 조선인회와 다를 바 없었다. 조선인회의 수입은 주로 회원의 회비에 의존하였다. 그런데 회원 대부분이 가난한 소작농이었기 때문에 조선인회는 회비를 높게 책정할 수 없었던 것으로 보인다. 결국 조선인회는 일본 외무성과 조선총독부에서 지급하는 보조금에 의존할 수밖에 없었다. 보조금 의존도가 높을수록 일본영사관에 대한 예속성은 물론이고 친일 성격도 더욱 짙어졌을 것으로 보인다. 해림(海林)과 석두하자를 제외한 조선인회의 경우 지급된 보조금으로 부족한 부분을 충당하기에는 턱없이 부족했다. 필요한 자금을 마련하지 못하면 재정을 감축 운영할 수밖에 없었고, 그만큼 활동도 위축되었을 것으로 보인다.

북만 지역으로 조선인 이주가 시작된 것은 1917년이었다. 불과 3년 만인 1920년에 북만 지역 조선인회가 많이 설립되었다는 것은 이 무렵 북만 지역 조선인 사회가 급속히 팽창했음을 짐작하게 한다. 아울러 해림·소수분·하얼빈 등지에 조선인회의 회원 규모도 상당히 컸다. 특히 해림조선인회 회원은 1천여 명이 넘을 만큼 매우 큰 규모였다. 이러한 회원 수는 1921년 11월 통계에 의한 것이므로, 생겨난 지 1년 남짓 만에 이렇게 대규모 회원을 확보한 것에 주목할 필요가 있다. 이는 '경신참변' 직후 북간도 지역에서 강제적으로 조선인거류민회에 가입시켰던 것과 러시아혁명 이후 러시아의 세력이 북만 지역에서 크게 위축되었던 반면에 일제의 세력이 크게 신장하였던 점과 관계 있었던 것으로 보인다.

그러나 위의 8개 조선인회는 지속적으로 유지되지 못했다. 1931년 10월 전만조선인민회연합회가 설립될 때 북만 지역 하얼빈·일면파·치치하얼 등 3개의 조선인회만이 참가했다.[58] 북간도와 남만 지역은 조선인

---

58 『會報』 1, 1933년 3월호, 19쪽.

민회가 설립된 후 모두 지속적으로 유지된 것과는 달리 북만 지역에서는 5개 조선인회가 소멸되었다. 그 이유를 천착하다 보면 또 다른 북만 지역 조선인 사회의 특징이 밝혀지지 않을까 판단된다.

우선 1931년까지 유지된 3개 조선인회를 보면 다음과 같다. 하얼빈은 중동철도의 중추도시이고, 러시아와 일본이 각축전을 벌이던 지역이었다. 여기에는 일본총영사관이 설립되어 있었고, 조선인들도 일찍부터 진출했다. 따라서 일본총영사관의 강력한 보호를 빙자하여 조선인회를 유지할 수 있었던 것으로 보인다. 일면파 지역은 1920년대 이래 조선인 사회주의운동의 중심지였다. 그럼에도 조선인회를 유지할 수 있었던 것은 지리적으로 하얼빈과 근접하여 일본총영사관의 영향하에 있었기 때문으로 보인다. 치치하얼조선인회는 1928년 늦게 설립되었고, 치치하얼 일본영사관의 영향하에 있었기 때문이다. 치치하얼 일본영사관이 1908년에 일찍 설립되었음에도 조선인회가 늦게 설립된 것은 조선인 이주가 늦게 시작된 것과 관련된 것으로 보인다. 이처럼 일본영사관의 영향력하에 있었던 지역에서는 조선인회가 유지되었다.

반면에 조선인회가 소멸된 지역은 대체로 독립운동과 사회주의운동이 활발하게 전개된 지역이었다. 해림과 석두하자·횡도하자의 경우 1920년대 중반 이래 신민부(新民府)의 중심지였고, 영고탑·수분하·소수분 등지는 사회주의운동이 활발하게 전개되었다. 예를 들면 1924년 9월 해림조선인회 회장 배두산(裵斗山)은 신민부에 의해 처단되는 등[59] 이들 지역에서는 독립군 조직의 활동이 활발했다.

---

59 채근식, 1949, 『武裝獨立運動秘史』, 大韓民國公報處, 113쪽.

## 2. 조선인민회의 임원 구성

조선거류민회의 성격을 보다 명확하게 규명하기 위하여 여기에 참여한 구성원을 살펴볼 필요가 있다. 그러나 자료의 제약으로 모든 구성원을 분석대상으로 하기 어려우므로 여기서는 임원을 중심으로 살펴본다.

1934년 조선총독부는 '만주국' 건국공로장('滿洲國' 建國功勞章)을 수여하기 위해 수상 후보자 전형자료를 수집하는 차원에서 만주 지역 조선인민회 회장들에게 이력서를 제출하도록 하였다. 『만주국 건국공로장』[60]이라는 자료는 이를 모아 놓은 것이다. 수상을 목적으로 작성된 이력서인 만큼 출생 연월일·출신지·학력은 물론이고 식민지 조선에서의 경력 사항이 자세하게 기재되어, 조선인민회 회장들의 성격을 분석하는 데 매우 귀중한 자료로 활용할 수 있다.

북간도조선인거류민회의 경우 이력서의 선정 범위를 1910~1920년대로 한정하면 전 현직 민회장 16명이 분석대상이 된다. 김병식(金秉湜)·최명집(崔鳴集, 대랍자), 김성린(金聖麟, 양수천자), 김창률(金昌律, 걸만동), 문봉조(文鳳朝, 천보산), 박경주(朴京周, 남양평), 박동진(朴東震, 가야하), 박순(朴淳, 동불사), 최윤주(崔允周, 국자가), 이영근(李永根, 팔도구), 김세익(金世益, 의란구), 김명여(金鳴汝, 두도구), 박승벽(朴承璧, 부동), 신현묵(申鉉默, 이도구), 김하청(金河淸, 백초구), 최천약(崔天若, 혼춘) 등이 그들이다.

---

60 『만주건국공로장(滿洲國建國功勞章)』은 조선인민회 전 현직 회장, 재만일본영사관·동아권업회사·동양척식주식회사에서 재만 조선인 관련 사무를 담당하던 67명의 상세한 신상 정보를 담고 있는 귀중한 자료다. 현재 국가기록원(서울)에 마이크로필름 자료(朝鮮總督府 外事科, 『昭和九年 昭和十一年 滿洲國建國功勞章』)로 보관되어 있다.

이들의 이력서를 분석해 보면 함경도 출신이 대부분이다. 이는 북간도 지역 조선인 사회가 주로 함경도 출신으로 구성되어 있었던 점과 관련있다. 이들은 이주 시기가 1910년대로 거주기간이 짧았음에도 불구하고 원적지에서 받은 교육을 바탕으로 조선인거류민회 회장으로 기용되었던 것으로 보인다. 회장에 임용된 시기의 연령은 주로 30대와 40대였다. 이들 가운데는 회장 직무를 몇 차례 연임하는 경우도 있었다. 주사·의원·민회장을 두루 걸치면서 조선인거류민회에 깊이 관여한 인물도 있었다. 민회장과 학교장을 번갈아 담임하는 경우도 있었다. 이들은 조선인 사회에서 여론을 선도할 수 있었고 신망이 두터운 자들이었다. 그리고 중국 당국과의 교섭 능력도 중요한 선정 기준이 되었을 것으로 보인다. 따라서 주로 사장·갑장·이장을 역임한 자들이 민회장으로 기용되었다.

남만 지역 조선인회의 경우 1931년 10월 전만조선인민회연합회 설립을 기준으로 하면 모두 21명 전 현직 민회장의 이력서를 선정할 수 있다. 임한룡(林漢龍)·박준병(朴準秉, 봉천), 김룡각(金龍珏, 장춘), 고형진(高亨鎭, 길림), 홍순기(洪淳璣)·박재숙(朴在肅, 사평가), 박봉한(朴鳳漢)·박제봉(朴濟鳳, 정가둔), 장우근(張宇根)·양재옥(梁載沃, 철령), 박윤택(朴允澤)·이상현(李尙賢, 무순), 강부달(康富達)·조정래(趙廷來, 도록), 장석주(張錫周)·윤학동(尹學東, 해룡), 이동성(李東成)·이택희(李澤禧, 통화), 김호찬(金虎贊)·문봉조(文鳳祚, 안동), 성세경(成世慶, 영구) 등이다.

이들의 이력서를 분석해 보면 북간도에 비해 출신지가 다양하게 나타난다. 대부분이 청소년기를 식민지 조선에서 보내고 중등 이상의 교육을 받은 자들이 많았다. 따라서 직업도 다양한 분포를 보이고 있다. 만주 이주를 강행하지 않았더라도 식민지 체제에서 안정된 삶을 영위할 수 있었던 자들이 많았다. 이들의 만주 이주에는 '입신양명'의 목적이 강하게 담겨 있었다고 하겠다. 만주 이주 후에는 상업과 교육에 많이 종사했다. 남만 지역 조선인회는 30대와 20대 후반의 청장년층이 주도했고 일본영사관과 밀접한 관계를 유지하며 자기 입신을 위해 이주했던 자들로 파악된다. 조선인회에서의 활동을 통하여 조선인 사회에서 유지로 행세할 수 있고, 일본영사관을 등에 업고 일신의 영달을 꾀한 경우로 보인다.

## 3. 조선인민회의 조직 체계와 성격

북간도조선인거류민회의 조직체계를 규정하고 있는 것은 규칙이었다. 따라서 규칙에 대한 분석을 통해 조선인거류민회의 설립 목적, 임원 구성, 행동반경 등 측면을 살펴볼 수 있을 것이다. 조선인거류민회마다 모두 자체의 '규칙'을 가지고 있었다. 그렇지만 조선인거류민회의 '관할 지역'에 대한 규정을 제외하고 나머지 조항은 용정촌조선인거류민회 규칙을 그대로 따르고 있었다. 여기서는 1917년 8월에 용정촌조선인거류민회 규칙[61]에 대한 분석을 통해 조선인거류민회의 조직체계를 살펴본다.

---

61  용정촌조선인거류민회 규칙 가운데 주요 조항을 살펴보면 다음과 같다. 제2조 본회는 거류민 공동의 이익과 함께 공공의 사무를 심의 처리한다. 제3조 본회에 회장 1명, 의원 8명을 두고, 영사관이 이를 지명한다. 제5조 회장과 의원으로 지명된 자는 영사관이 정당하고 인정되는 이유 이외에는 임기 중 사임할 수 없다. 제8조 본회의 회의에서 의결한 사항은 영사관의 인가를 얻어 시행한다. 제10조 본회는 제2조의 목적을 실행하는 데 필요한 경비를 처리하기 위하여 회원으로부터 회비를 징수한다. 제12조 본회는 본 규칙을 실시하기 위하여 별도로 세칙을 의정하고, 영사관의 인가를 얻어 시행할 수 있다(在間島總領事代理領事鈴木要太郎, 「朝鮮人居留民會設立ニ關スル件」, 『在外各地朝鮮人會設立關係雜件』 1, 1917.3.16, MT3.8.2.306, 15~17쪽).

용정촌조선인거류민회는 용정 거주 조선인으로 구성되었고 "거류민 공동의 이익과 함께 공공의 사무를 심의 처리"하는 것을 기본지침으로 삼고 있었다. 본회 회장과 의원을 영사가 지명하도록 했으며, 본회의 재정 문제 및 제반 의결사항은 반드시 영사의 인가를 받아 시행하도록 규정함으로써 영사관의 지휘를 받는 조직으로서의 성격을 분명히 하였다. 회장이나 의원의 임면은 완전하게 영사관이 결정하였고, 회원들의 선거권이나 피선거권은 완전하게 배제되었다. 또한 회무에 관한 사항을 영사의 결재를 받아야만 시행할 수 있다는 규정은 거류민회의 행동반경을 미리 정해 놓은 것과 다름없었다. 일본영사가 스스로 자백하였듯이, 조선인거류민회는 일본영사관이 조선인 사회를 통제하는 '시정 보조기관(施政補助機關)'[62]으로 전락하였다.

그러다가 1922년 2월 8일부터 이 규칙을 수정 보완하여 새로운 조선인거류민회 규칙을 시행하였다. 이는 '경신년 토벌' 이후 11개 지역에 조선인거류민회와 경찰조직을 새롭게 조직한 상황과 무관하지 않은 것으로 보인다. 일본영사관은 조선인거류민회의 조직체계를 정비하고 조선인 사회에 대한 통제력을 보강하기 위한 차원에서도 새로운 규칙을 제정할 필요가 있었다. 이렇게 제정된 규칙은 모두 5장 26조로 구성되었다. 그리고 시행세칙 6장 27조도 함께 공포하였다.[63]

---

62 「朝鮮人居留民會設立ニ對スル支那官憲ノ抗議ニ關スル件(第5號)」, 『雜件』 1, 1918.2.21, 54쪽.

63 새로 제정한 조선인민회 규칙 가운데서 새롭게 수정 보완한 조항을 살펴보면 다음과 같다. 제5조 본회 회원은 본회 구역 내에 거주하며, 독립으로 생계를 영위할 수 있는 남자 호주 혹은 그 동거자로 제한한다. 제6조 본회는 회장과 부회장 각기 1명, 의원(議員)과 주사(主事) 약간 명을 둔다. 회장과 부회장, 의원은 영사가 임면하고, 주사는 영사의 결재를 받아 회장이 임면한다. 제7조 본회는 회무와 집행하고 자문을 구하기 위하

여기서 기존 규칙을 보완한 점을 살펴보면 다음과 같다. 조선인거류민회 임원에 새롭게 부회장 1명, 주사(主事)직을 두었다. 이는 조선인거류민회의 원활한 운영을 도모하고자 한 조치에서 비롯된 것으로 보인다. 부회장의 책무는 회장을 보좌하고, 회장 유고시에 조선인거류민회의 모든 사무를 대신 관장하도록 하였다. 그리고 주사는 조선인거류민회의 행정사무를 처리하도록 하였다.

다음으로 주목되는 것은 각 조선인 부락에 참의원(叅議員)을 1명씩 두고 있는 점이다. 참의원은 각 부락에서 유력자를 임명한 것으로 보인다. 조선인거류민회의 모든 정책 실시 과정은 참의원을 통해 이루어졌고, 참의원들은 조선인의 동향이나 요구사항 같은 것을 조선인거류민회에 보고하는 체계를 구축하였다. 이처럼 참의원은 조선인거류민회와 조선인 사회를 연결하는 징검다리 역할을 하였다. 참의원에 대한 통제력은 곧바로 조선인거류민회가 조선인 사회를 어느 정도 장악하는가 하는 문제와 직결된다고 할 수 있겠다.

마지막으로 이때부터 조선인거류민회는 금융부를 통하여 조선인 사회에 대한 영향력을 보다 강화시켜 갔다는 점이다. 즉 금융부의 저리 대출을 통하여 조선인들의 회원가입을 유도하였고, 대출 자금에 대한 사후

---

여 각 부(部)에 참의원(叅議員)을 두고, 영사의 결재를 받아 회장이 임면한다. 제12조 본회는 영사의 결재를 받아 특수한 사항을 처리하는데 필요한 비용을 징수할 수 있다. 제13조 회장은 매년도 수지예산과 결산을 편제(編制)하고, 영사의 결재를 받아야 한다. 제22조 의결사항에 대해서는 영사 혹은 영사가 지정한 관서에 보고하여 결재를 받아야 한다. 제23조 본회에 금융부를 설치한다. 다음으로 세칙 가운데 주요 조항을 살펴보면 다음과 같다. 제6조 본회에 자의(諮議)를 두어야 한다. 자의는 무급직이다. 영사에 보고를 올려 임면한다[延邊檔案館 所藏, 第7號 全宗-第5號 目錄-第337號, 「(地名) 朝鮮人民會 規則」, 『一件關於朝鮮居留民會 附號 第5卷』].

관리를 명목으로 조선인 사회에 대한 감시와 통제를 강화하였다.

용정조선인거류민회의 경우 8인의 의원을 두기로 했으나, 이는 각 조선인거류민회의 규모와 사정에 따라 약간씩 차이가 있었다. 그런 점으로 보아 조선인거류민회의 실제 업무를 추진한 인원 규모는 대략 10여 명 내외였다. 가장 규모가 컸던 용정의 경우 11명 정도였고, 5~6명 규모의 조선인거류민회도 있었다.[64]

용정조선인거류민회 회원이 1919년 2천여 명에 달했음에도 부서가 세분화되지 않은 채 회장과 주사가 실질 업무를 담당하는 형태로 이루어진 것은 영사관의 명령에 따라 종속적으로 운영되었던 측면을 말해 주는 것으로 보인다.

남만 지역 조선인회의 조직체계 특성은 규칙(규약)을[65] 통하여 살펴볼 수 있다. 이들 단체가 대부분 조선인회라는 명칭을 사용하듯이,[66] 각 조선인회는 일본영사관의 관제조직으로서 그 통일성을 유지하고 있었다.

규칙(규약)을 살펴보면, 우선 회원들 사이의 친목과 단합을 강조하였다. 여기에 추가로 신의(信義, 영구)·애호(愛護)와 구휼(救恤, 길림)·공제(共濟, 정가둔)를 강조한 단체도 있었다. 다음으로 회원들의 교육·위생 그

---

64 延邊檔案館 所藏, 第7號 全宗-第5號 目錄-第337號,「(地名) 朝鮮人民會規則」,『一件關於朝鮮居留民會 附號 第5卷』.

65 국사편찬위원회에 소장된 마이크로필름 자료 『朝鮮人ニ對スル施政關係雜件 朝鮮人民會』(MF05047~MF05050)를 통하여 장춘·길림·사평가·봉천·무순·철령·정가둔·도록·해룡·통화·영구·안동 등 12개 조선인회의 규칙(규약)을 검토할 수 있었다. 여기서 단 하나 안산(鞍山)조선인회의 규칙만을 찾을 수 없었지만, 조선인회 조직체계의 특성을 분석하는 데 큰 지장이 없을 줄로 안다.

66 유독 봉천에서만 조선인협회라는 명칭을 사용하였다. 이는 위생·교육·경비 등 행정사무를 일본거류민회에 일임하였던 것과 무관하지 않을 것으로 보인다. 그러나 동회의 규칙이나 활동상황을 살펴보면 다른 조선인회와 성격상 동일한 조직이었다.

리고 실업을 장려하고 공동의 복리를 도모하는 것을 취지로 내세웠다. 조선인의 만몽 이주를 장려하고 일본의 국책 수행에 협력할 것을(사평가) 공개적으로 표방한 경우도 있었다. 이처럼 조선인회는 회원들 사이의 친목과 단합, 교육·위생·산업의 장려를 통하여 회원들의 공동 이익을 추구한다는 취지를 내세워 조선인 사회에 접근하였다.

조선인회의 임원을 보면, 회장·부회장·평의원(의사원)·총무(간사)·서기·소사(小使, 견습)로 구성되었다. 관할 지역이 넓은 단체는 본부 외에 지부를 두었다. 지부를 운영한 단체들은 안동(안서·봉성·관전·집안·임강·장백 등 6개 지부)·해룡(4개)·철령(2개)·도록(2개)·장춘(1개) 등이다.[67] 각 지부에는 지부장을 따로 임명하였다. 철령조선인회는 관할구역을 13개 구(區)로 나누었고, 해룡조선인회는 지부 아래 분회(分會)를 두어 운영하였다. 이럴 경우 구장(區長)이나 분회장(分會長)이 조선인회와 조선인 사회를 연결하는 가교 역할을 담당하였다. 안동조선인회 산하 집안현지부의 임원에는 순시(巡視)가 있었고, 관전현지부의 임원에는 구역 통수(區域統首)라는 직책을 두었다.[68] 여기서 순시나 구역 통수는 직접 회원을 상대하고, 조선인 사회를 감시 감독하는 역할을 한 것으로 보인다.

이와 같이 조선인회는 여러 가지 회무를 처리하면서 조선인 사회의 동향을 일본영사관에 보고하였다. 조선인회의 임원 구성이 단순한 것은

---

67 이들 조선인회가 지부를 설립한 과정을 자세하게 밝힐 수 없지만, 설립 시기와 과정은 조선인회가 해당 조선인 사회를 잠식한 과정과 궤를 함께한 것으로 보인다. 즉 1920년 10월 안동조선인회가 장백현지부·김화포(金華浦)지부·13도구 지부를 설립한 예에서 확인할 수 있듯이 우선 본부를 설립하고 점차 주변 지역으로 활동무대를 확대한 것을 알 수 있다(蔡根植, 1949, 앞의 책, 112~113쪽).

68 富田義詮, 「大正十一年一月九日 不逞鮮人ニ依ル被害者ニ關スル件」, 『朝鮮人民會』, MF05047.

일본영사관의 '시정 보조기관'이라는 성격과 재정여건 때문으로 보인다. 조선인회의 행정을 보면 일본영사관의 명령을 전달하거나 조선인들의 민원을 접수하여 일본영사관에 보고하고, 조선인 사회의 동향을 파악하는 등 간단한 업무가 대부분이어서 많은 임원이 필요하지 않았다. 그리고 회비와 보조금으로 운영되던 조선인회의 빈약한 재정여건 때문에 많은 임원을 둘 수도 없었다.

회장 선거는 곳에 따라 절차와 방법의 차이는 있었으나, 대체로 일본 영사의 지명 내지 인가를 받았다. 회장 선거 형식을 보면, 먼저 철령·안동·봉천·무순·도록 등지에서는 일본 영사가 일방적으로 지명하였다. 다음 영구·해룡·길림·통화·정가둔 등지에서는 평의원회에서 선출한 뒤 영사의 인가를 받는 절차였다. 그리고 장춘·사평가 등지에서는 평의원회에서 무기명 투표로 회장을 선출하였지만 보조금을 지급받는 과정에서 일본영사의 결재를 받아야 했다. 이처럼 회장 선거 형식에서도 드러나듯이, 일본영사관은 조선인회를 지휘 감독할 수 있는 확고한 제도적 장치를 마련했으며 부회장, 평의원의 선출도 영사의 인가를 받아야 했다.

평의원회에서 논의된 회무에 관한 모든 사항은 영사의 인가를 받아야만 시행에 옮길 수 있었다. 조선인회의 규칙을 개정하거나 변경할 경우에도 영사의 인가를 거쳐야 했다. 조선인회는 설립 취지와는 달리 일본영사관의 지휘와 감독에 따라 움직이는 친일단체였음을 확인할 수 있다.

다음 조선인회 평의원회를 살펴보자. 각 조선인회의 평의원 수는 대체로 10명 내외였다.[69] 임원의 임기는 대체로 1년이었고 연임할 수 있

---

69  규칙에 평의원 수를 규정한 단체들이 적지 않았는데 그 규모는 무순(16명)·봉천(11명)·철령(10명)·길림(10명)·해룡(10명)·안동(10명)·사평가(8명)·영구(8명) 등이었다.

었다.[70] 평의원회는 조선인회를 이끌어 가는 주축 기구로, 조선인회의 회무에 관한 모든 사항을 평의원회에서 논의하고 결정하였다. 평의원회는 주로 설립 목적과 관련된 교육·위생·산업에 관한 사항(예산 편성, 결산보고에 대한 심의, 기본재산에 대한 운영과 관리), 처분에 관한 사항(임원의 선거, 일본영사관에서 하달한 지침에 대한 이행 상황 점검, 기타 본회와 관련된 중요한 사항) 등을 논의하였다.[71] 이처럼 평의원회는 조선인회의 핵심 부서였다.

철령·사평가·안동·영구·봉천·무순·해룡·정가둔 등의 조선인회는 고문을 두었다. 고문은 조선인 사회에서 명망 있는 자들을 회장이 일본 영사의 승인을 받아 위촉하였다. 철령과 봉천의 경우 일본인을 고문으로 위촉하였는데, 조선총독부 파견원·만철관계자·전 일본거류민회장·목사 등으로 다양한 경력의 소유자들이었다.[72] 고문은 조선인회의 중요한 회무에 참여하고, 회의에 참석하여 의견을 개진할 수 있었다. 고문은 3~4명 정도로 일정하지 않았다. 고문을 둔 것은 두 가지 이유 때문이다. 먼저 조선인 사회의 명망가들을 고문으로 위촉하여 조선인 사회에서 조선인회의 위상을 높이고자 하였다. 이들을 조선인회에 포용하여 조선인 사회를 통제하는 발판을 마련하려는 것이었다. 다음 일본인을 고문으로

---

70  영구·안동의 회장 임기는 2년, 평의원 임기는 1년이었다.
71  「大正十二年四月, 海龍朝鮮人會規則」, 『朝鮮人民會』, MF05049.
72  봉천거류조선인협회는 상담역(相談役)으로 조선총독부 봉천파견원 아이바 기요시(相場淸), 봉천지방사무소차석(奉天地方事務所次席) 시마자키 요시나오(島崎好直), 일본거류민회이사(日本居留民會理事) 히구치 ●요시(樋口●吉), 일본조합기독교회목사(日本組合基督敎會牧師) 와타나베 모리나리(渡邊守成)를, 명예고문으로 전일본거류민회장(前日本居留民會長) 미나가와 히데타카(皆川秀孝)를 임명하였다(「鮮人騷擾事件 奉天ニ於ケル鮮人救齊機關 奉天居留朝鮮人協會」, 『朝鮮人民會』 MF05048). 철령조선인회는 철령지방사무소장(鐵嶺地方事務所長) 이와자키 요리히사(石崎賴久), 철령거류민회장(鐵嶺居留民會長) 곤다 치가요시(權太親吉)를 고문으로 위촉하였다(「鐵嶺朝鮮人會ニ關スル調查」, 『朝鮮人民會』 MF05047).

위촉한 것은 이들을 통하여 조선인회에 대한 지휘와 통제를 강화하기 위해서였던 것으로 보인다.

회원은 관할구역 내에 거주하면서 한 가정을 이루고 독립 생계를 유지하는 '조선인'들로 구성한다고 하였다. 그 가운데 봉천·장춘조선인회는 회원의 나이를 20세 이상으로 명시하였다. 장춘조선인회는 회원을 관할구역 내에 거주하는 통상회원과 잠시 머무르는 자와 관할구역 내에 부동산이 있는 자를 특별회원으로 구분하였다. 무순조선인회는 본회에 특별한 공헌이 있는 자를 명예회원으로 등록하였다. 영구와 통화조선인회는 특별한 사정이 있는 자를 임원회의 논의를 거쳐 회원으로 인정하기로 하였다. 여기서 '일가를 이루고 독립 생계를 유지할 수 있는 조선인'이라면 한 가정에서는 부양권과 결정권을 가진 자들로서, 이들을 통하여 조선인 사회를 통제하는 목적을 달성하고자 하였다.

## 4. 조선인민회의 활동을 통한 재만 조선인 사회에 대한 지배력 구축

### 1) 조선인거류민회의 사업과 활동

북간도 지역 조선인거류민회는 거류민의 공동이익과 공공사무를 심의 처리하는 것을 기본 활동목표로 정하였다.[73] 조선인거류민회의 구체적

---

73 북간도 지역에서 제일 먼저 설립된 용정촌조선인거류민회 규칙 제2조를 보면 거류민

인 활동 내역은 1922년 2월 8일부터 새롭게 개정 실행된 시행세칙에 명시되어 있다. 그것을 살펴보면, 다음과 같다.

① 민적 ② 각항 조사 ③ 미풍양속의 조장 ④ 분쟁 조정 ⑤ 관청에 제출하는 서류의 제출 혹은 교부를 관리 ⑥ 관할 관서의 명령과 기타 사항의 포달(布達) ⑦ 교육·위생·식산·학예·종교 등 사항에 종사 ⑧ 통신연락에 관한 사항 ⑨ 금융에 관한 사항 ⑩ 기타 공익 공덕에 관한 사항. 본회는 특별한 사정이 있을 경우 영사관의 결재를 받아 상기 각 항 규정 이외의 사무를 처리할 수 있다.[74]

조선인거류민회는 위와 같이 회원들의 공동이익을 도모하고, 공동사무를 대신 처리하는 조선인 사회의 공익기관임을 표방했지만, 조선인 사회에 대한 정보수집과 통제에 더욱 큰 비중을 두었다. 우선 북간도 지역 조선인거류민회의 활동을 다음과 같이 몇 개 부분으로 나누어 살펴보자.

(1) 재정과 운영

조선인거류민회의 재정은 조선총독부와 일본 외무성의 보조금, 회원의 회비, 유지들의 기부금, 각종 수익사업에서 거둔 수익금으로 충당하였다. 대부분의 조선인거류민회는 일본 외무성에서 지급한 설립비 보조금에 의존하여 활동을 시작하였다. 그러나 일본 외무성과 조선총독

---

의 공동이익과 함께 공공사무를 심의 처리한다고 되어 있다. 또한 제10조에서 본회는 제2조의 목적을 실행하는 데 필요한 경비를 처리하기 위하여 회원으로부터 회비를 징수한다고 규정하였다(「朝鮮人居留民會設立ニ關スル件」, 『雜件』 1, 1917.8.10, 49~52쪽).

[74] 「(地名) 朝鮮人民會規則」, 『一件關於朝鮮居留民會 附號 第5卷』, 延邊檔案館 7-5-337.

부에서 지급하는 보조금은 얼마 되지 않았다. 가장 많은 보조금을 받았던 용정조선인거류민회조차 매달 50엔, 1년에 600엔밖에 되지 않았다. 1919년 1월부터 1920년 8월 31일까지 용정조선인거류민회의 수입금이 6,239.75엔이고,[75] 1921년 대랍자조선인거류민회의 경비 예산이 5천 엔 정도인 것을 감안할 때,[76] 조선인거류민회의 재정수입에서 일제 보조금이 차지하는 부분은 극히 미미한 수준임을 알 수 있다.

각 조선인거류민회는 일본 외무성과 조선총독부의 보조금이 얼마 지급되지 않은 상황에서 재정수입을 회원의 회비에 크게 의존하였다.[77] 회원 회비는 회원의 경제 상황과 관계없이 균등하게 징수하는 경우와 등급을 나누어 징수한 경우가 있었다.

〈표 2-6〉 조선인거류민회의 회비 징수 상황(1) (단위: 호, 엔)

| 거류민회 명칭 | 모금 지역 | 호당 모금액 | 모금액 | 모금 일시 |
| --- | --- | --- | --- | --- |
| 혼춘 조선공민회 | 흥인·순의·숭례·용지·덕혜 등 5개 향 | 1.80 | 8,000여 | 1923 |
| 천보산조선인거류민회 | 전체 관할구역 | 1.30 | | 1923 |
| 부동조선인거류민회 | 근전곡·송금정·상칠소 | 0.30 | 12.90 | 1922 |

출처: 延邊檔案館 所藏, 7-5-337과 7-5-185호.

---

75 「朝鮮人居留民會紀念式ニ關スル件(機密 第157號)」, 『雜件』 1, 1920.8.26, 61쪽.

76 代理延吉警察廳廳長 聯成, 「延警廳呈報和龍警察監視和街居留民會開會與日警部長交涉各情由」, 『一件朝鮮居留民會第4號卷』, 1922.4.3, 延邊檔案館 7-5-185.

77 조선인거류민회는 조직의 설립 목적을 실현하기 위하여 회원들의 회비 부담을 의무화하였다(「朝鮮人居留民會設立ニ關スル件」, 『雜件』 1, 1917.8.10, 49~52쪽).

〈표 2-7〉 조선인거류민회의 회비 징수 상황(2)(단위: 호, 엔)

| 거류민회 명칭 | 모금 호수 | 모금 등급 | 모금액 | 모금 일시 |
| --- | --- | --- | --- | --- |
| 의란구조선인거류민회 | 1,873 | 4등급 | 1,200 | 1924 |
| 혼춘조선인거류민회 | | 4등급 | | 1922 |
| 구룡평조선인거류민회 | 2,600 여호 | 11등급 | | 1922 |
| 용정조선인거류민회 | 860 | 9등급 | 9,084 | 1922 |
| 동불사조선인거류민회 | | 11등급 | | 1922 |
| 팔도구조선인거류민회 | | 8등급 | 2,000 | 1922 |

출처: 延邊檔案館 所藏, 7-5-337과 7-5-185호.

〈표 2-6〉과 〈표 2-7〉을 보면, 북간도 지역 조선인거류민회의 회비 징수는 일률적인 모금보다는 차등을 두어 모금한 경우가 더 많았다는 것을 알 수 있다. 조선인거류민회는 회원의 빈부 차이에 따라 회비 등급을 정하였다. 여기에 조선인거류민회마다 정한 회비 등급도 달랐다. 조선인거류민회가 회비 등급을 세분화시켰던 것은 회비 징수가 나름대로 '합리'적이라는 것을 회원들에게 보여 주려는 것이고, 조선인 사회에 뿌리내리기 위한 하나의 수단으로도 필요했던 것이다. 회비는 의란구 조선인거류민회처럼 봄과 가을 두 번에 나누어 징수하는 경우가 많았다.[78]

그러나 '경신참변' 이후 조선인거류민회의 회비를 징수하는 태도가 돌변하였다.[79] 일본군이 북간도에 불법적으로 주둔하고, 일본영사관의 지배

---

78　金化俊, 1924.9.27,「公函」,『一件關於朝鮮居留民會 附號 第5卷』, 延邊檔案館 7-5-337.
79　代理延吉警察廳廳長 聯成, 1922.10.24,「延吉警廳呈報和屬石洞溝民會強索會費請示辦理由」,『一件朝鮮居留民會第4號卷』, 延邊檔案館 7-5-185.

체제가 강화되자 조선인거류민회는 회비를 강압적으로 징수하는 경우가 많았다. 회비를 납부하지 않으면 「귀순증서」를 몰수하겠다는 협박도 서슴지 않았다. 「귀순증서」가 없을 경우, 독립군으로 오해받고 신변안전을 보장받을 수 없었다. 이처럼 조선인들은 생명안전을 위하여 조선인거류민회에 가입하고, 회비를 납부하여야 했다. 이렇게 징수한 회비가 조선인거류민회 1년 수입금에서 차지하는 비율은 대단히 높은 편이었다. 용정조선인거류민회의 경우, 1919년 1월부터 1920년 8월 31일까지의 수입금은 모두 6,239.75엔이었는데 그 가운데 회비가 4,811.2엔으로, 전체 수입금의 77퍼센트를 차지하였다.[80]

다음으로 남만 지역 조선인회의 경우를 살펴보자. 남만 지역 조선인회의 회원 대부분은 중국인 지주의 소작농으로 어려운 생활을 영위하는 실정이었다. 따라서 회원들에게 높은 회비를 징수할 수 없었을 뿐 아니라 농사의 수확 상황에 따라 회비 징수가 영향받는 경우가 많았다. 농사가 풍년인 경우에는 그나마 회비를 예산대로 징수할 수 있었지만, 천재지변을 당했을 경우, 회원들이 회비 납부를 연체하거나 아예 납부할 수 없는 상황이 속출하였다.[81] 1919년 3·1운동 이후 독립운동 단체의 근거지가 된 관전현·집안현·장백현에서 조선인회 총지부 3개소와 지부 24개소의 기반이 송두리째 흔들리면서 종래 징수하던 회비도 거의 징수할 수 없는 상황이 나타나기도 하였다.

이런 상황에서 각 조선인회는 회원들의 경제 상황에 근거하여 등급을 나누어 회비를 징수하였다. 사평가조선인회, 안동조선인회, 장춘조선

---

80 「朝鮮人居留民會紀念式ニ關スル件」, 『雜件』 1, 1920.8.26, 61~64쪽.
81 「大正十年, 撫順朝鮮人會狀況」, 『朝鮮人民會』, MF05048.

인회는 회원을 4등급으로 나누고, 철령조선인회는 회원을 2등급으로 나누어 징수하였다. 다른 조선인회도 이와 비슷한 수준으로 각종 수수료를 징수하였을 것으로 보인다. 그러나 이렇게 징수한 회비로는 조선인회의 유급 직원 봉급을 지급하는 것마저 부족했다. 예컨대 1921년 장춘조선인회의 경우 회비는 569.5원을 징수하였지만, 서기 연봉 522.7원, 소사 연봉 170.88원을 지급하였다. 징수한 회비로 서기와 소사 봉급만 지급해도 124원이 부족하였다. 1924년 철령조선인회의 예산을 보면, 회비는 500원을 징수할 예정이지만, 매달 회장(45원), 서기(60원), 고문(20원), 소사(15원), 구장(66원, 11명에게 6원씩), 십가장(60원, 30명에게 2원씩)에게 266원으로 1년에 3,192원을 책정하였다. 즉 회비로 임원의 봉급을 지급하자면 2,692원이나 부족하였다.

이처럼 회원들의 회비로는 최소한의 조직 운영도 어려운 상황에서, 조선인회는 일본 외무성과 조선총독부에 보조금을 신청하였다. 각 조선인회는 보조금을 신청하기 위하여 지난 1년 동안의 경비 집행 상황, 조선인회의 사업성적을 증빙서류로 제출하였다. 일제기관은 증빙서류에 근거하여 조선인회에 대한 지휘와 감독을 강화하였던 것으로 보인다. 조선인회가 일제의 보조금에 의존하는 정도가 클수록 일본영사관에 대한 종속성은 더 깊어졌던 것으로 보인다. 따라서 규약에 명시된 사회복지시설에 대한 투자는 미미할 수밖에 없었다.

그리고 일본영사관이나 조선총독부에서 위임받은 여러 가지 권리를 회비 징수에 적절하게 이용하기도 하였다. 우선 북간도 지역 조선인거류민회는 여행증명서를 발부할 권리를 가지고 있었다. 「도문강중한계무조관」을 통하여 북간도 지역과 식민지 조선 사이에 자유로운 왕래가 보장되었다. 북간도의 조선인들이 조선으로 출입국하고자 할 경우, 조선총독부는 해당 거류민회에서 발급한 여행증명서를 요구하였다. 조선인거류민회는 회비 납부 여부에 따라 여행증명서를 발급하였다. 걸만동조선인거류민회는 엔화 30전을 받고 여행증명서 1장씩 발급하였다.[82] 이처럼 무역과 여행이 목적인 조선인들은 여행증명서를 발부받기 위해 조선인거류민회에 가입해야 했다. 조선인거류민회는 여행증명서 발급 권한을 회원 수를 확대하는 기회로 활용하였을 뿐만 아니라, 회비를 징수하는 수단으로 삼았다.

북간도 지역 조선인거류민회는 조선에 수출하는 생산물에 대한 면세증명서를 발급하는 권리도 가졌다. 일본 정부는 1920년 8월 북간도 지역 조선인을 경제적으로 회유할 목적과 조선 내의 농산물 부족 문제를 해결하기 위하여 법률 제53호를 제정하였다. 1926년 6월 조선총독부의 담당 세관(稅關)과 간도총영사관이 협의를 거듭하여 구체적인 실시방법을 결정하였다. ① 면세지역 내의 농산품 경작 상황을 파악하기 위하여 국경 부근에 소재한 영사관 경찰기관에서 당지 조선인거류민회 임원(役員)을 대동하여 매년 파종기마다 현장조사를 실시하고, 일정한 양식에 따라 작성한 조사서를 수출지 세관출장소(輸出地 稅關出張所)에 제출하도록 하였다. ② 당지 조선인거류민회는 주민들로부터 수출증명 신청을 요청받을 경우 위 조사서에 근거하여 진위를 조사한 후 증명서를 발급하도록 하였다. 해당 영사관 경찰기관에 이를 감독할 책임을 부여하였다.[83]

일본영사관은 1924년 4월 혼춘조선인거류민회에 수출생산품 조사권을 처음으로 부여하였다. 그다음으로 1925년 가야하, 1926년 국자가,

---

82 署理和龍縣知事 田慶瀾, 「和龍知事呈報傑滿洞民會因經費不足復强迫各屯戶納捐各情由」, 『一件朝鮮居留民會第4號卷』, 1922.6.27, 延邊檔案館 7-5-185.

83 「陸接國境生産物ニ對スル免稅制度」, 『間島關係(開放及調査)』 2, 549~563쪽.

1927년 4월 용정촌·양수천자·흑정자 등 조선인거류민회가 조사권을 부여받으면서 1929년에는 북간도 18개 조선인거류민회 중 11개 조선인 거류민회가 이 업무를 수행하였다. 조선인거류민회는 이를 통하여 안정적인 재정수입을 확보할 수 있었다. 조선인거류민회는 면세증명서를 발급하면서 수수료로 1석(石)에 20전(1928년 2월부터 15전)을 징수하였다. 1926년도 7개 조선인거류민회의 수수료 수입을 보면 13,784엔, 1927년도에는 10개 조선인거류민회에서 42,873엔을 수금하였다.[84]

### (2) 조사·정보 활동

조선인거류민회는 일본영사관을 대신하여 여러 가지 조사업무를 담당하였다. 이 부분은 일제가 조선인 사회를 통제하기 위한 기본 자료를 구축하는 작업이라 하겠다. 조사 내역을 살펴보면, 크게 민적(民籍)에 대한 조사, 농산물 재배 상황에 대한 조사, 농경우(農耕牛)에 대한 조사, 중국 당국의 세금 징수에 대한 조사 등이 있었다.

민적에 대한 조사는 일제의 입장에서 보면 무엇보다 시급하게 해결해야 할 과제였다. 일제는 만주 침략에 재만 조선인의 신분을 적극 이용하고자 하였다. 따라서 침략정책을 수립하는 데 있어 조선인 인구에 대한 정확한 파악이 무엇보다 절실하였다. 조선인거류민회의 민적 조사는 회원들부터 시작하였다. 혼춘현 두도구조선인거류민회의 경우 회원에 가입하려면 우선 입회금으로 엔화 5각(角)을 납부하고, 가족의 인구수, 남녀노소의 생년월일을 함께 기재하여 제출하도록 하였다.[85] 조선인거류민회는

---

84　申奎燮, 1993,「日本の間島政策と朝鮮人社會-1920年代前半までの懷柔政策を中心として」,『朝鮮史研究會論文集』31, 181쪽.
85　吉林憲兵營琿春分駐所排長遲成田, 1922.4.11,「駐琿憲兵排呈報韓民會威嚇墾民入會

민적 조사의 범위를 회원에서 조선인 사회 전반으로 확대시켜 나갔다.

북간도 조선인들은 80퍼센트 이상이 농업에 종사하였다. 조선인거류민회 회원 대부분이 농민이고, 조직도 농촌에 기반을 두었다. 따라서 조선인거류민회는 농촌 상황에 관심을 가질 수밖에 없었다. 조선인거류민회는 농촌 상황을 파악하기 위한 여러 가지 조사 활동을 벌였다. 1923년 8월 4일 대랍자조선인거류민회에서 농경우(牛籍簿, 우적부), 경작 상황(植付耕別表), 단위당 수확량(耕當收量見積額表), 총 수확량(總收穫見積高表), 가축(家畜表), 농호(農戶數) 등에 관한 조사표[86]를 각 갑(甲)에 발송하였다. 여기서 조선인거류민회의 조사대상이 대단히 광범위하고, 조사항목도 자세하게 구분되었음을 알 수 있다. 이런 조사가 예상대로 이루어질 경우, 조선인거류민회가 조선인 농민들의 호구·농업경영 상황·농경우(農耕牛)·가축 등 현황을 파악하는 데는 지장이 없었던 것으로 보인다.

조선인거류민회는 조선인들의 가계생활에 절대적인 영향을 미치는 중국 지방 당국의 세금 징수 내역도 조사대상에 포함시켰다. 1931년 용정촌 조선인거류민회는 조선인을 상대로 징수한 중국 지방 당국의 세금 내역을 항목별로 자세히 조사하였다. 그것을 보면, 조선인들은 토지세·교육비·사갑비(社甲費)·촌비(村費)·문패전(門牌錢)·연통세(煙筒稅)·차표(車票)·가옥건축세·소(牛)매입세·말(馬)매입세·결혼세·관리도식비(徒食費)·도살세·영업세·계량세·토지 매매세 등 무려 16가지에 달하였다.[87] 조선인거류민회가 중국 지방 당국의 세금 징수 내역도 조사대상에 포함시킨 것

---

由」, 『一件朝鮮居留民會第4號卷』, 延邊檔案館 7-5-185.

86 署理延吉警察廳廳長 谷金聲, 1923.8.12, 「延警廳呈報和龍縣城民會調査墾民農産牲畜應否禁阻由」, 『一件關於朝鮮居留民會 附號 第5卷』, 延邊檔案館 7-5-337.

87 「間島地方に於ける鮮農經濟事情」, 『滿鐵調査月報』 11-9, 1931년 9월호, 65~66쪽.

은 세무행정을 감독하여 조선인들의 '권익'을 보호하려는 측면도 있었지만, 세금 부담의 과중함과 부당함을 폭로하여 보다 많은 조선인들을 조선인거류민회의 통제 속으로 흡수하려는 데 궁극적인 목적이 있었다.

다음으로 나름대로의 통신연락망을 갖춘 조선인거류민회도 있었다. 혼춘조선인거류민회의 경우, 1922년 10월 21일부터 관할구역인 회봉사(會峯社)·수신사(守信社)·회인사(懷恩社)·돈인사(敦仁社)·수성사(輸誠社)·귀화사(歸化社)·홍렴사(興廉社)·상의사(尙義社) 등 8개 사 47개 둔(屯)에서 통신부장을 선임하고 통신연락망을 구축하였다. 11월 5일부터 민회 의원들이 각 사에 파견되어 부락 순라를 실시하였다. 이렇게 혼춘조선인거류민회는 초기에는 각 사를 8개 통신 연락반으로 편성하고, 연락반마다 통신부장 2명을 임명하였다. 그러다가 매 둔마다 통신부장 1명을 두어 완벽한 연락망을 구축하고자 하였다. 이렇게 임명된 47명의 통신부장들은 갑이 을에게 전해 주고, 을이 다시 병으로 전해 주는 방식으로 통신연락체제를 구축하였다.[88] 조선인거류민회가 임명한 통신부장들은 조선인거류민회의 지시사항과 명령을 전달하고, 조선인 사회의 상황을 수시로 민회와 일본영사관에 보고하는 업무를 담당하였다. 조선인거류민회는 통신연락체제를 통하여 조선인 사회에 대한 통제를 강화시켜 나갔다.

(3) 금융부의 대출사업

일제는 1920년 일본군의 간도 침공으로 피해를 입은 조선인들을 '구제'한다는 명목으로 조선인거류민회 내에 금융부(金融部, 이하 금융부로 줄

---

88　代理延吉警察廳廳長 聯成, 1922.12.14, 「延警呈報琿春日警派民會往各處打更通行交涉各情由」, 『一件關於朝鮮居留民會 附號 第5卷』, 延邊檔案館 7-5-337.

임)를 설치하였다. 금융부는 조선인을 '구제'하고 경제적인 '안정'을 도모한다는 취지를 내세웠지만, 궁극적인 목적은 조선인을 일제의 경제침략에 이용하려는 것이었다. 이러한 일제의 음모는 이미 간도총영사관 설립 직후부터 은밀하게 추진되었는데, 1911년에 건립된 용정촌구제회(龍井村救濟會)가 바로 그것이다. 그 후 1918년 동양척식주식회사에서 용정촌구제회의 사무를 인수하고 명칭을 간도구제회(間島救濟會)로 개칭하였다. 이를 기반으로 일제는 '경신참변'의 기회를 이용하여 조선인거류민회 내부에 별도로 금융부를 설치하여 운영하였다.[89]

1920년 일제의 '경신년대토벌'은 북간도 조선인 사회에 엄청난 피해를 주었다.[90] 이로 인해 수많은 조선인들이 생활기반을 상실하였다. 그러나 일제는 이 기회를 이용하여 조선인 사회에 대한 지배를 강화하고자 하였다. 이에 따라 일본 외무성과 조선총독부는 일본육군성에서 내놓은 '구휼금(救恤金)' 10만 원을 개인에게 직접 지급하지 않고, 이를 신뢰할 수 있는 단체에 일괄 지급하여 효과적으로 관리·감독하고자 하였다. 그렇게 선정된 것이 조선인거류민회였다.

1922년 2월 4일 용정촌조선인거류민회에 최초의 금융부(자본금 35,000원)가 설치되었다. 이어 2월 15일에는 국자가 금융부(자본금 28,500원), 2월 18일에 두도구 금융부(자본금 21,500원), 4월 1일에 혼춘 금융부(자본금 15,000원)가 설치되었다.[91] 그 후 1927년에는 백초구조선인거류민회에, 1929년에는 천보산과 가야하조선인거류민회에 금융부 출장소가 각각 설

---

89 금융부와 간도구제회에 대한 부분은 김주용, 2008, 『일제의 간도 경제침략과 한인사회』, 선인 참조.
90 조동걸, 1998, 「1920년 간도참변의 실상」, 『역사비평』 47, 51~57쪽.
91 『間島新報』 1923.1.25, 『朝鮮人民會』 MF05048.

치되었다.[92] 금융부의 임원은 대체로 회장 1명, 이사 1명, 감사 2명 이상, 평의원 6명 등으로 구성되었다. 금융부는 비록 조선인거류민회 내부에 설치되었으나 민회 조직의 독자적인 금융기관이 아니라 간도총영사관의 직접적인 감독을 받는 특수한 금융기관이었다.

　금융부가 조선인들을 회유하는 주요한 방법은 막강한 자금력을 바탕으로 한 저리 대출이었다. 금융부의 금리는 100엔 대 일보 5전(日步 5錢)이었는데, 이는 당시 중국인 지주와 고리대업자가 조선인에게 부과하였던 월 4분 내지 5분의 고율에 비하면 매우 낮은 것이었다. 그뿐만 아니라 금융부는 조선인거류민회 내에 설치되었기에 민회 조직을 통하여 대출사업을 조직적이고 계획적으로 추진할 수 있었다. 그 결과 1922년 6월 대출고는 용정 31,015원, 국자가 23,672원, 두도구 17,490원, 혼춘 10,200원으로 도합 82,377원에 달했다. 그 후 금융부의 대출업무는 급속한 성장을 보였는데 1925년에는 무려 171,375원을 대출하였다. 이는 당시 금융부의 자기자본이 10만 원인 데 비하여 대출액이 훨씬 초과했음을 말해 준다. 또 당시 금융부의 사업이 경제적인 논리보다 정책적인 측면이 더 강하게 작용했음을 보여 주는 것이다. 이러한 상황에서 금융부는 대출자금을 유지하기 위해 기타 금융기관에서 대량으로 자금을 차입하거나 조선총독부 및 일본 외무성의 보조를 요청하였다. 그 결과 1930년 금융부의 자산은 자기자본보다도 차입금이 3배나 더 많았다.

　금융부는 조선인들의 생활을 '구제'한다는 미명하에 대출사업을 추진하였으나 실제로 그 혜택을 받은 자는 소수의 조선인거류민회 임원이나 관련자들이었다. 통계에 따르면 금융부의 대출을 받은 조선인은 조선인

---

92 『齋藤實文書』 11, 182~190쪽.

거류민회에 가입한 46,500호의 25퍼센트에 불과한 12,000여 호에 지나지 않았다.[93] 그것도 대부분은 겨우 10여 원 내지 20여 원의 적은 금액 대출자들이었다. 당시 일제는 대출을 받은 자가 총 호수의 약 1할을 넘고 1가구당 평균 53원에 이르며 점차 자작농이 증가하였다고 선전하였다.[94] 그러나 금융부 사업이 개시된 지 7년 만에 자기자본보다 많은 액수를 대출한 사실과 당시 토지가격을 감안하면 소액 대출로는 토지 구입이 거의 불가능했던 점으로 미루어 볼 때, 금융부의 대출은 주로 조선인거류민회 임원이나 친일인사들을 비롯한 소수 중산층 혹은 지주에 국한되었음을 짐작할 수 있다.[95] 한마디로 당시 일제는 조선인을 만주 침략의 첨병으로 인식하였으며 금융부의 활동은 이들을 이용하기 위한 최소한의 경제적 '원조'라고 볼 수 있다.[96]

조선인거류민회는 금융부를 통해 친일 기반을 끊임없이 확대하여 갔고, 자금 회수라는 명목으로 조선인 이주민들에 대한 통제를 강화하였다. 예를 들면 영세한 조선인 이주민들에 대한 대출심사가 점차 엄격해졌으며, 각 마을마다 조선인거류민회 참의원을 두어 한 달에 한 번씩 신축가옥이나 농우 구입 상황을 점검하도록 하였다.[97] 특히 일본영사관에서는 조선인거류민회 금융부 사업을 보다 원활하게 추진한다는 명목으로 수시로 일본 경찰을 파견하여 금융부의 업무에 관여하였다.[98]

---

93  天野元之助, 1931, 『間島に於ける朝鮮人問題に就いて』, 中日文化協會, 25~27쪽.
94  김정주 편, 1971, 『朝鮮統治史料』 10, 637~638쪽.
95  吉林公所, 1930, 「間琿18個處鮮人民會長聯合會議」, 『滿蒙』 第11年, 6號, 316~317쪽.
96  沈茹秋, 1930, 앞의 책, 64쪽.
97  「間島農村」, 『東亞日報』, 1923.12.31.
98  「北間島의 日本警察」, 『東亞日報』, 1923.11.28.

### (4) 식민 교육사업

다음으로 조선인민회의 교육 활동이 주목된다. 만주에 이주한 조선인들은 자녀교육에 대단한 열의를 보였다. 이주생활이 대체로 안정을 찾은 후 제일 먼저 서두른 것도 자녀교육이었다. 조선인들은 하루 세끼는 못 챙겨도 자녀교육에 대한 투자는 아끼지 않았다.[99] 재만 조선인 교육을 주도한 세력은 크게 세 가지로 나누어 볼 수 있다. ① 독립운동 진영에서 실시한 교육, ② 종교 계통에서 추진한 교육, ③ 일제가 조선인을 상대로 실시한 식민교육이다. 1910~1920년대 일제가 만주에서 운영한 식민교육 기관은 조선총독부에서 설립·운영한 공립보통학교[1928년 현재 북간도 지역의 보통학교는 간도중앙학교(용정촌)·국자가보통학교·두도구보통학교·백초구보통학교·혼춘보통학교 등 5개 학교에 재학생은 2,270명], 1927년 6월부터 만철회사에서 경영하기 시작한 조선인학교(1928년 현재 봉천보통학교·철령보통학교·개원보통학교·장춘보통학교·하얼빈보통학교·무순보통학교·안동보통학교·안동노동공제회 야학교·안동현6도구서숙·우장명륜의숙·봉황서숙·사평가배야학교 등 7개 보통학교와 5개 보조학교의 재학생은 도합 2,488명에 달함), 조선총독부에서 경비를 보조한 보조학교, 일본 식민회사가 설립한 조선인학교, 일본인이 경영한 조선인학교 등으로 구분할 수 있다.[100]

여기서는 조선인회가 관여한 교육 활동을 살펴보자. 남·북만 지역 조선인회가 설립한 교육기관으로는 봉천보통학교, 장춘보통학교, 하얼빈보통학교, 무순보통학교, 사평가배야학교가 있었다.[101] 조선총독부에서 경

---

99 『會報』 18, 1934년 8월호, 16~18쪽.
100 박규찬 주편, 1991, 『중국조선족교육사』, 연길, 동북조선민족교육출판사, 86~102쪽.
101 박규찬 주편, 1991, 위의 책, 94~95쪽.

비를 보조받은 보조학교는 대부분 조선인민회가 관여하였던 것으로 보인다. 1928년 만주 지역에는 조선총독부에서 경비를 보조하는 보조학교가 모두 52교, 학생 수는 3,401명에 달하였다. 그 가운데 남만 지역에 22교가 있었다.[102]

조선인회가 경영한 교육기관의 구체적인 사례를 살펴보자. 재만 조선인의 '권익을 대변'하고 나선 조선인회는 조선인 사회의 교육 문제에 관심을 가졌다. 모든 조선인회가 회칙에서 교육 문제를 명시한 것도 이 같은 이유였다. 영구의 경우 아예 교육기관 설치를 계기로 조선인회를 설립하기도 했다. 그러나 조선인회에서 운영하였던 학교들은 자금 부족으로 주로 조선총독부의 보조금, 일본 외무성, 만철회사, 학부형들의 부담으로 운영되었다. 예를 들면, 1922년 9월 1일 장춘조선인회에서 설립한 부여(扶餘)학교는 조선총독부의 보조금 2천 원을 지원받아 기숙사 1동을 마련하였다. 철령조선인회는 육영학교(育英學校, 1917년 5월 23일)·청하서당(淸河書堂, 1922년 10월)·흥륭대서당(興隆台書堂, 1921년 9월) 등 3개의 교육기관을 운영하였지만, 학교 운영경비는 보조금과 학부형 기부금으로 충당하였다. 청하서당은 조선총독부의 보조금으로, 흥륭대서당은 학부형의 기부와 조선인회의 보조금으로 운영하였다. 1925년 청하서당은 조선총독부에서 보조금 600원을 지급받고, 흥륭대서당은 조선인회에서 보조금 360원을 받았다. 그리고 이들 서당은 조선총독부에서 편찬한 교재를 무료로 지원받아 사용하였다.

장우근(張宇根) 등이 설립한 철령육영학교는 처음부터 남만주철도회사와 조선총독부의 지원을 받아 운영하였다. 학교 교사는 만철에서 창고

---

102 박규찬 주편, 1991, 앞의 책, 98쪽.

를 무상으로 차입하여 사용하였다. 1919년 9월에는 조선총독부에서 교원 1명, 만철에서 교원 2명과 경비 전부를 지원받았다. 조선교육령에 근거한 보통학교 학칙 수용이 지원 조건이었다. 그 뒤로 만철의 재정지원이 계속되면서 학교의 경영권은 만철에 귀속되기 시작하였다. 1926년 11월 만철의 보조를 받아 신축 교사로 이전하였고, 1928년 3월에는 학교관리권이 드디어 만철지방사무소에 양도되었다. 1929년 7월 1일 교명마저 철령보통학교로 개칭하였다.[103] 이처럼 조선인회가 운영하던 교육기관이 일제의 식민지 교육체계로 완전히 흡수되는 경우도 있었다.

이런 사정은 통화에서도 마찬가지였다. 보민회 시기인 1920년 5월에 설립된 통화보통학교는 주로 조선총독부의 보조금과 학부형의 기금으로 운영하였다. 1924년 보민회가 해체된 이후 설립된 조선인회는 조선교육령에 따라 보통학교를 운영하고 교과서도 조선총독부에서 편찬한 것을 사용하여 완전히 식민지 조선의 교육체제를 따랐다.[104] 철령과 통화의 경우처럼 조선인회가 경영하는 교육기관들은 지속적으로 보조금을 청구할 수 있는 명분을 마련하고자 조선총독부에서 편찬한 교과서를 사용했던 것으로 보인다.

봉천조선인협회는 실업보통학교를 운영하고, 공태보(公太堡)·오가황(五家荒)·정안보(靜安堡)·동가와붕(佟家窩棚) 등 각 촌락에는 상기 보통학교의 예비분교를 설립하여 운영하였다. 1923년 봉천조선인협회에서는 실업보통학교에 1,200원을 보조하였다.

이처럼 조선인회에서 운영하는 학교는 주로 조선총독부에서 지급하

---

103 全滿朝鮮人民會聯合會, 『會報』 2, 1934년 4월호, 127쪽.
104 通化朝鮮人民會, 『會報』 21, 1934년 11월호, 14~15쪽.

는 보조금에 의존하는 한편, 부족한 부분은 조선인회와 학부형의 기부금으로 충당하여 운영하였다. 이러한 교육기관에서는 대체로 조선총독부에서 편찬한 교재를 사용하였다. 조선인회가 운영한 교육기관에서는 식민지 조선과 다를 바 없는 식민지 교육을 실시하였다.[105] 조선인회는 식민교육을 통하여 조선인 사회 내부에서 친일 기반을 마련하고자 하였다.

### (5) '조선시찰단'의 모집과 운영

일제는 만주 지역 조선인 사회의 친일 기반을 확대하고 조선인민회의 영향력을 확산시키기 위해 여러 가지 수단과 방법을 강구하였다. 그 가운데 조선인민회 관계자들을 중심으로 '조선시찰단(朝鮮視察團)'을 모집하여 상기 목적을 실현하기 위한 중요한 사업으로 추진하였다.

일제가 북간도 조선인 사회에서 '조선시찰단'을 모집하기 시작한 것은 1917년이었다. 그 뒤로 1929년까지 모두 6차에 걸쳐 296명에게[106] '식민지 조선'을 시찰하는 '특전'을 베풀었다. 남·북만 지역에서 '조선시찰단'을 조직한 것은 '경신참변' 직후였다. 1922년 4월 통화영사분관과 봉천총영사관에서 각기 시찰단을 조직하였다. 1923년 3월 하얼빈·일면파·해림에서 시찰단 19명을 모집하고, 같은 해 10월 봉천과 무순 지역에서 모

---

105 박규찬 주편, 1991, 앞의 책, 86쪽.
106 일제가 북간도에서 조직한 '조선시찰단' 일람표(단위: 명)

| 시기 | 지역 | 시찰단 인수 | 시기 | 지역 | 시찰단 인수 |
|---|---|---|---|---|---|
| 1917 | 간도 | 32 | 1928 | 간도·혼춘 | 67 |
| 1918 | 혼춘 | 21 | 1929 | 간도·혼춘 | 94 |
| 1921 | 간도·혼춘 | 50 | 합계 | | 296 |
| 1926 | 간도·혼춘 | 32 | | | |

출처: 고려서림, 1990, 『齋藤實文書』 11, 고려서림, 113~114쪽.

집한 시찰단 22명이 한국으로 출발했다.

조선총독부가 '조선시찰단'의 경비를 부담하고, 일본영사관은 시찰단에 참여할 인원을 심사하고 선정하는 책임을 담당하였다. 조선인민회 회장이 시찰단 단장을 맡고, 조선인거류민회와 밀접한 관계의 인사들이 시찰단에 포함되었다. 견학 대상에 서울·인천·수원·평양 등 지역의 행정·산업·교육·군사·문화 등을 포함시켜 '식민지 조선'의 '발전된 모습'을 보여 주고자 했다. 조선 총독을 비롯하여 친일파 거두들이 동원되어 시찰단을 환대했다. 『동아일보』를 비롯한 신문들이 시찰단의 동정을 상세하게 추적 보도했다. '조선시찰단'은 조선인 사회에서 조선인민회의 영향력을 확대하고, 친일 기반을 확대하려는 목적에서 조직되었다고 보여진다.[107]

### 2) '자치운동'의 전개와 좌절

재만 조선인을 둘러싸고 중일 양국이 치열한 공방전을 벌이고 있는 가운데, 조선인 사회의 이익을 대변하고 나섰던 사회단체들은 조선인 문제를 조선인 스스로 해결하는 '자치운동'에 깊은 관심을 가졌다. 그리고 시기와 여건만 갖추어지면 그때마다 꾸준히 자치운동을 시도하였다.

첫째, 북간도 지역 조선인거류민회가 주도한 '자치운동'을 살펴보자. 1923년 2월 13일 북간도 용정촌 시장 부근에서 조선인 청년 최창호(崔昌浩)[108]가 무고하게 중국 군인의 총에 맞아 사살된 사건이 발생하였다. 이

---

107 '조선시찰단'의 모집과 구성과 관련해서는 김태국, 2001, 『만주 지역 '조선인민회' 연구』, 국민대학교 박사학위논문, 85~88쪽, 142~144쪽 참조.
108 최창호는 함경북도 종성군 용성면 출신으로 연길현 용강동 부암평에 거주하였다. 사건 발생 당시 그는 25세였다(1923, 「崔昌浩被殺과 間島住民大會」, 『開闢』 33, 85~87쪽). 당시

사건은 몇 가지 점에서 북간도 조선인 사회에 큰 충격을 주었다. 우선 무고한 동포가 아무런 이유 없이 처참하게 살해되는 사건을 목격하면서 북간도 조선인들은 자신의 생명재산을 보호하는 운동에 지대한 관심을 가지고 적극적으로 동참하였다. 종전까지만 하여도 일본영사관의 지휘와 감독 속에서만 움직이던 조선인거류민회가 이 사건을 계기로 간도 조선인의 일본 국적 이탈 운동을 선언하고 조선인 사회의 자치운동을 주도하였다. 이는 조선인 사회와 일본영사관 모두에게 적지 않은 충격을 주었다. 그러나 조선인거류민회의 조직이나 행동이 구조적으로 일본영사관의 철저한 통제를 받고 있었다. 따라서 조선인거류민회가 주도한 자치운동이 일제의 침략 이익과 부합되지 않은 한, 어떠한 성과도 기대하기 어려운 구조적인 한계를 가지고 있었다. 조선인거류민회가 주도한 자치운동은 약 45일 정도 지속되었지만, 일제의 대륙 침략 이익에 저촉되면서 큰 성과를 거두지 못하고 좌절하고 말았다.[109]

그러나 반드시 짚고 넘어가야 할 문제가 있다. 조선인거류민회에서 주도한 일본 국적 탈적(脫籍) 운동과 '자치운동'의 근본 원인은 조선인거류민회의 친일 성격이 돌변하여 발생한 것이 아니었다. 일제가 조선인도 '일본신민'이라는 논리를 내세우면서도 조선인에 대한 보호조치를 게을리하고, 극심한 차별대우를 실시한 데 대한 반발이었다. 여기에 조선인 사회에서 영향력을 확대하고자 한 조선인거류민회의 야망에서 비롯된 것이다.

둘째, 남만 지역에서 조선인회가 깊숙이 관여한 '만주조선인대회(滿洲

---

신문기사에는 최창호를 최창호(崔昌鎬)·최상호(崔祥浩) 등으로도 표기하였다.
[109] 조선인거류민회가 주도한 탈적 운동과 자치운동의 구체적인 전개 과정은 김태국, 2001, 앞의 글, 88~95쪽 참조.

朝鮮人大會)'를 살펴보자. 만주조선인대회는 1928년 중국의 조선인 구축 정책에 대응하기 위해 봉천조선인회를 중심으로 8개 지역의 조선인회가 참가하여 개최한 대회이다. 1920년대에 들어 일제의 만주 침략이 가시화되던 상황에서 중일 양국 사이에 체결된 1925년의 「미쓰야협정」은 중국 지방 당국에서 조선인 독립운동자뿐 아니라 조선인 전체에 대하여 탄압과 구축 정책을 실시하는 빌미가 되었다.[110]

「미쓰야협정」 체결 후 재만 조선인 사회는 중국 지방 당국의 조선인 구축과 압박정책 속에서 엄혹한 시련을 겪어야 했다.[111] 그럼에도 중국 지방 당국의 구축과 압박정책을 좌시하지 않고 여러 가지 대응 방법을 모색하였다. 이와 관련하여 서로 다른 정치적인 입장을 가지고 있던 정의부(正義府)와 조선인회는 각기 다른 측면에서 이 문제를 해결하고자 하였다.

정의부를 중심으로 하는 독립운동 단체는 크게 두 가지 측면에서 중국 지방 당국의 조선인 구축 정책에 대응하였다. 하나는 한교구축문제대책강구회(韓僑驅逐問題對策講究會)·한족문제연합강구회(韓族問題聯合講究會)·귀화한족동향회(歸化韓族同鄉會) 등 전담기구를 설립하여 조선인의 중국 입적을 적극적으로 권장했다. 한편 중국 측에 많은 지인(知人)을 가지고 있던 인사를 대표로 선정하여 중국 지방 당국을 상대로 외교 교섭을 전개하였다.[112]

---

110 1925년 6월 11일 조선총독부 경무국장 미쓰야 미야마쓰(三矢宮松)와 봉천성 경무국장 우진(于珍)은 조선인 독립운동을 탄압하기 위해 모두 8조로 된 비밀협정을 체결하였다. 이를 「미쓰야협정(三矢協定)」이라 한다(日本外務省, 1965, 『日本外交年表並主要文書』下, 原書房, 75~76쪽).
111 중국 지방 당국의 조선인 구축 정책의 구체적인 실시 과정은 김태국, 2001, 앞의 글, 144~150쪽 참조.
112 정의부를 비롯한 독립운동 단체의 대응과 관련하여 채영국의 연구를 참조하면 많

다른 한편 대도시를 중심으로 하는 지역에서도 조선인 단체가 중국 당국의 조선인 구축 정책에 맞서 대책 마련을 서둘렀다. 조선인회는 바로 이러한 조선인 단체의 활동에 가담하였다. 1927년 12월 장춘에 거주하는 조선인들이 시민대회를 개최하기로 하였다. 1927년 12월 13일 봉천청년회관에 조선인 청년회와 기타 단체의 대표들이 회합하여 구축 정책에 대한 대책강구회의를 개최하였다. 회의에서는 나경석(羅景錫) 등 10명을 준비위원으로 선출하고, 12월 18일에 조선인대회를 개최하기로 결정하였다. 1928년 1월 10일부터 12일까지 봉천에서 봉천조선인대회(奉天朝鮮人大會)·봉천상부회(奉天相扶會)·신민현조선인주민회(新民縣朝鮮人住民會)·철령조선인회·해룡민회·영구고려청년회(營口高麗青年會) 등 단체가 참가한 재만 조선인 각지 대표 연합대회(在滿朝鮮人各地代表聯合大會)를 개최하였다. 만주조선인대회는 조선인 구축 문제를 해결할 때까지 상설기관으로 운영하고 재만 조선인의 대동단결을 도모하고자 하였다.

자료 미비로 만주조선인대회의 보다 구체적인 활동 양상을 밝힐 수 없지만, 몇 가지 사실을 확인할 수 있다. 우선 만주조선인대회를 설립하는 데 조선인회가 주도세력으로 참여한 것으로 보인다. 봉천에서 개최한 재만 조선인 각지 대표 연합대회에 대표를 파견한 6개 단체 가운데 철령과 해룡 조선인회가 있다. 그리고 봉천조선인대회에도 봉천조선인거류민회가 주도세력으로 참여한 것으로 보인다. 다음으로 만주조선인대회가 분담금을 모금하고자 하였던 봉천·대련·무순·영구·안동·봉황성·철령·개원 등 8개 지역 가운데 대련과 봉황성을 제외한 6개 지역은 조선인회가 설립되

---

은 도움을 받을 수 있다(채영국, 2000, 『韓民族의 만주독립운동과 正義府』, 國學資料院, 329~330쪽).

어 있던 지역이었다. 또한 무순 지방부는 본부를 아예 무순조선인회에 두고 활동을 전개하였다. 다른 지역 사정도 이와 비슷했을 것이다. 이 점으로 미루어 만주조선인대회에 조선인회가 깊숙이 관여했음을 알 수 있다.

만주조선인대회는 중국 지방 당국의 조선인 구축 정책을 극복하는 방법을 재만 조선인 자존과 자립을 달성하는 데서 찾고자 하였다. 이를 실현하는 선결과제가 재만 조선인이 일치단결하는 것이라 판단하였다. 그들은 재만 조선인 일치단결을 이끌어 내기 위하여 군중집회를 개최하고 공동대응 방법을 모색하고자 하였다.

그러나 정의부는 대규모 군중집회를 개최하는 것이 오히려 역효과가 날 수 있다고 판단하고 만주조선인대회를 반대하였다. 조선인회가 만주조선인대회를 주도하면서 세력 확장을 꾀하는 것을 미리 차단하려던 것으로 보인다. 따라서 정의부는 만주조선인대회를 이주 조선인들의 어려운 상황을 이용하여 다른 목적을 취하려는 단체로 규정하고, 대회 자체를 부정함과 동시에 성토문을 작성하여 대회를 해체할 것을 종용하였다.

## 5. 일제의 만주 침략에서 조선인민회의 위상과 역할

앞에서 살펴보았듯이 북간도 지역 조선인거류민회는 1916년 12월 혼춘조선민공회에서 비롯되었다. 혼춘 일본영사분관은 친일 조선인을 앞세워 사적(私的) 단체 형식으로 조선민공회를 설립하고 그것을 일본영사분관에서 인가하는 방식으로 조선인 사회를 장악하고자 했다. 이에 재간도 일본총영사관에서도 조선인거류민회 설립을 본격적으로 논의하고, 혼춘의 방법을 참작하여 조선인거류민회를 사적 단체로 설립하고 일본영사관에서 인가하는 방식을 취했다.

일본영사관은 조선인거류민회의 설립 기획에서 규칙 제정, 설립비 조달, 보조금 지급, 임원 선정 등 전 과정을 완전히 장악했다. 여기서 조선인거류민회의 설립과 운영 주체가 조선인이 아니라 일본영사관이었음을 알 수 있다.

일본영사관은 조선인거류민회를 확실하게 지휘하고 감독하는 체제를 구축했다. 조선인거류민회 회장을 비롯한 임원에 대한 임면권(任免權)을 장악하고, 회원들의 선거권이나 피선거권을 완전히 배제했다. 조선인거류민회의 재정 문제와 제반 의결사항도 반드시 영사관의 인가를 받아 시행하도록 규정했다. 그 결과 조선인거류민회는 일본영사관의 완전한 '시정 보조기관(施政補助機關)'으로 전락했다.

북간도조선인거류민회는 설립 당시 주로 일본 외무성의 보조금에 의존하였지만, 운영은 대체로 회원의 회비에 의존했다. 회비는 회원의 경제 사정과 관계없이 균등하게 징수하는 조선인거류민회가 있었지만, 대부분은 차등을 두어 징수했다. 1920년 '경신참변' 이후 조선인거류민회는 강압적인 수단을 동원하여 회비를 징수했다. 조선인거류민회는 조선총독부에서 위임받은 여행증명서나 면세품 증명서를 심사 발급하는 직권을 이용하여 회원을 모집하고, 조선인 사회를 장악했다.

일본영사관에서 조선인거류민회에 부여한 임무 가운데 가장 중요한 것은 조사 활동이었다. 일본영사관은 조선인거류민회의 이와 같은 조사 활동을 통하여 조선인 사회에 대한 기본정보를 수집했다. 조선인거류민회는 일본영사관의 정보수집기관 역할을 담당했다.

조선인거류민회는 나름대로 통신연락체계도 구축했다. 혼춘조선민공회의 경우 통신부장 47명을 임명하여 통신연락을 전담하도록 했다. 통신부장들은 조선인거류민회의 지시사항과 명령을 회원과 일반 조선인들에게 전달하는 한편, 조선인 사회의 상황을 수시로 조선인거류민회와 일본영사관에 보고하는 임무를 담당했다.

일본영사관은 조선인거류민회 관계자들에게 한국과 일본을 시찰하는 '특혜'를 베풀었다. '조선시찰단'에는 주로 조선인거류민회의 임원과 관계자, 금융부 서기들이 충원되었고 교원·상인·농민들도 포함되었다. 이를 통하여 일제는 만주 지역 조선인 사회에서 친일 기반을 조성하고, 조선인거류민회의 영향력을 확대했다.

일제는 '경신년 대토벌'에서 피해를 입은 조선인을 '구제'한다는 명목으로 조선인거류민회 내에 금융부를 설립했다. 금융부의 저리 대출을 미끼로 조선인 농민을 유혹하고, 조선인 사회에서 조선인거류민회의 기반을 강화하고, 영향력을 확대하는 기회로 이용했다. 그리고 대출금 사용내역을 정기적으로 점검하는 기회를 이용하여 조선인 사회에 대한 통제를 강화했다. 또한 조선인들의 부동산이나 상조권을 담보로 금융 대출을 실시하면서, 북간도 지역 토지를 수탈하는 데 조선인을 교묘하게 이용했다.

북간도조선인거류민회는 일본영사관의 지휘와 감독하에 행동하는 '시정 보조기관'으로서 역할을 충실하게 수행하면서도 때로는 일본영사관의 의도에 완전히 어긋나게 행동했다. 1923년 용정촌에서 발생한 조선인청년 피살사건을 계기로 조선인거류민회가 주도한 일본 국적 탈적 운동과 '자치운동'이 바로 그것이다. 약 40여 일간 전개된 '자치운동'은 일제의 대륙 침략 이익과 저촉되고, 중국 지방 당국의 허락도 받지 못하면서 큰 성과를 거두지 못하고 좌절하였다.

남만 지역 조선인회는 1913년 11월 안동에서 설립된 조선인조합에서 비롯되었고, 1917년 이후 남만 지역에서 조선인회가 본격적으로 설립되었다. 이는 1910년대 중반 이후 조선인 사회의 범위가 남만 지역 북부로 확장되고, 일제가 「만몽조약」을 통하여 획득한 침략 이권을 재만 조선인에게도 적용하여 만주 침략을 확대하고자 하였던 점과 제1차 세계대전이 종전기에 접어들면서 일제가 만주에 대한 침략체제를 재정비하려던 계획에서 비롯되었다.

북만 지역에서는 하얼빈·일면파·해림·수분하·소수분·횡도하자·석두하자·치치하얼 등 8개 조선인회가 설립되었다. 북만 지역 조선인회는 치치하얼을 제외하고 1920년부터 1년 사이에 집중적으로 설립되는 특징을 보였다.

남만 지역 조선인회는 한 개 조직으로 운영되는 경우도 있었지만, 관할 지역 규모에 따라 본부와 산하에 몇 개 지부를 두는 경우가 있었다. 안동·해룡·철령·봉천·장춘 등 조선인회는 산하에 지부를 두었다. 이는 조선인회의 관할구역이 몇 개 현에 걸쳐 있었기 때문인데, 지부를 설립하지 않은 북간도의 조선인거류민회의 경우와 조직체계에서 다른 점이었다.

그러나 조선인회의 구성과 운영은 북간도의 조선인거류민회와 크게 다를 바 없었다. 일본영사관은 조선인회 임원에 대한 임면권, 회무(會務)에 대한 감독권을 통하여 조선인회를 지휘 감독했다. 일본영사관은 조선인 사회의 유지나 조선인회 운영에 영향력을 미칠 수 있는 일본인을 고문으로 위촉하여 조선인회의 운영을 감독했다.

조선인회의 활동은 조사·교육·위생·산업·'구제' 사업·직업 알선 등을 중심으로 전개되었다. 이에 필요한 활동경비는 회원 회비로 충당하려고 했으나 회원들의 어려운 경제사정, 천재지변 등 여러 가지 원인으로 유급 직원의 봉급마저 지급하기 어려운 실정이었다. 따라서 조선인회는 절대적으로 부족한 활동경비를 일본 외무성과 조선총독부의 보조금에 의존하여 해결했다. 일제기관에서 지급하는 보조금에 대한 의존도가 높을수록 조선인회의 친일적 성격도 그만큼 짙었다.

조선인회가 지향하였던 궁극적인 목표는 일본영사관을 대신하여 조선인 사회를 통제하고, 조선인 사회 내부에서 친일 기반을 구축하려는 데 있었다. 조선인회가 실시한 여러 가지 조사 활동은 조선인 사회의 동향을 일본영사관에 보고하려는 목적에서 추진되었다. 조선인회에서 설립 운영한 학교는 주로 조선총독부의 보조금에 의존하고, 조선총독부에서 편찬한 교과서를 사용하여 학생들에게 친일교육을 실시했다. 그리고 조선인회 관계자들을 중심으로 한국과 일본 '시찰단'을 조직하여 조선인회의 영향력을 확대했고, 일본영사관이 주도하는 관제행사에 앞장서 조선인 사회의 친일화를 획책했다.

제3장
'만주국' 시기
전만조선인민회연합회의 설립과 활동

## 1. '만주국' 시기 조선인민회의 통합조직으로서 전만조선인민회연합회의 설립

### 1) 전만조선인민회연합회의 설립

1931년 일본 관동군은 만주 침략 계획을 마무리 짓고 만주를 무력 강점하는 빌미로 '나카무라 대위 사건(中村大尉事件)'[1]과 '만보산사건(萬寶山事件)'[2]을 이용했다. 1931년 9월 18일 관동군은 '유조호사건(柳條湖事件)'을 조작하여 봉천에 대한 군사침공을 감행했다. 9월 18일 밤부터 19일까지 관동군은 남만(南滿)철로·안봉(安奉)철로 주변을 공략하여 봉천·해성(海城)·영구·요양·안산(鞍山)·철령·사평가·공주령(公主嶺)·장춘·안동·본계(本溪)·무순 등지를 점령했다.[3]

당시 장학량(張學良)의 군대는 10만 명이었고, 관동군의 병력은 14,000명 정도였다. 병력으로 보면 장학량의 군사적 대응이 충분히 가능했다.[4] 그럼에도 장학량의 동북군은 장개석(蔣介石)의 '부저항정책(不抵抗政策)'[5]에 따라 만주에 대한 사수와 저항을 사실상 포기했다. 그 결과 일본

---

1 동양경제신보사, 1978,『日本近現代史辭典』, 동양경제신보사, 484쪽.
2 박영석, 1985,『萬寶山事件硏究』, 아세아문화사, 90~116쪽.
3 李鴻文 지음, 양필승 옮김, 1992,『만주현대사-항일 무장 투쟁기(1931~1945)』, 대륙연구소 출판사, 19~20쪽.
4 常城 主編,『東北近現代史綱』, 149~150쪽.
5 이 무렵 장개석은 중국 강서성(江西省)에서 중국공산당이 이끄는 홍군(紅軍)을 공격했다. 장개석은 중일전쟁이 발생할 경우 홍군을 공격하는 계획이 큰 차질을 빚을 것을 우려하여 장학량에게 일본군의 침공에 절대 저항하지 말라는 명령을 내렸다.

군은 4개월 사이에 만주의 주요 도시를 모두 장악할 수 있었다.[6]

일제의 만주 침략은 만주 지역 조선인 사회에도 커다란 영향을 미쳐 재만 조선인 사회의 분화를 더욱 심화시켰다. 이 무렵 재만 독립운동 단체들과 조선인 공산주의자들은 중국 민중과 함께 본격적인 항일무장투쟁을 전개했고, 반면 조선인민회는 일제의 만주 침략 보조에 맞추어 전만조선인민회연합회(全滿朝鮮人民會聯合會)를 설립했다.

먼저 이 시기 조선인 반일 무장단체들의 활동을 살펴보자. 만주에서 활약하던 조선혁명군(朝鮮革命軍)과 한국독립군(韓國獨立軍)은 중국의 항일의용군과 연합하여 반만 항일전선(反滿抗日戰線)을 형성했다. 예를 들면 이진탁(李辰卓)·양세봉(梁世鳳)이 이끌던 조선혁명군은 당취오(唐聚五)가 통솔하던 요녕민중자위군(遼寧民衆自衛軍) 등 부대와 함께 신빈(新賓)·환인(桓仁)·통화·유하·무순 등 일대에서 활발한 대일 항전을 벌였다. 그리고 이청천(李靑天)이 영솔하는 한국독립군은 이두(李杜)·정초(丁超)·왕덕림(王德林)·오의성(吳義成)·시세영(柴世榮) 등 길림자위군(吉林自衛軍) 또는 중국구국군(中國救國軍)과 연합하여 중동선(中東線) 일대에서 치열한 전투를 벌였다.[7]

다음으로 사회주의 계열의 활동을 살펴보면, 1930년부터 "일국일당(一國一黨)"의 원칙에 따라 중국공산당에 합류하기 시작한 조선인 공산주의자들은 중국공산당 만주성위원회(滿洲省委員會)의 지휘 아래 일제가 만주를 침공한 직후 북간도의 연길·화룡·혼춘·왕청, 남만 지역의 반석(盤石), 북만 지역 영안·주하(珠河)·발리(勃利)·호림(虎林)·탕원(湯原)·밀산

---

6　姜念東 外, 1980, 『僞滿洲國史』, 吉林人民出版社, 79~80쪽.
7　조동걸, 2001, 앞의 책, 368~369쪽.

(密山) 등 현에서 항일유격대를 설립하여 항일무장투쟁을 전개했다. 그 뒤로 항일유격대는 동북인민혁명군(東北人民革命軍)을 거쳐 동북항일연군(東北抗日聯軍)으로 개편되면서 만주 항일운동의 중심세력으로 부상했다.[8]

재만 조선인들은 각종 항일무장단체를 결성하여 적극적인 항일투쟁을 전개하였다. 그러나 조선인민회와 같은 친일단체들이 일제의 만주 침략에 적극 협조하면서 일부 중국인 관병들과 민중은 재만 조선인을 일제의 주구로 간주하여 박해를 가하기도 했다.[9] 이러한 실정에서 남·북만 지역 조선인들은 거주지를 떠나 안전한 지역으로 이동할 수밖에 없었다. 그들은 주로 만철연선지역 대도시로 모여들었다.

이 무렵 일본 관동군과 일본영사관은 대도시로 끊임없이 밀려드는 조선인 피난민에 대한 대책을 강구해야만 했다. 만약 이들을 그대로 방치할 경우 대부분이 항일의용군에 편입되거나, 항일세력에 가담할 가능성이 높았다. 그뿐만 아니라 종전까지 일제가 내세웠던 이른바 '조선인 보호'라는 명분을 훼손할 우려도 있었다. 그럼에도 여기에서 분명히 짚고 넘어가야 할 문제가 있다. 당시 일제가 조선인 피난민 문제를 적극 해결하고자 한 의도는 조선인들에 대한 진정한 '구제'보다는 향후 만주 침략에 적극 이용하려는 것이었다. 조선인 사회에 대한 지배는 물론이고 만주 통치를 위해서도 반드시 필요한 조치였다는 점이다. 이를 위해 일제는 조선인민회를 앞세워 조선인 피난민 문제를 처리하도록 했다.

한편 남·북만 지역 조선인민회는 일본군의 만주 점령을 조선인민회 세력을 확대할 수 있는 절호의 기회로 활용하고자 했다. 그들은 일제의

---

8  李鴻文 지음, 양필승 옮김, 1992, 앞의 책, 46~223쪽.
9  外務省 亞細亞局, 1933, 『支那及滿洲に於ける共産運動槪況(昭和7年12月現在)』, 239쪽.

만주 침략을 "재만 백만 동포의 지반(地盤)을 구축하여 영원한 복리(福利)를 도모할 시기가 도래한 것"으로 인식했다.[10] 조선인민회의 주요 간부들은 재만 조선인들에게 일본의 '지위와 위력(偉力)'을 주지시킴과 동시에 '국민적 신념'을 심어 주어 재만 조선인들의 '사상 동요를 미리 방지'하고자 했다. 이를 위해 과거 각 지역에 분산되어 있던 조선인민회의 통일적인 관리와 운영이 필요하였다. 따라서 이들은 각 민회를 하나로 통합하여 운영할 수 있는 중앙집권적인 기구를 설립하고자 했다. 그 결과 1931년 10월 20일 봉천에서 봉천·안동·무순·철령·사평가·장춘·길림·안산·해룡·도록·하얼빈·치치하얼·일면파 등 13개 조선인민회 대표들이 모여 전만조선인민회연합회(이하 연합회로 약칭함)를 설립했다.[11]

창립대회에서 통과된 연합회 규칙[12] 가운데 주요 조항을 살펴보면 다음과 같다.

> 제2조 본회는 만주 각지 조선인민회·조선인회·조선인거류민회 및 조선인 가맹 일본인거류민회로 조직한다. 연합 각 민회의 대표위원은 1명으로 하고 기타 번외(番外) 및 유지 위원을 참가시킬 수 있다.
> 제3조 본회의 사무소는 편의상 봉천거류민회 내에 둔다.
> 제4조 본회는 민회 공통의 사항 및 재만 조선인의 향상 발전에 관한 사항을 연구 심의하고 실행을 도모하는 것을 목적으로 한다.

---

10 「全滿朝鮮人民會聯合會沿革」, 『會報』 1, 1933년 3월호, 16쪽.
11 1933년 3월호, 위의 글, 19~20쪽.
12 1933년 3월호, 위의 글, 22~23쪽.

제5조 본회는 회장과 부회장을 각기 1명을 둔다. 회장과 부회장은 사무소 소재지 민회장과 조선인 부회장이 담임하도록 한다.

제11조 본회의 경비는 연합 각 민회의 부담으로 한다.

위 규칙을 통하여 연합회는 만주 각지에 설치되었던 기존의 조선인민회·조선인회·조선인거류민회와 '일한인공동거류민회'¹³ 등을 모두 망라한 중앙집권제 형태의 기구임을 확인할 수 있다. 여기서 연합회 창립대회에 북간도 지역 조선인거류민회의 대표들이 참석하지 않았다는 점에 주목할 필요가 있다. 위의 규칙에서 대상 지역을 '전만(全滿)'으로 규정했지만, 북간도 지역은 이미 1929년에 간도혼춘민회연합회가 설립, 운영되고 있었다. 일제가 만주를 침공한 직후에 용정조선인거류민회 회장 이경재(李庚在)와 국자가조선인거류민회 회장 최윤주(崔允周)는 조선에서 온 박석윤(朴錫胤) 등 친일파와 결탁하여 '간도 거주민의 생활 산업화'를 목적으로 하는 '민생단(民生團)' 결성에 적극 가담하였다. 북간도에 '특별자치구 설정'이나 '자치령 설정'을 목적으로 하였다가 다시 '특별행정구 설정'으로 방향을 수정한 독자적인 '자치운동'을 전개하였다.¹⁴ 따라서 일제가 만주 침략 직후 조선인 사회에 대한 통제를 강화하기 위해 창립한 전만조선인민회연합회는 통일적 체제를 갖추지 못했던 남·북만 지역의 민회를 중심으로 이루어졌다. 북간도 지역의 조선인거류민회는 나름대로 기존의 연합회를 유지하는 형태를 취했던 것으로 분석된다.

---

13  조선인 가맹 일본거류민회는 1934년 5월 현재 11개가 있었는데, 주로 남만의 서부지역에 분포되어 있었다. 당시 일본영사관에서는 이들 민회를 '내선인공동거류민회'라 호칭하였는데 이 글에서는 '일한인공동거류민회'로 표기했다.

14  김성호, 1999, 『1930年代 延邊 '民生團'事件 硏究』, 백산자료원, 63~67쪽.

전만조선인민회연합회는 창립 초기 남·북만 지역 16개 민회를 통합하여 결성되었다. 일제는 연합회 창설을 통해 조선인민회에 대한 통제력을 강화하고자 했다. 연합회 규칙 제5조에서 "연합회의 회장은 사무소 소재지 민회장이 담임하고 조선인 부회장 1명을 둔다"고 규정했다. 동 규칙에 따르면 연합회 회장과 부회장은 본부를 둔 봉천민회의 회장과 부회장이 자동으로 임명된다는 것인데, 주목할 만한 것은 이들이 일본인이라는 점이다.[15] 그러므로 연합회 규칙 제5조는 사실상 연합회의 회장을 일본인으로 규정한 것과 다름없었다. 따라서 조선인민회의 지배권은 연합회의 성립을 통하여 조선인으로부터 일본인에게 넘어가는 계기가 되었다. 일제는 일본영사관과 밀접한 관계였던 일본인 회장을 중심으로 연합회의 지도체제를 정비했다. 조선인민회의 자발적인 의사로 조직된 것처럼 보이지만, 실제로는 일본영사관의 주도하에 일본인 회장 체제로 사실상 조선인민회를 완전히 장악해 갔음을 알 수 있다.

연합회는 설립 이후 각지 민회가 독자 체계로 운영되는 상황에서 본부 조직을 방대하게 구성할 필요가 없었다. 원활한 지휘와 감독이 가능한 선에서 연합회를 운영했던 것으로 파악된다. 연합회 본부는 회장 1인, 부회장 1인, 이사 1인, 부이사 1인, 사무원 약간 명, 기술원 약간 명으로 구성했다. 일제는 연합회 회장은 물론이고 임원과 직원도 연합회 본부가 설치된 지역의 민회 임원과 직원으로 충당할 수 있도록 하여, 봉천거류민회를 연합회의 핵심단체로 키워 나갔다.

연합회는 산하 각 민회로부터 회비를 징수하여 운영하고자 했다. 그

---

15  봉천거류조선인회는 만주에서 유일하게 일본인거류민회와 합동으로 조직된 경우였다. 대외로는 두 개의 단체로 활동했지만 조직의 운영과 관련해서는 일본인거류민회에 의뢰하고, 조선인회는 주로 교육과 위생에 관한 사무를 담당하였다.

러나 당시 각 지역의 조선인민회도 일본영사관의 보조금에 의존하는 상황에서 연합회에 회비를 납부하는 것은 어려운 실정이었다. 그리하여 연합회는 대체로 일본 외무성의 보조금으로 조직을 운영할 수밖에 없었다. 당시 봉천거류민회 회장, 이사, 서기 등의 교제비와 임금은 봉천거류민회에서 지급했기 때문에[16] 연합회라고는 하나 그렇게 많은 비용이 필요하지 않았다. 연합회의 주된 경비는 총회 개최와 회보 발행 등에 필요한 지출뿐이었다. 이러한 실정에서 일본 외무성은 일정액의 보조금을 지원하였는데, 그 지원 규모는 1933년 6,300원,[17] 1934년 10,750원,[18] 1936년 29,750원[19]으로 불과 3년 사이에 약 5배 정도 증가하였다. 이 같은 현상은 연합회의 활동 범위가 확대되고 연합회의 역할이 일제의 식민통치에 크게 도움이 되었던 것과 무관하지 않은 것으로 보인다.

### 2) '만주국' 건국과 조선인의 '치외법권'

일제는 만주를 중국 대륙 침략의 교두보이자 '대륙정책'을 추진하는 핵심지역으로 간주했다. 따라서 만주에 대한 일제의 식민통치는 다른 식민지와 다른 형태를 취했다. 즉 일제는 만주 침략 후 대만이나 한국과 같은 총독부제(總督府制), 혹은 동남아시아와 같은 군정(軍政)을 실시하지 않

---

16 봉천거류민회에서 회장에게 지급한 교제비는 100원, 이사(理事)에게 지급한 월급은 200원, 서기 월급은 130원이었다(奉天居留民會, 1936, 『奉天居留民會三十年史』, 奉天, 滿洲共同印刷株式會社, 103~104쪽).

17 申奎燮, 1997, 「初期'滿洲國'における朝鮮人統合政策-全滿朝鮮人民會連合會の分析を中心に一」, 『日本植民地研究』 9, 22쪽.

18 在滿日本大使館, 1936, 『在滿朝鮮人槪況』, 735쪽.

19 全滿朝鮮人民會聯合會, 1937, 『在滿朝鮮人現勢要覽』, 15쪽.

았다. 친일세력을 앞세워 군사 점령지를 중국 중앙정권으로부터 분리시켜 '독립' 혹은 '자치'를 선언하도록 하는, 이른바 '간접통치'의 방식을 선택했다. 이러한 점에서 1932년 3월에 설립된 '만주국'은 일제가 대륙을 침략하고 식민지 지배 체제를 구축하는 또 다른 모델로 볼 수 있다.

일제는 청조의 마지막 황제인 부의(溥儀)를 '만주국' 집정(執政)으로 옹립하여 외형상으로는 '독립국가' 형식을 갖추었다. 그러나 '만주국'의 모든 권력을 총무청(總務廳)에 집중시키는 '총무청 중심' 체제와 이를 지도하는 관동군의 '내면지도(內面指導)' 체제[20]라는 간접지배 형식을 통하여 '만주국'의 실질 권력을 장악했다. 그리고 '민족협화(民族協和)'와 '왕도낙토(王道樂土)'라는 슬로건을 내걸고 새로운 '만주국인'을 만들어 내는 작업에 열을 올렸다.[21] 한국과는 달리 만주에는 다양한 민족이 함께 생활하였고, 그들의 역사적인 경험도 일본인과는 완전히 달랐기 때문에 이들 민족과 일본인이 '동조동근(同祖同根)'을 운운할 수 있는 타당한 근거를 찾을 수 없었다. 따라서 일제는 '만주국'에서 '왕도낙토', '민족협화'라는 새로운 슬로건을 내걸었다.[22]

당시 일제가 내세운 '민족협화' 슬로건의 이면에는 제국주의 열강들이

---

20 임성모, 「일본제국주의와 '만주국': 지배와 저항의 틈새」, 『한국민족운동사연구』 27, 163~165쪽.

21 한석정, 1999, 『만주국 건국의 재해석: 괴뢰국의 국가효과, 1932~1936』, 동아대학교출판부, 151~152쪽.

22 일제는 '만주국'에서 내건 '민족협화·왕도낙토'라는 슬로건과 함께 화북(華北)에서는 '북지인의 지배(北支人의 北支)', 내몽골에서는 '몽골민족 부흥' 등을 식민 지배 이데올로기로 채택했다. 아시아태평양전쟁으로 돌입한 이후에는 '백색 제국주의(白色帝國主義)'에 대항한다는 이른바 '대동아공영원(大東亞共榮圈)' 이데올로기로 발전시켜 나갔다(임성모, 1993, 「'만주국' 협화회의 대민지배정책과 그 실태」, 『동양사학연구』 42, 101쪽).

식민지에서 가장 보편적으로 사용하던 '분할통치'의 음모가 도사리고 있었다. '민족협화'란 '만주국' 내 5개 민족, 즉 한족(漢族)·만주족(滿洲族)·몽골족(蒙古族)·조선족(朝鮮族)·일본족의 화합을 통하여 '만주국'의 '자유'와 '평등'을 구현한다는 것이다. 여기서 주목할 부분은 '만주국'의 국가권력이 일본인에게 독점되고, '민족협화'를 이끌어 나가는 핵심도 일본인이었으므로, 전체 인구의 85퍼센트 이상을 차지한 한족의 주도권도 자연스럽게 부정할 수 있었다는 점이다.

또한 다른 민족들에게 상당한 '정치권리'를 부여하는 방식으로 한족을 견제하고자 했다. 예컨대 만주족의 경우, '만주국'의 집정에 만주족의 옛 영광을 대표하는 청나라의 마지막 황제인 부의를 옹립하여 만주족의 정치적인 위상을 격상시켰다. 그리고 '만주국'에 거주하는 80만 명에 달하는 몽골족에게도 '만주국'은 피상적으로나마 상당한 자율권을 부여했다. 몽골족이 주로 거주하는 만주의 서북부 지역에 흥안성(興安省)이라는 특별 행정구역과 흥안국(興安局)이라는 특별 행정부서를 설립하여 일정한 '자치권'을 부여했다. 특히 흥안국을 개편한 몽정부(蒙政府)의 공식용어는 중국어와 몽골어 두 가지를 인정하여 이른바 '몽골어와 몽골문화의 창달'을 표방했다.[23]

이와 같이 일제는 한족을 견제하면서도 '만주국'의 식민 지배를 위해 한족을 고위 관리로 채용할 수밖에 없었다. 1935년 당시 '만주국' 정부(중앙) 관료 4,939명 가운데서 한족은 2,474명으로 반수를 차지했다.[24]

---

23  한석정, 1999, 앞의 책, 156~164쪽.
24  山室信一, 1993, 「滿洲國 統治過程論」, 山本有造 編, 『滿洲國の硏究』, 京都大人文科學硏究所, 114쪽.

일제는 재만 조선인을 '일본 신민'의 범주에 포함시키고 일본인과 마찬가지로 '치외법권'을 부여했다.[25] 그러나 일제가 조선인에게 부여한 '치외법권'은 재만 조선인의 법적 권리를 신장시키기 위한 것이 아니었다. 일제가 재만 조선인에게 치외법권을 부여한 것은 재만 조선인을 '일본 신민'으로 간주하여 저들의 만주통치와 대륙 침략에 적극 이용하려는 목적이 있었다. 그뿐만 아니라 재만 조선인을 일제가 직접 지배하여 한국과 '만주국'에서의 식민 지배를 강화하려는 계략 때문이었다. 일제는 재만 조선인에 대한 직접 통치를 통하여 식민지 조선과 '만주국'의 식민통치를 위협하던 재만 조선인의 항일무장운동을 효과적으로 탄압하고자 했다. 다른 한편 '치외법권'을 통하여 '만주국' 내 각 민족 간의 차별화 정책을 부각시켜 통일적인 반만 항일세력의 형성을 저지하고 민족 사이에 상호 견제하는 일석이조의 효과를 거두고자 했다.

### 3) 전만조선인민회연합회의 통합

1934년 일제는 '만주국' 건국 2주년을 맞아 식민 지배 체제를 새롭게 정비하기 시작했다. 우선 3월 1일 부의를 황제로 등극시키고 국호를 '만주제국(滿洲帝國)'으로 개칭했으며 연호를 강덕(康德)이라 했다. 행정관할 구역도 새롭게 설정하여 기존의 4개 성을 14개 성으로 세분화시켰으며, 내각 각료들의 명칭도 총장(總長)에서 대신(大臣)으로 승격시켰다.[26] 그러

---

25 당시 '만주국'에서는 거주자들을 '만주국'인·일본인·외국인 등으로 구분하였는데 재만 조선인은 일본인 속에 포함시켰다(『滿洲國政府公報』 1936.1.29).
26 한석정, 1999, 앞의 책, 202~203쪽.

나 당시 '만주국'의 행정기구 변화를 자세히 살펴보면 이러한 조치는 모두 일제의 식민통치 기반 확대라는 큰 구도 속에서 이루어졌음을 알 수 있다. 따라서 기존의 '총무청중심주의(總務廳中心主義)'와 일본관동군의 '내면지도체제'는 계속 유지되었다. 그뿐만 아니라 일제는 '만주제국' 체제 정비의 일환으로 조선인 사회의 통제와 친일 기반의 확대를 주요한 목표로 설정했다.

'만주국'이 '만주제국'으로 개편되고 일제의 식민 지배 정책이 강화되는 가운데 전만조선인민회연합회도 이에 적극 협조하여 조선인 사회의 통제를 한층 강화하기 위한 여러 가지 조치를 취했다. 그 가운데 주목할 점은 1934년 5월에 개최된 제4회 정기총회에서 북간도 지역 조선인거류민회가 전만조선인민회연합회로 통합된 것이다. 1934년 5월 21일부터 23일까지 조선인민회연합회는 신경(新京, 지금의 장춘)에서 연합회 제4회 정기총회를 개최하고 교육·경제·의무 등과 관련하여 총 33호에 달하는 의제를 결의했다.[27] 본 총회에서 북간도 지역 민회의 통합 문제는 비록 중심의제가 아닌 협의사항으로 제출되었지만 즉시 의결되었다. 그 결과 북간도 지역 22개 민회가 제4회 총회를 계기로 전만조선인민회연합회 산하 조직으로 통합되었다. 연합회는 비로소 만주 지역의 모든 조선인민회를 통합한 조직으로 거듭났다. 북간도조선인거류민회가 1934년에 전만조선인민회연합회에 통합된 이유는 만주 지역의 정세, 민생단 설립을 통한 '자치' 권리의 추구, 반만 항일세력의 붕괴, '만주제국'의 설립 등 상황과 밀접하게 연관된 것으로 보인다.[28]

---

27 『會報』 16, 1934년 6월호, 157~160쪽.
28 북간도조선인거류민회가 전만조선인민회연합회에 통합된 보다 자세한 원인은 김태

## 4) '만주국' 시기 전만 지역의 조선인민회 증설

'만주국' 건립 후 연합회 산하 각지의 조선인민회는 급속히 팽창되어 갔다. 이 시기 민회 조직이 급속도로 팽창할 수 있었던 원인은 일제의 만주 침략과 '만주국' 건립이라는 정세 변화와 밀접한 관계가 있는 것으로 파악된다. 조선인민회의 증설 양상을 1934년 5월에 개최된 제4회 전만조선인민회연합회 총회를 기준으로 전후 두 시기로 나누어 살펴볼 수 있다.

우선 전반기(1931~1934.4) 각 지역 조선인민회의 증설 상황을 살펴보자. 북간도 지역의 조선인민회는 비록 전만조선인민회연합회에 통합되지 않았지만 나름대로 민회 조직을 확대해 가고 있었다. 통계에 따르면 1934년 4월 북간도 지역의 조선인민회는 25개에 달했다.[29] 이는 일제의 만주 침략 전의 18개에 비하면 7개나 증가하였다. 새로 증설된 민회 조직의 상황을 살펴보면 간도총영사관 산하에 명월구(明月溝)·조양천(朝陽川) 2개, 두도구 영사분관 산하에 삼도구(三道溝)민회, 연길(국자가)영사분관 산하에 위자구(葦子溝)민회, 백초구영사분관 산하에 대두천(大肚川)·소삼차구(小三岔溝) 2개, 도문(圖們)영사분관 산하에 도문민회 등이 각각 증설되었음을 알 수 있다. 그럼에도 혼춘 지역에서는 민회 조직이 증가하지 않았다. 기존의 조직으로도 조선인 사회에 대한 통제가 가능했기 때문이다. 새롭게 증설된 7개 조선인민회를 보면 주로 도회지나 철도연선에 집중되었음을 알 수 있다. 즉 장도선(長圖線, 장춘-도문 철도)[30] 연선인 도문·위자

---

국, 2001, 앞의 글, 192쪽 참조.

29　在滿日本大使館, 1936, 『在滿朝鮮人槪況』, 731~733쪽.

30　장도선(長圖線)은 1933년 4월 20일 돈화(敦化)와 도문(圖們) 사이의 철도(1932년 5월 12일 착공함)가 개통되면서 전 구간이 완전 개통되었다(延邊朝鮮族自治州檔案館 編, 1990,

구·조양천·명월구 등 4개 조선인민회, 도영선(圖寧線, 도문-영안 철도)[31]에 대두천·소삼차구 2개 조선인민회, 화룡현 삼도구에 설립되었다. 이는 당시 장도선과 도영선의 준공으로 철도연선에 조선인들의 집거구가 형성되었고, 철도연선에 대한 치안 유지를 위해 필요한 조치라고 보아야 할 것이다.

남만 지역 조선인민회의 증설 상황을 살펴보면 〈표 3-1〉과 같다.

〈표 3-1〉 1931~1934년 남만 지역 조선인민회 증설 상황(단위: 명)

| 영사관 관할구역 | 조선인민회 명칭 | 설립 인가일 | 회원 수 |
|---|---|---|---|
| 봉천총영사관 | 본계호조선인민회 | 1933.3 | 231 |
| | 요양조선인민회 | 1933.7 | 117 |
| | 개원조선인민회 | 1933.9 | 1,247 |
| 통화영사분관 | 흥경조선인민회 | 1932.12 | 2,300 |
| | 환인조선인민회 | 1933.10 | 1,371 |
| 영구영사관 | 대석교조선인민회 | 1932.1 | 153 |
| 길림총영사관 | 길림조선인민회 소성자지부 | 1934.3 | 81 |
| | 반석조선인민회 | 1932.1 | 308 |
| | 반석조선인민회 연통산지부 | 1934.3 | 147 |
| | 화전조선인민회 | 1933.4 | 415 |
| 돈화영사분관 | 돈화조선인민회 | 1932.7 | 708 |
| | 교하조선인민회 | 1931.11 | 792 |

『延邊大事記』, 延吉, 延邊大學出版社, 98쪽).

31 도영선(圖寧線)은 1933년 6월부터 시공을 시작하여 1935년 6월 30일 완공되었다(延邊朝鮮族自治州檔案館 編, 1990, 앞의 책, 103쪽).

| | | | |
|---|---|---|---|
| 신경총영사관 | 고유수지부 | 1934.4 | 200 |
| | 공주령조선인민회 | 1934.4 | 400 |

출처: 在滿日本大使館 編, 1936, 『在滿朝鮮人槪況』, 735~742쪽.

〈표 3-1〉을 보면, 이 시기 남만 지역에서 새로 설립된 민회는 봉천총영사관 산하에 본계호(本溪湖)·요양·개원 등 3개, 통화분관 산하에 흥경·환인 2개, 영구영사관 산하에 대석교(大石橋) 1개, 길림총영사관 산하에 길림 서성자(小城子)지부(서란현 소재)·반석조선인민회·반석조선인민회 연통산(煙筒山)지부·화전(樺甸)조선인민회 등 4개, 돈화(敦化)[32]영사분관 산하에 돈화·교하(蛟河) 2개, 신경총영사관 산하에 고유수(孤楡樹)지부와 공주령에 조선인민회 2개 등 도합 14개 조선인민회가 설립되었음을 알 수 있다. 그리고 이것을 다시 연도별로 나누어 보면, 1931년 1개, 1932년 4개, 1933년 5개, 1934년 4개로 나타난다. 새로운 민회는 대체로 1932년 '만주국' 건립 이후에 본격적으로 확대되었음이 확인된다. 또한 이 시기 새롭게 조직된 조선인민회는 주로 항일운동이 치열하게 전개되던 지역과 영사관이 신설된 지역에 집중된 것이 특징이다.

예컨대 흥경·환인·고유수·화전 등 지역은 조선혁명군의 주요한 활동무대였고, 반석현도 중국공산당의 영도하에 조직된 반일유격대의 주요한 근거지였다.[33] 당시 연합회가 민회 조직의 확대와 증설에 박차를 가한 것은 친일세력의 확장뿐만 아니라 반일무장단체와 조선인 사이의 연계

---

32  당시 돈화는 길림 지역에 귀속되어 있었음으로 남만 지역에 포함시켰다.
33  1932년 초 반석현에서 조선인공산주의자들이 설립한 '타구대(打狗隊)'는 그 후 남만유격대, 동북인민혁명군 제1군, 동북항일연군 제1군으로 개편되면서 만주 항일운동의 주력군으로 발전하였다(李鴻文 지음, 양필승 옮김, 1992, 앞의 책, 47~52쪽).

를 차단하려는 의도가 내포되어 있었다. 이러한 사실은 독립운동기지였던 홍경과 환인 등 지역의 민회 회원 수가 기타 지역에 비해 훨씬 많았던 사실을 통해서도 확인된다. 아울러 상기 지역에 거주하는 주민 대부분을 민회에 가입시켰던 것으로 보인다. 이외 돈화와 교하는 돈화영사분관이 신설되면서 민회가 설립된 것으로 추정되며, 본계호·요양·개원·공주령 등은 일제의 만주 침략 이후 조선인 이주민들이 증가하면서 민회가 설립된 것으로 파악된다.

북만의 경우 〈표 3-2〉와 같이, 하얼빈총영사관 산하에 도뢰소(陶賴昭)·가목사(佳木斯)·의란(依蘭)·아성(阿城)·연수(延壽)·빈현(賓縣)·주하(珠河)·방정(方正)·부금(富錦)·오상(五常)·요하(饒河)·동안진(東安鎭)·소가기(小佳氣)·보청(寶淸)·모아산(帽兒山) 등 15개, 수분하(綏芬河)영사관 산하에 수분하·영안·동경성(東京城)·목단강(牡丹江)·목릉참(穆稜站)·이수진(梨樹鎭)·밀산·평양진(平陽鎭)·동녕(東寧)·소수분(小綏芬)·해림·신안진(新安鎭)·호림(虎林) 등 13개, 치치하얼영사관 산하에 태래(泰來)·극산(克山)·해북진(海北鎭)·수화(綏化)·오운(烏雲)·통하(通河)·흑하(黑河)·북안진(北安鎭)·동흥(東興)·해륜(海倫)·목란(木蘭) 등 11개, 정가둔영사관 산하에 통료(通遼)와 조남(洮南) 2개, 하이라일(海拉爾)영사관 산하에 하이라얼조선인민회, 만주리(滿州里)영사관 산하에 만주리조선인민회 등 무려 43개에 달하는 조선인민회가 신설되었다. 이를 다시 연도별로 나누어 보면, 1932년 3개, 1933년 17개, 1934년 22개가 신설되었다.[34] 여기에서 북만의 경우도 남만 지역과 마찬가지로 조선인민회가 대폭 증가된 시기는 대체로 '만주국' 건립 이후인 1933년과 1934년임이 확인된다.

---

34 수분하는 구체적인 설립연도가 확인되지 않기에 제외되었다.

〈표 3-2〉 1932~1934년 북만 지역 조선인민회 증설 상황(단위: 명)

| 하얼빈총영사관 관할구역 | | | | | |
|---|---|---|---|---|---|
| 명칭 | 설립 인가일 | 회원 수 | 명칭 | 설립 인가일 | 회원 |
| 도뢰소 | 1932.7 | 235 | 의란 | 1933.10 | 300 |
| 가목사 | 1934.2 | 113 | 연수 | 1934.3 | 177 |
| 아성 | 1933.10 | 135 | 빈현 | 1933.10 | 220 |
| 주하 | 1934.5 | 200 | 방정 | 1934.2 | 100 |
| 부금 | 1934.2 | 100 | 오상 | 1934.4 | 150 |
| 요하 | 1934.6 | 300 | 동안진 | 1934.8 | 100 |
| 소가기 | 1934.8 | 130 | 보청 | 1934.10 | 150 |
| 모아산 | 1934.10 | 90 | | | |
| 수분하영사관 관할구역 | | | | | |
| 영안 | 1932.7 | 301 | 동경성 | 1933.11 | 301 |
| 모단강 | 1933.9 | 451 | 목릉참 | 1934.2 | 300 |
| 이수진 | 1933.1 | 170 | 밀산 | 1933.8 | 549 |
| 평양진 | 1933.1 | 250 | 동녕 | 1934.2 | 525 |
| 소수분 | 1934.2 | 100 | 해림 | 1932.6 | 310 |
| 신안진 | 1933.8 | 663 | 호림 | 1934.8 | 450 |
| 수분하 | 1921 | | | | |
| 치치하얼영사관 관할구역 | | | | | |
| 태래 | 1933.5 | 130 | 극산 | 1933.8 | 28 |
| 해북진 | 1933.8 | 175 | 수화 | 1933.8 | 450 |
| 오운 | 1933.11 | 57 | 통하 | 1933.12 | 116 |
| 흑하 | 1933.12 | 92 | 북안진 | 1933.12 | 150 |

| 동훙 | 1934.2 | 123 | 해륜 | 1934.3 | 130 |
| 목란 | 1934.3 | 148 | | | |
| 정가둔영사관 관할구역 | | | | | |
| 통료 | 1934.7 | 364 | 조남 | 1934. 7 | 500 |
| 하이라얼영사관 관할구역 | | | 만주리영사관 관할구역 | | |
| 하이라얼 | 1934.4 | 89 | 만주리 | 1934.9 | 33 |

비고: 수분하의 경우 설립 연대가 1921년으로 표기되어 있지만 제2장 북만 지역 조선인회 설립에서 살펴보았듯이 1920년대를 거치면서 폐쇄된 것으로 보인다. 그러나 여기에서 1921년으로 표기한 것은 아마도 역사성을 강조하고자 하는 뜻에서 비롯된 것으로 보인다. 필자는 수분하조선인민회도 일제의 만주 침공 후 신설된 것으로 처리하였다.
출처: 在滿日本大使館, 1936,『在滿朝鮮人槪況』, 742~751쪽.

그런데 같은 시기 남만 지역에서 신설된 조선인민회는 불과 14개였으나 북만 지역은 그 3배에 달하는 43개 조선인민회가 새롭게 증가하였다. 이는 1931년 일제의 만주 침략과 '만주국'의 건립 등 일련의 정세 변화와도 관계가 있겠지만, 그보다도 1920년대 말 중국 지방 당국의 북만 지역에 대한 본격적인 개발과 이로 인한 조선인 이주민들의 증대와 밀접한 연계가 있다고 생각된다. 주지하듯이 조선인의 북만 이주는 1917년 수전 개발과 더불어 본격적으로 이루어졌고, 1920년대 후반에 이르러 중국 지방 당국의 북만주 일대에 대한 개발정책에 힘입어 급속한 증가를 보였다.

이외에도 이 시기 북만 지역에 조선인민회 조직이 급속히 확대되는 것은 당시 이 지역에서 전개된 반일 무장투쟁과도 무관하지 않은 것으로 분석된다. 이 시기 북만 지역 반일 무장투쟁과 관련하여 조선인민회 조직의 확대와 분포상의 특징을 살펴보면 다음과 같다.

우선 수분하영사관 관할구역의 경우 조선인민회는 주로 1933년에 급속히 설립되었다. 그런데 여기에서 주목되는 것은 비슷한 시기인 1933년 2월부터 9월 사이 한국독립군과 중국항일의용군이 연합하여 진행한 경박호(鏡泊湖)전투(1933.2), 사도하자(四道河子)전투(1933.4), 동경성(東京城)전투(1933.6), 대전자령(大甸子嶺)전투(1933.6), 동녕현성(東寧縣城)전투(1933.9) 등 일련의 전투가 모두 이 지역에서 전개되었다는 점이다.[35] 이러한 상황에서 일제는 무력을 동원하여 반일무장을 토벌하는 한편, 친일 주구들을 앞세워 강제적인 방법으로 점령지역의 도회지를 중심으로 조선인민회를 건립하였던 것으로 파악된다. 그 대표적인 사례가 밀산현이다. 1933년 1년 사이 밀산현의 밀산·평양진 등 두 곳에 조선인민회가 설치되었다. 이는 밀산 지역이 1910년대부터 독립운동의 중심지였으며 1920년대 이후에는 북만주의 개발과 더불어 조선인들의 이주가 급증했던 것과 무관하지 않다. 그리고 지리적으로 소련과 인접해 있었을 뿐만 아니라 교통 요충지였던 점도 간과해서 안 될 것이다. 일제는 조선인 사회에 대한 통제를 강화하고, 조선인 이주민들과 반만 항일세력 사이의 연계를 차단할 목적으로 과거 독립운동기지였거나 반만 항일투쟁이 활발하게 진행되었던 지역에 오히려 더 많은 조선인민회를 설치하였던 것으로 보인다.

다음으로 치치하얼영사관 관할구역 내에서도 1933년에 조선인민회가 집중적으로 설립된다. 이 지역은 원래 마점산(馬占山)이 이끄는 항일의용군(抗日義勇軍)의 주요한 활동무대였고, 중소 국경 접경지대이다. 이들 조선인민회가 주로 현(縣) 소재지에 세워지고 있는 점은 주목할 만하다. 조선인민회의 설치는 소련을 통하여 강력하게 유입되고 있던 사회주의 사상 전파를 차단하려는 의도도 짙게 깔려 있었다. 사회주의 사상의 유입

---

35  한국독립유공자협회 엮음, 1997, 『中國東北地域 韓國獨立運動史』, 集文堂, 533~547쪽.

은 1920년대 초부터 이뤄졌지만, 만주 침략을 전후한 시기에 지식인들과 학생들뿐만 아니라 농민대중들에게까지 빠르게 침투되고 있었다. 이 무렵 새롭게 세워진 조선인민회는 일제가 지배세력을 확장함과 동시에 사회주의 사조의 유입을 사전에 차단하려는 의도가 내포되었다.

하얼빈총영사관 관할구역 내에 신설된 15개 조선인민회 중 11개 조선인민회는 1934년에 설립되었다. 이는 당시 주하·부금·요하·연수·방정·오상·동안진 등 지역에서 활동하던 동북인민혁명군(東北人民革命軍)과 연계해 생각해 보면 일제가 이들 지역 항일세력을 탄압하는 과정에서 조선인민회를 설립한 것으로 추정된다. 즉 일본군은 반일세력을 '토벌'하여 한 지역을 점령하면 우선 친일 조선인을 앞세워 조선인민회를 설립했다. 이러한 사실은 일제가 북만 지역을 침략하고 식민 지배를 구축하는 과정에서 조선인민회가 북만 지역 조선인 사회를 지배하는 첨병 역할을 수행하였음을 말해 준다.

다음으로 후반기(1934.5~1937) 각 지역 조선인민회의 증설 양상을 살펴보면 다음과 같다.

1934년 제4회 정기총회를 계기로 북간도 지역의 조선인거류민회도 전만조선인민회연합회로 통합되면서 만주 지역 조선인민회 조직은 하나의 통일적 지휘체제를 구비하였다. 이를 계기로 각 지역의 민회 조직도 또다시 급속히 증설되어 가는 모습을 보였다. 그 결과 1936년 만주 지역에는 전만조선인민회연합회 산하 도합 123개 조선인민회가 설립되었다. 1934~1936년까지 조선인민회 조직의 설립과 회원 수를 도표로 작성하면 〈표 3-3〉과 같다.

〈표 3-3〉에서 알 수 있듯이, 이 시기 전만조선인민회연합회 산하 조선인민회 조직은 대체로 네 가지로 구분된다. 첫 번째는 일본영사관의 공식

인가를 받은 조선인민회 조직이다. 두 번째는 조선인과 일본인이 공동으로 설립한 한일공동거류민회이다. 세 번째는 민회 조직 산하 기층조직으로서 민회 지부이다. 마지막으로는 영사관의 설립인가를 받지 못한 사적 단체인 조선인민회이다.

〈표 3-3〉 1934~1936년 연합회 산하 조선인민회 상황(단위: 개, 명)

| 관할 영사관 | 1934년 5월 말 현재 | | | | | 1935년 5월 말 현재 | | | | | 1936년 6월 말 현재 | |
|---|---|---|---|---|---|---|---|---|---|---|---|---|
| | 조선인 | 합동민회 | 지부 | 미허가 | 합계 | 조선인 | 합동민회 | 지부 | 미허가 | 합계 | 조선인민회 | 회원수 |
| 봉천총영사관 | 7 | | | | 7 | 6 | 1 | | 1 | 8 | 8 | 30,603 |
| 안동영사관 | 1 | | 6 | 1 | 8 | 5 | | 2 | 1 | 8 | 5 | 3,579 |
| 영구영사관 | 2 | 8 | | 1 | 11 | 2 | | | 2 | 4 | 4 | 1,663 |
| 신민영사분관 | | | | | | 2 | | | | 2 | | |
| 금주영사관 | | | | | | 7 | | | 1 | 8 | | |
| 승덕영사관 | | | | | | 3 | | | | 3 | | |
| 적봉영사관 | | | | | | 2 | | | | 2 | | |
| 신경총영사관 | 3 | | | | 3 | 3 | | 1 | | 4 | 3 | 9,041 |
| 부여영사분관 | | | | | | | | | | | 1 | |
| 정가둔영사분관 | 1 | | | 2 | 3 | 3 | | | | 3 | 2 | 753 |
| 도록영사분관 | 1 | | 1 | 1 | 3 | 1 | | | | 1 | | |
| 통화영사분관 | 1 | | | 1 | 2 | 3 | | 1 | | 3 | 3 | 5,207 |
| 해룡영사분관 | 1 | | 11 | | 12 | 1 | | 10 | | 11 | | |
| 산성진영사관 | | | | | | | | | | | 1 | 5,110 |
| 길림총영사관 | 5 | | | 1 | 6 | 3 | | 3 | | 6 | 6 | 7,725 |
| 돈화영사분관 | | | | | | 3 | | | | 3 | 3 | 2,864 |

| | | | | | | | | | | | |
|---|---|---|---|---|---|---|---|---|---|---|---|
| 하얼빈총영사관 | 25 | 1 | 1 | 7 | 34 | 32 | | 2 | 4 | 38 | 38 | 19,534 |
| 수분하영사관 | | | | | | 8 | | | | 8 | 8 | 5,384 |
| 치치하얼영사관 | 5 | 2 | 1 | 4 | 12 | 7 | 2 | | | 4 | 7 | 880 |
| 하이라얼영사관 | | | | | | 1 | | | | 1 | 1 | 70 |
| 만주리영사관 | 1 | | | | 1 | 1 | | | | 1 | 1 | 37 |
| 흑하영사관 | | | | | | | | | | | 2 | 180 |
| 백성자영사관 | | | | | | | | | | | 3 | 879 |
| 간도총영사관 | 7 | | | | 7 | 7 | | | | 7 | 7 | 34,780 |
| 두도구영사관 | 4 | | | | 4 | 4 | | | | 4 | 4 | 14,438 |
| 국자가영사관 | 7 | | | | 7 | 4 | | | | 4 | 4 | 9,624 |
| 백초구영사분관 | 1 | | | | 1 | 3 | | | | 3 | 3 | 6,170 |
| 혼춘영사관 | 3 | | | | 3 | 3 | | 1 | | 4 | 5 | 9,970 |
| 도문영사관 | | | | | | 4 | | | | 4 | 4 | 7,808 |
| 합계 | 75 | 11 | 20 | 18 | 124 | 104 | 17 | 20 | 9 | 150 | 123 | 176,299 |

출처: 1934년 5월말 현재: 『회보』 16, 1934년 6월호, 157~160쪽.
　　　1935년 5월말 현재: 『회보』 28, 1935년 6월호, 181~191쪽.
　　　1936년 6월말 현재: 전만조선인민회연합회, 1937, 『在滿朝鮮人現勢要覽』, 15쪽.

　　　1934년 5월까지 연합회에 가입한 조선인민회를 살펴보면, 도합 124개 민회 중 설립인가를 받은 조선인민회가 75개, 조선인과 일본인 합동 민회가 11개, 민회 지부가 20개, 인가를 받지 못한 조선인민회가 18개였다. 이것을 다시 지역별로 구분하여 보면, 북간도에 22개, 남만 지역에 52개, 북만 지역 50개로 나타나고 있다. 북간도 지역의 조선인거류민회는 모두 조선인으로 조직된 데 비하여 남·북만 지역 민회는 절반 이상이 한일공동거류민회 혹은 민회 지부의 형태로 존재하는 것이 특징이다.

다시 말하면 남만 지역의 52개 조선인민회 중 해룡조선인민회 산하 지부가 11개, 안동조선인민회 산하 지부가 6개, 그리고 남·북만 지역 무려 11개에 달하는 한일공동거류민회가 설치되었다. 그 원인은 북간도 지역에 조선인들이 대량 집거하고 있어 단독으로 조선인민회를 조직할 수 있었기 때문이다. 그러나 남·북만 지역 몇몇 도회지를 제외한 광활한 지역에 분산된 관계로 지부 혹은 당지 일본인들과 공동으로 민회 조직을 운영한 것으로 파악된다. 다시 말하여 민회의 지부는 주로 남만 지역의 안동과 해룡에 집중되었다. 안동은 1913년 만주 지역에서 가장 먼저 민회 조직이 설립되었는데 창립 초기의 지부 체제를 이 시기까지 계속 유지했음을 알 수 있다. 해룡의 경우에도 1924년 지부의 형태로 출범하였지만 초기의 8개에서 11개로 점차 증가되어 갔음을 알 수 있다.

미허가 민회의 경우, 대체로 규모가 특별히 작은 것이 공통점이라 할 수 있다. 만주리(滿洲里)의 경우 회원이 37명에 불과하였으나 공식인가를 받았던 점으로 미루어 볼 때 미허가의 경우는 그보다도 훨씬 적은 규모로 유지되었을 것으로 생각된다. 그런데 미허가 민회 조직은 1934년에 18개에서 1935년에는 9개로 줄어들었다. 이는 회원 수가 일정한 정도로 증가하면 공식허가를 받은 민회로 발전되어 갔음을 시사하는 것으로 이해된다. 즉 〈표 3-3〉에서 볼 수 있듯이 1935년 신설된 미허가 민회가 3곳이 증가한 점을 감안하더라도 1934년의 18개 미허가 민회 가운데 1935년에 이르러 12개 민회가 공식인가를 받았음을 알 수 있다.

이 시기 전 만주 지역의 민회 조직은 지속적으로 확대되고 있었다. 그러나 지역별로 분석, 비교해 보면 오히려 줄어드는 지역도 보인다. 영구의 경우 1934년보다 1935년에 오히려 11개에서 4개로 줄었다. 그 가운데 8개는 합동 민회인 것으로 나타났다. 그리고 안동영사관의 경우 1934년

6개의 민회 지부가 1935년에는 2개로 줄었다. 그러나 비록 민회가 숫자상에서 일부 줄어드는 현상을 보이지만 이는 조직을 통합하면서 나타난 통계상의 문제이지 민회 회원과 조직의 축소와는 연계되지 않았던 것으로 추정된다. 여기에서 주목되는 것은 1935년에 생겨난 조선인민회 가운데 국부적인 지역에 합동 민회가 집중적으로 나타나는 경우도 있다는 점이다. 이러한 민회 조직은 주로 신민(新民)·금주(錦州)·승덕(承德)·적봉(赤峰) 등 지역으로, 그 대부분이 남만의 서부지역에 분포되었다. 당시 이들 지역은 일본인들의 거주가 집중된 반면 조선인들의 거주가 상대적으로 적은 곳이다. 조선인 단독으로 민회 조직을 건립할 수 없는 관계로 당지 일본인들과 공동으로 합동 민회의 형태로 출발한 것으로 보인다. 합동 민회의 경우 회장은 모두 일본인이 맡고, 주도권도 일본인이 장악하였다. 합동 민회가 단일 조선인민회로 전환해 간 경우는 거의 찾아볼 수 없다. 여기에 일본의 식민지 지배력 강화가 합동 민회를 설립할 수 있는 기반을 조성하는 데 한몫하였을 것으로 보인다.

이 시기 조선인민회 조직의 증가는 대체로 1934년 6월 이후부터 1935년 5월 사이 수분하영사관 산하 8개, 도문영사관 산하 4개이며, 1935년 6월부터 1936년 6월 사이 부여(扶餘)·산성진(山城鎭)·흑하(黑河)·백성자(白城子) 등지에 7곳이 설치되었다. 이들 신설 민회의 공통된 특징은 모두 영사관이 신설되면서 그와 함께 민회 조직이 설치되었다는 점이다. 이외에도 이 시기 신설된 민회 조직은 그 전시기에 비하여 회원 규모가 매우 큰 것도 주목된다. 예컨대 산성진의 경우 민회 회원이 무려 5,110명에 달했다.[36]

---

36 산성진의 경우 해룡영사분관이 해체되면서 그 산하의 민회와 지부가 산성진조선인민

이 시기 조선인민회 조직은 연합회를 중심으로 급속히 확대되어 갔다. 그리하여 한일공동민회, 미인가 조선인민회, 민회 지부를 제외하고 전만조선인민회연합회에 공식적으로 가입한 조선인민회가 1934년에는 75개인 것이 1935년에는 104개, 1936년에는 123개로 증가하였다. 약 2년 사이 무려 48개 민회 조직이 신설되었다. 1936년 조선인민회에 가입한 회원은 무려 176,299명이었다. 당시 재만 조선인 총인구 수가 875,908명[37]이었으니 약 20퍼센트에 달하지만, 회원 대부분이 현성 소재지나 교통중심지에 거주하는 자들이라고 판단할 때, 민회 조직이 조선인 사회에 미친 영향은 막대하였을 것으로 보인다. 같은 시기 '만주국'의 인구가 3천만 명이었는데 협화회(協和會) 회원이 겨우 19만 명에[38] 불과했던 점을 비교해 보아도 조선인민회의 확대와 더불어 조선인 사회가 급속히 친일화되어 가는 상황을 보여 주고 있다고 하겠다.

전반기(1931~1934) 조선인민회의 증설 양상을 살펴보면, 북간도의 경우 장도선(장춘-도문)과 도녕선(도문-영안) 등 철도 연선을 중심으로 7개 조선인민회가 설립되었다. 일제는 철도를 중심으로 식민 지배를 확장하면서 조선인민회를 첨병으로 이용하려는 속셈이 있었던 것으로 보인다. 남만의 경우 항일운동이 치열하게 전개되던 지역과 영사관이 신설된 14개 지역에 조선인민회가 집중적으로 설치되는 특징을 보였다. 같은 시기 북만의 조선인민회는 무려 43개나 증설되면서 가장 높은 증가세를 보

---

회로 전환해 갔던 것이므로, 산성진 민회의 경우는 종전 해룡영사분관 산하의 1개 민회와 11개의 지부를 흡수한 것으로 보여진다.

37　전만조선인민회연합회, 1937, 『在滿朝鮮人現勢要覽』, 1쪽.

38　임성모, 1997, 『滿洲國協和會의 總力戰體制 構想 硏究-'國民運動' 路線의 摸索과 그 性格-』, 연세대학교 대학원 사학과 박사학위논문, 216쪽.

였다. 이는 일제의 만주 침략과 '만주국'의 건립 등 일련의 정세 변화와도 관련이 있지만, 그보다는 북만 지역 조선인 사회의 확대와 반만 항일무장 투쟁의 사회기반을 잠식할 목적으로 조선인민회를 설립하였던 것으로 보인다.

후반기(1934.5~1937) 조선인민회의 증설 양상을 보면, 북간도 지역은 큰 증가세를 보이지 않는 가운데 남만과 북만은 꾸준한 증가세를 보였다. 그 가운데 북만의 증가세는 더욱 두드러지게 나타났다. 조선인민회의 조직체계를 보면 북간도 경우는 단독으로 조선인민회를 설립했다. 반면에 남만과 북만 지역에서는 지부를 둔 조선인민회나 조선인과 일본인 합동으로 설립한 거류민회가 다수 존재하였다. 남만 지역의 안동과 해룡조선인민회는 산하에 많은 지부를 두었는데 이는 1920년대의 조선인민회 체제를 그대로 유지해 온 것으로 보인다. 남만의 서남지역에는 조선인과 일본인의 합동 거류민회가 집중적으로 설립되는 양상을 보였다. 조선인들이 상대적으로 적게 거주하는 지역에서는 주로 합동 민회 형식으로 조선인을 통제하여 갔던 측면을 살펴볼 수 있다. 또한 일본영사관이 신설되는 지역에서 조선인민회가 집중적으로 증설되는 양상을 보이고 있다. 즉 일본영사관은 조선인민회를 증설하여 조선인 사회를 지배하는 말단 행정조직으로 이용하였음을 알 수 있다.

이와 같이 연합회는 일제의 지지와 보호하에 재만 조선인 사회단체로는 산하 조직이 제일 많고 규모도 가장 큰 단체로 발전했다. 그러나 조선인민회 조직의 성장은 조선인 사회의 발전보다도 오히려 일제의 '만주국' 식민 지배 체제의 확립과 직결되었다. 그러한 관계로 일제는 '만주국'에 대한 식민통치가 어느 정도 '안정'되고, 대륙 침략을 위한 새로운 질서 확립이 필요해지자 연합회를 비롯한 조선인민회를 '협화회(協和會)'로 통합시켰다. 1937년 일제는 대륙 침략 전쟁을 일으킴과 동시에 '만주국' 내에서 일본인과 조선인에 대한 치외법권을 철폐하고, 전만조선인민회연합회와 조선인민회를 협화회로 통합시켜 전시체제로 돌입했다. 이러한 점으로 미루어 볼 때 연합회와 조선인민회는 재만 조선인 사회의 발전과 이익을 대변하는 독립적인 사회단체가 아니라 일제의 만주 침략과 식민 지배의 수요에 따라 설립되고 이용되는 침략기구에 불과하였음을 알 수 있다.

## 2. 일본의 식민 지배정책과 전만조선인민회연합회의 활동

### 1) 전만조선인민회연합회 총회 개최(1931~1935)

전만조선인민회연합회는 1934년 제4회 정기총회를 기준으로 전기와 후기로 나누어 볼 수 있다. 전기(1931~1933년)의 연합회는 남·북만 지역 조선인민회만 참여한 국부적인 연합체에 불과했다. 이 시기 연합회의 주요 활동은 주로 총회를 통하여 연합회와 각 민회에서 제안한 안건을 심의하고, 결정된 안건을 일제 당국에 건의하고 실행했다.

연합회는 1931년 10월 20일 창립대회를 개최한 이후 1937년 해산할 때까지 모두 다섯 차례의 정기총회와 두 차례의 임시총회를 개최했다. 여기에서는 연합회 총회에서 제기된 안건과 의결한 내용을 검토하여 연합회의 실상과 성격을 규명하고자 한다. 연합회 총회 개최 상황과 내용은 〈표 3-4〉와 같다.

〈표 3-4〉 연합회 총회 개최 상황(단위: 개)

| 대회 차수 | 개최 일시 | 개최 장소 | 참가 민회 수 |
|---|---|---|---|
| 제1회 | 1931.10.20~21 | 봉천거류민회 | 13 |
| 제2회(임시) | 1932.1.25~27 | 봉천거류민회 | 17 |
| 제3회 | 1932.5.25~26 | 봉천거류민회 | 19 |
| 제4회(임시) | 1932.11.26 | 봉천거류민회 | 7 |
| 제5회 | 1933.5.30~6.1 | 봉천야마토호텔 | 25 |
| 제6회 | 1934.5.21~23 | 신경야마토호텔 | 45 |
| 제7회 | 1935.5.30~6.3 | 신경야마토호텔 | 67 |

출처: 제1~4회-『會報』 1, 1933년 3월호; 제5회-『會報』 4, 1933년 6월호; 제6회-『회보』 16, 1934년 6월호; 제7회-『회보』 28, 1935년 6월호.

### (1) 전반기(1931~1934) 총회

〈표 3-4〉에서 알 수 있듯이, 연합회는 다섯 차례의 정기총회와 1932년 1월과 11월에 두 차례의 임시총회를 개최하였다. 제1~7회까지 연합회 총회의 의제와 주요 내용을 살펴보고 임시총회의 개최 배경과 목적을 분석해 본다.

1931년 10월 20~21일까지 이틀 동안 개최된 제1회 총회의 주요 의제는 전만조선인민회연합회 설립 문제와 만주 침략 과정에서 희생된 조선인과 피난민의 대책 문제였다.[39] 먼저 창립총회에서 전만조선인민회연합회의 결성을 결의했고, 피난민 문제는 재만 조선인의 '영원한 복리 도모'

---

39 『會報』 1, 1933년 3월호, 18~21쪽.

를 표방하면서[40] 일본영사관 측에 보조금 지급을 요청하기로 했다. 이 같은 임시총회의 목적은 일제가 연합회를 통해 만주 침략 이후 어수선한 민심을 수습하고, 새로 강점한 지역에 대한 안정적인 지배를 구축하기 위해서였다.

일제의 만주 침략과 더불어 수많은 조선인 피난민이 속출하면서, 재만 조선인 사회에 대한 통제 문제가 심각한 사회 문제로 부각되었다. 1932년 1월까지 봉천을 비롯한 20개 피난민 수용소에 수용된 재만 조선인만도 13,000명에 달하였다.[41] 이러한 상황에서 일제는 조선인민회를 통해 조선인 피난민 문제를 해결하려 했으며, 조선인민회를 앞세워 조선인을 통제하고 감독하고자 하였다. 연합회는 그와 같은 현실적인 문제 때문에 설립되었다.

창립총회가 개최된 지 불과 3개월 만에 총회가 개최되었는데 정기총회가 아닌 임시총회였다. 1년에 한 번씩 총회를 개최하기로 규정했음에도 불구하고 3개월 후 급히 임시총회를 개최한 목적은 무엇일까. 이는 일제의 만주 침략 후 급변하는 만주 정세와 결부시켜 생각하면 다음과 같은 두 가지 이유를 찾을 수 있다.

첫째는 제1회 총회에서 결의하였던 피난민 대책 문제가 뜻대로 해결되지 못하였기 때문이다. 이는 제2회 임시총회의 주요 의제가 피난민에 대한 대책과 아울러 시국 '안정'과 조선인 '통제'에 초점이 맞춰져 있었던 사실에서도 확인된다.[42] 당시 남·북만 지역 조선인 중 약 5퍼센트에 해당

---

40 「全滿朝鮮人民會聯合會沿革」, 『會報』 1, 1933년 3월호, 16쪽.
41 『會報』 56, 1937년 11월호, 9쪽.
42 『會報』 1, 1933년 3월호, 24~40쪽.

하는 13,000여 명은 이미 피난민[43]으로 취급되어 임시수용소에 수용되었고, 그 외에도 헤아릴 수 없는 수많은 조선인들이 피난길에 올라 방랑하였다. 이러한 실정에서 연합회는 급히 임시총회를 개최하여 피난민들에 대한 대책을 강구했으며, 이들을 '안정'시킨다는 명의로 피난민 1인당 연액 약 30원, 도합 30만 원에 달하는 보조금을 일본 외무성에 긴급 요청하기로 의결했다. 이외에도 연합회는 경찰관출장소와 자위단 설립, 원주지(原住地)에 남아 있는 조선인 농민 '구제', 조선인 농민과 중국인 사이의 관계 개선 등 문제를 일제 당국에 요청하기로 결의했다.

둘째는 당시 일제의 '만주국' 건립과 무관하지 않은 것으로 파악된다. 이 시기 일제는 만주에 대한 식민 지배 체제를 확립시키는 방안으로 '만몽신국가(滿蒙新國家)' 건설을 계획하였다. 연합회는 이러한 사업에 적극 개입하여 조선인의 '이권 보호'라는 허울 아래 친일세력 확대를 도모하고자 했다. 이번 임시총회에서 도합 9건에 달하는 결의안을 통과시켰는데, 그중 3~9호에 달하는 결의안이 '만몽신국가' 건설에 적극 참여하려는 의도가 담긴 것이었다.[44] 특히 제7~9호 결의안에서는 재단법인 만주권농사(滿洲勸農社-가칭) 설립을 통한 조선인 집단부락 건설을 비롯하여 농자금융기관(農資金融機關) 설립, 자위단과 파출소 설립, 지방자치행정을 위한 조선인민회와 연합회 기능 강화 등을 중심 의제로 다루었다.

집단부락 건설 문제는 일제가 '만주국' 설립 후 항일 무장세력들과 민

---

43 1930년 10월 1일 현재 남·북만주에 거주하는 조선인은 41,428호, 206,140명이었다(「第2回臨時聯合會」, 『會報』 1, 1933년 3월호, 33쪽). 그리고 1932년 1월까지 봉천을 비롯한 20개 피난민 수용소에 수용된 재만 조선인만 해도 13,000명에 달하였다(朴準秉, 「解消刹那に偲ばる々過去の業績」, 『會報』 56, 1937년 11월호, 9쪽).

44 『會報』 1, 1933년 3월호, 24~40쪽.

중 사이의 연락을 단절시키기 위한 방도로 계획, 추진되었으나, 연합회가 제안한 집단부락 설치는 조선인의 자위 능력 제고와 조선인 사회에 대한 통제력 강화가 주요 목적이었던 것으로 추정된다. 그리고 농자금융기관이나 자위단(自衛團), 파출소 등의 설립은 제1회 총회에서 이미 제출되었던 문제들이다. 다만 주목되는 것은 연합회와 조선인민회의 기능 강화와 관련하여 회칙을 영사관 관령(館令)으로 제정해 달라는 요구이다. 종전에 민회의 법적 지위는 비록 영사관의 인가를 받아 설치되었더라도 엄격한 의미에서 사적 단체의 성격을 띠고 있었다. 그런데 이 시기에 이르러 연합회는 외무성과 영사관에서 직접 조선인민회의 회칙을 제정하여 관령(館令)으로 발포해 달라고 요구한 것이다. 이는 연합회가 그 같은 기반 위에서 '지방행정기관'의 소임을 자임하려고 했던 것으로 분석된다. 즉 조선인민회는 조선인 사회에 대한 모든 관리는 '연합회 중심'으로 이루어질 것을 요구했다. 또 각 지역에 분포된 조선인민회 조직은 조선 국내의 면, 읍과 같은 행정기능의 역할을 담당할 것을 요구한 바 있다.[45] 그뿐만 아니라 연합회는 본부에 총재직 신설을 결의하는 등 일련의 조치를 강구하여 연합회의 위상을 강화하고자 하였다. 그러나 총회 때마다 이 제의가 계속 제기된 것으로 보아 일제가 전혀 받아들이지 않았던 것으로 파악된다. 이 사실에서 알 수 있듯이 연합회가 제1회 임시총회를 개최한 목적은 피난민에 대한 대책 강구 요구였지만, 궁극적인 목적은 새로 설립되는 '만몽신국가'에서 연합회의 '위상'을 정립하여 일제 지배의 말단 행정기관으로서 지위를 획득하려는 데 있었다고 보아야 할 것이다.

'만주국' 건립 직후인 1932년 5월 25일부터 2일간 제2회 정기총회가

---

45 『會報』 4, 1933년 6월호, 97~98쪽.

개최되었다. 제2회 총회에서 결의한 안건을 보면 제1회 임시총회 때 결의한 내용을 조속히 실행할 것을 요구하는 내용이 대부분이었다. 특히 눈에 띄는 것은 연합회에 대한 경비보조금 예산안을 제63회 일본 제국의회에서 정식으로 통과시켜 줄 것을 강력히 요청하는 결의안을 채택한 점이다.[46] 일본 제국의회에 대한 연합회의 요청은 사실 일본 외무성의 종용으로 제안된 것이다. 이는 과거 외무성이나 영사관에만 의존하던 조선인민회가 이 시기에는 자신들의 요구사항을 직접 일본 제국의회에 제출할 정도로 위상이 제고되었음을 간접적으로 시사하는 것이라 생각된다. 이를 통해 연합회와 일본 외무성의 밀착된 관계를 확인할 수 있고, 연합회가 일제의 만주 지배에 있어 '조선인 통제'를 자임한 침략의 '선봉'이 되었음을 알 수 있다.

이 사실은 1932년 11월 26일에 개최된 제2회 임시총회를 통해 보다 뚜렷이 확인된다. 제2회 임시총회에서는 리튼조사단 보고서에 대해 반대 선언서를 국제연맹 의사회에 전달하는 것과 일본군 증원과 주둔을 요청, 조선인무장이민단 조직, 하얼빈에 연합회 지부를 설립하는 문제, 연합회 월보 발행[47] 등의 의제를 논의했다. 당시 국제연맹의사회에서는 리튼조사단이 작성한 일제의 만주 침략 관련 보고서를 심의하였다. 연합회는「리튼보고서」를 반대하는 선언문을 작성하여 국제연맹에 발송했다. 선언문의 논리는 대략 다음과 같았다.

우선 '만주국' 건국 이전에 재만 조선인들이 '산업개발상 국가적인 공헌'을 했음에도 불구하고, 만주 군벌정권에 의해 '온갖 가렴주구는 물론이

---

46 『會報』1, 1933년 3월호, 41~44쪽.
47 『會報』1, 1933년 3월호, 45~51쪽.

고, 이유 없이 추방당하거나 재산을 몰수당하는' 등 '참혹한 중압'에 허덕이고 있었다는 것이다. 그런데 '만주국'의 건국으로 '재만 조선인들도 왕도정치(王道政治)의 혜택을 입어 사지(死地)로부터 탈출하여 평화로운 낙토(樂土)에 안주(安住)할 수 있게 되었다'고 했다. 그럼에도 리튼조사단이 '만주 문제에 대하여 선입관을 가지고 보고서를 작성한 결과 자칫하면 자위권(自衛權) 발동을 부인하게 되고, 또한 '만주국'의 존재마저 부정하게 되는 상황'이라고 주장하였다. 이처럼 연합회는 일제의 만주 침략 입장을 대변하는 기구로 동원되었다.

그리고 제2회 임시총회에서 하얼빈조선인민회가 일본군의 증병과 주둔, 조선인 무장이민단의 건설을 제안한 것은 당시 하얼빈 일대에 항일구국군과 의용군 등이 활발하게 활동한 사실과 밀접한 관련이 있다. 특히 하얼빈에 연합회 지부 설립을 결의한 것은 당시 하얼빈총영사관 산하에 소속된 조선인민회가 이 시기에 이르러 대폭 증가된 점과 무관하지 않다. 왜냐하면 당시 일제는 봉천에 연합회 본부를 두어 남만 일대의 조선인 사회를 통제하는 데 어느 정도 효과를 보고 있었기 때문이다. 그러나 북만 지역은 봉천과 거리가 멀리 떨어져 있고, 지역이 광활한 관계로 이 일대의 조선인민회에 대한 효율적인 관리가 이루어지지 않은 상황에서, 별도의 지부를 설립하여 통제하고자 시도한 것으로 파악된다.

제3회 정기총회는 일제가 '만주국'의 식민 지배를 강화하던 시기인 1933년 5월 30일부터 3일간 봉천에서 개최되었다. 여기에서는 주로 재만 조선인 사회에 대한 통제와 '안정', 연합회와 조선인민회의 조직 정비에 관한 문제들을 논의했다.[48] 그 가운데 재만 조선인 사회에 대한 통제

---

48 『會報』 4, 1933년 6월호, 20~22쪽.

문제는 제2호, 제3호, 제5호, 제10호 결의안에서 다루었다. 우선 '만주국'의 식민 지배를 공고히 하기 위한 조치로 재만 조선인에 대한 사상통제와 '만주국' 내 다른 민족과의 공존공영(共存共榮)이 강조되었다. 다음으로 제2회 때부터 제기되던 집단부락 건설 계획을 보다 구체적으로 제안한 점이다. 연합회는 재만 조선인 사회에 대한 통제를 강화하기 위한 조치로 조선인민회가 설립되지 않은 농촌 지역에는 시급히 조선인민회를 설립하고, 민회장은 관선(官選)으로 임명하여 집단농촌을 지도 감독할 것을 주장했다. 또한 조선인들의 호적 등록을 간편하게 취급하는 방법으로 조선인 사회에 대한 관리를 강화하고자 했다.

이외에도 조선인 사회에 대한 통제 방법으로 자경단(自警團) 설립 문제가 제2회 총회 때부터 줄곧 주요 의제로 제기되었다. 제3회 정기총회에서는 자경단 설립을 위해 일본 측에 무기를 지급해 줄 것을 강력히 요구했다. 이 시기 흥경과 일면파를 비롯한 해림·영고탑·하동 등 9개 지역에 이미 조선인 자경단이 조직되었다. 대원은 약 400여 명에 달했다.[49] 그러나 일제는 일본군의 보호를 받을 수 없는 지역의 조선인 자경단에 무기를 지급하면 오히려 항일의용군의 습격을 자초할 수 있고, 지급된 무기를 효과적으로 관리하는 데 문제가 있다는 이유로 거절했다.[50] 그러나 일제가 조선인 자경단에 무기를 공급하지 않은 것은 상술한 원인 외에도 이 시기 군사적 측면에서 주로 일본관동군과 '만주국군', 일본인 무장이민에 의존하고자 했던 점과 무관하지 않았다. 1932~1936년 사이에 일본은 모두 다섯 차례에 걸쳐 가목사(佳木斯)·화천현(樺川縣)·수릉현(綏棱縣)·밀산현

---

[49] 『會報』 4, 1933년 6월호, 49쪽.
[50] 『會報』 4, 1933년 6월호, 49~51쪽.

등지에 2,900호, 7,260명에 달하는 '무장이민'을 실시했다. 그리고 이들에게는 소총·기관총·박격포 등 무장을 지급했다. 무장이민은 경비업무, 관동군과의 협동 토벌작전은 물론이고 물자 약탈에도 참여했다.[51]

한편 제6호 결의안에서는 초등교육기관을 증설하여 줄 것과 중등교육기관으로 봉천과 하얼빈에 고등보통학교와 농업학교·상업학교를 각각 설립해 줄 것을 요구했다. 이처럼 연합회는 일제의 보통교육체제를 도입하여 재만 조선인 사회에 대한 친일화 교육을 강화하려 하였다. 이 시기 연합회가 지향하는 보통교육은 조선인의 민족의식을 말살시키고, 민족 동화를 추진하여 식민지 지배질서에 순응하는 황민화교육이었다. 또한 연합회는 일본 정부에 일본대사관·만철·소화제강소(昭和製鋼所)·'만주국'·외무성과 관동청 경찰관 등 주요 기관에 재만 조선인을 많이 채용할 것을 요구했다. 이는 연합회가 이 시기에 이르러 조선인 사회에 대한 통제뿐만 아니라 '만주국'의 식민 지배에 적극 참여하고자 시도하였음을 보여 준다.

연합회와 조선인민회 조직을 재정비하는 문제도 제3회 정기총회의 주요한 관심사였다. 1933년 5월 일본군은 이미 항일의용군의 대규모 저항을 진압하고 식민지 지배 체제를 확립하여 갔다. 연합회도 일제의 새로운 식민 지배 체제에 적극 협력하기 위해 전만조선인민회 조직을 규범화하는 것에 대한 의안을 논의했다. 여기에서 조선인민회를 통일하는 방법으로 우선 남·북만 지역에 연합회 지부를 설립하고, 연합회는 지부장을 통해 각 민회를 관할한다는 것이다. 이는 제2회 총회에서 제안되었던 연합회 지부 설립 문제를 보다 구체화한 것이다. 다음으로 연합회 본부와 지

---

51 李作權, 1984, 「日本帝國主義對我國東北的移民政策」, 『博物館研究』 第3期, 101~106쪽.

부, 각 민회의 규칙을 대사관령(大使館令) 형식으로 발표하고 업무를 통일한다는 것이다. 본 조항도 제2회 임시총회 때 제안된 바 있었으나 제3회 정기총회에서 재차 강조되었다.

이상에서 살펴보듯이 일제는 만주를 침공한 후 조선인 피난민 문제와 조선인 사회에 대한 효과적인 통제를 강화하기 위하여 '전만조선인민회연합회'를 설립했다. 연합회는 재만 조선인 사회의 '안정'을 도모한다는 허울 아래 각 지역에 설치된 조선인민회를 통하여 조선인 사회를 지배하였으며, 나아가 일제의 만주 침략과 식민지 체제 확립에 적극 협조했다. 그 일환으로 집단부락 건설과 자경단 설립을 추진하고자 했으며, 「리튼보고서」를 반대하는 선언서를 발표하는 등 일제의 침략이익을 대변하는 역할도 서슴지 않았다. 또한 일제가 내세운 '만주국'의 지배이념인 '민족협화'와 '공존공영'을 선전하는 역할도 담당하였다. 초등교육기관 증설과 중등교육기관의 설립 등을 계획함으로써 재만 조선인에 대한 친일화 교육을 강화하고자 했다. 이 시기(1931.10~1934.4) 연합회는 조선인 사회에 대한 통제뿐만 아니라 '만주국'의 식민 지배에 적극 참여하여 일제가 대륙을 침략하는 데 있어 도구 역할을 했다.

(2) 후반기 총회의 특징

한편 1934년 5월에 신경(新京, 지금의 장춘)에서 개최된 제4회 정기총회에서는 전 시기의 총회에서 검토되어 왔던 이른바 졸업생지도학교와 산업지도부락(産業指導部落) 설정 문제가 주요한 과제로 제기되고 논의되었다.[52] 졸업생지도학교란 각 민회에서 관할구역 내 초등학교 중 가장 '우

---

52 『會報』 16, 1934년 6월호, 154~156쪽.

수'한 학교를 선정하여 영사관, 조선총독부 파견원, 민회, 연합회가 '집중지도'를 실시한다는 것이다. 졸업생지도학교에서는 재학생 가운데서 조선인 촌락별로 '우수'한 학생 1~2명을 '졸업 후 지도생'으로 선발하여 졸업하기 1년 전부터 '특수교육'을 실시한다는 계획이었다. 졸업생의 지도 과목은 본업으로서는 도작(稻作)과 특용작물(特用作物) 재배, 부업으로 가마니 짜기(叺織)·양돈·양계 등 실습을 지도하고, 농한기에는 '정신진작, 근검역행, 사회공덕, 국민으로서의 권리와 의무 등 공민 교육'을 실시하여 향후 조선인 마을의 농업지도자로, 일본의 식민정책을 '충실'하게 실행하는 중견 인물로 육성한다는 계획이었다.[53] 이에 따라 공태보(公太堡)보통학교에서는 동아권업주식회사(東亞勸業株式會社)가 경영하는 공태보농장 소속 소작인 집단농촌에서 졸업생들을 대상으로 직업교육을 실시한 바 있었다.[54]

산업지도부락 설정이란 각 조선인민회 담당구역 내에서 호수, 경지면적, 치안관계, 교통관계 등을 조사하여 우수한 마을을 선정한 후 영사관, 조선총독부 파견원, 조선인민회 등에서 연합으로 지도, 육성한다는 것이다. 이러한 산업지도부락 건설은 만주의 경험에서 비롯한 것이 아니라 조선에서 시행하고 있던 농촌진흥운동[55]을 모방한 것이었다. 그러한 사실은 산업지도부락의 목표와 지침이 조선의 농촌진흥운동을 그대로 복사한 데서도 확인된다.[56]

조선총독부의 계획하에 파쇼 체제의 확립과 황국신민화의 수요에 따

---

53 『會報』 16, 1934년 6월호, 866쪽.
54 『會報』 29, 1935년 7월호, 94~98쪽.
55 박경식, 1986, 『日本帝國主義의 朝鮮支配』, 청아출판사, 335~339쪽.
56 『會報』 16, 1934년 6월호, 86~87쪽.

라 농촌진흥운동이 강력하게 추진되고 있을 때 만주 지역에서는 연합회를 중심으로 산업지도부락 건설 운동을 추진했다. 여기에서 주목할 부분은 조선의 농촌진흥운동은 총독부에서 직접 관장하고, 또 지방의 읍면에 이르기까지 관리를 배정하여 추진해 갔던 것에 비해, 만주 지역에서는 관청이 아닌 조선인민회와 연합회가 발의하여 추진하였다는 점이다. 즉 조선의 농촌진흥운동을 본 떠 연합회 주도로 만주 내 조선인 마을을 산업지도부락으로 건설해 가겠다는 것이다. 다시 말하면 연합회가 관청의 일을 자임하겠다는 것인데, 이 점에서 조선인민회와 연합회의 일제 주구로서의 역할과 성격이 뚜렷이 드러난다고 하겠다.

산업지도부락을 건설하는 데는 막대한 자금과 인력이 필요하였다. 당시 일제는 조선인들의 '사회안정'과 '자작농창정(自作農創定)'을 구실로 만주 지역을 북간도와 남·북만 지역으로 구분하여 북간도 지역에서는 '집단부락'을, 남·북만 지역에서는 '안전농장' 건설을 추진하고 있었으므로 조선인민회의 산업지도부락 건설에는 별로 관심을 가지지 않았던 것으로 보인다. 이러한 사실은 1935년 제5회 정기총회에서 이 문제가 재차 제기되고 있는 점으로 보아 어느 정도 확인된다고 하겠다. 이러한 상황에서 연합회에서 결의하고 추진하려던 산업지도부락의 건설은 결국 조선인민회와 연합회의 공허한 주장으로 끝날 수밖에 없었다.

1935년 5월 제5회 정기총회가 신경에서 개최되었는데 본 대회에서 도합 61건에 달하는 안건이 토의되었다.[57] 대부분은 전기 총회에서 제기되었던 문제들이었고, 새롭게 제기된 문제는 주로 학교의 경영 문제와 '국방건설', 치외법권, 농사보도위원회(農事輔導委員會) 등 문제들이었다.

---

57 『會報』 28, 1935년 6월호, 68~179쪽.

먼저 초등교육 방침과 관련해서는, 조선총독부와 만철에서 보조하는 학교의 경영권을 해당 지역 조선인민회로 이전하여 줄 것과 교육부과금을 징수하는 업무를 민회에서 담당할 것을 요구했다.[58] 두 번째로 일본 군국주의 '국방 건설'과 관련하여 연합회는 조선 내에서 실시되고 있던 '국방비행기 헌납운동'에 동참하고자 했다. 즉 민회 조직을 중심으로 만주 전역에서 모금활동을 벌여 '만주호(滿洲號)'라는 국방비행기 1대를 헌납하는 운동을 전개한다는 것이다.[59] 이처럼 연합회는 일제의 침략전쟁에 재만 조선인을 동원하는 기관으로 전락했다. 세 번째로 '치외법권' 철폐에 대비하여 '만주국'의 행정·경찰·산업·사법 각 부분에서 조선인 관리를 대폭 등용시켜 '만주국'에서 조선인들의 사회적 '위치'를 공고히 하고 나아가 조선인 사회에 대한 통제를 원활하게 할 것을 건의했다.[60] 마지막으로 연합회는 '농사보도위원회'에 조선인민회를 참여시켜 줄 것을 요구했다. '만주국' 당국과 일제가 중국인과 일본인 사이의 토지 분쟁을 해결하기 위해 만들었던 농사보도위원회에는 당초 조선인들이 참가하지 못했다. 그러나 토지 분쟁과 관련해서는 오히려 조선인과 중국인 사이의 토지 분쟁이 첨예하였으므로, 조선인민회에서도 농사보도위원회에 참여할 것을 주장했다.[61]

이상 연합회가 5회의 정기총회와 2회의 임시총회에서 논의하고 결의한 사항을 통해 연합회의 성격을 살펴보았다. 전기 총회 시기(1931.10~ 1934.4) 연합회는 조선인민회를 통한 조선인 사회 통제에 주안점을 두었다. 그리

---

58 『會報』 28, 1935년 6월호, 78~79쪽.
59 『會報』 28, 1935년 6월호, 166쪽.
60 『會報』 28, 1935년 6월호, 111~113쪽.
61 『會報』 28, 1935년 6월호, 150~152쪽.

고 새롭게 설립된 '만주국'에서 식민 지배의 말단 행정기관으로서 지위를 획득하고자 온갖 시도를 다 했으며 「리튼보고서」를 반대하는 성명서를 발표하는 등 일제의 만주 침략 입장을 적극 대변하고 나섰다. 후기 총회 시기(1934.5~1935.5) 연합회는 재만 조선인 사회의 '안정'을 도모한다는 허울 아래 식민교육의 확충, 산업지도부락 설치, 농사보도위원회 참여, '만주국'에서 조선인들을 관리로 대거 임용할 것을 건의했다. 그러나 결과적으로 재만 조선인의 민족 자주 의식을 말살시키고, 철저한 '일본 신민'화를 도모하고, 만주 식민 지배에 순응하게 하고, 일제의 대륙 침략에 스스로 협력하게 만드는 데 그 목적이 있었다.

### 2) 회보 발행

연합회는 재만 조선인 사회에 대한 '안정'과 '통제' 목표를 달성하기 위하여 회보를 발행했다. 회보 발행에 대한 논의는 창립총회 때부터 있었다. 그러나 경비 등 여러 가지 사정으로 발행이 지연되었던 것으로 보인다. 그러다가 제4회 임시총회에서 1933년 1월부터 회보를 발행하기로 결의했다. 1933년 3월 창간호를 발간한 후 연합회가 만주제국협화회(滿洲帝國協和會)로 통합되던 1937년 11월까지 총 56호를 발행했다. 그 사이 1937년 10월에 단 한 번 결호(缺號)가 있었을 정도로 연합회는 매달 15일에 어김없이 회보를 발행했다. 회보 발행은 연합회의 활동에서 가장 모범적으로 시간 약속을 잘 지킨 '사업'으로 평가할 수 있지만, 한편으로는 연합회가 조선인 사회를 상대로 전개하였던 '통제'와 '교화' 공작을 위하여 회보 발행에 얼마나 관심을 가졌는지를 짐작할 수 있다.

회보 발행의 취지는 연합회 회장 노구치 다나이(野口多內)의 발간사에서 "우리들의 사업 가운데 가장 중요한 과제 중 하나입니다. 이를 통하여 각지 민회는 서로 소식을 주고받고, 서로 격려하며 상승효과를 기대할 수 있을 것입니다. 또한 회원 서로의 이익은 물론이고 재만선인(在滿鮮人) 문제를 연구하는 데도 유익한 점이 대단히 크다고 하겠습니다."[62]라고 한 것을 통해 알 수 있듯이 조선인민회 소식지로서의 역할에서 찾을 수 있다.

그러나 회보 발행의 이면에는 조선총독부 경무국장 이케다 기요시(池田淸)가 축사에서 "재만 각지 민회의 통제를 도모함과 동시에 재만 동포의 지도유액(指導誘掖)에 더욱 노력하여야 한다"[63]라고 촉구하고 있듯이, 조선인민회에 대한 통제를 통해 재만 조선인을 만주 식민지 지배질서에 확실하게 편입시키려는 목적이 숨겨져 있었다.

연합회 회보는 그 구독대상이 재만 조선인이었음에도 불구하고, 창간호부터 일본어로 발행되었다. '만주국'의 『공보(公報)』가 중국어로 발행되고, 몽골인을 대상으로 발부되는 행정 서식이나 훈령은 중국어와 몽골어로 병기하고[64] 있었던 점을 감안하면, 연합회가 지향하였던 철저한 친일 성격을 짐작할 수 있는 대목이다.

회보는 1934년부터 매달 600부씩 발행하다가 1935년부터는 매달 700부씩 발행하여 민회를 비롯한 각 관계기관에 배포했다. 회보의 구성을 보면 우선 「주장(主張)」란이 설치되어 있다. 여기에서는 일제의 침략정책의 정당성, '만주국' 건국의 의미, 재만 조선인 사회에 대한 사상지도·보호와 통제 문제·경제 문제·이민 등 정책 현안에 대하여 일제의 침략 입

---

62  『會報』 4, 1933년 6월호, 2~3쪽.
63  『會報』 1, 1933년 3월호, 11쪽.
64  한석정, 1999, 앞의 책, 63쪽.

장을 대변하여 재만 조선인 사회에 대한 사상통제에 앞장섰다. 「주장」란은 제35호(1936년 1월)부터 「지도교화(指導敎化)」란으로 명칭을 바꾸어 치외법권 철폐에 대비하여 '만주국'에서 일본의 지도력 확립 문제, 철저한 일본 '황도(皇道)사상'의 수립, 재만 조선인 민족의식 말살을 강요하는, 이른바 '내선융화(內鮮融和)' 사상을 강요했다.

다음으로 조선인민회 일람과 각지 정보란이 설치되었다. 조선인민회별 호수·인구·직업·산업·교육·종교상황·조선인민회의 연혁·조선인민회 임원록 등 민회의 통제 속에 있었던 재만 조선인 사회에 대한 기본 정보를 다루었다.

그리고 조사·자료·시보(時報)·잡보(雜報) 등 란을 두어 재만 조선인 농업 상황, 만주의 산업 상황, 부업, 토지상조권(土地商租權), 세제(稅制)에 관한 정보를 수록했다.

연합회에 관한 사항은 정기 또는 임시로 개최되는 총회의 소식을 특집호로 발간했다. 일본어로만 발행되는 회보의 한계를 극복하고, 제5회 총회에서 결의한 중요 사항을 재만 조선인들에게 전달하기 위하여 한국어로 「제5회 전만조선인민회연합회 개황」(민회 연합회 팸플릿 제1집) 2천부를 인쇄하여 관계기관과 조선·만주·일본 각지에 배포했다.[65] 제6회 총회의 결의안도 한국어 팸플릿으로 발행했다. 그만큼 총회나 임시총회가 연합회 활동에서 차지하는 비중을 짐작할 수 있다. 총회는 연합회의 정책 방향과 현안을 토의하는 장소였고, 각 조선인민회에 대한 통제를 강화하는 역할을 담당했다. 또한 호적 등록을 권장하는 선전문 3만 매를 인쇄하여 조선과 만주 각 지역에 배포하기도 했다.

---

65 『會報』 10, 1933년 12월호, 46쪽.

### 3) 전시체제하의 산업인력 동원

연합회는 조선인민회를 통해 '산업 제일주의 운동'을 일으켜 재만 조선인을 '만주국'의 산업노동력으로 동원하고자 했다. 연합회가 조선인 농민들의 생산에 직접 관여한 것은 가마니 짜기(叺製造)를 적극 권장하는 사업에서 비롯되었다. '만주국' 시기 가마니 짜기 부업은 영사관·경찰서·금융회·조선인민회, 그리고 총독부에서 파견한 관리까지 가세하여 추진되었다. 이는 가마니 짜기 부업이 단순히 경제적인 문제가 아닌 일제의 대륙 침략정책의 일환에서 추진되었음을 알 수 있다.

이러한 측면에서 볼 때 당시 연합회는 조선인 대부분이 논농사를 짓고, 농경 기간이 짧고, 6개월이란 긴 농한기의 잉여 노동력을 이용할 수 있다는 점, 원료인 짚을 쉽게 구할 수 있다는 점, 작업도 간편하여 가족 단위로 남녀노소를 가리지 않고 생산에 참여할 수 있다는 점 등 이유를 제시하면서 재만 조선인들에게 가마니 짜기를 권장한다고 떠들었다. 그러나 부업을 장려한다는 허울하에 일제에 필요한 군수품을 생산하는 데 목적이 있었다.

1933년 3월부터 연합회는 조선총독부에서 농업 장려비를 지원받았다. 제승기(製繩機) 28대와 가마기 제조기(叺織機) 232대를 구입하면서부터 가마니 짜기를 본격적으로 추진시켜 나갔다. 구입한 기계들을 남만 지역의 안동을 비롯한 15개 민회에 보급하였고, 다음 해에도 800대를 구입하여 각 민회에 대여해 가마니 짜기에 착수했다.[66] 가마니 짜기 부업은 조선인들의 생활 '안정'을 도모한다는 명목으로 추진된 사업이었지만, 금

---

66 『會報』 7, 1933년 9월호, 95쪽; 『會報』 12, 1934년 2월호, 57쪽.

융회와 민회가 자기들이 '신용'하는 자들에 한하여 자금 원조라든지 제작기 대여를 실시하면서 조선인 사회를 통제하는 하나의 수단으로 이용했다.

연합회에서는 급속히 증가하는 군수품의 수요를 만족시키기 위해 생산 증가와 품질 향상이라는 명목으로 경연대회를 개최했다. 가마니 짜기 경기대회(改良叺織競技會)가 바로 그것이다. 매년 1회 내지 2회로 열린 이 대회는 전만미곡동업조합(全滿米穀同業組合)·동아권업공사(東亞勸業公司)·조선총독부의 후원과 원조를 받아 선후로 개원·철령·무순·봉천 등지에서 개최되었다. 그 결과 생산량은 1934년 약 40만 매에서 다음 해에 80만 매까지 증가했다. 그러나 당시 가마니 수요량은 무려 200만 매에 달하였다. 연합회는 통일적인 계획도 없이 조선인들에게 대량생산만을 강조하였으며, 조선인들은 200만 매 이상을 생산하였고, 따라서 일부 지역에서는 과잉생산으로 인해 부득불 중간상인들에게 헐값에 팔아넘기지 않으면 안 되는 등 조선인 농민들은 경제적으로 큰 손실을 입기도 했다.

한편 일제는 군수품의 절대적인 수요를 충족시키기 위하여 1935년 12월 대사관·총영사관·연합회·전만미곡동업조합·금융회 등 기관과 단체들이 공동으로 가마니 짜기 장려와 판매를 총괄하는 기구로서 연합회에 만주입통제부(滿洲叺統制部, 만주가마니통제부)를 설치할 것을 결의했다. 1936년 1월부터 만주가마니통제부를 통하여 가마니 생산과 구매에 대한 통일적인 관리를 강화해 나갔다.[67]

이상에서 살펴본 것처럼 연합회는 가마니짜기 운동이 비록 '부업 장려'와 재만 조선인 생활 '안정'을 도모한다는 취지에서 비롯되었다고 주

---

67 『會報』 36, 1936년 2월호, 77쪽.

장했으나, 제작기 대여와 자금 원조 등은 모두 조선인민회의 절대적인 신임을 얻는 자들에게만 한정되어 실시된 점으로 볼 때, 친일세력 육성이라는 측면이 크게 강조되었음을 알 수 있다. 또한 만주입통제부를 설치하여 가마니 제작 과정과 통일적인 수매를 관리함으로써 재만 조선인 사회에서 연합회와 민회의 영향력을 최대한 확대하고자 하였다. 특히 가마니는 만주 농산물 수탈과 관동군의 군수용품으로서 절대적으로 필요했으므로 일본 국내나 한국에서 구입하기보다는 만주에서 자체 생산할 필요가 있었다. 또한 가마니 생산을 허울 좋게 재만 조선인의 '생활 안정'과 접목시켜 일석이조의 효과를 거두고자 했다.

### 4) 조선인민회의 경제활동

'만주국' 건립 이후 연합회를 비롯한 각 지역 조선인민회 조직의 금융활동은 지역별로 일정한 차이를 보이고 있다. 즉 북간도 지역은 1922년부터 조선인거류민회 내에 설치된 금융부를 통해 금융 활동이 이루어진 반면, 남·북만의 경우는 총독부 및 동아권업회사의 보조금이거나 혹은 조선인민회 회원들의 자금으로 금융회나 농무계를 조직하여 금융 활동을 진행했다. 그런데 '만주국' 내의 통치질서가 점차 회복되자 피난 갔던 조선인들이 원주지에 속속 귀환하고, 조선인들에 대한 토지소유권과 상조권(商租權) 문제가 치외법권으로 어느 정도 인정되면서 농민들 사이에서는 토지 구매에 필요한 자금 융통을 요구하는 목소리가 날로 높아갔다.[68] 그러나 각 민회가 가지고 있던 행정력이나 교섭력으로는 조선인들의 자

---

68 『會報』11, 1934년 1월호, 60쪽.

금 융통 요구를 만족시킬 수 없었다. 이러한 실정에서 각 조선인민회의 금융 조직들은 해당 지역의 특성에 맞추어 여러 가지 활동을 펼쳐 나갔다.

북간도 지역에서는 일찍이 일제의 만주 침략 전부터 금융부가 설치되어 조선총독부와 동척회사와 손잡고 금융 대출 및 토지 구입 경비 대출 등 업무를 관장해 왔다. 그러던 것이 '만주국' 건립 이후 조선총독부가 북간도 일대에서 실시한 집단부락 건설에 집요한 관심을 보였다. 이와는 달리 남·북만주 지역의 조선인민회 산하 금융기관은 관리나 규모에서 북간도 지역의 금융부에 비해 훨씬 작았다. 또 북간도의 경우 금융부(金融部)는 일본군부와 조선총독부 및 동양척식회사의 통일적이고 계획적인 지휘하에 설치, 운영되었으나 남·북만주 지역의 조선인민회는 나름대로의 자구책을 강구하여 농무계 혹은 금융회(金融會) 형식으로 자금을 조달했다.

그중 농무계의 대표적인 사례로 도록(掏鹿)조선인민회의 금융회를 들 수 있다. 도록조선인민회는 금융기관으로 농무계를 설립하고, 1933년에 동아권업회사로부터 12,000원을 일보(日步) 3전의 이자로 차입하여 일보 6전으로 대부하는 방식으로 금융 활동을 개시했다.[69] 그런데 당시 도록에 거주하는 조선인 농민은 거의 대부분이 소작농인 관계로 소작 계약시 중국인의 중개인으로부터 약 1할 이상의 소작료를 착취당하는 사례가 빈번히 발생했다. 이러한 실정에서 1934년 도록조선인민회는 직접 중개인 역할을 맡아 조선인 농민들과 지주들 간의 소작관계를 체결하도록 했다. 즉 단체 교섭권을 이용하여 토지 중개인을 배제하고 지주와 조선인 농민들의 소작관계를 조정하는 역할을 했다.

---

69 『會報』 17, 1934년 7월호, 61~62쪽.

길림에 거주하는 조선인도 대부분 소작농이었다. 조선인들은 주로 중국인 지주들로부터 농경자금을 융통받았다. 그런데 1931년 일제가 만주를 침략하면서 중국인들 사이에서는 조선인들이 일제 만주 침략의 선봉대라는 인식이 확산되었다. 중국인 지주들은 계약기간이 만료되기 전에 조선인 소작농의 소작권을 강제적으로 반환시키고, 자금을 융자받을 수 있는 길을 완전히 차단시켰다. 이에 일본영사관이 나서서 조선인들 사이에서 농무계(農務禊)를 조직하고, 일본의 자금력을 바탕으로 종래 중국인 지주의 고리대 이자보다 싼 저리자금을 대부하여[70] 조선인 농민들을 조선인민회 조직에 흡수하는 수단으로 이용했다.

통화조선인민회도 조선인 농민들이 중국인 지주로부터 받는 고리대 착취 피해를 해결하기 위하여 1933년부터 관할구역 내 7개 곳에 농무계를 설립했다. 농무계는 일본영사관의 알선으로 동아권업회사로부터 농경자금 1만 원을 차입하여 조선인 농민들에게 대부했다. 조선인 농민들은 농무계를 통하여 자금을 융통받으면서 중국인 지주의 고리대 피해에서 어느 정도 벗어날 수 있었다.[71] 결과적으로 농무계의 대부를 통해 조선인 농민들의 경제 피해를 줄여 주기도 했지만, 한편으로 조선인 농민들은 농경자금을 해결하기 위하여 어쩔 수 없이 민회와 농무계의 회원으로 가입할 수밖에 없었다. 따라서 조선인 사회에서 조선인민회의 지위와 역할을 강화시키는 결과를 가져왔다.

요하(遼河) 유역에 위치한 영구는 논농사에 적합했다. 1931년 이후로 논농사를 목적으로 한 조선인 이주민들이 증가하면서 90퍼센트 이

---

70 『會報』 3, 1933년 5월호, 133~134쪽.
71 『會報』 21, 1934년 10월호, 14~18쪽.

상이 논농사에 종사했다. 조선인 농민들은 약 2,000정보(町步, 안전농촌을 제외)에 달하는 수전을 경작하여 해마다 40,000석(石) 이상의 벼를 생산했다. 논농사로 신용 문제를 해결하던 조선인 농민들은 흉년이라도 들면 농경자금을 융통할 길이 두절되었고, 원래 자금이 부족한 조선인 농민들은 경제파탄에 빠지기 쉬웠다. 이에 1932년 6월 영구조선인민회는 조선총독부의 원조를 받아 관할 밑에 영구농사금융회(營口農事金融會)라는 소규모 금융기관을 설립했다. 1934년 조선인 농민들에게 농경자금으로 46,030.47원을 대부했다. 1935년 2월 영구조선인민회는 조선인 농민들에 대한 통제와 지도를 목적으로 조선인농사조정위원회(朝鮮人農事調停委員會)를 구성했다. 조선인농사조정위원회의 목적은 농사에서 생기는 분쟁 조정, 지가 폭등 방지, 조선인 농민들 사이의 쟁의 해결, 부정 토지 중개인들의 악행 차단이었고, 공동생활의 자치정신에 기반을 둔 계몽운동을 전개한다는 취지로 조정위원을 각 구에 파견했다. 동시에 조선인민회 관할 구역을 5구로 나누고, 상조(商租)·연조(年租)·양조(糧租)·분종(分種)의 내용을 조사했다. 토지 가격과 중개수수료를 조사하고, 토지 매매나 소작 계약은 반드시 조선인민회를 경유하여 교섭하도록 했다.[72] 이처럼 영구조선인민회는 농사조정위원회를 통하여 조선인 농민들의 생활과 직결된 토지 매매와 소작 계약의 중개자 역할을 수행했다.

　신경의 경우, 조선인들의 신용은 일반 금융기관과 거래할 정도가 되지 못했다. 융자도 원활하지 못했다. 농경자금은 주로 중국인 지주로부터 융자를 받아 수확 후에 상환하는 경우가 많았다. 1930년 10월 신경조선인민회는 조선인 농민들의 농경자금을 해결하기 위하여 신경금융회를 설립

---

72　『會報』 29, 1935년 7월호, 23~29쪽.

했다. 동북권업공사로부터 원금을 융자받고, 조선총독부로부터 보조금을 받았다. 이를 기반으로 농무계와 함께 조선인 농경자금을 대부했다.[73]

봉천에서도 중국인들의 조선인에 대한 금리는 매우 고율이었다. 중국인 사이의 금리도 일반적으로 고율이었다. 여기에 조선인들은 어떠한 자력도 없었다. 수전 경영 자체가 중국인 지주의 농경자금을 융통받지 못하면 불가능한 절박한 상황에서 고율 이자를 감수할 수밖에 없었다.[74] 봉천 지역에서는 조선인 60퍼센트가 농업에 종사했다. 따라서 논농사의 작황이 일반 조선인들의 금융 경제와 상거래에 깊은 영향을 미쳤다. 이에 봉천거류민회는 조선인의 농업금융기관으로 협제공사(協濟公司)를 설립했다. 1933년 협제공사는 농무계를 통하여 농경자금 약 94,000원을 조선인 농민들에게 대부했다. 그리고 1933년 봉천조선인금융회를 설립하여 봉천 시내 조선인 소상공업자들에게 금융 대출을 실시했다.[75]

무순 시내에는 조선인 금융기관으로서 조선인금융회가 있었다. 설립 당초는 상농(商農)자금으로 융통되어 경제상 편의를 도모했다. 1930년의 불경기를 맞아 상농업자는 전부 실패하여 금융회의 융자금을 상환할 수 없었다. 그 뒤로 금융회는 농업자금을 융자하는 데 그쳤다.[76]

이처럼 각 조선인민회에서는 일본영사관의 알선으로 농무계·금융회 등을 조직하여 일본의 자금력을 바탕으로 재만 조선인들에게 저리 대부를 실시했다. 중국인 지주의 고리대에 시달리던 조선인 농민들의 입장에서 보면 금융 조직의 저리 융자를 마다할 이유가 없었다. 이것만 생각

---

73 『會報』 31, 1935년 9월호, 35~38쪽.
74 『會報』 3, 1933년 5월호, 121쪽.
75 『會報』 3, 1933년 5월호, 122쪽.
76 『會報』 2, 1933년 4월호, 121쪽.

하면 조선인민회가 직접 나서서 금융 조직을 설립하고 조선인들의 경제 여건 개선을 도모하여 조선인들의 생활 안정에 도움을 준 것처럼 보인다. 그러나 이면에는 또 다른 목적이 있었다. 즉 재만 조선인들이 금융 조직의 저리 융자를 신청하려면 반드시 조선인민회에 가입하여야 했고, 중국 지주와의 소작권 교섭에서도 조선인민회의 도움을 받으려면 우선 회원이 되어야 했다. 이렇듯 조선인민회는 조선인들에게 저리 융자를 실시하거나 소작권을 교섭하여 주는 대가로 재만 조선인을 회원으로 포섭하고, 조선인 사회에서 조선인민회의 영향력을 확대하는 계기로 삼았다.

### 5) 식민 교육 사업

일제의 만주 침략과 '만주국'의 수립은 조선인회가 경영하던 학교 교육에도 막대한 영향을 미쳤다. '만주국'은 교육 취지를 "인의(仁義)를 중히 여기며 다른 사람에게 겸손하게 양보하는 예의(禮儀)를 지키며 왕도주의를 발양하여 인의가 있는 사람과 친하며 인방(隣邦)에 대하여 선량하게 대함으로써 공동 생존하고 공동 번영하게 하는 것"으로 규정했다.[77] 그러나 당시 조선인 학생들은 '일본 신민'이라는 허울 아래 '만주국'의 일개 성원으로서 왕도주의의 교육은 물론이고 나아가 황민화 교육까지 강요당했다. 그리고 이러한 식민교육의 제일선에는 언제나 전만조선인민회연합회를 비롯한 조선인민회 조직이 있었다.

여기에서는 '만주국' 건립 이후 만주 지역 조선인 교육 상황을 간략하게 살펴본 후 조선인 교육에 관련된 조선인민회 활동을 검토해 보기로

---

[77] 박규찬 주편, 1991, 『중국조선족교육사』, 동북교육출판사, 109쪽 참조.

한다. '만주국' 시기 만주 지역의 조선인학교는 대체로 ① 일본대사관 내부국, ② 조선총독부 및 만철회사, ③ 영사관 산하 조선인민회, ④ 식민회사, ⑤ 학교조합, ⑥ '만주국', ⑦ 종교단체에서 경영하던 사립학교, ⑧ 사립학교 등이 있었다. 그중 ①~⑥ 부류의 학교는 이미 일본이 수중에 넣었고, ⑦·⑧ 부류의 학교들은 1933년의 「사립학교잠행규정」[78]에 따라 엄격하게 단속하였다. 상술한 학교들 중 일본대사관 내부국에서 설치한 학교는 주로 교원양성소, 농업실습소 등이었고, 영사관 산하 조선인민회에서 운영하는 학교가 제일 많았다.

연합회는 '만주국' 건립 이후 일제의 "한국인으로 한국인을 다스린다(以韓制韓)" 방침하에 조선인 교육을 총괄하고자 시도했다. 이에 따라 만철에서 보조, 운영하는 학교의 경영권을 해당 지역 조선인민회로 넘겨줄 것을 요구하는 한편, 조선인민회 주도로 수많은 보통학교를 설치했다. 그런데 북간도는 이미 일제의 만주 침략 이전부터 보통학교 교육체제를 정비했으므로 이 시기에는 주로 남·북만 지역 조선인학교들이 선후로 일제의 보통학교로 전환되어 갔음이 확인된다.

그중 해룡조선인회에서는 1930년에 해룡보통학교를 세웠으며,[79] 길림조선인민회는 1932년 3월에 보통학교를 설립했다.[80] 그리고 1920년대부터 조선인민회에서 설립 운영되어 오던 일면파[81]와 통화[82]의 조선인학

---

[78] 박규찬 주편, 1991, 앞의 책, 113~114쪽.
[79] 『會報』 17, 1934년 7월호, 63~66쪽.
[80] 『會報』 18, 1934년 8월호, 16~18쪽.
[81] 『會報』 5, 1933년 7월호, 117쪽.
[82] 『會報』 21, 1934년 10월호, 14~18쪽.

교도 모두 보통학교 체제로 전환하였다.[83]

상술한 보통학교들은 일률로 조선총독부에서 편찬한 교과서를 사용했고, 교과 내용과 수업시간도 조선 내의 보통학교와 별 차이가 없었다.[84] 즉 이 시기 만주 지역 조선인의 교육도 조선과 마찬가지로 보통학교 체제로 정비되어 갔는데, 이는 만주 지역 조선인학교가 조선의 식민지 교육체제에 편입되어 가고 있었음을 말해 주는 것이다. 즉 '만주국' 건립 이후 일제는 치외법권을 내세워 조선인 자녀들에 대한 교육을 '만주국' 내 교육체제에 편입시키지 않고, 조선과 완전히 같은 친일화 내지 황민화 교육체제에 편입시킴으로써 철두철미한 식민교육을 강조했다.

그러나 연합회와 지방 조선인민회 조직의 주관적인 욕망과는 달리, 만주 지역 조선인 보통학교는 재정 면에서 조선의 학교에 훨씬 못 미치는 열악한 상황에 처해 있었다. 교원 충원도 조선과 달리 자격자가 임용되기 어려운 상황이었고, 학교 설비도 턱없이 부족했다.[85] 이보다 더 심각한 것은 당시 조선인 중등학교가 거의 없었다는 것이다. 해마다 보통학교에서 졸업하는 조선인 학생이 1,000명을 넘었지만, 이들이 입학할 중등학교는 거의 전무한 실정이었다.

이러한 상황에서 연합회는 여러 차례 조선총독부와 만철에 중등학교 설립을 청원하였지만 반응은 여전히 소극적이었다. 이에 연합회는

---

83 학생 수를 보면 길림보통학교는 1932년 입학생이 400명에 달했다(『會報』 18, 1934년 8월호, 16~18쪽). 통화학교는 1934년 10월 현재 재학생수가 약 200명이었다(『會報』 21, 1934년 10월호, 14~18쪽). 해룡보통학교 1934년 7월 현재 122명이었다(『會報』 17, 1934년 7월호, 63~66쪽). 일면파 학교는 1933년 7월 현재 학생수가 70여 명이었다(『會報』 5, 1933년 7월호, 117쪽).

84 『會報』 31, 1935년 9월호, 23~25쪽.

85 『會報』 21, 1934년 10월호, 14~18쪽.

1934년 전만 조선인 중등학교 창립기성회(全滿朝鮮人中等學校創立期成會) 설립을 결의하고, 제4회 총회 기간 중에 발기회를 개최하여 자구책을 강구하고자 하였다. 이에 따라 기성회는 만주 각지와 조선 내의 유지들로부터 기부금을 모아 재만 조선인 중등학교를 설립하고 유지한다는 계획을 수립했다. 전만(全滿) 각 조선인민회장·전만 각 학교 후원회 또는 부형회장(父兄會長)·전만 각 학교장 및 유지들로 기성회를 조직하고, 사무소를 연합회 내에 두고, 지방에는 지방위원회를 두기로 결정하였다.[86] 기부금 모집은 만주 지역에서는 대사관, 조선 내에서는 조선총독부의 허가를 받아 지방위원회가 담당하기로 하였다. 각 지방의 기부금은 인구·마을의 경제 상황에 근거하여 할당하기로 했다. 그 가운데 봉천지방위원회는 1934년 12월까지 기부금 2만 원을 모집하는 데 성공했다.[87]

한편 '만주국'에서는 1935년 9월 「재만 조선인 교육개선안」을 발표하였다. "재만 조선인의 교육은 조선인에 대한 일본의 국책에 따라서 교육칙어(教育勅語), 일한합병조서(日韓合倂詔書), 통감 및 총독의 유고(諭告)를 근본으로 하여 조선교육령, 보통학교규정에 좇아 진행해야 한다"고 규정함으로써 조선인 교육에 대한 식민교육을 계속 강화하였다.[88] 그 결과 '만주국' 건립 이후 조선인 사립학교는 대폭 축소된 반면 조선인민회 산하의 보통학교는 급속히 증가했다.

예를 들면 일제가 만주를 침공하기 전 만주 지역에는 조선인학교가 710개 있었으나 1932년에는 377개로 감소되었다. 그리고 1935년 길림

---

86 『會報』16, 1934년 6월호, 132쪽.
87 『會報』23, 1935년 1월호, 41쪽.
88 박규찬 주편, 1991, 앞의 책, 114쪽.

성 내 조선인 사립학교는 겨우 231개에 불과하여 일제가 만주를 침공하기 전의 308개에 비하면 77개가 감소된 것으로 나타났다. 이와는 달리 이 시기 보통학교는 대폭 증가했다. 1936년의 통계에 따르면 길림성에서 일제가 경영하는 보통학교는 76개에 달했다. 일제의 만주 침공 전 45개보다 31개가 증가했음을 알 수 있다.[89]

이와 같이 조선인민회를 중심으로 한 학교 운영은 외형상 보통학교 체제로 조선과 통일시켜 나갔다. 그럼에도 남·북만 지역에서 조선인민회가 운영하는 중등학교가 하나도 없었던 점은 조선인 교육의 실상과 일제 당국의 태도가 어떠했는가를 단적으로 보여 준다. 물론 조선인민회의 역량이 부족한 탓도 있었지만, 그보다는 조선총독부나 일본영사관이 재만 조선인의 중등교육에 전혀 투자나 지원을 하지 않은 것이 주된 원인이었다. 이와 같은 일제의 태도는 1937년 전만조선인민회연합회가 해체될 때까지 변함없었다.

### 6) '치외법권' 철폐와 만주제국협화회로의 통합

#### (1) '만주국'의 식민 지배 체제 강화와 '치외법권' 철폐

1934년 일제는 '만주국'을 '만주제국'으로 개칭하고, 집정을 황제로 바꾸는 등 국가 위상을 제고하는 작업을 추진했다. '만주제국'이란 국가 명칭에 걸맞게 대내외적으로 독립국임을 강조할 필요가 더욱 절실했다. 군사력도 1931년 9월 18일 만주 침략 당시 1만 명이던 관동군이 1936년에

---

89 연변대학교육학심리학교연실·연변민족교육연구소교육사연구실, 1985, 『연변조선족교육사』, 연변인민출판사, 85쪽.

는 20만 명으로 팽창했고, '만주국군'도 10만 명에 달하였다. 관동군의 절대적인 지휘체제에 따라 움직였던 '만주국군'은 반만 항일운동을 탄압하는 데 동원되었을 뿐만 아니라 '만주국'이 독립국가임을 대외에 알리는 홍보 효과를 가졌다.[90]

반만 항일세력을 탄압하는 데 동원된 군부대와 경찰부대 책임자들에게는 항일의용군 수뇌나 지휘관급을 현장에서 즉결 처형할 수 있는 '임진격살권(臨陣擊殺權)'[91]을 부여하여 잔인한 탄압작전을 펼쳤다. '만주국'에도 '인권보장법'이라는 허울 좋은 법규가 있었지만 그것은 민중을 기만하기 위한 것이었다. '만주국'에서는 최소한의 인권마저 보장되지 않았다.[92] 그리고 지방 치안을 유지하기 위한 조치로 중국 전통사회의 치안 조직이었던 보갑제(保甲制)를 실시했다. 보갑은 관할 경찰서장의 지휘 아래 보갑 내 18~40세의 장정을 동원하여 자위단(自衛團)을 조직했다. 여기에 항일의용군과 민중을 격리시키는 집단부락 정책을 실시했다.[93] 이와 같이 일제는 '만주국'을 하나의 거대한 병영국가로 만들어 갔다.

'만주국'은 '독립국가'임을 인정받기 위하여 여러 가지 수단과 방법을 강구했다. 즉 국가형식을 갖추고, 군대·경찰을 조직하고, '만주국민'도 만들어 내고, 건국이념으로 민족협화를 주창하였다. 그러나 '만주국'에서 '일본 신민'의 치외법권이 그대로 유지되는[94] 상황에서 대내외적으로 '독

---

90 한석정, 1999, 앞의 책, 52~53쪽.
91 滿洲行政學會 編, 1936, 『滿洲國六法典書』, 新京, 滿洲行政學會, 322쪽.
92 임성모, 2001, 「일본제국주의와 '만주국': 지배와 저항의 틈새」, 『한국민족운동사연구』 27, 172~173쪽.
93 姜念東 外, 『僞滿洲國史』, 205~206쪽.
94 姜德相, 1965, 『現代史資料』 11, 525쪽.

립국가'로 인정받기에는 역부족이었다.

따라서 일제는 '만주국'의 법 체제를 정비하는 작업을 서둘렀다. '만주국'은 건국 당시 「상사공단처장정(商事公斷處章程)」을 비롯한 중화민국 시기의 법령 19개[95]를 차용했다. 1933년 제1회 전국 사법회의를 개최하여 사법부에 법령심의위원회를 설치했다. 1934년 10월 사법부에 참사관제도(參事官制度)를 만들고, 일본으로부터 전문인력을 지원받아 법원 조직법·민법·상법·형법·민사소송법 등 법안을 조사·입안하도록 했다.[96] 이런 작업을 통하여 1936~1937년 사이에 형법을 비롯한 30여 개에 달하는 법률을 제정하여 공포했다.[97] 1936년 6월 10일 일본 정부와 '만주국' 정부는 「만주국에서 일본 신민의 거주와 만주국 과세(課稅) 등에 관한 일본국과 만주국 사이의 조약」[98]을 체결하여 '만주국'에서 치외법권을 철폐하는 작업을 시작했다. 그리고 1937년 11월 5일 일본 정부와 '만주국'은 「만주국에서 치외법권의 철폐 및 남만주철도부속지 행정권 이양에 관한 일본국과 만주국 사이의 조약」을 체결하여[99] 일본 신민이 '만주국'에서 행사하던 치외법권을 철폐했다.

그러나 일제는 치외법권을 철폐하는 대신 특별 규정을 마련하여 '만주국'에서 일본인의 특별 지위를 그대로 유지하였기 때문에[100] 결과적으로

---

95  國務院總務廳情報處, 1937, 『領事裁判權の撤廢に關する司法部の整備概況』, 27~28쪽.

96  副島昭一, 1993, 「滿洲國'統治と治外法權撤廢」, 『滿洲國の研究』, 京都大學人文科學硏究所, 京都, 田中プリント, 135쪽.

97  『滿洲國史·各論』, 380~381쪽.

98  日本外務省, 1965, 『日本外交年表竝主要文書』下, 341쪽.

99  日本外務省, 1965, 위의 책 下, 375~376쪽.

100 일제가 '만주국'에서 치외법권을 철폐하였다고 하지만, 치외법권 가운데 핵심인 일본인에 대한 재판권에 대해 특별 규정을 마련하여 사실상 치외법권을 그대로 유지하

조선인의 '치외법권'만 박탈하는 꼴이 되고 말았다. 따라서 재만 조선인도 '만주국 국민' 속에 포함시키는 작업으로 조선인민회를 '만주제국협화회(滿洲帝國協和會)'에 통합시켰다.

### (2) 조선인민회연합회의 만주제국협화회로의 통합

한편 일제는 '치외법권'의 명의하에 조선인들에게 연합회를 중심으로 한 민회 조직을 설립하게 하였다. 기타 민족에게는 이른바 '공존공영'과 '민족협화'를 토대로 한 협화회(協和會)를 설립하여 식민체제에 편입시키려 했다. 이에 따라 1932년 7월 25일 일제는 '민족협화'의 미명하에 협화회를 설립했다. 협화회는 "건국 이상의 달성과 도의(道義)세계 창조, 유일영구(唯一永久), 거국일체(擧國一致)의 실천조직체로서 건국정신의 현양(顯揚), 민족협화의 실현, 국민생활의 향상, 선덕달정(宣德達情)의 철저화"를 본회의 건립 목적으로 했다.[101]

협화회는 성립 이후 몇 차례의 조직 개편을 진행하면서 점차 '만주국' 내지 '만주제국'의 식민기구로 융합되었다. 특히 1936년의 제2차 개편에서는 명칭을 만주제국협화회로 바꾸는 한편, 종래의 사무국·판사처(辦事處) 대신 본부제(本部制)를 채용하기로 했다. 그 후 협화회는 "정부의 정신적 모체"로서 "정부의 종속기관도 대립기관도 아닌" "관민일체(官民一體)", "이신일체(二身一體)"의 형태로 변화하면서 일제의 만주 지배에 충실했다.[102]

---

였다(『滿洲國現勢』, 康德五年版, 93쪽; 副島昭一, 「滿洲國'統治と治外法權撤廢」, 『滿洲國の研究』, 152쪽).

101 滿洲帝國協和會, 1943, 『建國の精神』, 33쪽.
102 滿洲國史編纂刊行會 編, 1971, 『滿洲國史(各論)』, 東京, 滿蒙同胞援護會, 565~566쪽.

일제는 '만주국'에서 치외법권이 철폐된 것을 빌미로 '만주국' 건국 당시부터 대중동원 조직으로 기능해 오던 만주제국협화회에 조선인민회를 흡수 통합하는 작업을 추진하였다.

1936년 6월 18일 치외법권철폐현지간사회(治外法權撤廢現地幹事會)는 조선인민회를 협화회에 흡수 통합하는 「처리요강」을 제정하였다. 이에 따르면 1936년 7월 1일까지 소관 일반행정을 '만주국'에 이양 처리한다는 것이었다.[103] 이러한 작업은 신경조선인민회 조직 개편으로부터 시작되어 전 만주 지역에 확산되어 갔다. 즉 1936년 9월 5일 만주제국협화회 신경조선인민회 분회 설립[104]을 계기로 각지 조선인민회는 만주제국협화회 분회로 통합되어 갔다.

전만조선인민회연합회는 1937년 11월에 연합회 회보 마지막 호를 출간했다. 연합회는 각 지역 민회들이 협화회에 완전 통합된 후인 1937년 이후에 해산된 것으로 추정된다. 어찌되었든 이로부터 연합회를 중심으로 한 조선인민회는 만주제국협화회의 지회 역할을 하면서 조선인 사회를 통제하여 나갔다.

---

103 『會報』 44, 1936년 10월호, 69~70쪽.
104 『會報』 44, 1936년 10월호, 89~90쪽.

## 3. '만주국' 식민 지배 구축에서
   전만조선인민회연합회의 위상과 역할

　1931년 9월 18일 일제의 만주 침략에 직면하여 재만 조선인 사회는 크게 두 가지 대응 양상을 보였다. 하나는 중국 민중의 항일무장운동에 적극적으로 동참하는 부류가 있었다. 한국독립군과 조선혁명군, 조선인 공산주의자들이 바로 그러했다. 다른 하나는 일제의 만주 침략에 적극적으로 협력한 조선인민회가 있었다.

　만주를 강점한 일제는 새로운 식민 지배 체제를 구축하는 작업의 일환으로 조선인민회 조직을 재정비할 필요성을 절감했다. 이러한 배경에서 1931년 10월 21일 '전만조선인민회연합회'를 설립했다. 전만조선인민회연합회 설립은 단순하게 조선인민회를 통합하는 차원에서 그친 것이 아니라, 재만 조선인 사회에 대한 통치체제의 재정비와 만주 점령을 위한 인적 기반을 점검하려는 보다 폭넓은 의도에서 추진되었다.

　만주를 강점한 일제는 '간접통치' 방식을 선택하고 '독립국가' 형식을 띤 '만주국'을 설립했다. 일제는 '만주국'의 새로운 지배질서를 확립하기 위하여 각 민족의 화합을 표방한 '민족협화'를 건국이념으로 내세웠다. 일제는 '치외법권'이란 명의로 조선인들에게 전만조선인민회연합회를 중심으로 한 조선인민회를 설립하게 하고, 기타 민족은 이른바 '공존공영'과 '민족협화'란 미명하에 협화회를 설립하여 식민 지배 체제를 강화하고자 했다.

　전만조선인민회연합회는 대체로 1934년 제4회 정기총회를 기준으로 전기와 후기로 나누어 볼 수 있다. 전기에 해당되는 1931~1933년에 연합회는 남·북만 지역 조선인민회만 참여한 국부적인 연합체에 불과했다. 이 시기 조선인민회는 급속한 팽창세를 보이고 있었는데 북만에서 43개, 남만에서 14개, 북간도에서 7개가 증설되었다. 증설된 조선인민회는 반만 항일운동의 기반을 파괴할 목적과 조선인 사회에 대한 지배질서를 재편하려는 목적에서 비롯되었다. 북간도의 경우 주로 철도연선을 중심으로 조선인민회가 증설되었다. 일제는 철도를 중심으로 식민 지배를 확장하는 데 조선인민회를 첨병으로 이용하고자 했다.

후기에 해당되는 시기에 가장 주목되는 점은 1934년 5월에 개최된 제4회 정기총회에서 북간도 지역 조선인거류민회를 전만조선인민회연합회에 통합시킨 것이었다. 이를 계기로 연합회는 비로소 만주 지역 전체 조선인민회를 통합한 명실상부한 전만조선인민회연합회로 탈바꿈했다. 이 시기 조선인민회의 증설 상황을 보면, 북간도 지역은 큰 증가세를 보이지 않은 가운데, 남만과 북만은 꾸준하게 증설되는 양상을 보였다. 그러한 양상은 북만 지역에서 더욱 두드러지게 나타났다. 만주 지역 조선인민회는 1934년 75개에서 1935년에는 104개로, 1936년에는 123개로 증가하였다. 약 2년 사이 무려 48개 조선인민회가 증설되었다. 1936년 조선인민회에 가입한 회원은 무려 18만여 명에 달하였다. 이는 당시 재만 조선인 총인구 수 90만 명에 비하면 약 20퍼센트에 달하는 것이었다. 같은 시기 '만주국' 인구가 3천만 명인 데 비해 만주제국협화회 회원은 겨우 19만 명에 불과하였던 점과 비교해 보면, 조선인민회의 확대와 더불어 조선인 사회가 급속히 친일화되어 가고 있던 상황을 보여 주고 있다.

'만주국' 시기 전만조선인민회연합회의 활동을 보면 우선 조선인 사회에 대한 통제 수단으로 집단부락 건설과 자경단 설립을 추진했다. 다음으로 「리튼보고서」를 반대하는 선언서를 발표하는 등 일제의 만주 침략 이익을 대변하고 나섰다. 그리고 1933년 3월부터 연합회 회보를 발행하여 재만 조선인의 민족 자주 의식을 말살시키고, 철저한 '일본 신민'화를 도모하고, '만주국'의 건국이념인 '민족협화'를 선전하는 역할을 담당했다. 또한 전만조선인민회연합회는 조선인민회를 통하여 소위 '산업 제일주의 운동'을 일으켜 재만 조선인을 '만주국'의 산업노동력으로 동원하는 데 앞장섰다.

일제는 재만 조선인을 전시 체제에 동원할 목적으로 '치외법권'에 근거를 두고 있던 전만조선인민회연합회와 조선인민회를 '만주제국협화회'에 흡수 통합시켰다. 재만 조선인은 '만주국' 내 다른 피지배 민중과 마찬가지로 만주제국협화회라는 거대한 군중동원 조직의 억압과 통제 속에서 일제가 감행하였던 대륙 침략을 위한 '총력전'에 강제동원되었다.

# 제2부
# 일본영사관 경찰의 재만 조선인 통제

제4장
일본영사관 경찰의
만주 지역 거주지 침투와 확장

## 1. 일본영사관 경찰의 유래와 경찰기구 설치

　근대 유럽 열강들은 일본을 압박하여 불평등 조약을 체결한 후 통상 항구를 개방하였고 외국인 거류지를 설치하였다. 그뿐만 아니라 영사재판권을 획득하여 외국인 거류지에 경찰을 설치하였다. 이 과정에 일본 정부도 부득이 열강들의 요청에 따라 일본 내에 영사관 경찰을 설치하였다.

　열강들이 최초로 일본에 경찰을 배치한 곳은 1873년 나가사키(長崎)에 있는 외국인 거류지이다. 그 후 열강들은 고베(神戶), 효고(兵庫), 요코하마(橫浜) 등 외국인 거류지에도 경찰을 배치하였다.[1]

　이와 함께 열강들은 외국인 거류지에 주재한 자국 영사관을 보호하기 위해 경찰을 배치하였다. 1888년 요코하마에 주재한 영국영사관의 순사(巡査) 2명은 영사관에 배치한 최초의 경찰이었다. 그 후 고베에 주재한 영국, 미국, 독일영사관과 나가사키에 주재한 미국, 영국영사관에도 포리(捕吏), 순사 등으로 불린 경찰이 배치되었다.[2]

　일본은 열강들에게서 배운 '경험'을 바탕으로 조선 침략 시에 이를 적용하였다. 1877년 일본은 부산(釜山) 외국인 거류지에서 민간의 일본인 7명을 고용하여 '야회(夜廻)'란 명칭으로 경찰을 설치하였다. 일본 외무성은 1880년 3월 정식으로 조선 부산에 외무성 경찰 11명(경부 1명, 순사 10명)을 파견하기로 결정하였다.[3]

---

1　荻野富士夫, 2005, 『外務省警察史』, 校倉書房, 26~28쪽, 31쪽.
2　荻野富士夫, 2005, 위의 책, 31쪽.
3　日本外務省 편, 1996, 『外務省警察史』 2, 不二出版, 4~5쪽.

일본은 영사관에 경찰소[警察所, 뒤에 경찰서(警察署)로 변경]를 설치했다.[4] 영사관 밖의 비개방지에도 파출소, 주재소 등의 경찰기구를 설치하였다. 1900년 이후 일본은 조선 각지에 36개 소에 달하는 파출소와 주재소를 설치하였다.[5]

일본이 청국에 영사관 경찰을 설치한 것은 「일청통상항해조약」(1896년 10월 28일)에 따른 것이었다. 조약 제20조는 "청국에서 일본국 신민의 신체·재산에 관한 재판 관할권은 일본국 관리에게 전속된다. 무릇 일본국 신민과 일본국 신민과의 소송 혹은 일본국 신민과 타국 신민 및 그 재산에 관계되는 일체 소송은 청국 관리의 간섭을 받지 않고 모두 일본국 관리의 조사와 판결을 받아야 한다"고 규정하였다. 또 제22조는 "청국에서 피고가 된 일본국 신민에 대해서 일본에서 파견한 관리는 일본국 법률에 따라 심사 처리한다. 만약 피고가 죄를 범했다고 인정했을 때 반드시 피고를 처벌해야 한다. 일본국 신민에 의해 피고가 된 청국 신민은 청국 관리로부터 청국 법률에 따라 피고를 심사 처리한다. 만약 피고가 죄를 범했다고 인정하면 반드시 피고를 처벌해야 한다"고[6] 규정하였다.

여기에서 보면 일본이 얻은 영사재판권은 구미 열강들이 중국에서 얻은 영사재판권과 다르지 않다. 그러나 영사재판권을 어떻게 행사하는가 하는 문제에서 일본은 구미 열강들과 확연히 다르다. 구미 열강들의 경우 영사(관)(총영사, 영사, 부영사, 영사 대리)가 영사재판권을 행사하고 영사재판권과 경찰(혹은 경찰기구)은 아무런 상관이 없었다. 그러나 일본은 그

---

4  荻野富士夫, 2005, 앞의 책, 49쪽.
5  日本外務省 편, 1996, 앞의 책 2, 189~361쪽.
6  日本外務省 편, 1996, 위의 책 4, 16쪽.

렇지 않았다. 일본은 영사재판권을 행사함에 있어서 경찰이 영사를 대신해 일부 직권을 행사할 수 있도록 규정하였다. 1899년 3월 18일에 반포한 「영사관(領事官) 직무에 관한 제(制)」(법률 제70호) 제13조에는 "영사관(領事官)은 영사관원(領事館員) 또는 경찰관(警察官)이 검사(檢事) 또는 재판소 서기 직무를 집행해야 한다"고 규정하였다. 또 제14조에는 "영사관은 영사관원 또는 경찰관리(警察官吏)로 집달리(執達吏) 직무를 집행해야 한다"고 규정하였다.[7] 여기서 말하는 집달리는 '집행리(執行吏)' 또는 '법경(法警, 즉 사법경찰)'을 일컫는다. 집달리의 직무는 1899년 3월 일본의 「영사관 직무에 관한 제(制) 이유서」 제14조에, "현재의 재판제도에서 집달리는 하나의 중요한 사법기관에 속하며, 집달리는 영사관이 영사관원 또는 경찰관리 중에서 지정한다"고 규정하였다. '경찰관리'라는 것은 경부(警部) 외에 순사(巡査)도 포함된다.[8] 경찰의 직책은 바로 영사(관)를 대신하여 영사의 일부 직무를 집행하는 것이다.

 일본 정부의 논리는 무릇 영사재판권만 있으면, 일본은 자국 영사관에 경찰(경부, 순사)과 경찰기구를 설치할 수 있다는 것이다. 이것이 근대 일본이 부단히 중국 각지의 자국 영사관에 경찰을 배치하고 또 상부지(商埠地) 내외에 경찰기구를 설치할 수 있는 법률적 근거인 것이다. 여기서 특별히 유의해야 할 것은, 일본이 영사관에 설치한 경찰은 사법경찰로서 구미 열강이 일본에서 자국 영사관을 보호하기 위해 배치한 보안경찰과는 그 성질이 완전히 다르다는 점이다.

---

7 日本外務省 편, 1996, 앞의 책 4, 203쪽.

8 日本外務省 편, 1996, 위의 책 4, 207쪽.

## 2. 간도 지역의 일본영사관 경찰기구 설치

### 1) 간도 문제와 영사관 경찰기구 설치

일제는 만주 지역의 일본인 거주지에 영사관을 설치하였을 뿐만 아니라 조선인 거주지에도 영사관 경찰기구를 설치하였다. 당시 만주에 조선인이 제일 많이 거주한 곳은 북간도이고 그다음은 남만과 북만이다.[9] 이런 지역에서의 일본영사관 경찰기구는 설치시간, 경찰기구 명칭, 경찰 인원수 등에서 일정한 차이가 있다.

북간도 지역에 대한 일본의 침략에는 여러 가지 배경이 있다. 그 가운데서 세 가지 중요한 배경을 들면 다음과 같다. 첫째, 러일전쟁에서 승리한 일본은 일찍 여순과 대련을 만주 침략의 '남문(南門)'으로 인식하였으며 조선·청국·러시아 삼국 국경지역에 위치한 북간도 지역을 만주 침략의 '뒷문(後門)'으로 간주하였다. 둘째, 러일전쟁이 끝난 후 일본 군부는 조만간 제2차 러일전쟁이 발생할 것이라고 예측하였으며 이에 대비하여 북간도 지역을 반드시 점령해야 한다고 인식하였다. 1906년 3월 29일, 조선 주재군 참모부는 육군성과 외무성에 제기한 보고서 「간도에 관한 조사

---

9  근대 일본 정부에서는 일반적으로 중국 동삼성을 '만주', '간도'로 구분하였다. 그중 '간도' 개념은 연변 지역의 조선인들이 만든 지명이고 '남만', '북만' 개념은 러일전쟁 후 일본과 러시아 정부가 만든 지명이다[日本外務省 편, 1996~2001, 『外務省警察史』(1-53), 不二出版 참조]. 1907년 「제1차 러일협정 및 밀약」에서 획분한 남만·북만의 분계선은 러시아, 한국변계서북단-혼춘-경박호-수수전자(秀水甸子)-송화강과 눈강(嫩江)의 합수목-눈강-눈강과 토얼하의 합수목-동경 220도선에 이른다[步平 등 편저, 1987, 『東北國際約章匯釋(1689~1919)』, 黑龙江人民出版社, 320쪽].

개요」에서 간도 지역은 함북에서 길림으로 가는 교통의 요충지이며 각종 물자가 풍부하기 때문에 다른 나라의 손에 들어가서는 안 된다고 명시하였다.[10] 하루라도 빨리 점령해야 할 지역이라는 점을 강조하였던 것이다.

셋째, 북간도 지역 인구의 대다수가 조선인이라는 특수성이 있다. 19세기 중엽부터 조선 북부에서의 자연재해, 통치자들의 가혹한 착취·압박 등으로 인하여 대량의 조선 유민들이 두만강을 건너 북간도 지역에 이주하였다. 1906년 북간도 지역 인구 가운데 조선인 인구는 80퍼센트 내지 90퍼센트를 차지하였다.[11] 1907년 북간도 인구 94,500명 중 조선인 인구는 71,000명으로 75퍼센트를 차지하였다. 이런 인구비례 구도는 그 후 장기간 지속되었다. 이를테면 1926년 북간도 인구 442,365명 중 조선인 인구는 356,016명으로 80퍼센트를 차지하였다.[12] 이 점을 이용하여 일본 정부는 북간도 지역을 '조선의 연장' 또는 '조선의 일부분'으로 간주하고 중국 영토에서 분리하여 '제2조선'을 만들려고 시도하였다.[13]

1907년 8월 일본은 '간도 문제'를 조작하고 북간도에 대한 침략 활동을 진행하였다. '간도 문제'는 일제가 을사늑약으로 대한제국의 외교권을 박탈하고 조선·청국 변경 문제,[14] 북간도 지역 조선인 관할권 문제[15]에 개

---

10  防衛庁防衛研修室 編, 1906(明治 39年 5月), 『陸軍省密大日記』.
11  篠田治策 編著, 2000, 『統監府臨時間島派出所紀要(1910)』, 史芸研究所, 53~54쪽.
12  牛丸潤亮, 1927, 『最近間島事情』, 朝鮮及朝鮮人社出版, 120~122쪽.
13  池辺秘書官稿, 1985, 『寺内正毅関係文書』, 404~405쪽.
14  중조변계문제는 1883년 조선서북경략사 어윤중(魚允中)이 백두산정계비에서의 '토문(土門)'과 '두만(豆滿)'은 서로 다른 강, 즉 '양강설(両江説)'을 제기하면서 생겼다. 1885년, 1887년 청나라와 조선간 비록 두 차례 공동감계담판 하여 일정한 합의를 보았으나 결국 해결되지 못했다.
15  중국의 '의화단사건' 후 조선 정부에서는 이범윤을 '북간도시찰사' 또는 '북간도관

입한 사건이다. 1907년 8월 19일 일본은 간도영유권이 아직 정해지지 않았고 이곳의 한민을 보호한다는 명목으로 60여 명의 일본 헌병과 조선 경찰을 파견하여 8월 23일 용정에 소위 통감부간도파출소를 설치하였다.[16]

일본은 간도 분쟁에서 조선과 청국의 국경 문제와 간도 관할권 문제 외에, 북간도 지역에 영사관과 경찰기구를 설치하는 문제도 제기하였다. 중요한 것은, 일본이 조선과 청국의 국경 문제에서 양보하는 조건으로 북간도 지역에 영사관과 경찰기구를 설치할 계획을 수립하였다는 점이다. 1908년 4월 7일 일본 외무대신 고무라 주타로(小村壽太郎)가 북경주재 일본 공사에게 하달한 내훈(內訓)에서 "간도 문제에 관하여, 부득이할 때에는 두만강을 국경으로 해야 한다"[17]고 지시하였다. 이는 중국 측에서 영토 문제에 관한 유력한 증거를 내놓을 때에는 일본 측에서 중국에 양보해야 하고, 만약 중국 측에서 유력한 증거를 내놓지 못한다면 일본은 원래의 주장을 그대로 견지해야 한다는 것이다. 만약 일본이 영토 문제를 양보할 때에는 중국 측에 반드시 다섯 가지 교환 조건을 제시하도록 했다. 그중 중요한 것은 국자가에 영사관을 설치하고 기타 중요한 지점에 분관 또는 파출소를 설치하며 조선인에 대한 관할권은 영사관이 행사한다는 조건이다.[18] 여기에서 말하는 '파출소'가 바로 영사관 경찰기구이다. 일본은 일찍부터 북간도 각지에 영사관 경찰기구를 설치할 확고한 방침이 있었음을 알 수 있다.

---

사'로 임명하여 '간도'지역에서 무력으로 조선인에 대한 관할권을 행사하도록 했으며, 청국군대와의 충돌사건이 발생한 후 퇴각하였다.

16 外務省 編, 2001, 『日本外交文書』第40卷 第2册, 巖南堂書店, 92~93쪽.
17 外務省 編, 2001, 위의 책, 第41卷 第1册, 437~439쪽.
18 外務省 編, 2001, 위의 책, 第41卷 第1册, 437~439쪽.

간도 문제 교섭은 확실히 일본 측의 기정방침에 따라 진행되었다. 특히 1909년 2월부터 8월 17일까지 담판에서 일본은 간도영유권 문제에서 간도를 청국에 양보하는 대신 북간도 지역 조선인들에 대한 재판권 문제와 영사관 경찰기구 설치 문제를 명확히 제기하였다. 3월 1일 북경주재 일본공사 이주인 히코키치(伊集院彦吉)는 청 정부 외무부에 "첫째, 일본이 용정에 영사관을 설치하고 용정촌·국자가·두도구·백초구·상천평·동불사 등 다섯 곳에 영사분관을 설치하는 동의할 것, 둘째, 일본이 여섯 곳 이외의 각지에 스스로 경찰서와 경찰관주재소를 설치하여 한민에 대한 보호·취체 사무를 전문 처리하는 데 동의할 것"을 요구하는 각서를 보냈다. 일본 측은 영사관 경찰기구를 설치할 구체적인 사안까지 명확히 제기하였다. 이에 청 정부 외무부는 8월 7일 일본 공사에게 보낸 각서에서 조선인 재판권과 일본의 경찰기구 설치 요구를 끝까지 반대하였다.[19]

그 후 일본 공사는 빠른 시간 내에 청 정부와 협의를 달성하고 적어도 일정한 경찰권이라도 얻기 위해, 중국 측에 새 개방지에 설치할 영사관에 2, 3명의 관원과 소수의 경찰관을 배치하는 것은 청국의 기타 개방지 상황과 같을 뿐이라고 다른 안건을 제시하였다.[20] 경찰기구 설치 문제를 아주 경미한 문제인 것처럼 이해한 청 정부는 8월 17일 일본 공사에게 보낸 각서에서 최종적으로 일본 정부에 중대한 양보를 하였다. 그 내용은 월간(越墾) 한민 재판권에 관하여 상부(商埠)지구 밖의 거주자는 중국 측에서 재판하고, 앞으로 중국 측에서 두세 곳을 상부로 개방하며 일본은 상부지에 영사관을 설치할 수 있고, 영사관에 사법경찰을 설치할 수 있다는 것

---

19 王芸生 編著, 2005, 『六十年来中国与日本』 5, 三联书店, 194~195쪽.
20 日本外務省 편, 1998, 앞의 책 19, 不二出版, 56쪽.

이었다. 그러나 사법경찰의 권한에 관하여 상부지 내의 모든 행정 경찰과 세부 공정은 중국 측에서 처리하고 영사관 내의 사법경찰은 오직 본국 거류민만 전문 심사 처리할 수 있을 뿐, 상부지 밖에는 나가지 못한다고 제한하였다. 결국 일제가 제기한 영사관 경찰 설치는 피할 수 없었다.[21]

그 후 뒤늦게나마 엄중함을 느낀 청 정부는 1909년 9월에 체결한「간도협약」에서 영사관 설치에 관한 내용만 남기고 경찰기구 설치에 관한 내용은 기입하지 않았다.[22] 하지만 중국 측은 이전의 각서에서 승낙한 내용을 부인하지 않았다. 1909년 9월 12일, 청 외무부는 동삼성 총독, 봉천 순무, 길림 순무에 보낸 서한에서 연길 변무(邊務) '선후처리사항'에 관하여, 장래에 상부 내의 순경은 우리 측에서 처리하고, 영사관 내의 순경은 일본 공사의 제안대로 영사관을 보호하기 위해 설치한 것으로서 그 인원수도 1, 2명에 불과할 뿐, 지방행정 사무에 간섭할 수 없다고 강조하였다.[23]

그러나 중국 측에서 일본의 영사관 경찰 배치를 승인한 것만은 사실이었다. 일본은「간도협약」과 이전 중국 측의 각서에 따라 통감부파출

---

21  王芸生 編著, 2005, 앞의 책 5, 215쪽.
22 「간도협약」의 주요내용은 다음과 같다. 제1조: 일청 양국정부는 도문강을 청한양국의 국경으로 하고 강원(江源)지방에서는 정계비(定界碑)를 기점으로 하여 석을수(石乙水)를 양국의 국경으로 할 것을 성명한다. 제2조: 청국 정부는 본 협약에 조인한 후 속히 아래의 몇 곳을 개방하여 외국인이 거주하고 무역하게 해야 한다. 일본 정부는 이런 곳에 영사관 또는 영사분관을 설치한다. 개방 시간은 별도로 정한다. 개방지는 용정촌, 국자가, 두도구, 백초구이다. 제4조: 도문강북지방 잡거구역 내의 개간지에 거주 하는 한민은 청국의 법권에 복종하고 청국지방관의 관할과 재판에 복종해야 한다… 그러나 생명에 관계되는 중대한 안건에 관하여서는 반드시 먼저 일본국영사관에 알려야 한다. 만약 법률에 따라 재판하지 않는다고 인정할 때에는 공정한 재판을 하기 위해 일본국영사관에서 청국에 별도로 관원을 파견하여 복심하도록 청구할 수 있다(外務省 편, 1998, 앞의 책 19, 31쪽).
23  王彦威·王亮輯編, 1987,『清季外交史料』(四-卷, 書目文獻出版社, 3568쪽).

소를 철거했지만, 상부에 영사관을 설치함과 동시에 경찰기구를 설치하였다. 1909년 11월 2일 용정에 '간도'총영사관과 경찰서를 설치하고 국자가에 분관과 경찰서를 설치하였다. 11월 9일에는 두도구에 분관과 경찰서를 설치하였다. 1910년 2월 27일 백초구에 출장소의 명의로 분관을 설치하였다.[24]

혼춘은 이미 「만주에 관한 조약의 부속 협정」(1905년 12월 22일)에 근거하여 일찍 개방되었다.[25] 일본은 혼춘에 영사관 경찰기구를 설치하기 위해 무역 발전과 일본인 보호를 구실로 중국과 교섭을 거쳐 중국 측의 승낙을 받았다. 1910년 4월 일본은 혼춘에 간도총영사관 출장소를 설치하였다.[26] 혼춘은 간도의 일부분이 되었고 간도협약의 적용 범위도 원래의 연길, 화룡, 왕청 세 개 현으로부터 혼춘을 포함한 네 개 현으로 확대되었다.

같은 시기, 일본은 각 영사관 경찰기구에 경찰을 대량 배치하였다. 이에 중국 측의 항의 등을 고려하여 조선통감부와 외무성의 협상을 거쳐 헌병 중에서 순사 지원자 18명, 군인 중에서 경부 지원자 2명, 합계 20명을 채용하고 기타 경찰관은 일본 국내에서 파견하기로 결정하였다. 1909년 10월 24일 헌병에서 전이된 경찰은 모두 외무성 경찰관의 신분으로 임직하고 명칭도 외무성 경부, 외무성 순사라고 불렀다.[27] 그 후 일본 국내에서 파견한 경찰은 모두 29명인데 대부분이 경시청의 경찰이다. 1909년 11월 2일 실제로 간도총영사관에 임직된 경찰은 모두 42명이었다. 그중 11월

24  日本外務省 편, 1998, 앞의 책 19, 55~58쪽.
25  日本外務省 편, 1998, 위의 책 19, 59쪽.
26  日本外務省 편, 1998, 위의 책 26, 322쪽.
27  日本外務省 편, 1998, 위의 책 19, 55쪽.

9일 국자가분관 경찰서에 6명, 1910년 2월 27일 두도구분관 경찰서에 6명, 백초구 출장소에 5명, 4월 9일 혼춘출장소에 2명을 배치하였다. 간도 총영사관에는 여전히 23명을 유지하였다.[28] 경찰 인원수는 일본이 각 영사관에 1, 2명 내지 2, 3명 정도만 배치한다고 제안했던 것과 큰 차이가 있다. 일본 정부의 성명대로라면 다섯 개 영사관의 경찰 수는 평균 10명 내지 15명 정도여야 했지만, 실제는 20여 명 정도 더 많아진 셈이다.

### 2) 「만몽조약」과 잡거구에서의 영사관 경찰기구 설치

일본은 「간도협약」이 체결된 후 영사관에 적지 않은 경찰 인원을 배치하였다. 영사관 경찰 인원으로 상부지 밖의 조선인 잡거구에 침투하려는 목적을 실현하기 위해서였다. 그러나 단기간 내에는 「간도협약」 제4조에서 규정한 "도문강 이북 잡거구역 내의 간지(墾地)에 거주한 한민은 중국 법권에 복종해야 하고 중국지방관의 관할과 재판을 받아야 한다"는 제한 때문에 영사관 경찰이 조선인 잡거구역에 나갈 권한이 없어 그 전략적 목적을 달성하기 어려웠다. 영사관 경찰은 오직 상부지 내에서만 적당한 기회를 노리고 있었다.

제1차 세계대전이 발발한 후 영사관 경찰은 잡거구역으로 침투할 수 있는 기회가 생겼다. 1915년 5월 25일 일본은 원세개를 핍박하여 「남만주 및 동부 몽고에 관한 조약」(만몽조약)을 체결하였다. 이 조약의 규정으로 「간도협약」의 제4조를 대체할 수 있는 가능성이 생겼기 때문이다. 다시 말하면, 이 조약 때문에 일본이 간도 잡거구역 조선인 관할권을 확보

---

28 日本外務省 편, 1996, 앞의 책 5, 216~218쪽.

할 수 있는 가능성이 생겼다. 이 조약의 주요 내용은 다음과 같다.

> 제2조 일본국 신민은 남만주에서 상, 공업용 건축물을 짓거나 농업 경영을 위해 토지를 상조할 수 있다.
> 제3조 일본국 신민은 남만주에서 마음대로 거주, 왕래를 할 수 있고 또 상업, 공업 등 일체 장사를 할 수 있다.
> 제4조 일본국 신민은 반드시 관례에 따라 여권을 갖고 지방관에 등록하는 외에, 응당 중국의 경찰, 법령과 관세에 복종해야 한다. 민사, 형사소송은 일본국 신민이 피고일 때는 일본국 영사관의 심판을 받고 중국인이 피고일 때는 중국 관원의 심판을 받는다. 쌍방은 모두 상대방 재판소에 관원을 출두하여 심판을 방청할 수 있다. 그러나 토지에 유관된 일본국 신민과 중국 인민 간의 민사소송은 중국 법률과 지방 관습에 따라 양국이 파견한 관원으로 공동 심판한다.
> 제8조 동3성에 관한 중일 간의 현행 각 조약은 본 조약에서 별도로 규정한 것 외에는 전부 그대로 실행한다.

이 조약으로 인해, 일본인은 옛 조약에서 규정한 통상구의 활동 범위를 훨씬 넘어서 남만주에서 자유롭게 거주, 왕래하고 상공업에 종사할 수 있었다. 이는 남만주를 일본인의 통상구로 만든 것과 같았기 때문에 일본은 남만주를 특수권익 세력범위로 간주하였다. 중요한 것은 이 조약 제4조에 규정한 남만에서의 일본인 영사재판권이다. 1914년 4월 일본 외무대신은 종래부터 일본은 중국 각지 상부지뿐만 아니라 상부지 밖이라도 필요하다고 인정되는 지방에 경찰관을 파견하여 출장소 혹은 파출소를 설치하고 제국 신민에 대한 보호·취체를 담당하였다고 했다. 일본이 중국에서 영사재판권을 갖고 있기 때문에 가능한 일이며, 본국인이 자주 왕래하는 곳에 일본 영사경찰관을 특별히 주재할 필요가 있다고 역설하였다.[29] 「만몽조약」은 일본이 더욱 노골적으로 필요하다고 인정하는 지역, 특히 일본인이 빈번히 왕래하는 지역에 경찰기구를 설치하고 확장하는 데 근거를 제공하였다.

문제는 일본이 이 조약의 적용 범위를 간도까지 확장시키려 한 것이다. 왜냐하면 1907년 7월 30일 일본과 러시아 간에 체결한 「밀약」에서 획정한 남·북만주 경계선이 간도 지역을 남만주 범위에 포함시켰기 때문이다. 그 결과 간도 지역 상부 내의 영사관 경찰이 조선인이 많이 거주하는 상부지 밖의 잡거구역에도 자유로이 드나들 수 있었고 또 경찰기구를 설치할 수 있었다.

1910년 7월 8일 일본 내각회의에서 채택된 결정은 다음과 같다.[30] 첫째, 조선인은 별도로 규정한 특별 법령 혹은 조약이 있는 상황 이외에는 완전히 내지인(일본인)과 동등한 법률 지위를 갖고 있다. 둘째, 간도 거주자는 간도협약에 따라 여전히 현재와 같은 지위를 갖고 있다. 셋째, 외국에 귀화하여 이중 국적을 갖고 있는 자는 일본과의 이해관계에 따라, 조선에서 국적법을 실행하기 전에는 일본 신민으로 인정하였다.

이 방침에 따라 만주 지역 조선인은 중국에 귀화했든 안 했든 일본국의 이해관계 때문에 일본 신민으로 간주되었다. 일본은 필연적으로 만주

---

29  日本外務省 편, 1997, 앞의 책 12, 44쪽.
30  山本四郞, 1984, 『寺内正毅関係文書』(首相以前), 京都女子大學叢刊 9, 京都女子大學, 180쪽.

지역 조선인에 대한 영사재판권을 갖게 되고 조선인 거주지에 영사관 경찰을 설치하여 보호, 취체(단속)할 근거를 마련하였다. 1915년 7월 통감부 간도임시파출소 조사과장을 지냈던 시노다 지사쿠(篠田治策)는 조선총독 데라우치 마사타케(寺內正毅)에게 「간도 상황 개선에 관한 의견서」를 보냈다. 그는 의견서에서 조약상의 권리를 가장 엄격히 행사하여 적극적으로 조선인을 보호하고 영사관 경찰을 확충하여 그들을 방조하고 영사재판권을 실시하며 배일 선인을 취체[31]할 것을 주장하였다. 이는 중국 측의 손에서 과거 통감부파출소 시기 간도 조선인 관할권을 영사관 경찰이 회수하자는 뜻으로,[32] 간도파출소 시기 있었던 최대 규모의 헌병·경찰(14개 분견소, 207명 헌병, 63명 한국 경찰)을 설치하는 특권을 일방적으로 행사하려고 했다.

1918년 1월 말의 조사에 따르면, 간도 지역 영사관 경찰은 총영사관 경찰서에 13명, 국자가분관 경찰서에 6명, 두도구분관 경찰서에 3명, 혼춘분관 경찰서에 4명이 있었다.[33] 이런 상황에 불만을 품은 일본은 간도에 영사관 경찰을 파견하여 상부지 내의 조선인 잡거지역에 영사관 경찰 기구를 확장할 계획을 세웠다.

간도총영사대리 스즈키 요타로(鈴木要太郎)는 영사관 경찰기구 확장이 동만 지역을 경영하는 첫 번째 행동이라고 하였다. 그는 이번 행동은 중국 측의 여러 가지 방해(妨害)를 받을 것이므로 반드시 사전에 비밀리에 준비를 잘 해야 한다고 했다.[34] 총영사관에서는 외무성 및 조선총독부

---

31 山本四郎, 앞의 책, 358쪽.
32 山本四郎, 위의 책, 359쪽.
33 日本外務省 편, 1998, 앞의 책 19, 180쪽.
34 日本外務省 편, 1998, 위의 책 19, 180쪽.

와 지속적인 소통을 거쳐 이 계획을 먼저 간도에 실시한 다음, 훈춘에서도 실시하기로 결정하였다.[35]

경찰기구를 설치할 구체적 지점을 18개로 확정하였으며 그 가운데 간도총영사관 소속은 대랍자(大砬子), 하천평(下泉坪), 천보산(天寶山), 남양평(南陽坪), 서작동(西作洞), 사기동(砂器洞), 부동(釜洞)이었다. 국자가분관 소속은 동불사(銅佛寺), 걸만동(傑滿洞), 일량구(一兩溝), 팔도구(八道溝), 춘화사(春華社)의 석현(石峴)이었고, 두도구분관 소속은 삼도구(三道溝)의 청파호(青波湖), 이도구(二道溝)의 하촌(下村), 사도구(四道溝)의 귀암동(貴岩洞)이며, 훈춘분관 소속은 흑정자(黑頂子), 황구(荒溝)였다. 백초구출장소 소속은 대감자(大坎子)였다.[36]

경찰기구 설치 방침과 목적에 관하여, 간도 총영사대리 스즈키는 경찰기구를 모두 1차적으로 설치할 방침이며 동시에 정정당당하게 직무를 집행하면서 중국 측을 압박해야 한다고 주장하였다.[37] 경찰 인원을 파견하는 방법으로 중국 측과의 관계를 고려하여 두 가지 방법을 택하였다. 하나는 파견된 경찰관을 총영사관과 분관출장소에 임직시키면서 지속적으로 영사관 관할 내의 각지를 순회하며 조선인에 대한 보호를 책임지게 하고 임시 주재하다가 점차 장기 주재하는 것이었다. 다른 하나는 '조선인거류민회'(이하 민회) 고문의 명의로 한 명 또는 여러 명의 사복경찰을 지방에 주재하게 하고 민회를 지도하는 동시에 차츰 경찰 사무를 집행한다는 것이다.[38]

---

35  日本外務省 편, 1998, 앞의 책 19, 182쪽.
36  日本外務省 편, 1998, 위의 책 19, 190쪽.
37  日本外務省 편, 1998, 위의 책 19, 182쪽.
38  日本外務省 편, 1998, 위의 책 19, 195쪽.

일본인 경부 12명 중 4명은 외무성에서 채용하고 5명은 총독부에서 채용한다. 그중 3명은 총독부 법원서기 중에서 채용하였다. 조선인 경부 3명은 조선총독부 소속이었다. 순사 120명 중 일본인 순사는 60명인데 그중 20명은 외무성에서 채용하고 40명은 총독부에서 채용하였다. 조선인 순사도 60명인데 10명은 간도총영사관이 현지에서 채용하고 50명은 총독부에서 채용하였다.[39]

1918년 4월 26일 총영사대리 스즈키는 현지에서 경찰이라는 존재에 대한 이주 조선인들의 시선이 좋지 않으므로 가급적 경찰이라는 용어를 사용하지 않는 것이 좋다는 의견을 일본 외무성에 제기하였다.[40] 외무성에서도 경찰이란 단어를 사용하는 것은 상책이 아니며, 영사관 출장소, 영사관 파출소라는 명칭 사용이 바람직하다고 하였다. 복장은 처음에는 사복차림을 하다가 점차 제복으로 바꿀 것을 주문하였다. 다만 주임 경부 1명은 평복을 입어야 한다고 했다.[41]

또 스즈키는 분서와 파출소로 사용할 가옥도 중국 측의 방해를 고려하여 경찰관을 파견할 때 잠시 조선인 가옥을 차용하는 것이 좋겠다[42]고 하였다. 일본 외무성에서도 이에 동의하였다.[43]

1918년 9월 25일 일본 외무성에서는 먼저 석현, 남양평, 사기동, 대감자, 팔도구, 이도구 등 11개 파출소에 경찰 인원을 배치하고 천보산, 대랍

---

39　日本外務省 편, 1998, 앞의 책 19, 197쪽.
40　日本外務省 편, 1998, 위의 책 19, 183쪽.
41　日本外務省 편, 1998, 위의 책 19, 191쪽.
42　日本外務省 편, 1998, 위의 책 19, 183쪽.
43　日本外務省 편, 1998, 위의 책 19, 191쪽.

자, 하천평, 동불사, 걸만동 등 5개 분서에 서장을 임명하였다.[44] 1919년 8월 9일 일본 외무성에서는 또 흑정자와 삼도구 청파호 등 2개 분서의 서장을 임명하였다.[45] 임명된 외무성 경찰 120명은 모두 조선 측에서 채용한 경찰이며 10월 하순부터 1월 상순까지 비밀리에 간도총영사관과 각 분관에 배치되었다.[46]

1918년 11월 28일 경부 오자와(小澤)는 천보산 일본인회 고문의 명의로, 다른 일본인 순사와 조선인 순사는 이사 명의로, 천보산에 파견하여 분서를 설치하였다. 1919년 3월 2일 팔도구 파출소를 설치하고 국자가분관에 귀속시켰다. 같은 해 2일 7일 남양평 분서가 설치되었고, 간도총영사관에 귀속되었다. 이때 파견된 경찰은 모두 사복 경찰 신분으로 근무하였다.

그런데 그 후 15개 경찰기구는 모두 설치되지 못했다. 다시 말하면, 상부지 영사관 경찰기구를 잡거구역으로 크게 확장하려던 계획은 실현되지 못했다. 그 원인은 당시 간도 잡거구역에 영사관 경찰기구를 설치할 수 있는 기초가 부족했기 때문이다. 이 기초는 바로 '일본인거류민회' 또는 '조선인민회' 등 친일조직이었다. 일본은 이런 친일 조직의 고문, 이사 등의 명의로 경찰을 파견하여 경찰기구를 설치하였다. 그러나 당시 상부 밖 잡거구역에 친일 조직을 건립할 수 있는 곳이 4, 5개 정도밖에 안 되었다.[47] 특히 3·1운동 이후 간도 지역 조선인들의 반일 운동이 지속적으로 고양되어 친일 조직의 건립은 곤란하였다. 따라서 경찰기구의 설치도

---

44  日本外務省 편, 1998, 앞의 책 19, 199~201쪽.
45  日本外務省 편, 1998, 위의 책 19, 205쪽.
46  日本外務省 편, 1998, 위의 책 19, 203쪽.
47  日本外務省 편, 1998, 위의 책 19, 195쪽.

어려울 수밖에 없었다.

이 시기 일본은 만몽조약을 근거로 북간도 지역의 일본영사관 경찰기구를 상부 밖 잡거구역으로 확장하였다. 1920년 7월 북간도 지역 일본영사관 경찰은 모두 121명(경시 1명, 경부 15명, 순사 105명)으로서, 총영사관에 40명, 국자가분관에 27명, 두도구분관에 21명, 혼춘분관에 18명, 백초구출장소에 15명이 배치되었다. 그중에는 천보산 분서에 4명(사복경찰), 팔도구에 4명(사복경찰), 남양평에 3명(사복경찰)이 포함되었다.[48] 이 수치는 대체로 경찰기구 확장 이전의 약 3배 정도에 달한다.

### 3) '경신참변'과 조선인 '잡거구'에서의 영사관 경찰기구 설치

일본은 잡거구역에 3개 경찰기구를 확장하였다. 그러나 이에 만족하지 않았다. 1920년 7월 외무성 사무관 니시자와 요시초우(西澤義徵)는 "소수의 경찰만으로 영사관의 호위 외에 상부 내의 경비도 감당하기 어렵고 상부지 밖의 다수의 조선인에 대한 보호·단속은 제대로 진행해야 할 상황이었으나, 할 수 없이 포기하였다"[49]고 보고했다. 그 후 일본은 기회 있을 때마다 영사관 경찰기구를 계속 잡거구역으로 확장하려 했다. 용정 3·13운동 이후 간도 지역에는 한국 독립운동가들이 여러 갈래의 무장단체를 조직하고 주로 친일분자를 타격하였기 때문에 일본영사관 경찰의 활동에 큰 위협이 되었다. 일본 외무성에서는 이를 간도 잡거지에 영사관 경찰기구를 확장하는 좋은 기회로 인식하였다. 이에 외무성 사무관 니시

---

48  日本外務省 편, 1998, 앞의 책 20, 275쪽.
49  日本外務省 편, 1998, 위의 책 20, 276쪽.

자와는 "이번에는 중국 측에서 그 어떤 불만이 있다 하더라도 반드시 경찰관을 증가, 파견하는 이전의 파견 주재계획을 실현해야 하는데 그중 가장 중요한 것은 분관과 분서 및 파출소의 경찰 직원 수를 늘리는 것"[50]이라고 하였다. 1920년 7월 1일 간도 총영사대리는 그 이듬해에 잡거구역에 경찰기구 5개를 증설할 계획을 세우고 외무성에 경비 4,000원을 제안하였으나[51] 그 계획은 바로 실현되지 못했다.

잡거구역으로 경찰기구를 확장하는 계획은 1920년 10월 '경신참변'과 '두도구사건'을 계기로 실현되었다. 외무대신 시데하라 기주로(幣原喜重郞)는 1921년 간도 지역 경찰 기관이 혼춘사건과 1921년 두도구사건의 영향으로 확장되었다고 했다. 혼춘사건은 1920년 10월 2일 조선군이 간도 지역의 조선인 반일 무장 세력을 초토하기 위해 흑룡강성 영안(寧安) 일대의 마적 두목 만순(萬順), 진동(鎭東)을 매수하여 고의적으로 혼춘 영사분관을 습격, 소각하게 한 사건이다. 혼춘분관 경찰서장이 중상을 입고 직원과 일본인 10여 명이 피살되었다.[52] 이 사건을 계기로 조선군(조선에 주둔하던 일본군)이 간도에 출병하여 경신년 대학살을 일으켰으며, 조선인 마을을 초토화시켰다.[53]

일본군은 만행을 저지른 후에도 즉시 철거하지 않고 잡거구역의 중요한 지점들을 점령하였다. 1920년 12월 21일 일본은 두 개 대대 800명의 병력을 혼춘, 백초구, 국자가, 두도구 등 요지에 주둔시키고 그 나머지

---

50 日本外務省 편, 1998, 앞의 책 20, 276쪽.
51 日本外務省 편, 1998, 위의 책 20, 200쪽.
52 심영숙, 1999, 「혼춘사건」, 『중국조선민족발자취총서 1(개척)』, 민족출판사, 505~510쪽.
53 일본군 제19사단의 조사에 따르면, 당시 일본군에게 살해된 조선인은 522명이고 소각된 가옥은 534채나 된다(姜德相, 1972, 『現代史資料』 28, 632~634쪽).

부대는 1921년 1월 15일 이전에 전부 철거하기로 결정하였다.[54] 1921년 2월, 일본은 잡거구역에 경찰기구를 충실하게 한 후 철병한다고 했다.[55] 같은 해 3월 25일 조선군 사령관의 훈령에 따르면, 일본군의 최후 철거시간은 일본영사관 경찰기구의 증설 상황에 따라 결정한다고 하였다.[56]

경찰기구를 얼마나 증설하고 경찰 인원을 얼마나 증가하는가의 문제는 중요했다. 이에 대해 일본 정부는 원칙상에서 "먼저 현재의 영사관 경찰관과 지원 경찰관의 존재를 고려하지 말고 모두 새롭게 배치해야 한다"고 규정하였다.[57] 이 원칙하에 각 부문에서는 각자의 확충 방안을 제기하였다. 1920년 12월 13일 조선총독부에서 제기한 방안은 설치해야 할 경찰기구 수가 26개소이고 배치할 경찰 인원은 1,060명이었다.[58] 같은 해 12월 21일 일본 외무성에서는 설치해야 할 경찰기구 현재 8개소 외에 10개소 출장소를 증설하는 것이었다. 그 후 일본 외무성과 조선총독부에서 협상을 거쳐 14개소를 새로 설치하고 경찰관 900명을 배치하기로 결정하였다.[59] 그 외에도 경찰분서 18개소, 경찰 인원 1,024명을 배치하는 방안도 제기되었다. 하지만 이런 방안들은 재정상의 어려움 때문에 다 채택되지 못했고,[60] 결국 일본 외무성의 방안에 따라 10개 곳에 경찰분서를 증설하기로 결정하였다. 구체적으로 화룡현의 대랍자, 걸만동, 부동, 연길

---

54　日本外務省 편, 1998, 앞의 책 22, 17쪽.
55　日本外務省 편, 1998, 위의 책 21, 84쪽.
56　日本外務省 편, 1998, 위의 책 21, 90쪽.
57　日本外務省 편, 1998, 위의 책 21, 109쪽.
58　日本外務省 편, 1998, 위의 책 21, 115쪽.
59　日本外務省 편, 1998, 위의 책 21, 84쪽.
60　高麗書林 편, 1990, 『日本外務省特殊調査文書』 46, 高麗書林, 126쪽.

현의 동불사, 의란구(依蘭溝), 이도구(二道溝), 왕청현의 가야하(嘎呀河), 양수천자(涼水泉子), 혼춘현의 흑정자, 두도구(頭道溝) 등이다.[61] 경찰 인원은 경신참변 때 조선총독부의 지원 경찰들로 인원수를 확보한 뒤, 일본 외무성 소속의 경찰로 충당하였다.[62]

경찰분서의 개설 방법은 중국 측의 이의가 없으면 간도와 혼춘에 동시에 설치하고, 파견된 경찰은 반드시 한국 독립운동가를 조사하고 단속하는 자세로 근무해야 하며, 분서의 간판은 영사관의 통지를 받기 전에 걸어서는 안 된다고 규정하였다.[63] 이렇게 은밀한 계획이 추진된 결과, 일본은 빠른 시일에 잡거구역에 경찰분서를 설치할 수 있었다. 1920년 12월 29일 걸만동, 동불사, 대랍자, 이도구 4개 분서가 동시에 개설되었고, 12월 30일 부동, 가야하, 의란구, 양수천자 4개 분서가 동시에 개설되었다.[64] 그 후 혼춘의 두도구분서는 31일, 흑정자분서는 1921년 1월 1일 개설되었다.[65] 같은 해 1월 13일 간도총영사관에서는 이미 설치된 천보산분서, 남양평분서, 팔도구분서에 경찰 인원을 증원하였다.[66]

---

61　日本外務省 편, 1998, 앞의 책 21, 122~123쪽.
62　日本外務省 편, 1998, 위의 책 21, 124쪽.
63　日本外務省 편, 1998, 위의 책 21, 124쪽.
64　日本外務省 편, 1998, 위의 책 21, 125쪽.
65　日本外務省 편, 1998, 위의 책 21, 125~126쪽.
66　日本外務省 편, 1998, 위의 책 21, 126쪽.

〈표 4-1〉 간도 지역 영사관 경찰분서 개설시 경찰 배치 상황(1921년 1월 13일)(단위: 명)

| 경찰 인원<br>영사관 | 분서장 혹은 대리자 | 순사 | | | 지원 순사 중<br>소속 변경<br>희망자 |
|---|---|---|---|---|---|
| | | 외무성<br>순사 | 지원<br>순사 | 합계 | |
| 천보산 | 경부<br>구라모치 아사노스케(倉持淺之介) | 2 | 8 | 10 | 5 |
| 달라자 | 경부보<br>시라가미 에이마쓰(白神榮松) | 3 | 5 | 8 | 1 |
| 걸만동 | 순사<br>다나카 다쓰기(田中辰喜) | 3 | 7 | 10 | 6 |
| 동불사 | 순사부장<br>기리우 고조(桐生幸造) | 2 | 5 | 7 | 3 |
| 남양평 | 순사부장 마쓰모토 간지<br>(松本勘之) | 2 | 2 | 4 | - |
| 팔도구 | 순사부장<br>이노하라 고지로(猪原幸四郞) | 3 | 5 | 8 | 5 |
| 이란구 | 순사부장<br>구도우 다쿠조(工藤涿藏) | 2 | 4 | 6 | 3 |
| 가야하 | 경부보 가와구치 신노(川口申野) | 4 | 8 | 12 | 8 |
| 양수천자 | 순사부장<br>고우지 한산부로(小路半三郞) | 4 | 4 | 8 | 4 |
| 이도구 | 순사부장<br>오이시 다케오(大石建男) | 3 | 6 | 9 | 2 |
| 부동 | 지원순사부장<br>나카가와 구마기치(中川熊吉) | 5 | 6 | 11 | 3 |
| 흑정자, 두도구 | | - | 16 | 16 | 13 |

비고: 흑정자에는 지원 경찰 8명, 두도구에는 지원 경찰 13명
출처: 日本外務省 편, 1998, 『外務省警察史』 21, 不二出版, 126쪽

여기에서 특히 주의해야 할 점은 영사관 경찰기구의 확충이 상부(商埠) 밖의 잡거구역에서만 진행된 것이 아니라 상부지 내에서도 진행되었다는 점이다. 1920년 5월 26일 국자가분관 경찰서에서는 4명의 경찰로 국자가 시가 조선인 거주지에 파출소를 개설하였다.[67]

이렇게 일본은 북간도 지역 일본영사관 경찰기구에 대한 통일적인 지휘와 감독을 실현하기 위해 1921년 4월 간도총영사관에 경찰부를 설치하였다.[68] 이로써 간도 지역의 일본영사관 경찰기구는 모두 21개소에 달했다. 그중 경찰부 1개소, 경찰서 5개소, 분서 13개소, 파출소 2개소이다. 간도 총영사는 "대체로 영사관 경찰기구 확장의 목표를 달성하였다"[69] 고 만족을 표시하였다. 그리하여 1921년 5월 5일 혼춘에 주둔한 조선군은 한반도로 철수하였고 간도에 주둔한 조선군도 5월 8일에 전부 철수하였다.

경찰기구를 증설함과 동시에 일본은 경찰 인원을 증원하려고 시도하였다. 1921년 3월 일본 외무성에서는 다음과 같은 방책을 제시하였다.

> 만약 내년도(1922년) 예산이 채택되면 간도 방면에 경시 이하 경찰관을 344명 지원한다. 현재 외무성 경찰관은 110여 명이다. 조선총독부에서 임시 파견한 지원 경찰은 120명인데, 그 반수 이상은 조선으로 돌아가야 하고 나머지 절반 인원 중 외무성경찰 희망자가 얼마나 있는지 지금 조사 중이다. 어떠한 길을 통해서라도 내년도에 증가해야

---

67 日本外務省 편, 1998, 앞의 책 21, 185쪽.
68 日本外務省 편, 1998, 위의 책 21, 223쪽.
69 日本外務省 편, 1998, 위의 책 21, 338쪽.

할 약 200명 경찰은 조선총독부에 의거하여 보충할 수밖에 없다.[70]

지원 경찰 120명 가운데 대부분은 조선으로 돌아갔으며, 외무성 경찰 희망자는 불과 17명밖에 안 되었다.[71] 그 후 일본은 기회 있을 때마다 경찰 인원을 증원하였다. 그 가운데 두도구사건은 영사관 경찰 인원을 늘리는 중요한 계기가 되었다.

이 사건은 1922년 6월 28일 서모(徐某)를 우두머리로 한 약 170명 되는 마적[표면상 '인의군'(仁義軍)이라 표방]이 안도현 고동하로부터 두도구 영사분관을 습격하여 사망자 2명, 중상자 2명, 분관 건축물과 기타 가옥을 소각한 중대한 사건이었다.[72] 일본은 이 사건을 이용해 공개적으로 경찰 인원을 증원하고자 마적 중에 조선인이 12명 있다고 소문을 퍼뜨렸다. 간도 총영사는 직접 외무대신 우치다 고사이(內田康哉)에게 전보로 경찰 증원을 요구하였다. 12월 2일 우치다는 간도에 100명의 경찰 파견을 비준한 외에 43명을 더 모집할 것을 요구하였다. 143명 중 86명은 현지에서 채용하고 나머지 57명은 청도(青島)에 주재한 일본 헌병대에서 채용하였다.[73] 1923년 1월 4일 간도 총영사 스즈키는 각 분관 주임에게 순사를 보충하는 임무는 이미 완성하였음을 선포하였다.[74]

일본은 경신참변과 두도구사건을 이용하여 영사관 경찰기구를 잡거구역에 확장하는 계획을 순조롭게 실현하였다. 여기에는 다음과 같은 원

---

70 日本外務省 편, 1998, 앞의 책 21, 51쪽.
71 日本外務省 편, 1998, 위의 책 21, 163쪽.
72 日本外務省 편, 1998, 위의 책 22, 9쪽.
73 日本外務省 편, 1998, 위의 책 22, 114쪽.
74 日本外務省 편, 1998, 위의 책 22, 138쪽.

인이 있다.

첫째, '경신참변' 때 간도 총영사는 각지의 영사관 경찰 인원을 각 '토벌 부대'에 배속시켜 각지의 중요한 상황을 파악하게 함으로써 이후 경찰기구 확장을 실현하기 위한 기초를 마련하였다. 이에 총영사대리 사카이 요사키치(堺與三吉)는 "이번 경찰관을 수색·소탕에 참가하게 한 것은 각지의 민정을 시찰하고 또 장래에 경찰기구를 확장하는 데 매우 유리하다", 때문에 "영사관 사무에 영향 주지 않는 전제하에서 각 '토벌 부대'에 본관 및 분관 소속의 경찰관을 최대한도로 안배할 것을 결정했다"고 하였다.[75] 1920년 12월 1일 이후 일본영사관에서는 이미 10개 주력부대의 주둔지에 83명의 경찰을 배치하였다.[76] 이 10개 주둔지는 사실상 그 후 10개소 경찰분서로 바뀌었다.

둘째, 경찰기구 확장 과정에 가능하면 중국 측을 자극하지 않는 방법과 수단을 사용하였다.[77] 경찰기구 명칭에 대해서도 1921년 5월 23일 총영사대리 스즈키는 외무대신에게 중국 측과의 관계를 고려하여 상설적 성격이 있는 명칭을 피하고 임시적 성격의 경찰관 파견소 등과 같은 명칭을 사용할 것을 건의하였다. 이에 외무대신이 찬성을 표시하였고[78] 경찰기구 확장 과정에 구체적으로 시달되었다. 즉 1921년 5월 4일 간도 총영사대리 스즈키는 각 분관 주임들에게 새로 설치한 경찰분서는 대외적으로 잠시 비밀로 하고 분서 인원은 반드시 잠시 파견해 온 것 같은 모양으

---

75　日本外務省 편, 1998, 앞의 책 22, 77쪽.
76　日本外務省 편, 1998, 위의 책 21, 71쪽.
77　日本外務省 편, 1998, 위의 책 21, 128쪽.
78　日本外務省 편, 1998, 위의 책 21, 71쪽.

로 가장하라는 훈령을 내렸다.[79] 문서 서류를 배달하거나 전달할 때에도 중국 측을 속이는 수단을 사용하였다. 그중 중요한 서류와 비밀 서류는 우편으로 배달하지 말고 분서 서장이 출장하는 기회에 직접 전달하며 공문은 될수록 구두로 순사에게 전달하라고 규정하였다. 그중 공문 접수자의 이름을 쓸 때 분서 명칭 사용은 불가하였다. 이를테면 남양평 경찰분서 경부보 앞으로 편지를 보낼 때 봉투에 '남양평분서 ●● 앞'이라고 쓰면 절대 안 되고 꼭 '남양평 파견 외무성 경부 ●● 앞'이라고 써야 한다는 것이다. 또 우편으로 서류를 보낼 때도 관서 도장을 찍어서는 안 되고 꼭 외무성 경부의 도장 혹은 외무성 경부보의 도장을 찍어야 한다. '간도' 경찰부장으로부터 발급한 공문에 날인할 때 '간도총영사관 경찰부장●●'이라 해서는 절대 안 되고 반드시 '외무성 경시●●'이라 해야 한다는 것이었다. 중국 지방 당국과의 갈등을 줄이면서 경찰력 증원이라는 목적을 달성하기 위한 일제의 정책적 시행 결과 영사관 경찰관 수는 북간도 지역에서 지속적으로 증가하였다.

### 4) 만주사변과 조선인 잡거구의 영사관 경찰기구 설치

앞서 언급했듯이 두도구사건 이후 간도총영사관에서는 기회 있을 때마다 영사관 경찰기구를 확장하려고 시도하였다. 1928년 12월 29일 장학량이 동북에서 기치를 바꾸고 남경 국민정부에 귀속되었을 때 총영사 오카다 가네카즈(岡田兼一)는 외무대신에게 경찰 70명의 증원을 요구하

---

79　日本外務省 편, 1998, 앞의 책 21, 183쪽.

였다.[80] 또 1930년 북간도 지역에서 '5·30봉기'[81]가 일어난 후 경찰 200명 증원도 요청하였다.[82] 그러나 이러한 계획은 만주사변 전까지 중국 측의 강력한 반대 및 일본의 경제위기 등으로 인해 실현되지 못했다.

만주사변 후 일본군이 간도 전역을 점령한 후 상황은 크게 변하였다. 1937년 말까지 일본은 북간도 지역에 11개 분서 또는 파견소를 증설하였다. 만주사변 직후인 1931년 12월 6일 삼도구(三道溝)분서, 옹성랍자(瓮聲砬子)분서가 개설되었고 1932년 9월 1일 위자구(葦子溝)분서, 회막동(灰幕洞)분서, 개산둔(開山屯)분서 및 조양천(朝陽川)분서가 개설되었다. 같은 해 9월 20일 합달문(哈達門)분서가 개설되었고 1933년 12월 25일 대두천(大肚川)분서, 소삼차구(小山岔口)분서가 개설되었다. 1935년 8월 15일 춘양(春陽)파견소가 개설되었고 1936년 9월 19일 동흥진(東興鎭)출장소가 개설되었다.

일본이 당시 경찰기구를 설치한 목적은 간도 지역 조선인의 반만 항일운동을 진압하려는 데 있었다. 이와 관련하여 다음의 같은 세 가지 목적이 있었다.

첫째, 경제상 중요한 의의가 있는 곳을 통제하고 옛 항일 근거지의 항일 역량을 진압하기 위해 설치하였다. 삼도구분서와 옹성랍자분서가 여기에 속한다. 일본 측에서는 삼도구가 조선과의 거리가 멀지 않고 경제적으로 발전 가능성이 있으며, 독립운동의 근거지라고 평가했다.[83] 그뿐만

---

80  日本外務省 편, 1998, 앞의 책 23, 369쪽.
81  1930년 5월 31일 중국공산당의 지도하에 북간도조선족인민들을 주체로 진행한 반제 반봉건투쟁이다. '붉은 5월 투쟁(紅五月鬪爭)'이라고도 한다.
82  日本外務省 편, 1998, 위의 책 21, 16~17쪽.
83  日本外務省 편, 1998, 위의 책 21, 309~310쪽.

아니라 일본 측의 손이 미치지 못하는 곳이고 항일사상이 농후한 지역이라고 인정하였다.[84] 옹성랍자는 국자가와 돈화 사이의 요충지이고 또 합이파령 이남의 상업 중심이자 물자집산지였다. 만주사변 이후 간도 총영사는 이곳을 "경찰력이 부족하여 공산파와 민족파 불온선인의 왕래가 끊임없고 자고로 중국 관헌의 보호와 단속은 불완전하기 때문에 관적(官賊), 공비(共匪, 공산비적)와 기타 불온한 조선인이 횡행한 곳"이라고 인식하였다.[85] 이 때문에 1931년 10월 6일 간도 총영사는 외무대신에게 "조선교민을 보호하고 공비를 취체하기 위해 임시 출장하는 형식으로 공비 근거지 화룡현 삼도구와 연길현 옹성랍자에 각기 15명 정도의 경찰을 파견하여 분서를 설치하는 기초를 닦아야 한다"고 건의하였다.[86] 일본 외무성은 찬성을 표하였다. 같은 해 12월 6일 간도총영사관에서는 옹성랍자에 경찰 27명, 화룡현 삼도구에 경찰 19명을 파견, 주재시켰다.[87]

둘째, 철도 부설과 철도 운수선의 안전을 도모하기 위해 개설하였다. 여기에는 위자구, 회막동, 개산둔, 조양천, 대두천, 삼차구 등 분서와 춘양 파견소가 포함된다. 1931년 12월 18일 간도 지역 철도측량대의 경비(警備) 문제에 관하여 일본 관동군에서는 "영사관 경찰로부터 측량대를 보호하는 것이 가장 타당하다"고 하였다. 간도 총영사 오카다도 "목전 형세하에 반드시 우리 경찰관이 그 보호를 책임져야 한다"고 인정하였다.[88] 그 후 외무대신의 동의를 거쳐 이곳에 영사관 경찰기구를 설치하였다.

---

84　日本外務省 편, 1998, 앞의 책 21, 20~21쪽.
85　日本外務省 편, 1998, 위의 책 25, 19쪽.
86　日本外務省 편, 1998, 위의 책 25, 14~15쪽.
87　日本外務省 편, 1998, 위의 책 25, 22쪽.
88　日本外務省 편, 1998, 위의 책 25, 72쪽.

7개 지점 중 앞의 4곳은 돈도 철도(돈화-도문) 연선에 위치해 있었다. 간도 총영사는 첫째, 만주 각지 중국 군경의 반란, 대도회, 철갑군, 무장공비의 준동과 일본 경찰기관이 습격을 받아 혼란상태에 빠졌으며, 둘째, 돈도 철도 부설을 개시한 후 철도공사 보호와 교민 보호를 위해 경찰기구를 절박하게 요구한다는 점을 분명히 밝혔다.[89] 이에 따라 1932년 9월 1일 일본은 이 네 곳에 경찰분서를 동시에 개설하였다. 개산둔분서에 경찰 8명, 회막동분서에 경찰 10명, 위자구분서에 경찰 15명, 조양천분서에 경찰 8명을 배치하였다.[90] 이 중 회막동분서의 위치가 가장 중요하다. 왜냐하면 회막동은 돈도선 종점으로서 가야하와 두만강이 합류하는 곳에 위치해 있고 두만강을 사이에 두고 조선의 온성군 남양과 마주해 있으며 돈화와 도문을 잇는 철도가 부설되면서 조선의 웅기, 청진 등 국제교통선과 연접하기 때문이다.[91] 이곳에는 민회, 해관, 세무국, 전화국, 학교, 금융 등 일본 측 시설이 많기 때문에 1933년 7월 1일 회막동분서를 도문분서로 개칭하였다. 10월 30일 국자가분관 도문출장소가 개설되었다.[92] 같은 해 6월 회막동역을 도문역으로 개칭하였다. 1934년 8월 10일 출장소를 분관으로 승격시키고 도문분서도 도문분관 경찰서로 승격시켰다.[93]

대두천, 삼차구는 도녕(圖寧)철도(도문-영안) 연선에 위치해 있다. 그중 대두천은 왕청현 춘명향의 서남단에 위치해 있다. 이곳은 1933년에 일본인 3호, 조선인 315호, 한족 211호가 있었다. 일본 측은 이 일대가 원

---

89  日本外務省 편, 1998, 앞의 책 25, 36쪽.
90  日本外務省 편, 1998, 위의 책 25, 197쪽.
91  日本外務省 편, 1998, 위의 책 25, 197쪽.
92  日本外務省 편, 1998, 위의 책 25, 299쪽.
93  日本外務省 편, 1998, 위의 책 25, 317쪽.

래 비적의 소굴이라고 인식하였다.[94] 이를테면 동북쪽의 쟈피구, 대소왕청의 삼림지대, 나자구 등지는 애초부터 모두 항일 근거지이다. 백초구분관 주임은 "이전에 여러 갈래 불온 조선인은 대두천, 대감자를 그 책원지로 점거하고 있었다. 최근 반란한 구국군도 이곳을 점령하였다. 때문에 이곳은 경비상에서 비상히 중요하다"[95]고 하였다. 삼차구는 연길현 춘양향의 남단에 위치해 있다. 이곳은 일찍이 왕덕림 부대의 근거지였다. 일본은 1933년 12월 25일 대두천에 분서(1935년 9월에 '왕청 경찰분서'로 개칭), 소삼차구분서(1935년 9월 '삼차구 경찰분서'로 개칭)를 개설하고 각각 경찰 25명을 배치하였다.[96]

춘양(小城子 또는 梨樹溝)은 목재와 광산물의 집산지이다. 인구는 일본인과 조선인 합해 700호 3,500명에 달한다. 철도 보호 측면에서 일본군 독립 제7대대 제4중대의 한 소대가 배치되어 있고, 당지에 자위단도 설치되어 있으며, 매주 1, 2차 정도 경찰관이 파견되고 있으나, 영사관은 상설적인 경찰기구 설치가 절박하다고 요구했다. 1935년 8월 15일 간도총영사관에서는 그곳에 경찰파견소를 설치하였다.[97]

셋째, 간도 지역의 항일 무장세력과 소비에트 러시아의 연계를 단절하기 위해 설치하였다. 여기에는 소련과 만주 변경지대의 혼춘현 합달문(哈達門), 동흥진 경찰분서가 포함된다. 그중 1932년 9월 20일 우선 합달문에 경찰분서를 설치하였다.[98] 동흥진은 혼춘현의 중소 국경선에 위치해

---

94  日本外務省 편, 1998, 앞의 책 25, 318쪽.
95  日本外務省 편, 1998, 위의 책 25, 224~225쪽.
96  日本外務省 편, 1998, 위의 책 25, 322쪽.
97  日本外務省 편, 1998, 위의 책 26, 154~160쪽.
98  日本外務省 편, 1998, 위의 책 25, 147쪽.

있어 소련의 정보를 수집하는 면에서 매우 중요한 지역이다. 이 부근에 헌병대와 조선군, 관동군의 특무기관이 설치되어 있다. 부근의 사금광에 2,000명의 인부들이 있는데, 국경을 자주 드나들거나 경찰사고가 적지 않게 발생하였다. 이를 구실로 마적달분서에서는 1936년 9월 19일 경찰관 출장소를 개설하였다.[99]

이와 함께 일본은 북간도 지역의 영사관 경찰 인원을 증원하였다. 만주사변 이후 반만 항일세력은 만주 각 지역에서 관동군을 비롯한 일본군과 대치하였다. 치안 유지 문제는 일제로서는 가장 골치 아픈 문제였다. 이에 1931년 9월 25일 간도 총영사는 외무대신에게 경찰 50명 증원을 요청하였다.[100] 이듬해 3월 초 일본 외무성은 일본인 순사 30명을 파견하였으며, 조선인 순사 30명은 간도 현지에서 채용하기로 결정하였다. 그 후 외무성 경찰이 도착하였으며, 3월 5일 간도에서도 조선인 순사 29명이 채용되었다.[101] 1932년 4월 북간도 지역 영사관 경찰기구(경찰부, 경찰서, 분서, 파견소) 21개소에 파견한 경찰 인원이 493명에 달했다.[102] 1933년 1월에는 경찰기구 24개소에 경찰 인원이 664명에 달했다.[103] 이는 간도 지역의 영사관 경찰 인원의 최고치였다. 1937년에는 경찰기구 19개소에 경찰 인원이 모두 410명을 차지했다.[104]

---

99 日本外務省 편, 1998, 앞의 책 25, 231쪽.
100 日本外務省 편, 1998, 위의 책 25, 87쪽.
101 日本外務省 편, 1998, 위의 책 25, 87쪽.
102 日本外務省 편, 1996, 위의 책 5, 148~149쪽.
103 日本外務省 편, 1998, 위의 책 25, 283쪽.
104 日本外務省 편, 1996, 위의 책 5, 151쪽.

## 3. 남·북만 조선인 거주지의 일본영사관 경찰기구 설치

### 1) 「남만동몽고조약」과 남만 조선인 거주지의 영사관 경찰기구 설치

일본이 남·북만 지역에 영사관 경찰기구를 설치하기 시작한 것은 러일전쟁이 끝난 후부터이다. 당시 일본 정부는 일본인을 보호·취체한다는 구실로 일본인 거주지에 영사관 경찰기구를 설치하였다. 그중 1908년 이전에 설치한 경찰기구는 우장영사관 경찰서, 안동영사관 경찰, 봉천총영사관 경찰서, 철령영사관 경찰서, 요양영사관 경찰서, 신민둔(新民屯)분관 경찰서, 장춘영사관 경찰서, 하얼빈총영사관 경찰서, 치치하얼영사관 경찰서, 봉황성(鳳凰城)분견소, 창도(昌圖)출장소, 개원(開原)출장소, 법고문(法庫門)출장소, 통강구(通江口)출장소, 공주령(公主嶺)출장소 등이다.

1915년 만몽조약이 체결된 후, 일본은 남·북만 조선인 거주지에도 영사관 경찰기구를 설치하려 시도하였다. 당시 일본 정부의 목표는 만몽조약에 근거하여 영사관의 경찰 세력을 관동주(関東州)나 만철(滿鐵)연선과 멀리 떨어진 광활한 농촌에까지 침투하려는 것이었다. 그러나 당시 일본 이민들은 주로 상공업자들로서 대부분 남만의 대·중·소 도시와 중요한 광산에 집중되었으며, 광활한 농촌에서는 극소수가 머물렀기에 일본영사관 경찰이 침투할 수 없었다. 반면에 조선 이주민은 대부분 농민들로서 광활한 농촌에 많이 산재하였다. 일제는 한일강제병합 이후 조선인도 '일본 신민'이라는 구실로 남만의 조선인 거주지에 침투하려 하였다.

남만의 조선인 거주지는 19세기 중반부터 형성되었다. 1903년에 이르러 임강현, 집안현, 통화현, 환인현, 관전현에 거주한 조선인이 9,754호

45,593명에 달했다.[105] 1911년 2월 단동의 압록강 대교가 준공된 후 조선 이민들은 안봉 철도(안동-봉천)를 따라 남만 각지에 이주하여 봉천성의 무순, 봉천, 신민부, 철령, 개원, 서풍, 동풍, 서안, 해룡 등 지역에도 거주지를 형성하였다. 1922년 봉천성의 이주 조선인은 약 16만 명에 달하였다.[106]

그중 일본은 남만의 정가둔(鄭家屯)·도록(掏鹿)·해룡(海龍)·농안(農安)·통화(通化) 등 다섯 곳에 영사관과 경찰서를 설치하려 하였다. 그 이유는 주로 이런 지역이 남만에서 중요한 교통 중심지에 위치해 있고 부근에 풍부한 자연자원이 있을 뿐만 아니라, 특히 조선 이주민이 거주해 있었기 때문이다. 그중 통화의 상황을 보면, 인구는 1.7만 명 정도에 불과하나 안동(현재의 단동) 이북, 봉천 동쪽에서 하나의 큰 시장이며 압록강 상류일대 물자 집산의 중심지였다. 통화현과 부근 각 현 일대에는 석탄·금·은·동·철 등 매장량이 풍부한 광산이 있으며, 이곳에 일본인 회사원과 그 가족 등 20여 명이 거주했기에 몇 명의 경찰을 급히 파견해야 한다고 했다. 특히 1913년의 조사에 따르면, 조선인들은 통화현에만 2,055호 10,275명 있는데 그 부근의 집안·임강·흥경·환인 등 각 현의 조선인은 13,105호 65,469명에 달하였다.[107] 이 시기 일본이 남만에 영사관과 경찰기구를 설치하는 데 있어 중요하게 생각한 것은 경제이익과 조선인에 대한 통제였다.

일본 정부는 그 후 중국과의 반복적인 교섭을 거쳐 끝내 중국의 동의

---

105 牛丸潤亮, 1927, 『最近間島事情』, 朝鮮及朝鮮人社出版, 80~82쪽.
106 김정주, 1967, 『朝鮮統治史料』 8, 原書房, 897~899쪽.
107 日本外務省 편, 1997, 앞의 책 11, 3쪽.

를 얻어 정가둔·도록·해룡·농안·통화·적봉과 승덕 등 소도시에 영사관(분관) 경찰서를 설치하였다. 구체적으로 보면, 1916년 8월 28일 농안에 장춘영사관 농안분관 경찰서를 설치하고,[108] 10월 4일 해룡에 철령영사관 해룡분관 경찰서를 설치하였다.[109] 10월 11일 도록에 철령영사관 도록분관 경찰서를 설치하고,[110] 10월 16일 정가둔에 봉천총영사관 정가둔영사관 경찰서를 설치하였다.[111] 1917년 2월 27일 적봉에 영사관 경찰서를 설치하고,[112] 2월 28일 통화에 안동영사관 통화분관 경찰서를 설치하였으며,[113] 1919년 8월 10일 승덕에 영사관 경찰서를 설치하였다.[114]

같은 시기, 일본영사관에서는 조선인이 거주하는 농촌 부락에 지속적으로 경찰을 침투시켜 경찰기구를 설치하려 하였다. 그 원인에 대하여 봉천 총영사는 "이런 지방에는 중국 관헌의 힘이 약하여 도적, 불령선인이 출몰하고 또 정상 직업이 없는 거류민이 많이 배회하기에, 교민과 선인에 대한 보호와 취체를 충분히 할 것을 기대하고 있다"[115]고 하였다.

또 1924년 12월에 작성된 「미개방지(未開放地)에 경찰관을 보유할 이유」[116]라는 문서에는 9가지가 열거되었는데 조선인과 관계되는 이유도 있었다. 그중 첫째는 조선인 거류민을 보호하기 위해서이고, 둘째는 조선 교

---

108 日本外務省 편, 1997, 앞의 책 12, 12쪽.
109 日本外務省 편, 1997, 위의 책 10, 28쪽.
110 日本外務省 편, 1997, 위의 책 11, 330쪽.
111 日本外務省 편, 1997, 위의 책 12, 68쪽.
112 日本外務省 편, 1997, 위의 책 11, 201쪽.
113 日本外務省 편, 1997, 위의 책 11, 9쪽.
114 日本外務省 편, 1997, 위의 책 12, 263쪽.
115 日本外務省 편, 1996, 위의 책 7, 247쪽.
116 日本外務省 편, 1996, 위의 책 7, 247쪽.

민의 각종 보호 지도기관과 민회를 감독하기 위해서이며, 셋째는 조선인의 독립운동을 억제하기 위해서라고 하였다. 이를테면 대두천출장소 설치 이유에 관하여, 일본은 "우리나라 사람이 중국인에게 피해를 보는 사건이 빈번히 발생하고 조선인 이주자가 증가하였기에 보호와 취체가 필요하다"고 인정하였다.[117] 양자소파출소 설치에 대해 일본은 "조선인이 와서 거주하고 농업에 종사하는 자가 많다. 따라서 중국인에 유관된 사건이 발생했을 뿐만 아니라, 또 마적들의 피해도 자주 있다. 때문에 일본인, 조선인에 대해 보호 단속할 필요"가 있다고 하였다.[118]

일본 정부는 조선인이 거주하는 농촌 부락에도 경찰기구를 설치하였다. 1924년 12월 봉천총영사관 영사 후나쓰 다쓰이치로(船津辰一郎)는 "이주 조선인이 증가함에 따라 불온선인이 빈번히 출몰하는 경향이 나타난다. 충분한 보호 및 취체를 위해 우리나라 경찰관파출소를 설치하였다"고 했다.[119] 이러한 경찰관파출소는 모두 13개나 된다. 그중 철령영사관에서는 대두천(大肚川, 1916.5), 양자초(样子哨, 1916.5), 휘남(輝南, 1916.11) 등의 출장소가 있고, 안동영사관에서는 혼수포(渾水泡, 1916.8), 대고산(大孤山, 1916.8), 접리수(接梨树, 1917.4), 통구(通溝, 1918.9), 장백(长白, 1918.9), 석두성(石头城) 등 출장소가 있다. 장춘영사관에서는 장가만(张家湾, 1915.8), 이통하(伊通河, 1918.9), 회덕현(懷德县, 1918.4), 삼강구(三江口, 1919.4) 등의 출장소가 있다.[120]

여기서 주목되는 것은 일본이 조선인 거주지에 영사관 파출소를 설치

---

117　日本外務省 편, 1996, 앞의 책 7, 250쪽.
118　日本外務省 편, 1996, 위의 책 7, 251쪽.
119　日本外務省 편, 1996, 위의 책 7, 250쪽.
120　日本外務省 편, 1996, 위의 책 7, 240~241쪽.

하는 과정에서 중국 지방 당국을 기만했다는 점이다. 일본영사관에서 경찰을 파견하여 조선인 거주지에 갈 때마다 평민의 옷을 입게 하였는데, 이는 중국으로 하여금 경찰 신분을 알아채지 못하도록 하기 위해서다. 또 영사관 경찰을 친일단체 '보민회' 혹은 '조선인민회'의 감독자 신분으로 파견한 것은 중국 관원의 양해를 얻기 위한 것이다. 일본의 영사관 파출소 설치 방식을 정리하면 다음과 같다.

첫째, 가능한 중국에 알리지 않고 비밀리에 경찰관파출소를 설치하였다. 1916년 9월 9일 봉천 총영사 야다 시치타로(矢田七太郞)는 영사관에서 개방지인 십간방(十間房), 소서문(小西門), 대서문(大西門), 대북문(大北門)과 성내(城內)의 두 곳에 파출소를 설치할 때 모두 중국에 알리지 않았다고 말했다.[121] 중국에서도 공개적으로 승인하지 않았고, 1915년 가을 전에 불시에 철회하라고 요구하였다. 1916년 8월 21일 안동 영사 요시다 시게루(吉田茂)는 일본영사관 경찰관파출소를 설치한 데 대해 "중국에서 하나도 승인한 것이 없다"고 말했다.[122] 9월 15일 철령영사관 대리영사 사카와 슈이치(酒勾秀一)는 자기 관할 내에서 "중국에 알렸으나 허락을 받지 못한 채로 경찰관파출소를 설치하였다"고 말했다.[123] 8월 25일 장춘영사관 영사 야마우치 시로(山內四郞)는 장춘에서 3개 파출소(그중 개방지에 2개소, 미개방지에 1개소)를 설치하였는데 "모두 사전에 중국의 허락 없이 개설했다"고 말했다.[124]

둘째, 파출소에 출장소 명칭 또는 사람들의 주의를 일으키는 명칭을

---

121　日本外務省 편, 1996, 앞의 책 7, 180쪽.
122　日本外務省 편, 1996, 위의 책 7, 178쪽.
123　日本外務省 편, 1996, 위의 책 7, 180쪽.
124　日本外務省 편, 1996, 위의 책 7, 178쪽.

사용하지 않는 방법이다. 중국 땅에서 경찰 관련 파출소 명칭을 사용하여 그 간판을 파출소 문 앞에 내걸면 중국인들의 자존심을 건드려 제지를 당하기 때문이다. 하지만 만약 한두 명 영사관 경찰이 와서 주재하면 중국인들은 크게 의심하지 않을 수 있다. 안동 영사의 말에 따르면, 파출소 명칭 사용은 중국과의 관계를 고려하여 그 명칭을 사용하는 것을 피하고 실제 경찰관을 주재하게 하여 직무를 집행하였다. 경찰을 파견할 때 파견한다는 사실을 당지 혹은 유관 지역 지방관에게 구두로 통지하였는데, 뜻밖에 중국의 동의를 얻을 수 있었다고 한다. 이미 설치한 파출소 중에 혼수포, 통화, 마시대(馬市台) 등 3개 파출소는 미개방지에 설치하였다.[125]

셋째, 소수의 경찰 인원을 파견함으로써 중국 지방 당국의 이목을 끌지 않는 것이었다. 일본은 처음부터 십여 명 경찰 인원을 한꺼번에 파견한다면 즉시 중국 지방 당국의 주의력을 불러일으켜 저지를 받아 파출소 설치 목적을 달성할 수 없게 된다는 것을 간파하였다. 그래서 처음에는 한두 명 정도 소수의 경찰 인원을 파견하여 파출소를 설치했다. 경찰 수가 많아도 네 명을 초과하지 않았다.[126] 이렇게 경찰 수가 적기 때문에 중국 지방관원들은 대국에 큰 위협이 없다고 생각하고 파출소의 존재를 간과하였다. 이 방법은 효과적이었다. 일찍이 요양영사관에서 이런 방법으로 서관(西關)에 경찰관파출소를 설치하였을 때 중국에서는 어떠한 항의도 없었다고 했다.[127] 장춘영사관에서 이러한 방법으로 3개 파출소를 설치하였는데 사전에 중국의 허락을 받지 않고 설치하였으나 뜻밖에 중국

---

125　日本外務省 편, 1996, 앞의 책 7, 178쪽.
126　日本外務省 편, 1996, 위의 책 7, 241쪽.
127　日本外務省 편, 1996, 위의 책 7, 178쪽.

의 승인을 얻었다고 했다.[128] 우장영사관에서는 개평성(開平城)에 출장소를 설치하였을 때, "설립 당시 중국에서 빈번히 와서 철회하라고 항의하였지만 지금은 아마 묵인하는 것 같다"고 하였다.[129] 서공태보자(西公太堡子)에 경찰관출장소를 설치할 때 비록 중국에 통보하지 않고 설치했으나 시간이 오래 지나도록 중국의 철회 요구를 받은 적이 없었다.[130] 철령영사관에서 설치한 출장소 중 중국에 통보하거나 통보하지 않기도 했다. 그래서 중국의 항의를 받기도 했으나 나중에는 다 묵인한 상태라고 하였다.[131]

일본은 조선인 거주지에 경찰관파출소를 설치하였을 뿐만 아니라, 부단히 경찰 인원을 늘리려고 시도하였다. 이는 주로 1920년대 말 이주 조선인의 증가와 무관하지 않다. 왜냐하면 이주 조선인의 증가로 인해 그에 대한 통제를 강화해야 하는데 적은 경찰 인원만으로는 역부족이었기 때문이다. 1930년 남만 지역 외무성 경찰의 분포 상황은 다음과 같다.

〈표 4-2〉 1930년 남·북만 조선인 인구와 경찰관 배치 인원표(단위: 명)

| 영사관 | 조선인 인구 | 경찰관 수 | 경찰관 한 명당 관할해야 할 조선인 인구 | 비고 |
|---|---|---|---|---|
| 통화분관 | 50,798 | 17 | 2,988 | |
| 길림총영사관 | 29,880 | 14 | 2,134 | |
| 농안분관 | 167 | 3 | 55 | |
| 해룡분관 | 11,414 | 8 | 634 | |
| | | △10 | | △는 관동청겸임경찰관 |

---

128 日本外務省 편, 1996, 앞의 책 7, 178쪽.
129 日本外務省 편, 1996, 위의 책 7, 179쪽.
130 日本外務省 편, 1996, 위의 책 7, 180쪽.
131 日本外務省 편, 1996, 위의 책 7, 180쪽.

| | | | | |
|---|---|---|---|---|
| 정가둔영사관 | 1,663 | 13 | 127 | |
| 도록분관 | 3,131 | 5 | 447 | |
| | | △2 | | △는 관동청겸임경찰관 |
| 하얼빈총영사관 | 14,240 | 39 | 365 | |
| 치치하얼영사관 | 9,659 | 5 | 1,931 | |
| 만주리영사관 | 103 | 8 | 12 | |
| 합계 (9개소) | 121,055 | 112 | 976 | |
| | | △12 | | △는 관동청겸임경찰관 |

출처: 日本外務省 편, 1996, 『外務省警察史』 7, 不二出版, 288쪽.

일본 외무성에서는 "조선인 약 12만 명을 관할할 외무성 경찰관은 124명뿐이기에 우리 경찰관 한 명당 책임지는 조선인은 평균 976명이며, 남·북 만주 지역 영사관의 외무성 경찰 수가 너무 부족해서 조선인을 보호·취체하기 어렵다"고 하였다.[132]

### 2) 만주사변(9·18사변)과 조선인 거주지의 영사관 경찰기구 증설

1931년 9월 18일 일본군은 암암리에 봉천(현재의 심양) 유조호(柳條湖) 부근의 남만철도를 파괴하고 이를 중국 군대에 책임을 물었다. 일본군은 이를 구실로 즉시 중국 동북군이 주둔한 북대영(北大營)을 공격하였다. 이것이 바로 '만주사변'(9·18)이다.

만주사변이 일어난 후 몇 달 동안에 일제는 동삼성을 점령하고, 이듬해 2월에 괴뢰정권 '만주국'을 세워 전 동북인민들에 대해 사실상 식민통치를 실시하였다. 이런 형세하에 일본은 동북 각지에 더 많은 영사관 경

---

132 日本外務省 편, 1996, 앞의 책 7, 288쪽.

찰기구를 확장하였고, 특히 남·북만의 조선인 거주지역에 더 많은 경찰기구를 설치하였다.

남만에서는 주로 길림(吉林) 지역 조선인 거주지에 영사관 경찰기구를 설치하였다. 1913년 이 지역의 돈화(敦化), 반석(磐石), 화전(樺甸)의 조선인은 3,880명에 달하였고 1920년에는 25,000여 명에 달하였다.[133] 1931년 12월의 통계에 따르면, 길림시 906명, 영길현(永吉縣) 1,625명, 화전현 3,169명, 반석현 2,411명, 액목현(額穆縣) 4,332명, 돈화현 3,429명, 서란현(舒蘭縣) 627명, 몽강현(蒙江縣) 1,187명, 쌍양현(雙陽縣) 642명이 거주하였다.[134]

일본영사관이 이 지역에 경찰기구를 설치하려는 이유는 조선인을 보호·취체하기 위해서였다. 그중 돈화에 영사분관과 경찰서를 설치할 필요성에 대해, 1931년 11월 길림 총영사 이시이 이타로(石射猪太郎)는 "돈화는 그 주위에 조선 농민이 많고 간도로 통하는 교통 요충지에 위치해" 있어, "만약 길회선이 개통되면 이곳은 일본인의 발전에 대단히 중요한 의의가 있다. 때문에 이곳에 빨리 우리 영사관 분관을 설치해야 한다"고 주장했다.[135] 1933년 9월 21일 돈화분관 및 경찰서가 정식으로 개설되었다. 경찰서에는 경찰 12명이 배치되었다.[136]

반석과 화전에 경찰관출장소를 설치하는 문제에 대해 1932년 1월 길림 총영사 이시이는 "반석현과 화전현 두 지방은 남만 조선인 공산당의 근거지이다. 그들이 길림성과 봉천성 각지에 기층조직을 세우고 공고한

---

133 依田憙家, 卞立强 譯, 2004, 『日本帝国主義研究』, 上海远东出版社, 494쪽.
134 日本外務省 편, 1997, 앞의 책 13, 322쪽.
135 日本外務省 편, 1997, 위의 책 13, 402쪽.
136 日本外務省 편, 1997, 위의 책 13, 403쪽.

기반을 닦음으로써, 자주 친일파를 처단하였으며, 한편으로 친일 조선인들은 조선인회 등 조직을 건립하고 극력 우리의 보호를 얻고자 한다"고 하였다.[137] 때문에 1932년 3월 17일 길림총영사관에서는 출장소의 명의로 반석에 경찰분서를 설치하였다.[138] 1934년 7월 5일 일본은 반석분서 화전파출소를 설치하였다.[139]

그 후 일본은 동변도 조선인 거주지역에도 영사관 경찰기구를 설치하려 하였다. 그 이유에 대해 1934년 4월 10일 주만주국대사관 경무부장 다시로 시게노리(田代重德)는 동변도 지역을 반만 항일세력이 활발하게 활동하는 지역으로 특별히 경계할 필요가 있다는 의견을 피력하였다.[140] 같은 날 관동청 감찰과 이시이(石井)도 "통화, 유하(柳河), 흥경(興京)은 불량선인의 소굴이다. 그들은 비적과 연계해 공동으로 반일반만 행동을 하고 있다. 삼원포(三源浦) 지방은 공산주의 운동이 한창 흥기한 가운데 조선인들이 기관지 『전위(前衛)』를 발간하여 주의의 선전에 노력하고 있다"[141]고 하였다. 이 중 환인, 흥경에 경찰관을 배치할 필요성에 대해 봉천 총영사 하치야 데루오(蜂谷輝雄)는 "이곳의 불온선인의 행동과 일반선인의 형편을 고려하여, 보호·단속하고 군대를 원조하는 치안 유지 공작에서의 급선무는 이 두 곳에 경찰관을 배치하는 것이다"라고 지적하였다.[142] 1934년 4월 30일 길림총영사관에서는 경찰 15명으로 환인에 통화분관

---

137　日本外務省 편, 1997, 앞의 책 13, 415쪽.
138　日本外務省 편, 1997, 위의 책 13, 417~318쪽.
139　日本外務省 편, 1996, 위의 책 9, 144쪽.
140　日本外務省 편, 1996, 위의 책 7, 334쪽.
141　日本外務省 편, 1996, 위의 책 7, 334쪽.
142　日本外務省 편, 1996, 위의 책 7, 320쪽.

환인분서를 설치하였다.

남만 지역 조선인 거주지의 영사관 경찰기구 확장 과정에는 경찰 인원도 많이 증원되었다. 1933년 3월 주만 대사관 경무과에 따르면, 통화분관에는 본래 20명의 경찰이 있었다. 이 지방은 대도회, 홍창회 비적과 독립운동가들의 근거지이며, 그 관할 내에 거주 조선인은 약 3만 명에 달하였다. 또한 조선인을 보호·단속하기 위해 경찰 12명을 증원해야 한다고 강조하였다. 도록분관 관할 내의 서안(西安)에는 조선인이 약 1,000명 있는데 영사관 경찰이 4명밖에 안 되어 이들 조선인을 보호·단속하기 위해 7명을 추가하였다. 해룡분관 관할 내에도 조선인이 많이 증가하였는데, 그중 산성진(山城鎭)에 2,319명, 유하에 8,175명, 휘남에 1,190명, 금천에 1,728명, 청원에 2,130명이었다. 그런데 영사관 경찰은 2명 정도였기 때문에 만주사변 이후 경찰관출장소에 경찰 7, 8명씩 추가하였다.[143]

일본은 북만 조선인 거주지에 영사관 경찰기구를 대대적으로 설치·확장하였다. 왜냐하면 이때 북만 지역에 이주한 조선인은 일본인보다 더 많고 광범위하게 분포되었기 때문이다. 당시 일본인의 다수는 상공업자들로서 주로 대도시에 거주하였지만, 조선인의 절대 다수는 수전에 능한 농민으로서 광활한 농촌에 거주하였다. 조선인의 북만으로의 이주는 한일강제병합 이후부터 시작되었다. 구체적으로 보면, 북만에 조선인이 많이 거주하는 지방은 동부(東部), 송화강(松花江) 하류, 중부(中部), 후룬베이얼(呼倫貝爾), 흑룡강(黑龍江) 연안 일대의 수십 개 현이었다. 1933년부터 1935년간 5개 지방의 조선인 인구는 〈표 4-3〉과 같다.

---

143 日本外務省 편, 1996, 앞의 책 8, 356~357쪽.

〈표 4-3〉 1933~1935년 북만주 거주 조선인 수(단위: 상단 호, 하단 명)

| 지역 | 1933년 | 1934년 | 1935년 | 3년간 증가량 |
|---|---|---|---|---|
| 동부 | 3,280<br>26,876 | 9,532<br>45,360 | 12,759<br>63,437 | 2,416<br>2,369 |
| 송화강 하류 | 1,495<br>6,150 | 1,675<br>7,447 | 2,094<br>7,795 | 1,419<br>1,267 |
| 중부 | 5,647<br>21,921 | 6,388<br>24,133 | 7,063<br>26,875 | 1,251<br>1,225 |
| 흑룡강 연안 | 174<br>697 | 158<br>730 | 203<br>783 | 1,166<br>1,123 |
| 후룬베이얼 | 26<br>125 | 41<br>164 | 62<br>- | 2,384<br>1,472 |
| 합계 | 10,622<br>53,769 | 17,794<br>77,834 | 22,181<br>98,890 | 8,636<br>7,447 |

출처: 哈爾濱鉄路局北滿経済調査所, 1936, 『北滿経済資料第二四: 在北滿朝鮮人移民の流れ及定居 狀況』, 5~7쪽.

북만주 지역에서 조선인이 많은 곳은 주로 흑룡강성 동부지역이다. 이를테면 1933년도에 하동 3,400명, 액하 1,143명, 삼성(三姓) 232명, 부금(富錦) 346명, 찰란둔(扎蘭屯) 1,400명, 북안진(北安鎭) 1,200명, 해륜(海倫) 3,500명, 흑하(黑河) 3,100명 등이며, 1934년도에 수분하 12,871명, 영고탑 5,434명, 신안진 2,646명, 해림 1,529명, 목단강 5,326명 등이다. 1935년 12월에는 동녕현(東寧縣) 8,044명, 목릉현(穆棱縣) 3,523명, 밀산현(密山縣) 8,062명, 호림현(虎林縣) 1,113명이 분포되어 있다. 조선인이 가장 많은 지역은 만 명 이상이고 대부분 지방은 몇천 명 내지 몇백 명 정도였다.

일본이 북만 조선인이 거주하는 지방에 영사관 경찰기구 설치계획을 처음 세운 것은 만주사변 전부터이다. 1926년 조선총독부에서는 조선인을 보호·단속하기 위해 일찍이 영고탑에 영사관을 설치하고 수분하, 해림, 일면파 등 조선인 거주지에 경찰관을 파견하려고 계획하였다.[144] 그러나 '만주사변'이 일어나기 전까지 그 계획이 실현되지 못하였다.

'만주사변' 후 일본군이 무력으로 북만 지역을 점령했기 때문에 영사관 경찰기구를 자유롭게 확장할 수 있었다. 1932년 일본 정부는 "북만 지역은 면적이 넓지만 간도와 남만에 비해 일본 교민이 적게 거주하기 때문에 우리 영사관도 남만에 비해 적고, 배치된 경찰도 상대적으로 적다"고 평가했다.[145] 만주사변 이전 하얼빈, 치치하얼, 만주리의 일본영사관 경찰은 겨우 43명밖에 안 되었다. 일제는 만주사변 이후 조선인 농민을 구제한다는 명목으로 북만 각지에 영사관 경찰기구를 설치할 계획을 세웠다.

우선 하얼빈영사관 관할 내의 도뢰소(陶賴昭), 아성(阿城), 일면파, 주하(珠河), 석두하자, 영고탑, 해림, 목릉, 삼성 9개소와 치치하얼 관할 내의 앙앙계(昂昂溪), 만주리 영사관 관할 내의 하이라얼(海拉爾) 등 11개 경찰분서를 개설할 계획을 세웠다.[146] 이를 위해 먼저 1931년 12월부터 1932년 7월까지 북만에 경찰 469명을 추가 배치하였다.[147] 1932년 9월에 또 경찰 267명(일본 순사 231명, 조선인 순사 35명)을 추가 배치하였다. 그 가운데 하얼빈경찰부에 6명, 하얼빈경찰서에 46명, 치치하얼경찰서에 23명, 만주리경찰서에 35명, 도뢰소에 23명, 일면파에 14명, 해림에 18명,

---

144 日本外務省 편, 1996, 앞의 책 7, 15~10쪽.
145 日本外務省 편, 1996, 위의 책 8, 224~226쪽.
146 日本外務省 편, 1996, 위의 책 8, 224~226쪽.
147 日本外務省 편, 1996, 위의 책 8, 224~226쪽.

영고탑에 19명, 삼성에 8명이 배치되었다.[148]

경찰관 증가는 조선인 거주지와 밀접한 관계가 있다. 이러한 특징은 하동, 영고탑, 일면파, 액하, 동경성, 쌍하진 등 북만 동부의 조선인 거주지에 경찰기구가 주로 설치되었던 데에서 뚜렷이 나타난다. 예를 들어 하동경찰분서 설치와 관련하여, 1933년 4월 28일 하얼빈 총영사 모리시마 모리토(森島守人)는 주만 일본대사에게 보낸 전보에서, "하동의 조선인 부락에 안전농촌을 완성할 때 다수의 조선 농민에 대한 보호·단속 문제 때문에 이곳은 상당히 많은 경찰관이 상주할 필요가 있다. 왜냐하면 이곳은 이전에 공산주의 조선인의 근거지일 뿐만 아니라 이주 조선인이 매우 많기 때문이다. 따라서 분서를 설치하는 것이 가장 상책이다"라고 하였다.[149] 외무대신 우치다도 "주하현 하동에 거주하는 조선인은 약 5,000명이며, 장래 수전(水田: 논) 면적이 확대됨에 따라 상당히 발전할 것이다. 이러한 조선인과 오길밀하(烏吉密河)에 있는 일본 교민을 보호·단속하려면 하루빨리 분서를 설치할 필요가 있다"[150]고 강조하였다. 이리하여 일본 외무성은 11월 9일 하동에 경찰분서를 설치하기로 결정하였다.[151] 영고탑, 일면파의 일본 경찰 파견에 대해 1932년 1월 17일 하얼빈 총영사 오하시 주이치(大橋忠一)는 외무대신 이누카이 쓰요시(犬養毅)에게 다음과 같은 건의서를 올렸다.

영고탑은 간도, 돈화로 통하는 교통요도에 위치해 있고 이곳 목단

---

148　日本外務省 편, 1996, 앞의 책 8, 223쪽.
149　日本外務省 편, 1997, 위의 책 15, 304쪽.
150　日本外務省 편, 1997, 위의 책 15, 305쪽.
151　日本外務省 편, 1997, 위의 책 15, 310쪽.

강 유역의 비옥한 토지는 수전에 적합하지만, 민족파, 공산파 불량선인의 책원지이기 때문에 조선인의 발전을 저애하고 있다. 일면파는 방정, 길림으로 통하는 요충지에 위치해 있고 수전에 적합한 토지가 있어 현재 조선인 농민이 3,000명에 달하고 있으나 역시 국민회 일파의 불량 조선인이 그 발전을 방해하고 있다. 때문에 이 두 지방에 즉시 영사분관을 개설할 필요가 있다.[152]

액하경찰분서 설치 이유에 대해서 1933년 9월 1일 하얼빈 총영사 모리시마는 외무대신 히로타 고우키(廣田弘毅)에게 "액하는 한창 건설 중인 도녕철도와 북만철도의 교차점에 위치해 있고 목릉을 중심으로 한 지역의 조선인 공산당에 대한 정보를 수집할 필요가 있고 또 조선 농민 발전의 중심지이기 때문에 경찰분서를 신설하고 경찰관을 배치하는 것이 가장 중요하다"고 지적하였다.[153] 1934년 1월 9일 하얼빈 총영사 모리시마는 주만대사 히시카리 다카시(菱刈隆)에게 "도녕선(도문-영안철도) 공정이 진전됨에 따라, 이 영안 및 부근 일대는 장차 철도공정 직원과 기타 일본, 조선인 이주자가 매우 많아질 것이므로 그들에 대한 보호·단속을 위해 동경성 경찰분서를 설치할 필요가 있다"고 강조했다.[154] 쌍하진 경찰파견소 설치 이유에 대해 1934년 3월 13일 하얼빈 총영사 모리시마는 외무대신 히로타에게 "동아권업회사의 요구에 근거하여 수하에 선인농장을 설치하고 경찰관을 파견할 필요가 있다"[155]고 했다.

---

152 日本外務省 편, 1997, 앞의 책 15, 100쪽.
153 日本外務省 편, 1997, 위의 책 15, 310쪽.
154 日本外務省 편, 1997, 위의 책 16, 3쪽.
155 日本外務省 편, 1997, 위의 책 16, 19쪽.

이렇게 조선인 거주지는 교통·경제·정치·군사상에서 모두 중요한 지점에 위치해 있다. 일본은 이곳에 많은 경찰기구를 설치하였다. 그중 1935년 6월 12일 통계를 보면 일본인 북만 지역에 설치한 경찰기구는 27개소(경찰서, 분서, 파견소)에 달하였다.

〈표 4-4〉 북만의 영사관 경찰기구 설치조사표(단위: 명)

| 경찰기구소재지 | 경찰기구명칭 | 경찰인원수 | 개설시간 |
|---|---|---|---|
| 경빈연선의 도뢰소 | 하얼빈총영사관 경찰서 도뢰소분소 | 22 | 1932.3.31 |
| 빈강성주하현 하동 | 하얼빈총영사관 경찰서 하동분서 | 28 | 1933.11.9 |
| 빈수연선의 일면파 | 하얼빈총영사관 경찰서 일면파분서 | 20 | 1932.3.30 |
| 빈수연선의 해림 | 하얼빈총영사관 경찰서 해림분서 | 12 | 1932.8.25 |
| 빈강성영안현 신안진 | 하얼빈총영사관 경찰서 신안진분서 | 48 | 1933.3.15 |
| 도녕연선의 녕고탑 | 하얼빈총영사관 경찰서 영고탑분서 | 29 | 1933.3.15 |
| 도녕연선의 동경성 | 하얼빈총영사관 경찰서 동경성파견소 | 12 | 1935.2.8 |
| 삼강성 의란현성 | 하얼빈총영사관 경찰서 삼성분서 | 20 | 1933.10.26 |
| 동화천현 가목사 | 하얼빈총영사관 경찰서 가목사파견소 | 7 | 1934.10.1 |
| 빈강성 수분화현 쌍하진 | 하얼빈총영사관 경찰서 쌍하진파견소 | 7 | 1935.2.1 |
| 삼강성 부면현성 | 하얼빈총영사관 경찰서 부면분서 | 17 | 1934.3.3 |
| 빈수연선의 목단강 | 하얼빈총영사관 경찰서 목단강분서 | 27 | 1934.6.15 |
| 빈수연선의 횡도하자 | 목단강분서 횡도하자파견소 | 6 | 1935.4.26 |
| 빈강성아성현 천리촌 | 하얼빈총영사관 경찰서 천리촌파견소 | 4 | 1934.11.1 |
| 빈북연선의 해륜 | 하얼빈총영사관 경찰서 해륜파견소 | 4 | 1934.8.15 |
| 빈수선동단 | 수분하영사관 경찰서 | 25 | 1934.8.18 |
| 빈수연선의 목릉역 | 수분하영사관 경찰서 목릉역파견소 | 3 | 1935.2.26 |

| 빈강성 목릉현 이수진 | 수분하영사관 경찰서 이수진파견소 | 5 | 1935.2.26 |
| --- | --- | --- | --- |
| 빈강성 동녕성 | 수분하영사관 경찰서 동녕파견소 | 6 | 1935.2.26 |
| 빈수연선의 앙앙계 | 치치하얼영사관 경찰서앙앙계분소 | 13 | 1932.10.1 |
| 빈강성 찰란둔 | 앙앙계분서 찰란둔파견소 | 5 | 1935.2.24 |
| 빈수선 북단 북안진 | 치치하얼영사관 경찰서 북안진분서 | 16 | 1933.10.23 |
| 흥안성 동단 색륜 | 북안진분서 색륜파견소 | 5 | 1934.6.1 |
| 북흑선 사이의 손오 | 북안진분서 손오파견소 | 4 | 1935.3.31 |
| 북흑선 북단 흑하 | 치치하얼영사관 경찰서 흑하분서 | 16 | 1933.11.19 |
| 흥안동성 빈주연선 박극도 | 치치하얼영사관 경찰서 박극도파견소 | 6 | 1935.4.25 |
| 흥안동성 빈주연선 해랍이 | 해랍이영사관 경찰서 | 23 | 1932.12.23 |

출처: 日本外務省 편, 1996, 『外務省警察史』 9, 不二出版, 144~145쪽.

# 제5장
## 일본영사관 경찰의
## 재만 조선인 통제와 탄압

# 1. 일본영사관 소속 조선인 경찰의 조선인 통제

일제는 조선인이 거주한 지역에 설치한 영사관 경찰기구에서 조선인 경찰을 채용했다. 여기에는 다음과 같은 배경이 있었다.

첫째, 조선인 거주지에 대하여 효과적인 통제를 진행하기 위해서이다. 1918년 4월 간도 총영사는 외무대신에게 "일본이 상부지 밖 잡거구역에 경찰분서를 설치하게 될 지점은 지방 마을로서 그 주민의 전부가 다 조선인이므로, 만약 조선인 경찰관을 채용하지 않는다면 도저히 그 직무를 집행할 수 없다"고 하였다.[1] 1920년 2월 16일 도록분관 주임 긴토우 신이치(近藤信一)는 외무대신 우치다에게 "우리 분관의 주요 관할 지역 내에 거주하는 조선인 중에는 원래 배일행동을 감행하는 자가 없지만, 조선독립운동이 발발한 이래 일반 조선인들 사이에 대일사상에서 현저한 변화를 가져왔다. 특히 최근 이주 조선인이 증가함에 따라 조선인과 관련한 경찰사고가 빈번하게 발생하고 있다. 때문에 조선인 순사 1명을 배치해 주기 바란다"고 하였다.[2]

둘째, 일본이 한국 독립운동에 대한 조사를 진행하기 위해서이다. 1919년 10월 13일 철령영사관 영사 고쿠라 다쿠지(小倉鐸二)는 외무대신 우치다에게 "지금 해룡 지방의 불령선인들은 매일 군사훈련을 하고 있다. 그들의 행동을 조사하는 데 조선인 순사가 필요하다. 조선어를 아는 일본

---

1  日本外務省 편, 1998, 앞의 책 19, 182쪽.
2  日本外務省 편, 1997, 위의 책 11, 344쪽.

인 순사만으로는 충분하지 않다"고 하였다.³ 일본영사관의 일본인 경찰들도 비록 조선어를 알고 있지만 인맥·감정 등 면에서 조선인과 자유로이 소통할 수 없기에 한국 독립운동에 대한 조사의 목적을 달성할 수 없었다.

셋째, 영사관에서 한국어 통역이 매우 필요했기 때문이다. 1923년 12월 24일 해룡분관 주임 다나카(田中)는 외무대신 이주인 히코키치(伊集院彦吉)에게 "우리 분관의 업무상 한국어 통역은 하루도 없어서는 안 되기 때문에 시급히 심의해 주었으면 한다"고 하였다.⁴

넷째, 영사관의 경찰 비용을 절약하기 위해서이다. 1918년 4월 26일 간도 총영사는 외무대신 고토 신페이(後藤新平)에게 "이번에 설치할 경찰 분서는 도합 18개소로서, 예산에 기재된 경찰 비용은 주로 일본인 경찰에 대한 비용이다. 만약 그 절반가량의 비용으로 조선인을 채용한다면 20명 더 증원할 수 있고 또 설치지점을 증가해도 문제 없다"고 하였다.⁵ 조선인 경찰의 급여가 일본인 경찰의 급여보다 훨씬 낮았기 때문이다. 외무성에서는 조선인 경찰관에 대한 급여는 일본인 경찰관의 약 절반 금액으로 하면 적당하다고 판단하였다.⁶

일본영사관의 조선인 경찰 채용 과정을 보면, 다음과 같은 두 가지 특징이 있었다.

첫 번째 특징은 조선인 경찰 채용은 주로 영사관·외무성·조선총독부 삼자 간에 상호협상을 거쳐 진행되었는데, 주로는 조선총독부에서 채용

---

3  日本外務省 편, 1997, 앞의 책 11, 65쪽.
4  日本外務省 편, 1997, 위의 책 10, 209쪽.
5  日本外務省 편, 1998, 위의 책 19, 182쪽.
6  日本外務省 편, 1998, 위의 책 19, 191쪽.

하고 일부는 영사관이 주재지 지역에서 채용하였다. 그중 북간도 지역에서는 먼저 간도 총영사로부터 각 분관 주임들과의 토론을 거친 후 조선인 경찰 채용에 관한 계획을 세우고 외무성에 정식으로 신청하였다. 1918년 4월 26일 간도 총영사는 외무대신 고토에게 영사관 경찰분서의 설치지점을 "국자가·두도구·백초구·혼춘 등 각 분관 주임과 상세한 협의를 마친 결과 별지의 도면대로 결정하였다"고 하였다.[7] 조선인 경찰을 채용하는 기본원칙에 대해서도 간도 총영사는 "총독부 경찰관은 조선인 통치에 관한 경험이 있는 자이기 때문에 그들을 채용하는 것은 워낙 당연하지만, 간도는 사정이 따로 있고 그 취지가 조선과 크게 다르기 때문에 총독부 경찰관만으로는 안 되는 것"이라고 하였다.[8] 그 이유는 간도 지역의 조선인 중에는 일본어 외에 중국어에 정통한 자가 많기에 그들 중에서 선발하는 것이 훨씬 편리하기 때문이라고 하였다. 따라서 간도총영사관에도 북간도 지역에서 경찰을 채용할 수 있는 권한을 달라고 간절히 요청하였다. 1918년 6월 17일에 일본 외무성 회의에서는 간도 총영사의 요청을 접수하였다. 그 채용 원칙은 조선인 경찰관을 외무성에서 채용할 방도가 없기에 다수는 조선총독부에서 채용해야 하고 일부는 간도 현지에서 채용할 수 있으며, 그 숫자는 10명 정도라는 것이다.[9] 다음으로 조선인 경찰의 채용으로, 조선인 순사는 일본인 순사와 동수로 선발하고, 조선인 경부는 일본 경부의 3분의 1 정도면 적당하다고 하였다.[10]

북간도 지역의 영사관에서는 이런 원칙과 구체적인 절차에 따라

---

7 日本外務省 편, 1998, 앞의 책 19, 182쪽.
8 日本外務省 편, 1998, 위의 책 19, 182~185쪽.
9 日本外務省 편, 1998, 위의 책 19, 192쪽.
10 日本外務省 편, 1998, 위의 책 19, 190~191쪽.

그 후 조선총독부 경무국과 교섭하여 많은 조선인 경찰을 채용하였다. 1918년 9월 25일 북간도 지역에서 영사관 경찰기구를 잡거구역으로 확장할 때 조선총독부는 조선인 경찰 50명을 채용, 배치하였는데, 그중 간도총영사관에 17명, 국자가분관에 15명, 두도구분관에 10명, 혼춘분관에 8명을 배치하였다. 같은 해 10월 18일 북간도 지역 현지에서도 10명을 모집한 후, 총영사관에 5명, 국자가분관에 3명, 두도구분관에 2명을 배치하였다.[11]

그 후 북간도 지역의 영사관에서는 여러 차례에 걸쳐 조선인 경찰 인원을 확충하였다. 그중 1921년 4월 30일 간도총영사관에서는 조선총독부에 가서 영사관 경찰을 채용하는 시험을 진행하였다. 시험참가자 111명 가운데 합격자 24명이 경찰로 채용되어 북간도 각지 영사관 경찰기관에 배치되었다.[12] 또 1932년 5월 14일 외무대신 요시자와 겐키치(芳澤謙吉)는 간도 총영사 오카다에게 조선 경성(京城)에서 조선인 순사 100명을 모집할 것을 지시하였다.[13] 같은 해 6월 11일 간도 총영사는 외무대신에게 조선인 순사 시험 지원자가 1,600명에 달했음을 보고하였다. 시험은 간도 총영사가 조선총독부 경무국장과 교섭한 것에 기초하여 6월 18일부터 21일에 조선총독부 경무국의 경찰관강습소에서 진행되었다. 시험관은 간도총영사관에서 6명을 파견하였다. 시험을 거쳐 '합격자' 149명을 채용하였다.[14]

이렇게 여러 차례에 걸친 채용의 결과 북간도 지역의 조선인 경찰은

---

11  日本外務省 편, 1998, 앞의 책 19, 200쪽.
12  日本外務省 편, 1998, 위의 책 19, 192쪽.
13  日本外務省 편, 1998, 위의 책 25, 134쪽.
14  日本外務省 편, 1998, 위의 책 25, 135쪽.

대폭 증가하였다. 1918년 4월, 간도총영사관과 4개 분관의 조선인 경찰은 18명뿐이었다.[15] 그러나 1932년 9월에는 조선인 경찰이 129명으로 늘어났다. 그중 간도총영사관 경찰부에 2명, 간도총영사관 경찰서에 23명, 국자가분관 경찰서에 13명, 두도구분관 경찰서에 10명, 혼춘분관 경찰서에 11명, 백초구분관 경찰서에 9명이다. 또 각 분서에도 조선인 순사를 배치하였는데 제일 적은 분서에는 1명, 제일 많은 분서에는 5명, 일반적으로 2~3명 정도 배치하였다.[16]

남·북만주 영사관에서의 조선인 경찰 채용은 두 가지 방식이 있었다. 하나는 북간도에서처럼 영사가 외무성에 신청한 후 외무대신의 비준을 거쳐 채용하는 것이다. 1920년 2월 16일 도록분관 주임 긴토우는 외무대신 우치다에게 조선인 순사 1명을 배치해 줄 것을 신청하였는데, 외무성에서는 3월 9일 북간도 지역에서 근무하던 조선인 순사 김원호(金元鎬)를 전근시켜 주었다.[17] 1923년 12월 24일 해룡분관 주임 다나카는 외무대신 이주인에게 조선인 순사 정황극(鄭黃極)이 사직서를 제출하였기에 조선인 순사 1명을 새롭게 배치해 주기 바란다고 하였다.[18] 그 후 외무성의 비준을 거쳐 1925년 6월 22일에 조선인 주면규(周冕珪)가 채용되었다.[19]

다른 하나는 북간도 지역 영사관으로부터 일부 조선인 경찰을 이동시키는 방법으로 채용하는 것이다. 1932년 8월 27일 간도총영사관의 교습 중인 조선인 순사 100명은 교습 수료 후 하얼빈총영사관에 35명, 길림총

---

15　日本外務省 편, 1998, 앞의 책 19, 185~191쪽.
16　日本外務省 편, 1998, 위의 책 25, 199~200쪽.
17　日本外務省 편, 1997, 위의 책 11, 334쪽.
18　日本外務省 편, 1997, 위의 책 10, 209쪽.
19　日本外務省 편, 1997, 위의 책 11, 219쪽.

영사관에 20명, 정가둔영사관에 6명, 철령영사관에 4명이 이동되었다.[20] 이는 북간도 지역의 조선인 경찰은 경험이 많기 때문에 다른 지역 영사관으로 이동되었다고 짐작된다.

조선인 경찰 채용 과정의 두 번째 특징은 조선인 경찰이 주로 북간도 지역의 영사관에서 제일 많이 채용되었다는 것이다. 조선인 경찰과 일본인 경찰의 비율을 보면 북간도 지역이 제일 높았다. 이는 북간도 지역에 조선인이 가장 많이 집거해 있는 것과 관련된다.

〈표 5-1〉 간도 지역 영사관 경찰관 만주국 이양 시 경찰관 계급별 인원표(1937.11.30)(단위: 명)

| 구분 서, 소별 | 경시 | | 경부 | | 경부보 | | 순사부장 | | 순사 | | 합계 |
|---|---|---|---|---|---|---|---|---|---|---|---|
| | 일본인 | 조선인 | 일본인 | 조선인 | 일본인 | 조선인 | 일본인 | 조선인 | 일본인 | 조선인 | |
| 간도경찰부 | | | | | 2 | | 4 | | | | 6 |
| 간도(용정) | 3 | | | | 3 | 2 | 32 | 5 | 14 | 5 | 64 |
| 달라자 | | | 1 | | | | 5 | 2 | | 1 | 9 |
| 팔도하자 | | | | | 1 | | 4 | 3 | | | 8 |
| 동불사 | | | | | 1 | | 4 | 1 | | | 6 |
| 노두구 | | | | | | | 3 | 1 | | | 4 |
| 조양천 | | | | | 1 | | 6 | 2 | | | 9 |
| 명월구 | | | 1 | | 1 | | 8 | 2 | | 2 | 14 |
| 개산둔 | | | 1 | | | | 6 | 2 | 1 | | 10 |
| 남평 | | | | | | | 5 | 2 | | | 7 |

---

20  日本外務省 편, 1998, 앞의 책 25, 137쪽.

| | | | | | | | | | | |
|---|---|---|---|---|---|---|---|---|---|---|
| 이도구 | | | | | 2 | | 7 | 2 | | 1 | 12 |
| 삼도구 | | | 1 | | | | 4 | 1 | | 1 | 7 |
| 두도구 | | | 1 | | 2 | 1 | 17 | 5 | | | 26 |
| 연길 | 2 | | 8 | 6 | 4 | 3 | 17 | 3 | 3 | 3 | 49 |
| 팔도구 | | | 1 | | 1 | | 10 | 1 | | 1 | 14 |
| 의란구 | | | | | 1 | | 5 | 2 | | | 8 |
| 위자구 | | | | | 1 | | 5 | 1 | | 1 | 8 |
| 삼차구 | | | | | | | 9 | 1 | | 1 | 11 |
| 춘양 | | | | | 1 | | 4 | | | 1 | 6 |
| 왕청 | | | | | 1 | | 9 | 1 | | 1 | 12 |
| 백초구 | | | 2 | | 2 | 1 | 9 | 6 | | | 20 |
| 도문 | | | | | 3 | 1 | 13 | 4 | 1 | 1 | 23 |
| 석건평 | | | | | | | 4 | 2 | 2 | | 8 |
| 석현 | | | 1 | | | | 5 | 2 | | 2 | 10 |
| 양수천자 | | | | | | | 6 | 2 | | | 8 |
| 혼춘 | 1 | | 1 | | 1 | 2 | 18 | 2 | 3 | 3 | 31 |
| 흑정자 | | | | | 2 | | 9 | 1 | | | 12 |
| 합달문 | | | | | 1 | | 4 | 2 | | | 7 |
| 마적달 | | | 1 | | 2 | 1 | 8 | 1 | | 2 | 15 |
| 총계 | 6 | | 19 | 6 | 33 | 11 | 240 | 59 | 24 | 26 | 424 |

출처: 日本外務省 편, 1996, 『外務省警察史』 9, 不二出版, 381~382쪽.

〈표 5-2〉 남·북만 영사관 경찰 만주국 이양 시
경찰관 계급별 인원표(1937.11.30) (단위: 명)

| 구분<br>서, 소별 | 경시 | | 경부 | | 경부보 | | 순사부장 | | 순사 | | 합계 |
|---|---|---|---|---|---|---|---|---|---|---|---|
| | 일본인 | 조선인 | 일본인 | 조선인 | 일본인 | 조선인 | 일본인 | 조선인 | 일본인 | 조선인 | |
| 주만대사관 경무부 | 1 | | 12 | | 10 | | 15 | 1 | | | 39 |
| 하얼빈 | 2 | | 6 | | 12 | | 48 | 4 | 9 | 1 | 82 |
| 해륜 | | | | | 2 | | 3 | | | 1 | 6 |
| 오상 | | | | | 2 | | 6 | 1 | | | 9 |
| 되뢰소 | | | | | 1 | | 5 | 1 | | | 7 |
| 삼차하 | | | | | 1 | | 1 | 1 | | | 3 |
| 모아산 | | | | | 1 | | 2 | 1 | | | 4 |
| 쌍하진 | | | | | | | 3 | 1 | | | 4 |
| 만구 | | | | | 1 | | 2 | | | | 3 |
| 일면파 | | | | | | | 3 | 1 | | | 4 |
| 하동 | | | | | 1 | 1 | 11 | 3 | | | 16 |
| 쌍성 | | | | | 1 | | 3 | | | 1 | 5 |
| 안달 | | | | | | | 4 | | | 1 | 5 |
| 가목사 | | | 3 | | 6 | | 16 | 4 | 5 | 2 | 36 |
| 발리 | | | | | 1 | | 5 | 2 | | | 8 |
| 삼성 | | | | | | | 8 | 3 | 4 | | 15 |
| 부금 | | | | | 2 | | 10 | 1 | 2 | 2 | 17 |
| 임구 | | | | | 3 | | 8 | 1 | | | 12 |
| 목단강 | 1 | | 3 | | 8 | 2 | 25 | 6 | 3 | 1 | 49 |
| 해림 | | | | | 1 | | 2 | 1 | | | 4 |
| 영안 | | | | | 2 | 2 | 6 | 2 | | | 12 |

| 지역 | | | | | | | | | | |
|---|---|---|---|---|---|---|---|---|---|---|
| 동경성 | | | 1 | | 2 | 1 | 4 | 1 | | 9 |
| 신안진 | | | 1 | | | | 11 | 2 | 1 | 15 |
| 횡도하자 | | | | | | | 5 | 1 | | 6 |
| 수분하 | | | 1 | | 1 | | 14 | 2 | 9 | 27 |
| 동녕 | | | | | | | 7 | 2 | | 9 |
| 리수진 | | | | | 1 | | 4 | 1 | | 6 |
| 평양진 | | | 1 | | | | 5 | 2 | | 8 |
| 밀산 | | | | | 1 | | 6 | 2 | | 10 |
| 목릉 | | | 1 | | 1 | | 2 | 1 | | 5 |
| 하성자 | | | | | 1 | 1 | 1 | | 1 | 4 |
| 치치하얼 | 1 | | 1 | | 8 | 1 | 25 | 4 | 6 | 1 | 42 |
| 색륜 | | | | | 1 | | 4 | | | 5 |
| 북안진 | | | 1 | | 1 | | 10 | 1 | 1 | 14 |
| 손오 | | | | | 1 | | 1 | | 1 | 1 | 4 |
| 앙앙계 | | | | | 1 | | 5 | 1 | | 7 |
| 찰란둔 | | | 1 | | 1 | | 3 | 1 | | 6 |
| 박극도 | | | | | 1 | | 5 | 1 | | 7 |
| 흑하 | | | | | 2 | | 14 | 1 | 1 | 2 | 20 |
| 만주리 | | | | | 3 | 1 | 9 | 1 | 6 | | 20 |
| 찰뢰낙이 | | | | | | | 2 | | 1 | 1 | 4 |
| 해랍이 | | | 1 | | 4 | | 9 | 2 | 4 | 1 | 21 |
| 면도하 | | | | | 1 | | 1 | | | 2 |
| 부여 | | | | | 1 | | 1 | | | 2 |
| 길림 | 2 | | 6 | | 3 | | 22 | 6 | 5 | 1 | 45 |
| 반석 | | | 1 | | 2 | 1 | 9 | 5 | | 18 |
| 화전 | | | | | | | 3 | 1 | 1 | 5 |

| | | | | | | | | | | | |
|---|---|---|---|---|---|---|---|---|---|---|---|
| 돈화 | | | 1 | | 3 | 1 | 14 | 2 | 4 | | 25 |
| 교하 | | | | | 1 | | 8 | 2 | | | 11 |
| 신참 | | | | | | | 5 | 2 | | | 7 |
| 봉천 | | | | | | | 5 | 1 | 1 | | 7 |
| 통화 | | | | | | | 1 | | | | 1 |
| 적봉 | | | | | | | 1 | | | | 1 |
| 총계 | 7 | | 41 | | 96 | 11 | 402 | 79 | 65 | 17 | 218 |

출처: 日本外務省 편, 1996, 『外務省警察史』 9, 不二出版, 382~383쪽.

〈표 5-1〉, 〈표 5-2〉에서 보면, 1937년 남·북만주에서는 영사관 경찰 718명 가운데 조선인 경찰이 107명으로 총인원의 14.9퍼센트를 차지하지만, 북간도 지역에서는 영사관 경찰 424명 가운데 조선인 경찰이 102명으로 총인원의 24퍼센트를 차지한다. 그러나 남·북만주에서도 각 영사관에는 북간도 지역의 조선인 경찰 비율보다 더 많은 곳도 있다. 이를테면 길림 총영사관 경찰 49명 중에는 조선인 순사가 15명으로 총수의 30.6퍼센트를 차지한다. 그 원인은 길림 지역에 조선인 인구가 많고 또 조선인들의 항일 활동이 활발하여 그에 상응한 정탐 활동이 많이 필요하기 때문이다.

일본영사관 경찰은 조선인 경찰을 채용한 후 다방면으로 그들을 이용하였다. 1918년 간도 총영사에 따르면 총독부로부터 북간도 지역에 파견된 조선인 경찰은 경부 2명, 순사와 순사보가 16명이다. 그 반수는 총독부 헌병대장교의 지휘하에 정탐 사무에 종사하였고, 나머지는 영사관 경찰서의 통역 임무를 맡거나 일본인 순사의 보조 역할을 했다고 한다.[21] 간단

---

21　日本外務省 편, 1998, 앞의 책 19, 182~185쪽.

히 말하면 조선인 경찰은 주로 통역·정탐·보조 역할을 하였다.

일본영사관의 설립 초기 조선인 경찰은 주로 일본인 경찰의 보조가 되어 조선인 거주지에 대한 정탐 활동을 하였다. 영사관에서는 출장할 때마다 적어도 1명의 조선인 경찰을 반드시 일본인 경찰과 대동시켰다. 1913년 9월 7일 두도구분관 경찰서에서는 경찰을 두 개 소조로 나누어 조선인 거주지에 대한 조사를 진행하였는데, 각 소조에 조선인 순사 1명씩 배치하였다. 그중 한 소조는 시모다(下田)와 박인순(朴仁淳) 2인으로 구성되었고, 다른 한 소조는 쇼지 한산로(小路半三郎)와 최응남(崔應南) 2인으로 구성되었다. 당시 이들은 주로 두도구·이도구(二道溝)·삼도구(三道溝)·사도구(四道溝) 등 조선인 촌락에 파견되어 호구, 학교의 전답(田畓) 등에 대한 조사를 진행하였다.[22] 그 후 이런 방식의 조사 활동은 다른 영사관 경찰서에서도 자주 진행되었다. 일본영사관에서는 각지 조선인 마을의 전체적인 상황을 상세하고 정확하게 파악하였다.

1920년 일본이 한국 독립운동에 대한 탄압을 진행하기 전에 이미 조선인 경찰들이 조선인 마을의 친일단체인 조선인거류민회와 밀접히 연계하였다. 이들은 이미 연길·화룡·왕청 세 현에 배일선인부락(排日鮮人部落)이 각기 21개·11개·11개 있다는 것, 배일학교(排日學校)가 각기 17개·19개·5개 있다는 것, 각 마을에서 배일 활동과 관련 있는 자 등에 관한 상세한 정보를 탐지하였다. 경신참변 당시 일본은 이런 정보자료에 근거하여 조선인 부락에서 살인·방화 활동을 감행하였다. 한국 독립운동과 접촉이 있는 모든 마을의 조선인 백성들이 당한 피해는 실로 참혹하였다. 일본군의 공식 기록에 따르면, 경신참변 과정에 피살된 조선인은 약 1,100여 명

---

22 日本外務省 편, 1998, 앞의 책 19, 124~128쪽.

이며 소각된 조선인들의 주택과 학교는 534채라고 하였다.[23]

조선인 경찰의 정탐 역할은 독립운동 단체 내부의 정황을 탐지하는 면에서도 뚜렷이 나타난다. 우선 9·18사변 전의 정탐 활동을 보면, 조선인 경찰은 주로 학교에서의 한국 독립운동 단체·조선공산당 조직의 정황과 그 활동을 상세하게 정탐하였다. 1923년 7월 5일 간도총영사관 경찰서에서는 조선인 순사부장 안창호(安昌鎬)에게 용정사립 동양학원(東洋學院)의 항일활동 정보를 탐지하도록 지시하였다. 그는 자기의 첩보원을 용정의 동양학원에 들여보내 학생들의 비밀적인 항일활동에 참가하면서 그 활동 내막을 탐지시켰다. 그는 많은 증거물을 확보한 뒤 동양학원에서 공산주의 사상 전파에 진력하고 있는 방한민(方漢旻)을 비롯하여 학생 10명을 체포하였다.[24]

만주사변 후의 정탐 활동을 보면, 주로 일본이 항일 근거지를 탄압하는 데 있어 조선인 경찰의 역할이 아주 뚜렷하다. 조선인 경찰들은 일본인 경찰보다 훨씬 더 적극적이고 더 열정적이었다. 당시 일본영사관에는 악명 높은 조선인 경찰들이 있었다. 북간도 지역 영사관 경찰 최창락(崔昌洛)·안창호(安昌鎬)·오인묵(吳仁默)과 길림총영사관 경찰 김재필(金梓弼)·이오익(李五翼) 등이 대표적인 인물들이다. 최창락은 간도총영사관 경찰서 순사인데, 외무성에서는 그를 "1932년(昭和 7) 1월부터 1933년(昭和 8) 2월까지 십여 차례의 치안 유지 위반자의 검거에 종사하여 가장 용감한 행동으로 괴수 김동호(金東浩) 외 260여 명을 체포하고 또 많은 비적을 소멸함으로써 불령운동을 좌절시킨 공로가 아주 출중하기에 일반 경

---

23　姜德相, 1972, 앞의 책, 373~375쪽.
24　日本外務省 편, 1998, 앞의 책 22, 185~186쪽.

찰관들의 귀감이 되었다"고 극찬하였다. 안창호는 간도총영사관 경찰부의 경부로서, 1932~1933년간 소위 치안 유지법 위반자, 즉 공산당원과 항일인사 190여 명을 체포하였는데 그 공로가 출중하여 상금 20원을 받은 동시에 외무성으로부터 공로기념장을 수여받을 정도였다.[25] 오인묵은 백초구분관 경찰서 순사로서 1934년 7~8월 치안 유지법 위반자 66명을 체포하였는데 그 공로가 뛰어나 상금과 공로기념장을 받았다. 김재필과 이오익은 모두 길림총영사관 소속 반석분서의 순사로서, 공산당 반석중심 현위를 파괴하는 데 중요한 역할을 하였다.[26] 1932년 김재필은 반석 중심 현위를 복멸시키기 위해 공산당 조직에 잠입하거나 혹은 유력한 밀정을 조종하여 수많은 중요한 정보를 탐지하였다. 이오익은 특무·고등주임으로 유력한 간첩을 지휘하여 반석 중심 현위의 정체에 관한 정보를 탐지하였다.[27] 길림총영사관 경찰서에서는 적극적인 활동을 한 경찰 22명의 점수(백점제)를 매겼는데, 김재필과 이오익이 제일 높은 점수 100점과 95점을 얻어 '특갑(特甲)'이라는 상격(賞格)에 올랐다(〈표 5-3〉 참조).

〈표 5-3〉 길림총영사관 경찰서 반석분서 '유공' 경찰관 성적표

| 서열 | 상격 | 성적 | 관, 성명 | 서열 | 상격 | 성적 | 관, 성명 |
|---|---|---|---|---|---|---|---|
| 1 | 특갑 | 100 | 순사 김재필(金梓弼) | 12 | 을 | 70 | 순사 다루자와 요시오 (樽沼元雄) |
| 2 | 특갑 | 95 | 순사부장 이오익(李五翼) | 13 | 을 | 70 | 순사 권혁렬(權赫烈) |

25 日本外務省 편, 1998, 앞의 책 27, 122쪽.
26 日本外務省 편, 1998, 위의 책 27, 145쪽.
27 日本外務省 편, 1997, 위의 책 14, 127~132쪽.

| 3 | 갑 | 90 | 경부 사토 조고<br>(佐藤長五) | 14 | 을 | 70 | 순사 최인길(崔璘吉) |
| 4 | 갑 | 85 | 순사 와다 우라<br>(和田甫) | 15 | 을 | 70 | 순사 가타오카 이사오<br>(片岡勇) |
| 5 | 갑 | 80 | 순사<br>나가타니 도미사부로<br>(中谷富三郎) | 16 | 을 | 70 | 순사<br>호리 히로시(堀博) |
| 6 | 을 | 80 | 순사부장<br>아라카와 세이이치<br>(荒川淸一) | 17 | 병 | 65 | 순사부장<br>시미즈 모이치로<br>(淸水茂一郎) |
| 7 | 을 | 75 | 순사<br>모로즈미 마사에이<br>(兩角政衛) | 18 | 병 | 65 | 순사 이시이 다케오<br>(石井武夫) |
| 8 | 을 | 70 | 순사 사쿠라이 시게지<br>(櫻井茂治) | 19 | 병 | 65 | 순사 사토 에이이치<br>(佐藤榮市) |
| 9 | 乙 | 70 | 순사 도미타 스기오<br>(富田繼雄) | 20 | 병 | 50 | 순사부장<br>가와라초 다다시<br>(瓦吹肇) |
| 10 | 을 | 70 | 순사 이이즈카 히데오<br>(飯塚秀雄) | 21 | 병 | 50 | 순사 미요시 도시미치<br>(三好歲信) |
| 11 | 을 | 70 | 순사 고코 사다무<br>(古後完) | 22 | 병 | 50 | 순사 세키누 진타로<br>(關根甚太郎) |

출처: 日本外務省 편, 1996, 『外務省警察史』 14, 不二出版, 125쪽.

만주사변 직후 조선인 경찰의 정탐 활동으로 인해 각지의 동북항일유격대와 반일단체 내부의 정보가 일본 측에 대량으로 입수되었다. 이 정보로 인해 동북항일투쟁은 극심한 피해를 입었다. 수많은 항일인사가 체포되고 조선인 부락 위주인 항일유격 근거지가 거의 다 파괴되었다. 그 과정에 수많은 참사도 발생하였다. 그중 가장 대표적인 것은 1931년 10월부터 1933년 2월 사이에 발생한 '해란강참안(海蘭江慘案)'이다. 이 참사에서 일본영사관은 해란강과 부르하통하가 합쳐지는 화련리(花蓮里)를 중심으로 한 항일유격 근거지에 대해 94차례나 되는 '토벌'을 감행하여 1,700여 명에 달하는 항일인사와 무고한 이주민을 살해하였다.[28]

일본영사관에서는 조선인 경찰을 채용하고 이들을 이용하여 조선인 마을과 항일독립운동 단체에 대한 수많은 정보를 탐지하였고, 결국 한국 독립운동 세력에 중대한 손실을 주었다. 일본영사관의 조선인 경찰 채용정책은 일본의 '이한제한(以韓制韓)' 정책에 따른 것으로, 일본의 조선인 이민에 대한 통제와 만주에서의 통치질서 유지 측면에서 큰 효과를 보았다.

## 2. 일본영사관의 조선인 경찰용원에 의한 조선인 통제

'경찰용원(警察傭員)'은 영사관 경찰기구의 조선인 중에서 임시 채용한 경찰 보조원을 일컫는다. 경찰용원은 처음에 북간도 지역에서 시험적으로 채용하였는데, 효과가 좋아 그 후 동북지구 각 영사관 경찰기관에 널리 보급되어 하나의 중요한 제도가 되었다. 이 제도는 1931년 1월부터 1937년 말 치외법권이 폐지될 때까지 실시되었다.

만주사변 이전 북간도 지역의 조선인들이 독립운동을 치열하게 전개하여 일본영사관의 경찰통치에 큰 타격을 주었다. 이런 독립운동을 탄압

---

28 金东和, 1992, 『闪光的青春』, 延边人民出版社, 88~92쪽.

하기 위해 간도총영사관에서는 처음에는 직접 영사관 경찰을 출동시키려 하였다. 그러나 영사관 경찰이 출동하자마자 중국의 강렬한 항의를 받아 조선인들의 항일운동을 탄압할 수 없었다. 만주사변 이후 조선인들의 독립운동은 더욱 거세졌으며, 상부지와 멀리 떨어진 편벽한 지방에서 항일 유격대를 조직하고 근거지를 건설하는 등 무장투쟁으로 발전하였다. 일본은 영사관 경찰 역량이 부족하다고 판단했다. 그러나 일본 국내의 경제 위기로 인한 재정난 때문에 경찰을 더 증파할 수도 없었다. 이러한 상황에서 일본은 경찰용원 채용계획을 세웠다.

1930년 12월 17일 간도 총영사 오카다 가네카즈는 외무대신 시데하라에게 경찰용원 채용 문제를 제기하였다. 그는 북간도 지역에서 적당한 수의 경찰용원을 채용하여 영사관 경찰기구의 손길이 미칠 수 없는 곳에 거주하게 하고, 그들로 하여금 조선인 마을 내부에서 경찰 활동을 협조하는 동시에 지방에 거주하는 조선인에 대한 지도에 종사하게 할 것을 건의하였다. 또 경찰용원 채용제도는 영사관 경찰을 증원하지 않을 뿐만 아니라, 중국의 주의를 일으키지 않고 경찰 비용도 절약할 수 있어 가장 적합하고 유효한 조치라고 주장하였다.[29] 그 후 그는 「경찰용원 임시채용에 관한 내규(內規)」, 「경찰용원 배치표」를 제정하고 그 실험 기한을 1931년 1~3월까지로 하고, 필요한 경비로 6,000원이 소요될 것 등 구체적 방안을 제시하였다.[30] 1931년 1월 26일 외무성에서는 이 방안을 비준하였다.[31] 1월 29일 외무대신 시데하라는 만약 경찰용원 신분이 중국에 발각되는

---

29　日本外務省 편, 1998, 앞의 책 24, 127쪽.
30　日本外務省 편, 1996, 위의 책 5, 189~190쪽.
31　日本外務省 편, 1998, 위의 책 24, 128쪽.

사건이 발생한다면, 경찰용원 사용 계획은 전부 수포로 돌아갈 것이기에 그 인선을 엄밀히 하고 고도로 주의할 것을 당부하였다.[32] 간도총영사관의 경찰용원 인선 계획은 〈표 5-4〉와 같다.

〈표 5-4〉 1930년 12월 간도지구 경찰용원 배치 계획표(단위: 명)

| 경찰기구 | 경찰용원 | 경찰기구 | 경찰용원 |
|---|---|---|---|
| 총영사관 경찰서 | 5 | 양수천자분서 | 2 |
| 천보산분서 | 3 | 두도구분관 경찰서 | 5 |
| 동불사분서 | 2 | 이도구분서 | 4 |
| 대립자분서 | 2 | 부동분서 | 2 |
| 남양평분서 | 2 | 훈춘분관 경찰서 | 3 |
| 국자가분관 경찰서 | 4 | 두도구분서 | 2 |
| 의란구분서 | 2 | 흑정자분서 | 2 |
| 팔도구분서 | 2 | 백초구분관 경찰서 | 4 |
| 걸만동분서 | 2 |  |  |
| 가야하분서 | 2 | 합계 | 50 |

비고: 이상의 경찰용원수는 각 기관에서 가히 증감할 수 있다.
출처: 일본 외무성 편, 1996, 『外務省警察史』 5, 190쪽.

경찰용원 채용계획의 특징은 다음과 같았다. 첫째, 지휘상에서 원활함을 담보할 수 있다. 「내규」에서는 서장, 분서장이 경찰용원을 직접 지휘한다고 규정하였다. 이는 경찰용원에 대한 지휘·감독권을 경비 제1선의

---

32  日本外務省 편, 1998, 앞의 책 24, 129쪽.

경찰서장과 분서장에게 완전히 맡겼음을 의미한다. 경찰서장과 분서장은 각 절차마다 모두 상급의 지시를 받지 않고 직접 경찰용원을 지휘하여 반일 근거지에 대한 내부조사와 민중 선도 등의 임무를 수행할 수 있다. 둘째, 정보 보안과 행동의 은밀성이 강하다. 「내규」에서는 경찰용원은 반드시 평복을 입고 직무를 수행해야 하고 무기를 휴대하지 못하며 영사관에서 발급한 경찰용원 임명장을 사용하지 못하고 경찰용원 신분을 공개하지 못한다고 규정하였다. 이처럼 경찰용원 신분에 관한 모든 증거를 남기지 못하도록 규정하였기 때문에 경찰용원은 중국 지방 당국에 쉽게 발각될 염려 없이 장기간 항일 근거지와 유격 구역 내의 군중 속에 잠복할 수 있었고, 지방 당국과의 외교상 분규도 피할 수 있다. 그 결과 항일 근거지와 유격 구역의 군중 공작에 막대한 파괴력을 갖고 있었다. 셋째, 일본이 요구하는 반공 반인민의 우수 분자를 적시에 발견할 수 있다. 「내규」에서는 경찰서장, 분서장은 경찰용원의 품질, 재능에 대해 그 국적과 연령에 관계없이 총영사만 동의하면 곧 채용하거나 해고할 수 있었다. 특히 그중 성적이 우수한 자는 순사로 채용할 수 있으며, 이는 조선인에게만 국한된다고 규정하였다. 넷째, 경찰 경비를 절약할 수 있다. 「내규」에서는 경찰용원 1인에게 매달 40원의 월급을 지불한다고 규정하였다. 영사관의 정식 경찰이라면 설사 조선인 순사라도 1인에게 매달 70~80원의 월급을 지불하고 출장비도 있었다. 이처럼 경찰용원을 활용하면 조선인 정식 경찰을 채용하는 것보다 절반 이상의 경비를 절약할 수 있었다.

경찰용원을 채용, 사용한 1개월 이후인 2월 26일 간도 총영사 오카다는 "비록 채용시간이 짧지만 상당히 많은 성과를 거두고 있다. 경찰관을 증원할 수 없는 상황에서 경찰용원을 사용하여 내부로부터 경찰 활동을 협조받았다. 이는 경찰의 손이 미칠 수 없는 지방에서 조선 교민을 유도하는 적당한 조치다"라고 하였다. 그리고 외무대신 시데하라에게 계속 경찰용원 제도의 실행을 건의하였다.[33] 4월 16일 오카다는 재차 외무대신에게 "최근 공비(共匪)의 활동은 중국과 일본 관헌의 수색과 취체 때문에 갈수록 비밀리에 진행되어 민심이 동요될 우려가 아주 심하다. 이 시각에 이를 계속 실시할 필요성을 가장 절감한다"고 강조하였다.[34] 이에 시데하라는 4월 이후 경찰용원 채용제도를 3개월 더 실시하는 것에 동의하여 그 비용 6,000원을 보냈다.

이렇게 시작된 북간도 지역에서의 경찰용원 제도는 만주사변 후에도 계속 실시되었고, 그 인수와 규모도 지속적으로 확대되었다. 1933년 5월 주만주국대사관에서 진행된 간도공비(共匪) 취체 문제에 관한 회의의 주된 주제도 경찰용원 문제였다. 이 회의에서 이사관 스에마쓰 요시지(末松吉次) 경시는 당시 북간도 지역 경찰관 총수는 약 600명인데, 그중 조선인 순사는 약 20퍼센트, 즉 120명이고 그 외에 또 경찰용원 60명이 있다고 하였다. 그러나 그는 이에 만족하지 않고 북간도 지역에 경찰용원을 더 증가할 것을 제기하였다. 그 이유에 대해 다음과 같이 지적하였다.

내지 교민에 대한 보호와 선농(鮮農) 집단부락(集團部落)을 설립함에 따라 관할 내의 각 경찰서에서는 모두 경찰관이 모자람을 확실히 느끼고 경찰관을 증파할 것을 요구하고 있다. 하지만 그렇게 많은 조선인 순사를 증원할 수 없다. 이런 상황에서 만약 경찰용원에 대한 훈련 지도와 감독, 조종을 잘한다면 그 성적은 매우 우수할 것이다. 때문

---

33　日本外務省 편, 1996, 앞의 책 5, 129쪽.
34　日本外務省 편, 1998, 위의 책 24, 129쪽.

에 이번에 각 경찰기구에 경찰용원 5명 내지 10명을 증원함으로써 그들로 하여금 공비에 대한 체포, 취체와 사상 선도(思想善導) 등 경찰관 활동을 협조하게 하는 것은 이 지방의 치안상 가장 유효하고 절실하고 타당한 조치이다.[35]

1934년 7월 간도 총영사 나가이 기요(永井淸)는 외무대신 히로타(廣田弘毅)에게 경찰용원 86명의 증원을 요구하였다.[36]

〈표 5-5〉 1934년 간도지구 경찰용원 배치 현황(단위: 명)

| 영사관 | 경찰기구 | 현재 인원 | 증가할 인원 |
|---|---|---|---|
| 총영사관 | 경찰부 | 16 | - |
| | 경찰서 | 4 | - |
| | 대립자분서 | 3 | 2 |
| | 남양평분서 | 4 | 2 |
| | 동불사분서 | 5 | 3 |
| | 로두구분서 | 2 | 5 |
| | 명월구분서 | 2 | 3 |
| | 조양천분서 | 4 | - |
| | 석건평분서 | 2 | 5 |
| | 개산둔분서 | 2 | - |
| | 합계 | 44 | 20 |

---

35　日本外務省 편, 1998, 앞의 책 25, 302~303쪽.
36　日本外務省 편, 1998, 위의 책 26, 97~98쪽.

| | | | |
|---|---|---|---|
| 연길분관 | 경찰서 | 3 | 2 |
| | 팔도구분서 | 4 | 6 |
| | 의란구분서 | 3 | 7 |
| | 알하하분서 | 4 | 3 |
| | 위자구분서 | 4 | 5 |
| | 도문분서 | 3 | - |
| | 양수천자분서 | 5 | 5 |
| | 합계 | 26 | 28 |
| 두도구분관 | 경찰서 | 8 | - |
| | 남평분서 | 4 | 4 |
| | 이도구분서 | 2 | 5 |
| | 삼도구분서 | 4 | 2 |
| | 합계 | 18 | 11 |
| 혼춘분관 | 경찰서 | 8 | - |
| | 흑정자분서 | 5 | 3 |
| | 합달문분서 | 3 | 14 |
| | 마적달분서 | - | 10 |
| | 합계 | 16 | 17 |
| 백초구분관 | 경찰서 | 10 | - |
| | 대두천분서 | 4 | 5 |
| | 소삼차구분서 | 4 | 5 |
| | 합계 | 18 | 10 |
| 총합계 | | 123 | 86 |

출처: 일본 외무성 편, 1998, 『外務省警察史』 26, 97~98쪽.

북간도 지역의 경찰용원 채용제도가 일정한 '효과'를 거두자, 일본은 그 후 이 제도를 만주 지역으로 확대하였다.

〈표 5-6〉 1934년 및 1935년도 주만영사관 경찰기구 경찰용원 배치 현황(단위: 명)

| 경찰기구 | 경찰용원 | | 경찰기구 | 경찰용원 | |
|---|---|---|---|---|---|
| | 1934년 | 1935년 | | 1934년 | 1935년 |
| 주만대사관 | 10 | 20 | 길림총관경찰서 | 4 | 4 |
| 간도총관 경찰부 | 16 | 16 | 반석분서 | 5 | 5 |
| 간도총관 경찰서 | 5 | 5 | 돈화분관 경찰서 | 4 | 4 |
| 달라자분서 | 3 | 3 | 교하분서 | 3 | 3 |
| 남양평분서 | 4 | 4 | 신참분서 | 3 | 3 |
| 동불사분서 | 5 | 5 | 하얼빈총영사관경찰서 | 5 | 5 |
| 노두구분서 | 2 | 2 | 도뢰소분서 | 2 | 2 |
| 명월구분서 | 2 | 2 | 일면파분서 | 2 | 2 |
| 개산둔분서 | 2 | 2 | 하동분서 | 2 | 2 |
| 조양천분서 | 4 | 4 | 영고탑분서 | 4 | 4 |
| 연길분관 경찰서 | 3 | 3 | 신안분서 | 2 | 2 |
| 팔도구분서 | 5 | 5 | 목단강분서 | 4 | 4 |
| 의란구분서 | 4 | 4 | 삼성분서 | 4 | 4 |
| 위자구분서 | 3 | 3 | 부금분서 | 2 | 2 |
| 도문분관 경찰서 | 3 | 3 | 수분하경찰서 | 4 | 4 |
| 석건평분서 | 3 | 3 | 치치하얼경찰서 | 3 | 3 |
| 가야하분서 | 4 | 4 | 앙앙계분서 | 1 | 1 |
| 양수천자분서 | 5 | 5 | 북안진분서 | 1 | 1 |
| 두도구분관 경찰서 | 6 | 6 | 흑하분서 | 3 | 3 |
| 남평분서 | 4 | 4 | 해랍이경찰서 | 2 | 2 |

| 이도구분서 | 4 | 4 | 만주리경찰서 | 4 | 4 |
|---|---|---|---|---|---|
| 삼도구분서 | 4 | 4 | 정가둔분관 경찰서 | 3 | 3 |
| 혼춘분관 경찰서 | 7 | 7 | 도록분관 경찰서 | 2 | 2 |
| 마적달분서 | 4 | 4 | 해룡분관 경찰서 | 2 | 2 |
| 토문자분서 | - | - | 통화분관 경찰서 | 4 | 4 |
| 흑정자분서 | 5 | 5 | 금주분관 경찰서 | 1 | 1 |
| 합달문분서 | 2 | 2 | 적봉경찰서 | 2 | 2 |
| 백초구분관 경찰서 | 8 | 8 | 승덕분서 | 2 | 2 |
| 대두천분서 | 5 | 5 | - | - | - |
| 소삼차구분서 | 5 | 5 | 합계 | 217 | 227 |

출처: 일본 외무성 편, 1996, 『外務省警察史』 5, 193~194쪽.

### 〈표 5-7〉 1936년도 주만 영사관 경찰기구 경찰용원 배치 현황(단위: 명)

| 경찰기구 | 경찰용원 | 비용 | 경찰기구 | 경찰용원 | 비용 |
|---|---|---|---|---|---|
| 주만대사관 | 16 | 9,600 | 삼차하 | 1 | 840 |
| 간도경찰부 | 14 | 8,400 | 안달 | 1 | 840 |
| 간도경찰서 | 4 | 2,400 | 일면파 | 2 | 1,200 |
| 달라자 | 2 | 1,080 | 가목사경찰서 | 3 | 1,920 |
| 팔도하자 | 2 | 1,080 | 부금 | 2 | 1,470 |
| 동불사 | 2 | 1,080 | 삼성 | 2 | 1,470 |
| 로두구 | 2 | 1,080 | 림구 | 1 | 960 |
| 명월구 | 2 | 1,560 | 목단강 | 4 | 2,400 |
| 개산둔 | 2 | 1,200 | 해림 | 1 | 1,200 |
| 남양평 | 2 | 1,200 | 횡도하자 | 1 | 840 |
| 연길경찰서 | 4 | 2,400 | 신안진 | 3 | 2,280 |
| 팔도구 | 3 | 1,920 | 영안 | 3 | 1,800 |

| | | | | | |
|---|---|---|---|---|---|
| 의란구 | 3 | 1,920 | 동경성 | 2 | 1,470 |
| 위자구 | 2 | 1,080 | 수분하경찰서 | 4 | 2,400 |
| 도문경찰서 | 4 | 2,400 | 동녕 | 2 | 1,470 |
| 석건평 | 2 | 1,800 | 목릉 | 1 | 1,080 |
| 석현 | 2 | 1,800 | 리수진 | 1 | 1,080 |
| 량수천자 | 3 | 1,470 | 하성자 | 1 | 600 |
| 두도구경찰서 | 4 | 2,400 | 평양진 | 2 | 1,470 |
| 남평 | 2 | 1,500 | 밀산 | - | - |
| 이도구 | 3 | 1,920 | 치치하얼경찰서 | 4 | 2,400 |
| 삼도구 | 3 | 1,920 | 박극도 | 2 | 1,080 |
| 혼춘경찰서 | 5 | 3,000 | 앙앙계 | 2 | 1,320 |
| 마적달 | 3 | 1,920 | 찰란둔 | 1 | 1,200 |
| 흑정자 | 2 | 2,040 | 북안진 | 2 | 1,470 |
| 합달문 | 2 | 1,080 | 손오 | 1 | 600 |
| 백초구경찰서 | 4 | 2,400 | 색륜 | 1 | 960 |
| 왕청 | 3 | 2,400 | 흑하경찰서 | 3 | 2,040 |
| 삼차구 | 3 | 2,400 | 만주리경찰서 | 4 | 2,400 |
| 춘양 | 2 | 1,500 | 찰뢰낙이 | 1 | 960 |
| 길림경찰서 | 4 | 2,400 | 해랍이경찰서 | 3 | 2,400 |
| 반석 | 4 | 2,400 | 면도하 | 1 | 600 |
| 화전 | 2 | 1,300 | 백성자 | 1 | 960 |
| 돈화경찰서 | 4 | 2,400 | 정가둔 | 1 | 960 |
| 교하 | 3 | 1,680 | 통화 | 1 | 1,920 |
| 신참 | 3 | 1,680 | 산성진 | 1 | 960 |
| 하얼빈경찰서 | 6 | 4,200 | 부여 | 1 | 960 |
| 해륜 | 1 | 840 | 신민부 | 1 | 480 |

| 쌍성 | 1 | 840 | 영구 | 1 | 480 |
| --- | --- | --- | --- | --- | --- |
| 도뢰소 | 1 | 1,080 | 부금 | 2 | 960 |
| 하동 | 2 | 1,080 | 적봉 | 1 | 960 |
| 쌍하진 | 1 | 840 | 승덕 | 1 | 960 |
| 오상 | 1 | 1,080 | 계 | 216 | 144,570 |
| 황구 | 1 | 600 | 예비 | - | 5,150 |
| 모아산 | 1 | 1,080 | 합계 | 216 | 149,720 |

출처: 일본 외무성 편, 1998, 『外務省警察史』 5, 196~197쪽.

위 표를 보면 만주 지역의 영사관 경찰기구마다 일반적으로 1~4명, 혹은 5~8명의 경찰용원을 배치하였음을 알 수 있다. 1934·1935년 북간도 지역의 경찰용원은 129명으로서, 만주 지역 경찰용원(각각 217명, 227명)의 60퍼센트, 56.8퍼센트를 차지하였다. 1936년 북간도 지역의 경찰용원은 91명으로서 전 동북지역 경찰용원 총수(216명)의 약 42.1퍼센트를 차지하였다. 이렇게 북간도 지역에 경찰용원이 많은 비중을 차지한 것은 당시 북간도 지역 조선인들이 건립한 동만유격대가 만주에서 제일 큰 유격구로서 일본의 식민지 통치에 큰 위협이 되었기 때문이다.[37]

1933년 주만 일본대사관의 이사관 스에마쓰는 현재 상황에서 집단성 비적을 토벌, 소멸하는 것이 급선무라고 하였다.[38] 집단성 비적이란 주로 동북인민혁명군을 말한다. 동북인민혁명군이 동만유격 근거지, 남만유

---

37 中央檔案館·遼寧省檔案館·吉林省檔案館·黑龍江省檔案館, 1989, 「团满洲省委关于反日游击运动的现状与团的工作情况报告(1934年1月7日)」, 『東北地區革命歷史文件汇集』甲, 197쪽.

38 日本外務省 편, 1998, 앞의 책 25, 273~274쪽.

격 근거지, 북만유격 근거지를 개척하고 부단히 일본군을 타격하였기 때문에 일본군의 탄압과 초토의 대상이 되었다. 이 때문에 일본은 경찰용원을 많이 이용하였다. 1934년 9월 12~25일까지 간도총영사관에서는 영사관 경찰과 경찰용원으로 특별체포반을 조직하고 정탐 활동을 진행한 후 반만 항일인사 33명을 체포하였다.[39] 또 혼춘분관 경찰서에서는 경찰용원 10명이 흑정자분서의 체포 활동에 참가하였고 각 부락을 다니면서 순회강연을 진행하고 사상 선도 공작도 진행하였다.[40] 그 외에 경찰용원은 영사관 경찰의 지휘하에 직접 반일부대에 대한 '토벌'에 참가하였다. '토벌'에 경찰용원이 동원된 횟수는 1934년 111차례,[41] 1935년에 74차례,[42] 1936년에 7차례였다.[43]

경찰용원은 평소 무기를 휴대하지 않고 경찰 제복도 입지 않았기 때문에 쉽게 발각되지 않았다. 그들은 항상 조선인 군중 속에 잠복해 있으면서 정보를 수집하고 요언을 날조하며 갈등을 일으키고 이간질하는 등 파괴 활동을 진행하였기에 많은 반만 항일인사가 체포되었다. 1935년 3월 길림총영사관 경찰서에서 중공 반석 현위를 파괴하는 과정에 경찰용원을 참가시킨 결과 중요한 간부 110명을 체포하였고, 1936년 8~12월까지 5개월 사이에는 50여 명의 반만 항일인사가 체포되었다.[44]

---

39  日本外務省 편, 1998, 앞의 책 26, 118쪽.
40  日本外務省 편, 1998, 위의 책 25, 108쪽.
41  日本外務省 편, 1998, 위의 책 26, 123쪽.
42  日本外務省 편, 1998, 위의 책 26, 181쪽.
43  日本外務省 편, 1998, 위의 책 26, 257쪽.
44  日本外務省 편, 1997, 위의 책 14, 133쪽.

## 3. 일본영사관 경찰의 조선인 친일단체를 통한 조선인 통제

일본영사관 경찰기구에서 동북지역에 조선인 친일단체를 조직하게 된 것은 통감부 간도파출소 법률고문이자 조사 과장이었던 시노다 지사쿠(篠田治策)와 밀접한 관련이 있다. 1915년 7월 시노다는 조선총독 데라우치 마사타케(寺內正毅)에게 제출한 「간도 상황 개선에 관한 의견서」에서 "일본은 간도에서 적당한 지역을 분리하여 조선인으로 하여금 자체의 단체를 조직하고 중국 주권을 침범하지 않는 정도 내에서 자치와 유사한 제도를 실시함으로써 일본의 영사보호권 행사에 편리하도록 해야 한다"고 주장하였다.[45] 이것이 바로 일본이 조선인 친일단체를 조직, 이용하는 책략에 대한 구상이었다. 그 후 일본은 만주 지역에 적지 않은 조선인 친일단체를 조직하였다. 만주사변 전에 조직된 친일단체는 주로 조선인거류민회(朝鮮人居留民會), 보민회(保民會), 선민회(鮮民會) 등이 있으며, 만주사변 이후에는 주로 자위단(自衛團), 민생단(民生團) 등이 있다. 이 단체들은 모두 영사관 경찰과 관련 있지만 그중에서도 관계가 가장 밀접한 친일단체는 조선인거류민회와 조선인 자위단이다.

만주 지역 최초의 조선인거류민회는 1913년 11월 안동(安東, 현재의 단동)에서 건립된 조선인민회이다. 그 후 조선인거류민회는 만주 지역에 지속적으로 확장되어 만주사변 전 북간도 지역에 18개, 남만 지역에 13개, 북만 지역에 8개 있었다. 만주사변 후 1934년에는 만주 지역 조선인거류

---

45　山本四郎, 1984, 「寺內正毅関係文書」(首相以前), 『京都女子大学叢刊』 9, 133쪽.

민회가 하나의 친일단체로 통일되었다.[46] 그중 북간도 지역의 조선인거류민회가 전형적인 친일단체로서 영사관 경찰기구와 가장 밀접하였다.

북간도 지역 최초의 조선인 친일단체는 1916년 12월에 혼춘에서 건립된 조선민공회이다. 그 후 용정, 백초구, 국자가 등 상부지에 '조선인거류민회'가 건립되었다. 민회는 일본영사관의 자금을 지원받아 지속적으로 상부지 밖의 조선인 잡거구역으로 조직을 확장하였다. 일본영사관 경찰기구에서는 중국으로부터 잡거구역 조선인 관할권을 빼앗기 위해 민회 세력을 통해 영사관 경찰 세력을 잡거구역에 침투시키고 경찰분서를 설치하려 하였다. 영사관 경찰기구에서는 민회 조직의 확장을 지원하였다. 그만큼 영사관 경찰기관과 민회 세력은 공생관계였다.

1918년 일본 외무성은 잡거구역에 경찰분서와 파출소 18개를 설치하려 했으나 팔도구, 남양평 두 곳에만 경찰기구를 설치하고 다른 곳에는 설치하지 못했다. 주요 원인은 당시 이 두 곳에만 민회가 있고 다른 곳에는 없었기 때문이다. 1920년 7월 1일, 간도 총영사대리는 "내년에 경찰분서 또는 파출소를 설치할 때, 조선인민회도 동시에 설치해야 한다. 현재 조선인민회는 오직 용정촌, 남양평, 백초구, 두도구, 국자가, 팔도구, 혼춘에만 있다. 지방이 안정됨에 따라 점차 주요 부락에 민회를 건립하고 경찰관을 상주시켜야 한다"고 했다.[47] 일제는 북간도 잡거구역에 영사관 경찰기구를 설치할 때 처음부터 친일조직을 확장할 것을 염두에 두었다.

한편 민회 조직도 영사관 경찰의 보호가 없으면 잡거구역에서 오래 존재하고 확장될 수도 없었다. 왜냐하면 영사관 경찰기구는 민회의 성립

---

46　金泰国, 2007, 『东北地区"朝鲜人民会"研究』, 黑龙江朝鲜民族出版社, 135쪽.
47　日本外務省 편, 1998, 앞의 책 20, 290쪽.

과 확장의 보호자이기 때문이다. 따라서 일본영사관에서는 민회와 경찰기구를 동시에 건립하였다. 특히 경신참변 이후 민회가 확장된 곳은 영사관 경찰분서가 설치된 곳으로, 동불사, 천보산, 이도구, 의란구, 가야하, 양수천자, 혼춘 두도구, 흑정자, 대랍자, 걸만동, 부동 등 11개 곳이다. 이러한 상황은 남·북만 지역에서도 발생하였다.

영사관에서는 민회 조직을 확장할 때 경찰기구의 확장도 동시에 고려하였다. 특히 통상지(상부지) 밖의 비개방지에 설치한 민회 조직은 중국 입장에서는 불법기구였기 때문에 항상 단속될 위험이 있었다. 1926년 2월 하얼빈 총영사 아모우 에이지(天羽英二)는 "현재, 제1선에 경찰관을 배치하여 지도하지 않으면 조선인민회는 개선될 수 없다. 따라서 조선인기구는 영사관 소재지 혹은 일본 세력이 미칠 수 있는 지방에 설치할 필요가 있다"고 언급하였다.[48]

이처럼 민회는 영사관 경찰기구와 동시에 설치되었다. 따라서 경찰기구가 이전을 하면 민회도 이전하였다. 만주사변 이후 반만 항일세력이 영사관 경찰기구를 습격하자 경찰기구는 부득이 안전지대로 옮겨야만 했다. 1931년 11월, 혼춘분관 관할하에 있는 두도구분서를 옮길 때, 분서장이 분서의 이전과 조선인민회 본부도 동시에 이전해야 한다고 할 정도였다.[49] 1932년 간도총영사관에서는 경찰기구를 새로 설치하거나 이전할 계획을 세울 때 반드시 그 보호하에 있는 민회의 이전도 고려하였다.

---

48 日本外務省 편, 1997, 앞의 책 15, 10쪽.
49 日本外務省 편, 1998, 위의 책 25, 145쪽.

〈표 5-8〉 1932년 간도 지역 경찰기구 신설 및 이전 계획

| | 경찰기구 | 민회 | 배치할 경찰관 수 |
|---|---|---|---|
| 신설 | 개산둔분서 | 남양평민회 | 10 |
| | 조양천분서 | 국자가민회 | 10 |
| | 위자구분서 | 의란구민회 | 15 |
| | 회막동분서 | 걸만동민회 | 15 |
| 이전 | 노두구분서(천보산에서 이전) | 천보산민회 | 20 |
| | 양수천자분서(남대동에서 이전) | 양수천자민회 | 20 |
| | 석건평분서(걸만동에서 이전) | 석건평민회 | 15 |
| | 대립자분서(위치 변경) | 대립자민회 | 15 |
| | 이도구분서(위치 변경) | 이도구민회 | 30 |
| | 혼춘현 일송정(두도구에서 이전) | 혼춘두도구민회 | 20 |

출처: 일본 외무성 편, 1998, 『外務省警察史』 25, 142쪽.

민회와 영사관 경찰과의 관계는 매우 밀접하였다. 간도총영사관의 규정에 따르면, "민회는 상부 내에서는 총영사관 혹은 분관의 지도하에 영사관에서 맡긴 임무를 완성해야 하고, 상부 밖에서는 경찰분서의 지도하에 임무를 완성해야 한다"고 했다.[50] 영사관 경찰서 규칙(제3조)에서도 "서장은 공관장의 명령을 받들고, 민회와 기타 일본인 단체와의 협조를 진행해야 한다"고 규정하였다.[51] 이렇게 민회 회장은 영사관 영사보다는 경찰서장과 직접적인 관계에 있으며, 반드시 경찰서장의 지도와 감독을

---

50 日本外務省 편, 1998, 앞의 책 22, 273~274쪽.
51 日本外務省 편, 1996, 위의 책 5, 213쪽.

받아야 했다.

영사관 경찰기구에서 민회를 통해 조선인을 통제한 내용은 다음과 같다.

첫째, 민회는 영사관 경찰기구에 협조하여 조선인에 대한 '민적조사'(호구조사)를 진행하였다. 조선인 호구조사의 중요성에 관하여 1923년 10월 간도 총영사는 서장, 분서장 회의에서 "조선인의 호구를 명확히 하는 것은 경찰의 중요한 임무이며, 조선인 신분 확인 역시 중요하다"고 역설하였다.[52] 이처럼 호구조사의 직접적인 목적은 조선인 각 호의 사회관계와 정치 태도를 장악하는 데 있었다. 호구조사는 중국의 항의와 조선인들의 불만을 초래하였다. 때문에 영사관에서는 경찰에게 상부 밖에서 직접 호구조사를 하지 말고 출장하는 기회를 이용하여 민회와의 연락을 통해 조사해야 한다고 하였다.[53]

민회의 조사 활동은 주로 민회 간부인 참의원(參議員)을 통해 진행되었다. 참의원은 각 마을의 유력자였다. 영사관에서 민회에 맡긴 모든 임무는 주로 참의원을 통해 해결되었다. 특히 조선인들의 모든 동향은 참의원을 통해 민회에 반영되고, 영사관 경찰기구에까지 반영되었다. 사실 참의원은 조선인 마을을 엿보는 영사관 경찰기구의 정탐이었다. 이들의 역할을 정리하면 다음과 같다.

> 각 촌의 호구와 기타 농산물 수확, 축산 성적 및 개개인의 사상, 즉 누가 친일파이고 누가 배일파(排日派)이며 누가 친중파(親中派)이고 누

---

52 日本外務省 편, 1998, 앞의 책 22, 235쪽.
53 日本外務省 편, 1998, 위의 책 22, 235쪽.

가 적화(赤化)인가 하는 등에 이르기까지 일일이 영사관 경찰한테 보고하고 조사부(調査簿)를 만든다. 일반인들의 일거일동은 참의원의 손을 경과하지 않는 것 없이 그대로 일본 경찰의 눈에 포착된다. 따라서 일본 경찰은 경찰서에 앉아 있지만, 그들이 체포해야 할 사람이라면 스스로 체포망에 걸려들지 않는 것이 없다고 할 정도이다.[54]

일부 지방의 민회는 영사관 경찰기구와 통신연락망을 형성하였다. 혼춘조선민공회는 1922년 10월 21일부터 영사관 관할구역 내 회봉(會峰), 수신(守信), 회은(懷恩), 돈인(敦仁), 수성(輸誠), 귀화(歸化), 흥렴(興廉), 상의(尙義) 등 8개사 47개 마을에 통신부장(通信部長)을 선임하고 통신연락망을 구축하였다. 초기에는 각 마을에 통신연락반을 설치하고 각 반에 통신부장 3명을 임명하였다. 임명된 통신부장 47명은 통신연락 체계를 수립하였다.[55] 이는 영사관 경찰기구에서 조선인 마을의 내부 동향, 즉 조선인의 독립운동을 탄압하는 데 아주 유리하였다.

둘째, 민회는 영사관 경찰기구를 대신하여 평소의 우편업무를 해결하였다. 「간도협약」으로 잡거구역의 조선인 관할권이 중국에 귀속되어 있기 때문에 일본이 잡거구역에 설치한 경찰분서도 불법에 속하였다. 상부지에 있는 영사관 경찰서와 잡거구역의 경찰분서 사이에 오가는 공문 왕래 등 우편업무도 불법이었다. 이러한 상황에서 1918년 4월 4일 조선총독부 경무국 국장 고하다 도요지(小幡豊治)는 경찰분서 또는 파출소에 우

---

54 沈茹秋, 1987, 『延边调查实錄』, 延边大学出版社, 59쪽.
55 延吉警察厅代理厅长成, 1992, 『一件关于朝鲜居留民会』附号第5卷, 延边档案馆, 7-5-337.

편함을 설치하여 일반 조선인의 서신을 접수한 다음 가장 가까운 상부지의 일본 우편국에 송달하게 하였다. 마찬가지로 상부지의 일본 우편국에서도 서신과 서류를 각 분서, 파출소에 송달하게 할 것을 제기하였다.[56] 그러나 이런 업무를 일본 우편국에서 직접 수행한다면 중국에서 무조건 반대할 것은 더 말할 여지도 없었다. 따라서 일본은 일본영사관을 통해 상부지 조선인민회에 상당한 비용을 주어 민회에서 이 업무를 책임지게 했다. 1918년 6월 17일 외무성 회의에서도 이후 설치할 출장소 또는 파출소에 우편함을 갖추고 비밀리에 일반 조선인의 서신을 접수할 필요가 있으며, 서신 송달 비용으로서 매달 150원, 연 1,800원을 지출해야 한다고 했다. 상부지 밖 잡거구역에 대한 우편업무를 조선인거류민회에 맡겨 실행할 것이 결정된 것이다. 이때부터 민회는 영사관 경찰기구를 대신하여 상부지의 영사관과 상부지 밖 경찰기구 사이의 우편업무에 종사하였다.

한편 일본영사관은 조선인 자위단(自衛團)을 통해 조선인에 대한 통제를 강화하였다. 조선인 자위단은 만주사변 이후 일본영사관 경찰기구에서 직접 조직한 친일무장단체이다. 처음 조선인 자위단을 조직할 때는 민회에서 책임지고 조직했다고 하지만, 실제로는 영사관 경찰의 지도하에 건립되었다. 자위단 건립 후 영사관 경찰기구에서는 민회를 거치지 않고 직접 자위단을 지도하고 감독하였다. 조선인 자위단은 영사관 경찰기구에 귀속된 보조적 무장단체였다.

만주사변 후 반만 항일세력이 강하게 활동했던 북간도 지역에서는 왕덕림(王德林)을 위수로 한 애국관병들이 봉기를 일으키고 일본군의 침략에 저항하였다. 그들은 곳곳에서 친일 분자를 처단하고 일본영사관 경찰

---

56 日本外務省 편, 1998, 앞의 책 19, 187쪽.

기구와 민회사무소를 습격함으로써 일본제국주의에 큰 타격을 주었다. 일본영사관은 경찰 인원의 부족으로 반만 항일세력을 탄압할 수 없음을 인식하였다.[57] 비록 만주국 보안단과 공안국이 있었으나 반만 항일세력을 탄압하기에는 역부족이었다.[58]

1932년 3월 25일 간도 총영사 오카다는 "최근 각지에서 발생한 공비의 폭행에 대처하기 위해 자위단을 조직할 필요가 있고, 특별수사반으로 하여금 그들을 지도, 감독할 필요가 있다"고 했다.[59] 같은 해 7월 18일, 화룡현 용신사(勇新社)에 북간도 지역에서 처음으로 자위단이 설립되었다. 당시 자위단 인원은 20명으로 모두 조선인이다. 일본은 이들을 북간도 지역 자위단의 선구자라고 불렀다.[60] 그 후 두도구분관 관할하에 팔도구(八道溝), 부동(釜洞) 등지에 자위단이 조직되었다.[61] 각지의 자위단은 일본수비대 교관의 군사훈련을 거친 후 무기를 휴대하였다. 자위단원 수는 일반적으로 30명인데, 상황에 따라 15명 내지 20명인 경우도 있다. 같은 해 9월 일본 외무성에서는 북간도 지역의 자위단을 확충하기 위해 특별 '보조금'으로 15,000원을 제공하였다. 이 보조금을 이용하여 간도총영사관에서는 이미 건립된 자위단 12개 외에 주요한 부락에 자위단 50개를 더 건립할 계획을 수립했다.[62]

1932년 7월 16일, 간도총영사관의 지지하에 국자가 상무회 회의실에

---

57　日本外務省 편, 1998, 앞의 책 25, 98~99쪽.
58　日本外務省 편, 1998, 위의 책 25, 167쪽.
59　日本外務省 편, 1998, 위의 책 25, 98~99쪽.
60　日本外務省 편, 1998, 위의 책 25, 167쪽.
61　日本外務省 편, 1998, 위의 책 25, 167쪽.
62　日本外務省 편, 1998, 위의 책 25, 174쪽.

서 자위단 건립을 위한 협의회가 소집되었다. 이 회의에는 일본 헌병대 와 북간도 지역 각지 영사관의 경찰서장, 분서장, 민회장, 만주국 공안국장, 분주소장 등 대표들이 참가하였다. 이 회의는 북간도 각지에 전면적으로 자위단을 조직하는 동원대회였다. 회의에서는 각 마을에 자위단을 건립하는 것이 급선무라고 강조하였다.[63] 간도 총영사 나가이는 자위단은 지방을 지키는 보조기관으로서 신속히 발전하기를 기대한다고 언급하였다.[64]

그 후 집단부락(集團部落)과 안전농촌(安全農村) 건설에 따라 자위단이 더 넓은 지역에서 조직되었다. 1933~1935년까지 북간도 지역 각 집단부락에 자위단이 보편적으로 조직되었다.[65]

〈표 5-9〉 1933~1935년 북간도지구 집단부락과 '자위단' 정황(단위: 호, 명, 개)

| 순서 | 현별 | 집단부락 명칭 | 입주연월일 | 입주 당시 | | 1936.6.말 | | 1934.4~1935.1 | |
|---|---|---|---|---|---|---|---|---|---|
| | | | | 호수 | 인수 | 호수 | 인수 | 자위단원 | 무기 |
| 제1차 | 연길 | 북합마당 | 1933.3.28 | 100 | 513 | 80 | 405 | 18 | 18 |
| | | 춘흥촌 | 4.1 | 100 | 500 | 120 | 727 | 15 | 15 |
| | | 세린하 | 4.6 | 100 | 574 | 90 | 525 | 30 | 14 |
| | | 장인강 | 4.12 | 91 | 473 | 99 | 543 | 31 | 24 |
| | | 중평 | 4.17 | 58 | 233 | 92 | 482 | 13 | 13 |
| | | 태양촌 | 4.29 | 69 | 359 | 67 | 363 | 20 | 20 |
| | 화룡 | 청산리 | 1933.4.3 | 89 | 445 | 100 | 542 | 40 | 40 |
| | | 토산자 | 4.17 | 150 | 851 | 141 | 778 | 33 | 20 |
| | 혼춘 | 낙타하자 | 1933.4.7 | 98 | 523 | 86 | 548 | 28 | 28 |
| | | 합계 | | 855 | 4,471 | 875 | 4,913 | 228 | 192 |

---

63 日本外務省 편, 1998, 앞의 책 25, 169~173쪽.
64 日本外務省 편, 1998, 위의 책 26, 42쪽.
65 조선총독부, 1936, 『간도집단부락』, 7~9쪽.

|  |  |  |  |  |  |  |  |  |  |
|---|---|---|---|---|---|---|---|---|---|
| 제2차 | 연길 | 금불사 | 1934.4.3 | 100 | - | 107 | 594 | 22 | 22 |
|  |  | 상명월구 | 4.7 | 83 | - | 69 | 341 | 23 | 23 |
|  |  | 도목구 | 4.7 | 93 | - | 100 | 554 | 23 | 23 |
|  |  | 석문내 | 4.10 | 106 | - | 103 | 643 | 22 | 22 |
|  | 화룡 | 와룡호 | 1934.4.2 | 200 | - | 175 | 827 | 50 | 50 |
|  |  | 룡흥동 | 4.6 | 100 | - | 103 | 565 | 30 | 30 |
|  |  | 우심산 | 4.11 | 100 | - | 100 | 536 | 20 | 20 |
|  | 왕청 | 소백초구 | 1934.4.6 | 100 | - | 120 | 710 | 23 | 23 |
|  |  | 모단천 | 4.6 | 100 | - | 135 | 651 | 23 | 23 |
|  |  | 석두하 | 4.9 | 100 | - | 100 | 630 | 23 | 21 |
|  |  | 전각루 | 4.14 | 73 | - | 96 | 569 | 23 | 21 |
|  |  | 오참 | 4.16 | 82 | - | 100 | 457 | 23 | 23 |
|  | 혼춘 | 태평구 | 1934.4.8 | 80 | - | 91 | 506 | 20 | 20 |
|  |  | 설대산 | 4.9 | 75 | - | 98 | 579 | 20 | 20 |
|  |  | 탑자구 | 4.9 | 71 | - | 85 | 522 | 19 | 19 |
|  | 합계 |  |  | 1,463 | - | 1,582 | 8,684 | 364 | 360 |
| 제3차 | 연길 | 장흥동 | 1935.4.16 | 100 | 475 | 102 | 576 | 15 | 15 |
|  |  | 봉암동 | 4.16 | 94 | 498 | 117 | 595 | 17 | 17 |
|  |  | 남합마당 | 4.26 | 154 | 949 | 157 | 1,071 | 40 | 40 |
|  | 왕청 | 룡암평 | 1935.5.8 | 100 | 544 | 100 | 630 | 20 | 20 |
|  | 합계 |  |  | 448 | 2,466 | 476 | 2,872 | 92 | 92 |
| 총계 |  |  |  | 2,766 | - | 2,933 | 16,469 | 684 | 644 |

출처: 조선총독부, 1936, 『간도집단부락』, 7~9쪽

집단부락은 북간도의 네 개 현에 건립되었다. 규모가 큰 것은 200호이고 작은 것은 58호이며 보통 100호 정도였다. 가장 주목되는 것은 집단부락마다 1개의 자위단을 조직한 것이다. 대체로 100호 내지 200호를 표준으로 1개의 자위단을 조직하는데, 각 5호당 자위단원 1명을 뽑았다. 각 자위단의 무기는 적으면 13자루, 많으면 50자루, 보통 20자루이다.

조선인 자위단은 남·북만 마을에도 조직되어 있었다. 북만의 경우, 1933년 11월 하얼빈 총영사의 보고에 따르면 영안현 조선인 자위단은 62명(무기는 20자루), 신안진의 조선인 자위단은 82명(무기는 82자루), 해림의 조선인 자위단은 50명이었다.[66] 하동 안전농장의 조선인 자위단은 70~80명 있었는데 경비보조대라 불렀다.[67] 만주리에도 조선인 자위단이 있었다.[68] 남만에서는 1935년 6월, 동아권업에서 영구, 삼원포, 철령, 수화 등 안전농촌에 조선인 자위단을 조직하였다. 특히 삼원포 안전농촌에는 만주국 군경 200명이 주둔하였으며, 조선인 자위단원 100명과 만인 자위단원 24명이 배치되었다.[69]

자위단 건립과 단장, 부단장의 임명권에 관하여 1932년 9월 9일 규정된 「간도 및 혼춘 지방 자위단 규칙」은 다음과 같다.

> 제6조 조선인부락 자위단 건립은 조선인민회에서 책임진다. 간도 파견대장으로부터 자위단을 통할한다.
> 제7조 영사관 경찰서장 또는 분서장은 자위단에 대하여 공안국장 또는 분국장과 합작해야 한다.
> 제8조 자위단장과 부단장의 추천에 관하여 공안국장 또는 부국장은 영사관 경찰서장 또는 분서장과 토론을 진행한 기초 위에서 현장을 거쳐 간도 파견대장에게 전해야 한다.[70]

---

66  日本外務省 편, 1997, 앞의 책 15, 326, 328, 330쪽.
67  関東憲兵司令部, 1932, 『満洲共産党の近況』, 268쪽.
68  日本外務省 편, 1997, 위의 책 15, 330쪽.
69  日本外務省 편, 1996, 위의 책 9, 188~190쪽.
70  日本外務省 편, 1998, 위의 책 26, 42쪽.

간도 총영사는 경찰서장과 분서장이 각 조선인민회장을 지휘하고 자위단의 훈련과 지휘 감독을 맡아야 한다고 했다. 자위단의 행동 원칙은 초기에는 집단부락에 대한 방위를 위주로 하였다. 1932년 9월, 간도협의회에서는 "자위단은 시종 방위를 종지로 하고 적극적인 진공(進攻) 또는 토벌을 허용하지 않는다. 만약 부득이 적극적인 행동을 할 때는 공안국 또는 외무성 경찰의 동의를 받고, 그 지도에 근거하여 실행해야 한다"고 규정하였다.[71] 그러나 그 후 반만 항일세력을 탄압하는 과정에서 방위 원칙은 수정되었다. 1933년 1월 27일 간도 경찰회의에서 이케다(池田) 파견대장의 의견과 희망사항이 공론화되었다. 즉 방위에서 가장 유리한 수단은 진공이며 규정상 자위단의 주동적 진공을 금지하였기에 조선인 마을의 반만 항일세력이 커지고 있다고 판단하였으며, 조선인 순사가 조선인 마을에 상주하지 않기 때문에 자위단을 적극적으로 활용할 필요가 있다는 것이었다.[72]

이런 인식하에 자위단은 영사관 경찰과 함께 자주 반만 항일세력 탄압에 참가하였다. 1933년 10월 간도 총영사는 "자위단은 창설된 이래 소재지의 자위 임무 외에 늘 황군과 경찰대를 따라 비적 토벌과 체포에 참가하여 그 활동 능력을 발휘하였다"고 했다.[73] 1933년 1~10월까지 자위단이 체포한 반일전사는 38명인데, 연길현 16명, 화룡현 6명, 왕청현 16명이다. 자위단이 사살한 반일전사는 56명이며, 연길현 8명, 화룡현 8명, 왕청현 39명, 혼춘현 1명이다.[74]

---

71　日本外務省 편, 1998, 앞의 책 25, 176쪽.
72　日本外務省 편, 1998, 위의 책 25, 288~289쪽.
73　日本外務省 편, 1998, 위의 책 26, 42쪽.
74　日本外務省 편, 1998, 위의 책 26, 43쪽.

자위단은 영사관 경찰의 지휘하에 '토벌'에 참가한 후 그 과정에서 중요한 역할을 하였다. 1933~1936년까지 북간도 지역 조선인 자위단이 항일부대에 대한 탄압 및 토벌에 참가한 연인원을 보면, 영사관 경찰은 모두 4,040명이고 자위단은 4,600명으로 영사관 경찰보다 자위단원이 더 많다. 자위단은 조선인 친일무장대로 만주국 군경의 반만 항일세력 '토벌'에서 중요한 역할을 하였다. 이에 1933년 1월 화룡현 경비 보좌관은 "화룡현 자위단이 일본 경찰의 지휘하에 취득한 성과는 실로 놀랍다"고 평가하였다.[75] 11월 28일 간도 총영사도 자위단은 각 '집단부락'에서 "일본 경찰관의 지도하에 경비를 책임지고 특별한 성적을 거두었다"고 인정하였다.[76]

북만 지역의 조선인 자위단에 대해 1934년 1월 주만주국 대사는 "영사관 경찰서에서 직접 지휘·감독하여 상설한 자위단은 신안진에 조선인 자위단 83명, 영고탑 부근 황기둔에 조선인 자위단 18명, 하동에 경찰 보조대 42명, 해림에 50명 있었는데, 그 지도적인 성적이 양호하다"고 평가하였다.[77] 같은 해 일본 외무성에서도 "만주국 영사관 경찰 활동의 보조기관으로서 가장 효과 있는 것은 자위단이며, 1933년 12월 22일, 만주국에서 공포한『잠행보갑법』이후 치안에서 자위단은 둘도 없는 보조기관"이라고 인정하였다.[78]

---

75 日本外務省 편, 1998, 앞의 책 26, 292~293쪽.
76 日本外務省 편, 1998, 위의 책 26, 42쪽.
77 日本外務省 편, 1997, 위의 책 16, 12쪽.
78 日本外務省 편, 1996, 위의 책 9, 104쪽.

# 제6장
## 일본영사관 경찰의 만주 지역 조선인 탄압

## 1. 일본영사관 경찰의 탄압 능력 강화

### 1) 영사관 경찰기구의 통일과 경찰의 '소질' 제고

일본영사관 경찰이 조선인에 대한 탄압 능력을 강화하는 면에서 가장 특징적인 것은 조선인이 많이 거주한 북간도 지역의 영사관 경찰기구가 통일적인 지휘·감독을 실현한 것이었다. 1909년 북간도 지역 영사관에 처음 경찰서를 설치한 이래 일본은 1920년 이전까지 각 경찰기구에 대한 통일적인 지휘·감독이 없었고, 그 필요성만 느끼고 있었다. 1918년 7월, 외무성 아시아국은 총영사관, 영사관과 분관의 사업 관계는 매우 명확하지 않을 뿐만 아니라, 그 어떤 통일성도 없다고 판단했다. 즉 영사관 업무를 집행하는 데 매우 불편하고, 상호관계도 밀접하지 않기 때문에 규정을 제정하여 이런 결점을 시정하는 것이 아주 시급하다는 것이다.[1]

특히 북간도 지역에서 '혼춘사건'이 발생한 후 일본영사관 경찰기구의 불통일성이 드러났다. 1920년 11월, 일본 외무성은 혼춘사건이 일어났을 때 통일적인 지휘가 없기 때문에 경찰 기관의 연락체계가 수립되지 않아서 근본적으로 한국 독립운동 세력을 막을 수 없다고 판단하였다.[2] 경신참변 이후 영사관 경찰이 상부지 밖의 잡거구역에 경찰분서를 확장할 때, 경찰기구의 통일 문제가 다시 제기되었다. 1920년 12월 21일, 외무대신 우치다는 간도 총영사대리에게 경신참변 당시 경찰관파출소를 개설하고

---

1　日本外務省 편, 1998, 앞의 책 19, 196~197쪽.
2　日本外務省 편, 1998, 위의 책 21, 110~111쪽.

경찰관을 통일적으로 지휘·감독하는 체계를 완비할 것을 지시하였다.[3] 1921년 4월 29일 우치다는 간도 총영사대리에게 보낸 전보에서 네 가지 요구사항을 전달하였다. 첫째, 간도에서 총영사는 관할 내의 경찰사무를 둘러싸고 각 분관 주임을 지휘·감독할 수 있고, 긴급하고 필요할 때 분관 경찰서장 또는 분서장에게 직접 명령할 수 있다. 둘째, 총영사관에 경찰부(警察部)을 설치하고 경시에게 경찰부장의 직무를 맡게 해야 한다. 셋째, 경찰부장, 경찰서장, 분서장은 경찰사무를 둘러싸고 상호간에 직접 통신 왕래할 수 있다. 넷째, 일부 중요한 사정은 반드시 총영사, 분관 주임에게 보고해야 한다는 것이다.[4]

이후 일본은 간도총영사관에 경찰부를 설치하였으며, 그 특징은 다음과 같다.

첫째, 간도 총영사는 각 분관 주임, 각 경찰서장에 대해 절대적인 지휘·감독권이 있다. 이런 권력은 당시 봉천 총영사, 길림 총영사, 하얼빈 총영사에게는 없는 '특권'이었다. 간도 총영사는 긴급한 정황에서 각 분관 경찰을 긴급 동원할 수 있을 뿐만 아니라, 간도, 혼춘 지방의 한 개 또는 두 개 이상의 경찰서 직원을 움직일 수 있었다. 이때 각 분관 주임과 경찰서장은 반드시 총영사의 명령에 복종해야 했다. 마찬가지로 각 분관 주임도 총영사의 비준을 거쳐 가히 자기 관할 내의 경찰서, 분관 경찰서의 경찰을 긴급 동원할 수 있었다. 사태가 긴급하여 미처 총영사에게 보고할 수 없을 때 분관 주임은 직접 경찰을 긴급 동원할 수 있다.[5] 물론 이때 분관

---

3   日本外務省 편, 1998, 앞의 책 21, 120쪽.
4   日本外務省 편, 1996, 위의 책 5, 223쪽.
5   日本外務省 편, 1998, 위의 책 21, 199~202쪽.

주임은 이 정황을 즉시 총영사에게 보고해야 한다. 이 규정은 경찰 동원에서 지휘상의 통일성을 확립하였을 뿐만 아니라, 행동상의 원활성과 실효성도 담보하였다.

둘째, 총영사관 경찰부장의 절대적 지휘·감독권을 강화하였다. 경찰부장은 각 분관 경찰서장, 분서장을 직접 지휘·감독하는 권한을 갖고 있었다. 이를테면 긴급한 상황이 발생하였을 때 경찰부장은 각 분관 경찰서의 경찰대를 동원할 권한이 있다. 이때 경찰부장은 '사령장'으로서 총영사의 명령을 받들고 각 경찰대를 지휘하여 직접 경계임무를 책임진다는 것이다.[6] 경찰부장은 평소에 각 경찰기구에 대해 각종 형식의 감독을 진행할 수 있고, 경찰부와 각 경찰서와 분서 간의 연락을 강화하고 정보 방면의 상호소통을 강화하여 사령장으로서 통일적으로 지휘해야 했다.

그 후 간도총영사관 경찰부의 활동이 현저하였으며, 1932년 7월 일본은 하얼빈총영사관에도 경찰부를 설치하였다. 스에마쓰 경시는 "만주사변 이전 간도 이외에 종래로 경찰부제를 실행한 적이 없었으며, 간도총영사관 경찰부의 선례와 그 경험을 모방하여 북만에서 하얼빈, 치치하얼, 만주리 세 영사관의 공동 경찰사무를 통제할 목적으로 하얼빈총영사관에 경찰부를 설치하였다"고 했다.[7]

한편 일본 외무성은 일본영사관 경찰이 조선인에 대한 통제 탄압 능력을 강화하는 데 있어 가장 중요한 것은 경찰의 지능과 재능에 관한 자질이라는 점을 강조했다. 1923년 10월 간도총영사관에서 진행한 경찰서장, 분서장 회의에서는 보통경찰관의 자질 제고가 아주 중요하다고 지

---

6 日本外務省 편, 1998, 앞의 책 21, 199~202쪽.
7 日本外務省 편, 1996, 위의 책 8, 211쪽.

적하였다.[8] 1929년, 일본 외무성은 외무성 경찰관의 인원 증원만 이루어지고 자질 제고가 되지 않는다면 재능 있는 경찰관의 능력을 발휘할 수 없다고 판단하였다.[9] 영사관 경찰 인원의 자질을 제고하기 위해 경찰 모집부터 각 방면의 자질을 중시하였는데, 1928년 순사 지원자의 교육받은 정도를 보면 다음과 같다.

〈표 6-1〉 1928년 6월 순사 지원자 교육 정도(단위: 명)

| 소학 | 중학 | | 중학 정도 | | 전문학교 | | 사립학교 | 제국대학 | | 합계 |
|---|---|---|---|---|---|---|---|---|---|---|
| 졸업 | 졸업 | 중도 퇴학 | 졸업 | 중도 퇴학 | 졸업 | 중도 퇴학 | 졸업 | 중도 퇴학 | 졸업 | |
| 492 | 110 | 126 | 87 | 63 | 34 | 12 | 16 | 28 | 2 | 970 |

그중, 재향군인(교육받지 못한 병사 제외)의 등급

| 육군 | | | | | | | 해군 | 합계 |
|---|---|---|---|---|---|---|---|---|
| 소위 | 조장급 | 군조급 | 오장급 | 상등병급 | 1,2등 졸급 | 합계 | | |
| 21 | 6 | 39 | 24 | 186 | 146 | 422 | 68 | 490 |

그중 일찍 경찰관직업종사자 121명, 현재(일본 국내) 재직 경찰 5명, 합계126명

출처: 일본 외무성 편, 1996, 『外務省警察史』 5, 56~57쪽.

〈표 6-1〉을 보면, 경찰 지원자 중 소학교 졸업 학력은 약 50.7퍼센트이고 소학교 이상의 학력은 약 49.3퍼센트이다. 그중 중학 졸업 학력은

---

8   日本外務省 편, 1998, 앞의 책 22, 225쪽.
9   日本外務省 편, 1998, 위의 책 22, 258쪽.

24.3퍼센트, 중학 정도 학력은 15.5퍼센트, 전문학교 학력은 4.7퍼센트, 대학 정도 학력은 4.7퍼센트이다. 또 그 가운데 재향군인 출신은 50.5퍼센트, 일찍 경찰 직업에 종사했던 자와 현재 재직 경찰관은 126명으로서 약 13퍼센트를 차지한다. 이렇게 군인, 경찰 경력이 있는 자들은 이미 비교적 높은 군인 자질과 경찰 자질을 구비하였다.

이렇게 경찰을 모집한 후, 영사관에서는 각 방면에서 경찰관 자질을 제고하는 조치를 취하였다. 첫째, 초임 경찰에 대해 강습을 진행하였다. 1921년 6월 28일, 간도총영사관에서는 「초임 순사 강습에 관한 규정」[10]을 제정하였다. 이 규정에 따르면 강습 기한은 3개월이고 교육내용은 5개 과목이었다. 훈육(사상교육), 법령과 국제법, 작문, 외국어, 실무 교육이 있었다. 둘째, 순사와 순사부장에 대한 자질 교육을 진행하였다. 1921년 6월 27일 간도총영사관에서는 「경찰관 교육 규정」[11]을 제정하였다. 이 규정에 따르면, 경찰서장(분서장 포함)이 책임지고 소속 경찰기구의 경찰에 대해 '소질' 교육을 진행하였다. 그 내용은 법령과 국제법, 보통학, 외국어, 간도 지방 사정, 실무, 정신 강화 등으로 이루어졌다. 셋째, 경찰 간부에 대해서 각 방면의 자질 시험을 진행하였다. 먼저 경부와 경부보에 대하여 특별 임용시험을 진행하였다. 내용은 헌법·행정법·국제법의 대의, 형법, 형사소송법, 재판소 구성법과 영사 재판제도, 경찰의 각종 법규, 작문, 외국어 등 7가지였다.

1934년 4월 9~10일 이틀간 길림, 하얼빈, 간도에서 동시에 경부, 경부보에 대한 특별임용 필답시험을 진행하였다. 이어서 6월 16일과 26일

---

10  日本外務省 편, 1998, 앞의 책 21, 214~215쪽.
11  日本外務省 편, 1998, 위의 책 22, 206~211쪽.

에 외무성 이사관의 감독하에 면접시험을 진행하였으며 합격자는 31명이다.[12] 1935년 4월 20일과 21일에는 만주에서 경부, 경부보에 대해 시험을 진행하였는데 합격자는 126명이다.[13] 순사부장도 임용시험을 진행하였다. 시험내용은 경부, 경부보와 비슷하다.

경찰 자질 제고에서 가장 많이 강조된 것은 군사적 자질이었고, 그다음은 언어였다. 영사관 경찰의 군사 자질을 특별히 강조한 것은 경찰로 하여금 군대를 대신할 수 있는 충분한 능력을 구비하게 하려는 데 목적이 있었기 때문이다.[14] 1920년 8월 간도 총영사는 높은 자질의 군사 수양을 구비한 자를 채용해야 한다고 주장하면서 외무대신에게 경찰을 선발할 때 반드시 만기 퇴역 군인이 대상이 되어야 한다고 제안하였다. 또한 경찰대 지휘관은 반드시 예비역 또는 현역 장교 가운데 채용할 것도 건의하였다.[15] 1921년 11월, 간도총영사관에서는 순사 결원을 보충하기 위해 현역군인 중 하사 이하 22명, 헌병 17명, 합계 39명을 순사로 채용한다고 결정하였다.[16] 1928년 외무성의 경찰 모집 시 지원자 970명 중 재향군인 출신이 490명(50.5퍼센트)이나 된 것도 역시 외무성에서 영사관 경찰의 군사적 자질을 강조한 것과 밀접한 연관이 있다.

1932년 10월 만주에서 외무성 경찰관의 약 70퍼센트는 재향군인이며, 그중 간도의 영사관 경찰은 대부분 재향군인이었다. 또 그 간부의 대

---

12  日本外務省 편, 1997, 앞의 책 11, 378쪽.
13  日本外務省 편, 1997, 위의 책 11, 380쪽.
14  日本外務省 편, 1998, 위의 책 21, 110~111쪽.
15  日本外務省 편, 1998, 위의 책 20, 278~279쪽.
16  日本外務省 편, 1998, 위의 책 21, 256쪽.

부분은 헌병 출신이었다.[17] 영사관 경찰의 군사 자질은 평소의 훈련을 통해 제고되었다. 이를테면 1921년 4월 간도총영사관과 두도구분관에서는 기관총 사격훈련을 진행하여 양호한 성적을 거두었다.[18] 1925년 1월에 간도총영사관에서는 「경찰기관의 급행군과 군사연습 규정」[19]을 제정하고 평소에 정기적으로 연습하였다. 이렇게 일본 외무성에서 여러 가지 조치를 강구한 결과, 조선인 거주지에 있는 영사관 경찰의 군사적 자질이 다른 지역 영사관 경찰보다 훨씬 더 높아졌다.

영사관 경찰의 외국어 능력에 대해서 살펴보자. 일본 외무성에서는 1929년 8월 "경찰관 경력자 또는 헌병 경력자는 반드시 중국어, 조선어를 잘 알아야 한다"고 강조하였다.[20] 만주 조선인 거주지역의 영사관 경찰에게는 한국어가 가장 중요했고 다음이 중국어였다. 한국어의 중요성과 필요성에 관해 1919년 2월 17일 간도 총영사대리는 "남양평, 서작동에 파출소 개설을 위해 한창 준비 중인데 이 두 곳은 모두 조선인이 집거하고 있기 때문에 한국어를 아는 순사부장이 필요한데, 여기에 파견되어 온 두 순사부장은 모두 한국어를 모르기 때문에 임무를 수행할 때에 적지 않은 불편이 있다"고 언급했다.[21] 1926년 5월 간도 총영사 경찰부장도 "이곳의 경찰관은 한국어 혹은 중국어를 몰라서 직무를 수행하는 데 불편함을 크게 느낀다. 심지어 어떤 때는 임무를 집행할 수조차 할 수 없기 때문에 각 경찰서, 분서에서는 외국어를 부지런히 배우는 것을 장려한다"고 강조하

---

17  日本外務省 편, 1996, 앞의 책 8, 208~209쪽.
18  日本外務省 편, 1998, 위의 책 21, 164쪽.
19  日本外務省 편, 1998, 위의 책 23, 104쪽.
20  日本外務省 편, 1996, 위의 책 5, 153쪽.
21  日本外務省 편, 1998, 위의 책 19, 178쪽.

였다.[22] 1930년 8월, 간도 총영사는 전체 순사들에게 외국어 학습이 공무의 일부분이므로 반드시 엄격한 감독하에 강습받을 것을 요구하였다.[23] 일본 외무성에서도 경찰계를 향해 해외 업무 시 외국어 불통으로 인한 문제들이 지속적으로 발생하기 때문에 외국어의 습득은 필요하다고 역설하였다.[24]

영사관 경찰의 외국어 능력을 강화하기 위한 조치 중 주목할 만한 것은 경찰강습에서의 외국어 과목 수업시간이 가장 많다는 점이다. 1921년 6월 27일에 간도총영사관에서 제정한 「경찰관 교육 규정」을 보면 다른 과목들은 다 일주일에 한 번 교수하였지만 외국어 과목은 매일 한 번씩 교육하였다.[25]

1923년 1~8월까지 간도총영사관에서 제정한 「각 경찰서 순사교육 예정실시표」[26]를 보면, 간도총영사관, 국자가분관, 두도구분관, 혼춘분관, 백초구분관 등 경찰서에서 법령, 외국어 등 13개 과목의 수업시간은 모두 1,484시간인데, 그중 외국어 한 과목의 수업시간만 411시간으로 전체의 약 27퍼센트를 차지하였다. 마찬가지로 천보산, 동불사 등 13개 경찰분서에서 13개 과목의 수업시간은 모두 2,750시간인데, 그중 외국어 한 과목의 수업 시간만 780시간으로 28퍼센트를 차지하였다.

영사관 경찰의 외국어 자질 제고를 위해 외무성에서는 외국어 보조금을 설치하였다. 1909년 7월 12일 외무성에서는 순사 특별보조금 지불 규

---

22　日本外務省 편, 1998, 앞의 책 23, 182쪽.
23　日本外務省 편, 1998, 위의 책 26, 164쪽.
24　日本外務省 편, 1998, 위의 책 26, 257, 268쪽.
25　日本外務省 편, 1998, 위의 책 26, 211쪽.
26　日本外務省 편, 1998, 위의 책 22, 241쪽.

칙을 발표하였다. 여기서 주재지 외국어에 정통한 순사에게 지불하는 특별보조금을 4개 등급으로 나누었으며, 1등은 10원, 2등은 8원, 3등은 6원, 4등은 5원이었다.[27] 1920년 7월 1일에는 「경찰관 외국어 보조금 지불 세칙」을 반포하였다.

제1조에서 주재지 외국어에 정통한 순사에게 지불하는 외국어 보조금을 5개 등급으로 나누었는데, 1등은 15원, 2등은 12원, 3등은 10원, 4등은 7원, 5등은 5원이었다.[28] 같은 해 11월 9일 반포한 칙령 제528호에서는 경부, 경부보, 순사가 재직지에 필수적인 외국어를 잘한다면 매달 25원 이내의 외국어 보조금을 지불한다고 규정하였다.[29]

북간도 지역 영사관 경찰의 한국어 자질은 탁월할 정도였다. 1925년 북간도지구 영사관 경찰(397명)의 외국어(한국어와 중국어) 수준에 대한 조사를 보면, 조선어와 중국어를 모두 선택한 경찰은 모두 311명(78.3퍼센트)이다.[30] 대부분은 한국어를 자유롭게 사용하고 통역과 번역이 가능할 정도였다.

### 2) 영사관 경찰의 조선인 '보호취체비'의 설치와 증가

일본은 1886년부터 일본인에 대한 '보호 취체(단속)비'를 책정하였다. 1899년 일본은 이 취체비를 '재외국 거류민 취체비'라고 불렀다. 1910년 한일강제병합과 3·1운동 이후 많은 조선인들이 만주 지역과 상해, 천진,

---

27  日本外務省 편, 1996, 앞의 책 5, 25쪽.
28  日本外務省 편, 1996, 위의 책 5, 26쪽.
29  日本外務省 편, 1996, 위의 책 5, 11쪽.
30  日本外務省 편, 1996, 위의 책 5, 142쪽.

북경 등 외국에 망명하여 독립운동을 진행하였기에 조선인에 대한 보호취체비를 설치하였던 것이다. 이는 영사관 경찰의 조선인에 대한 통제 능력을 높이고 독립운동을 탄압하는 데 필요한 경제적인 비용이었다.

1923년 일본 외무성은 특별히 북간도 지역의 조선인 사무를 위해 재간도 조선인 취체비(간도 지방 임시경비비)와 재외 조선인 보호취체비를 설치하였다.[31]

⟨표 6-2⟩ 1921~1924년 '조선인 취체비'와 '재외국 거류민 취체비'(단위: 원)

| 연도 | 조선인 취체비 | | | 재외국 거류민 취체비 |
|---|---|---|---|---|
| | 재간도선인 취체비 | 재외선인 보호취체비 | 합계 | |
| 1921 | 460,817 | 507,482 | 968,299 | 843,792 |
| 1922 | 219,706 | 796,557 | 1,016,263 | 904,168 |
| 1923 | 321,363 | 784,257 | 1,105,620 | 936,637 |
| 1924 | 321,363 | 856,257 | 1,177,620 | 936,637 |

출처: 일본 외무성 편, 1996, 『外務省警察史』 5, 232쪽.

⟨표 6-2⟩를 보면, 조선인 취체비는 재외국 거류민 취체비보다 좀 더 많다. 이는 일본 입장에서 일본인을 통제하는 사무보다 조선인을 통제하고 탄압하는 사무가 더 중요했음을 의미한다. 1925년 일본은 재외국 거류민 임시보호취체비('임시보호취체비'라 간칭)를 설치한 후, 두 '취체비' 명목을 취소하고 그 대신 '임시보호취체비'에서 조선인 취체비를 지불하도록 규정하였다.

---

31 日本外務省 편, 1996, 앞의 책 5, 229쪽.

〈표 6-3〉 1925~1937년 '재외국 거류민 임시보호취체비'(단위: 원)

| 연도 | 재외국 거류민 임시보호취체비 | 연도 | 재외국 거류민 임시보호취체비 |
|---|---|---|---|
| 1925 | 538,964 | 1932 | 1,238,538 |
| 1926 | 538,964 | 1933 | 1,264,278 |
| 1927 | 721,066 | 1934 | 1,264,278 |
| 1928 | 1,214,734 | 1935 | 1,268,888 |
| 1929 | 1,164,081 | 1936 | 1,179,387 |
| 1930 | 1,192,747 | 1937 | 1,542,476 |
| 1931 | 1,128,996 | - | - |

출처: 『外務省警察史』 5, 不二出版, 1996, 232~246쪽.

    이러한 조선인 취체(단속)비는 주로 한국 독립운동을 탄압하는 데 사용되었다. 이에 간도총영사관 경찰부 부장 스에마쓰는 1931년 7월 2일 부임할 당시 "국가에서는 막대한 비용을 투입하여 간도에 경찰관을 파견하였다"고 했다.[32] 그러면 영사관에서는 이런 '취체비'를 어떻게 사용하였을까? 경찰비의 예산항목에는 경찰의 월급, 보조금, 여비, 처자보조금, 분서설치비, 기밀비, 첩보비, 잡지 등 10여 가지가 있다. 그중 조선인에 대한 통제와 탄압에 직접 관계되는 비용은 '기밀비'와 '첩보비'였다.

    1921~1924년까지 4년 동안 재외 조선인 보호취체비 가운데 기밀비는 각각 223,835원, 245,840원, 384,380원, 384,380원으로서 총 취체비에서 각각 44.1퍼센트, 30.8퍼센트, 49퍼센트, 44.9퍼센트를 차지했다. 1927~1937년까지 11년 동안 재외국 거류민 임시보호비 중 기밀비는 대

---

32 　日本外務省 편, 1998, 앞의 책 24, 212쪽.

체로 94,500~150,000원으로 임시보호비의 약 7~21퍼센트를 차지했다. 첩보비는 27,000~33,000원으로 임시보호비의 약 2퍼센트를 차지했다. 기밀비와 첩보비를 합하면 약 10퍼센트 정도였다.

만주 지역 일본영사관 경찰기구의 기밀비와 첩보비 중 북간도 영사관 경찰기구의 기밀비와 첩보비의 비중이 매우 크다. 1936년 만주 일본영사관의 경찰부장, 경찰서장, 분서장의 기밀비, 첩보비 중 간도 지역 영사관의 경찰부장, 경찰서장, 분서장의 기밀비, 첩보비가 큰 비중을 차지하였다.

〈표 6-4〉 1936년 만주 지역 경찰부장, 서장의 기밀비와 첩보비 분배액(단위: 원)

| 관(서)명 | | 기밀비 | 첩보비 |
|---|---|---|---|
| 주만대사관 | | 13,000 | - |
| 간도 | | 2,960 | 1,700 |
| | 경찰부 | 1,200 | 1,400 |
| | 경찰서 | 500 | 300 |
| | 개산둔 | 240 | - |
| | 팔도하자 | 120 | - |
| | 대립자 | 180 | - |
| | 동불사 | 120 | - |
| | 로두구 | 180 | - |
| | 명월구 | 240 | - |
| | 조양천 | 180 | - |
| 연길 | | 1,170 | 300 |
| | 경찰서 | 600 | 300 |
| | 팔도구 | 240 | - |
| | 의란구 | 240 | - |

|  |  |  |  |
|---|---|---|---|
|  | 위자구 | 90 | - |
| 도문 |  | 930 | 200 |
|  | 경찰서 | 480 | 200 |
|  | 석건평 | 120 | - |
|  | 석현 | 90 | - |
|  | 양수천자 | 240 | - |
| 두도구 |  | 900 | 250 |
|  | 경찰서 | 300 | 250 |
|  | 이도구 | 180 | - |
|  | 삼도구 | 240 | - |
|  | 남평 | 180 | - |
| 혼춘 |  | 1,110 | 420 |
|  | 경찰서 | 600 | 420 |
|  | 합달문 | 90 | - |
|  | 마적달 | 240 | - |
|  | 흑정자 | 180 | - |
| 백초구 |  | 900 | 200 |
|  | 경찰서 | 300 | 200 |
|  | 왕청 | 240 | - |
|  | 삼차구 | 240 | - |
|  | 춘양 | 120 | - |
|  | 간도계 | 7,970 | 2,070 |
| 길림 |  | 1,020 | 400 |
|  | 경찰서 |  | 300 |
|  | 반석 |  | 100 |
|  | 화전 |  | - |

| 돈화 | | 720 | 720 |
|---|---|---|---|
| | 경찰서 | 360 | 360 |
| | 교하 | 120 | - |
| | 신참 | 240 | - |
| **길림 돈화계** | | **1,740** | **700** |
| 하얼빈 | | 2,200 | 2,200 |
| | 경찰서 | 1,000 | 1,000 |
| | 전리촌 | 60 | - |
| | 해륜 | 120 | - |
| | 오상 | 90 | - |
| | 도뢰소 | 120 | - |
| | 삼차하 | 60 | - |
| | 모아산 | 60 | - |
| | 쌍하진 | 120 | - |
| | 만구 | 60 | - |
| | 일면파 | 180 | - |
| | 하동 | 150 | - |
| | 쌍성 | 120 | - |
| | 안달 | 60 | - |
| 목단강 | | 1,320 | 200 |
| | 경찰서 | 450 | 200 |
| | 해림 | 90 | - |
| | 횡도하자 | 120 | - |
| | 신안진 | 300 | - |
| | 영안 | 240 | - |
| | 동경성 | 120 | - |

| | | | |
|---|---|---|---|
| 가목사 | | 780 | 100 |
| | 경찰서 | 240 | 100 |
| | 부금 | 240 | - |
| | 삼성 | 180 | - |
| | 임구 | 120 | - |
| 수분하 | | 1,070 | 300 |
| | 경찰서 | 500 | 300 |
| | 동녕 | 150 | - |
| | 이수진 | 120 | - |
| | 목릉 | 120 | - |
| | 하성자 | 60 | - |
| | 평양진 | 120 | - |
| | 밀산 | - | - |
| 치치하얼 | | 1,560 | 300 |
| | 경찰서 | 600 | 300 |
| | 앙앙계 | 240 | - |
| | 찰란둔 | 150 | - |
| | 박극도 | 120 | - |
| | 북안진 | 240 | - |
| | 손오 | 90 | - |
| | 색륜 | 120 | - |
| 흑하 | | 400 | 200 |
| | 경찰서 | 400 | 200 |
| 해랍 | | 560 | 300 |
| | 경찰서 | 500 | 300 |
| | 면도하 | 60 | - |

| 만주리 | | 560 | 300 |
|---|---|---|---|
| | 경찰서 | 500 | 300 |
| | 찰뢰낙이 | 60 | - |
| 북만계 | | 8,450 | 2,260 |

| 이상 전임지방계 | 31,160 | 6,030 |
|---|---|---|
| 신경 | 500 | - |
| 부여 | 300 | - |
| 정가둔 | 480 | - |
| 봉천 | 900 | - |
| 통화 | 600 | - |
| 백성자 | 420 | - |
| 산성진 | 480 | - |
| 신민부 | 360 | - |
| 영구 | 450 | - |
| 금주 | 460 | - |
| 적봉 | 360 | - |
| 승덕 | 500 | - |
| 안동 | 500 | - |
| 이상 겸임지방계 | 6,310 | |

| 합계 | 37,470 | |
|---|---|---|
| 예비금 | 2,410 | |
| 만주합계 | 39,880 | 6,380 |

출처: 『外務省警察史』 5, 不二出版, 1996, 246~249쪽.

〈표 6-4〉를 보면, 1936년 간도 지역 영사관 경찰기구의 경찰부장, 경찰서장, 분서장의 기밀비, 첩보비는 각각 7,970원, 3,070원으로 총액('기밀비' 총액은 37,470원이고 '첩보비'는 6,680원)의 21.3퍼센트와 34.3퍼센트를 차지하였다. 이는 간도 지역 영사관 경찰기구의 기밀비와 첩보비의 비중이 다른 지역보다 크다는 것이다. 그 이유는 북간도 지역이 반만 항일세력들이 가장 격렬하게 활동하던 지역이어서 첩보망을 끊임없이 가동할 수밖에 없었기 때문일 것이다.[33]

### 3) 조선인 거주 지역 영사관 경찰의 무기·장비 증가

일본은 동북지역에서 영사관 경찰기구를 확장하는 과정에 조선인의 반일 활동에 대한 탄압을 강화하기 위해 무기와 장비를 부단히 증가시켜 그 탄압 능력이 일본 정규군에 근접하였다. 간도 지역 영사관 경찰기구의 무기와 장비를 강화한 것이 가장 상징적인 예이다.

일본은 「간도협약」에 근거하여 용정, 두도구, 백초구, 국자가에 총영사관과 분관을 설치할 때, 소속 경찰에게 그다지 위력이 크지 않은 호신용 보통 권총을 휴대하도록 지급하였다. 그 외에 각 경찰서에는 한 대의 무선전보기를 구비했을 뿐이다. 그러나 경찰기구 확장에 따라 점차 더 많고 정예한 선진적 무기와 장비를 구비하였다.

북간도 경찰기구에 무기장비를 강화할 필요성에 관하여 1918년 4월 26일 간도 총영사대리는 외무대신에게 "간도 지방은 교통이 불편하여 마필에 의거해야 한다. 이번 확장에 적어도 말 15필을 구입해야 한다. 무

---

33　日本外務省 편, 1998, 앞의 책 22, 33쪽.

기는 각 영사관에 모두 보병총 100자루, 권총 100자루씩 분배하였다. 경찰관이 증가함에 따라, 보병총 30자루, 권총 50자루를 더 구입할 필요가 있다"고 강조하였다.[34] 6월 17일, 외무성은 이 요구를 비준하였다. 1920년 6월 말, 간도총영사관과 각 분관에서 휴대한 무기 탄약의 종류와 수량은 다음과 같다.

> 총영사관: 30식 보병총 73자루와 그 탄환 6,000발, 남부식 권총 8자루와 그 탄환 2,300발, '스미스'식 권총 71자루와 그 탄환 2,060발.
> 국자가분관: 30식 보병총 15자루와 그 탄환 1,300발, '스미스'식 권총 7자루와 그 탄환 237발, 26식 권총 13자루와 그 탄약 1,300발.
> 두도구분관: 30식 보병총 10자루와 그 탄약 900발, '스미스'식 권총 15자루와 그 탄환 556발, '뿔라싱크'식 권총 1자루와 그 탄약 95발.
> 혼춘분관: 30식 보병총 2자루와 그 탄환 170발, 38식 기병총 10자루와 그 탄환 5,000발, 26식 권총 20자루와 그 탄환 2,000발, '스미스'식 권총 32자루와 그 탄환 41발.[35]

무기가 이렇게 보충된 후에도 간도 총영사는 여전히 만족하지 않았다. 1920년 8월 간도 총영사 사카이는 외무대신 우치다에게 "이전에 총영사관과 각 분관에 발급한 무기 탄약은 매우 적어 대개 권총만 휴대하였다.

---

34 日本外務省 편, 1998, 앞의 책 19, 185쪽.
35 日本外務省 편, 1998, 위의 책 20, 281쪽.

그러나 근래 불령선인 행동이 악화된 데 비추어 보병총을 휴대할 필요가 있다. 특히 사고가 발생할 때 경비 때문에 전체 경찰관이 보병총을 사용할 필요가 있다. 또 탄약도 적어 유사시에 근근이 한 시간 정도밖에 지탱할 수 없기에 각 관에서는 다 시급히 탄약을 보충할 것을 요구한다"고 의견을 개진하였다.[36] 이에 외무성에서 조선군과 협상하여 간도 지역 영사관에 무기를 지원하도록 협의하였다. 그 결과 같은 해 11월 5일 조선 용산(龍山) 무기 공장에서 회령(會寧)을 거쳐 간도총영사관과 각 분관에 무기가 제공되었다.[37]

1921년 3월 외무성에서는 영사관 경찰서와 분서의 무기는 경찰 정원에게 보총, 권총과 그 탄환을 발급해야 할 뿐만 아니라, 경찰서에 중기관총 2정을 구비해야 한다고 규정하였다.[38] 동시에 북간도 지역 각 영사관에 기병총과 기관총이 제공되었다. 이는 주로 경신참변이 발생한 후의 상황에 대비하기 위해서였다.

〈표 6-5〉 1921년 간도총영사관 무기 분배 정황(단위: 개)

| 구분<br>무기 | 분배 정황 | | | | 합계 |
|---|---|---|---|---|---|
| | 간도총영사관 | 국자가분관 | 두도구분관 | 혼춘분관 | |
| 44식 기병총 | 115 | 60 | 40 | 50 | 265 |
| 38식 보총 탄환 | 34,500 | 18,000 | 12,000 | 15,000 | 69,500 |
| 스미스식 권총 | 115 | 50 | 50 | 50 | 265 |

36 日本外務省 편, 1998, 앞의 책 20, 280쪽.
37 日本外務省 편, 1998, 위의 책 20, 286쪽.
38 日本外務省 편, 1996, 위의 책 5, 140쪽.

| 스미스식 권총 탄환 | 11,500 | 5,000 | 5,000 | 5,000 | 26,500 |
| 保式 기관총 | 2 | 2 | 2 | 2 | 8 |
| 保式 기관총 탄환 | 10,030 | 9,990 | 9,990 | 9,990 | 40,000 |

출처: 『外務省警察史』 20, 不二出版, 1998, 163쪽.

1927년 12월, 간도 총영사 사카이는 외무대신 다나카에게 "한국독립군들이 모젤권총을 휴대하고 완강히 저항하니 이를 제어하려면 영사관 경찰들도 모젤권총이 필요하다"고 역설하였다. 구체적으로 모젤권총 120자루, 탄환 18,000발, 망원경 25부를 요구하였다.[39] 1928년 4월, 외무성에서는 간도 지역 영사관 경찰기구에 모젤권총과 탄환을 제공하였다.

〈표 6-6〉 1928년 간도총영사관의 모젤권총 발급 정황 (단위: 개)

| | 모젤권총 수 | 모젤권총 탄환수 | 발급시간 |
| --- | --- | --- | --- |
| 두도구분관 | 21 | 3,150 | 1928년 5월 21일 |
| 국자가분관 | 32 | 4,800 | 1928년 5월 21일 |
| 백초구분관 | 10 | 1,500 | 1928년 5월 21일 |
| 혼춘분관 | 23 | 3,450 | 1928년 5월 18일 |
| 대립자분서 | 3 | 450 | 1928년 4월 23일 |
| 남양평분서 | 3 | 450 | 1928년 4일 22일 |
| 동불사분서 | 3 | 450 | 1928년 4월 23일 |
| 천보산분서 | 5 | 750 | 1925년 5월 21일 |
| 합계 | 100 | 15,000 | - |

출처: 일본 외무성 편, 1998, 『外務省警察史』 23, 276쪽

---

39  日本外務省 편, 1998, 앞의 책 19, 280쪽.

1930년 북간도 지역 조선인의 항일투쟁은 날로 활발하게 진행되었으며, 이에 대응하여 일본은 영사관 경찰의 무기와 장비를 개선하였다. 1930년 3월과 5월, 조선군 19사단에서 경기관총 10정이 제공되었고, 각 영사관에 2정씩 분배되었다.[40] 일본은 같은 해 10월 경기관총, 무선전화기, 자동차, 오토바이, 자전거 등 무기와 장비를 영사관 경찰기구에 제공하기로 결정하였다. 각 경찰기구에 다음과 같이 무기와 장비가 분배되었다.

〈표 6-7〉 1930년 10~12월 간도총영사관 경찰의 무기·장비 분배 현황(단위: 개)

| 경찰기구 | 경기관총 | 경기관총탄환 | 자동차 | 모터찌클 | 자전거 | 무선전화기 |
|---|---|---|---|---|---|---|
| 간도총영사관 경찰서 | 1 | 3,000 | 2 | 2 | 1 | 1 |
| 두도구분관 경찰서 | 3 | 9,000 | 1 | 1 | 2 | 1 |
| 국자가분관 경찰서 | 1 | 3,000 | 1 | 1 | 1 | 1 |
| 백초구분관 경찰서 | 1 | 3,000 | 1 | 1 | 1 | 1 |
| 훈춘분관 경찰서 | 1 | 3,000 | 1 | 1 | 1 | 1 |
| 동불사분서 | - | - | - | 1 | 1 | - |
| 천보산분서 | - | - | - | 1 | 1 | - |
| 팔도구분서 | - | - | - | 1 | 1 | - |
| 가야하분서 | - | - | - | 1 | 1 | - |
| 의란구분서 | - | - | - | 1 | 1 | - |
| 달라자분서 | - | - | - | 1 | 1 | - |
| 이도구분서 | - | - | - | 1 | 1 | - |
| 남양평분서 | - | - | - | - | 1 | - |

---

40　日本外務省 편, 1998, 앞의 책 23, 403쪽.

| 걸만동분서 | - | - | - | - | 1 | - |
|---|---|---|---|---|---|---|
| 양수천자분서 | - | - | - | - | 1 | - |
| 훈춘분관 두도구분서 | - | - | - | 1 | 1 | - |
| 흑정자분서 | - | - | - | - | 1 | - |
| 합계 | 7 | 21,000 | 6 | 14 | 18 | 5 |

출처: 일본 외무성 편, 1998, 『外務省警察史』 24, 109~110쪽.

1931년 2월, 간도 지역 영사관 경찰기구의 무기장비 정황은 첫째, 무기 탄약으로 중기관총 6정, 경기관총 17정, 보총 88자루, 기병총 465자루, 권총 457자루, 탄약 356,320발이다. 둘째, 교통통신 장비는 무선전신 전화기 5조, 자동차 6대, 오토바이 14대, 자전거 35대, 마필 50필 정도였다.[41]

한국 독립운동을 단속하기 위해 일본은 영사관에 감옥과 구류소를 설치하였다. 1931년 2월까지 간도총영사관과 훈춘분관의 감옥 총면적은 140평이나 되었다. 특히 총영사관에는 지하 감옥이 있고 총영사관과 각 분관, 경찰분서에는 구류소가 설치되어 있었다.[42]

만주사변 이후 간도총영사관은 왕덕림 부대를 비롯해 반만 항일세력을 탄압하기 위해 외무성에 여러 차례 무기장비 개선을 요구하였다. 1932년 3월, 간도 총영사 오카다는 외무성에 자동차 4대, 경기관총 10정을 요구하였다. 이에 외무성은 조선총독부와 협의하였으며, 그해 7월 30일 제19사단에서 경기관총 35정이 제공되었다.[43] 이렇게 간도총영사

---

41　日本外務省 편, 1998, 앞의 책 24, 162쪽.
42　日本外務省 편, 1998, 위의 책 24, 162쪽.
43　日本外務省 편, 1998, 위의 책 25, 162쪽.

관, 분관 및 그 소속의 경찰분서에서는 중기관총과 경기관총을 보유하였다. 경찰도 기병총과 권총을 각각 한 자루씩 갖고 있었다. 1933년 1월 14일, 그들은 또 11식 경기관총 10정, 44식 기병총 60정, 38식 보총 탄환 92,000발을 접수하였다.[44] 1934년 7월, 각 경찰서, 분서는 이미 중기관총 5정, 경기관총 69정을 갖고 있었다. 그 후 총영사관에서는 또 경기관총 19정, 보병포 5문, 투광기 25부, 적단통 119개를 요구하였다.[45]

장비 면에서 각 영사관은 철갑모(鋼盔)와 소형 무선전화기를 구비하였다. 철갑모는 간도, 길림, 하얼빈 등지의 일본영사관이 신청하였으며, 1932년 7월 15일 외무대신의 비준을 거쳐 간도에 350개, 길림에 100개, 하얼빈에 250개 합계 700개를 발급하였다.[46] 소형 무선전화기는 1934년 2월 20일 외무대신이 비준한 후 우선 반만 항일 근거지 부근인 간도의 대두천 분서와 소련과 인접한 마적달분서에 간편한 소형 무선전화를 제공하기로 결정하였다.[47] 같은 해 6월 14일과 16일 두 분서에 무선전화기를 배치하였다.[48] 그 후 기타 분서에서도 무선전화기를 배치하였다.

교통 공구로 1934년 9월 이전 각 경찰서와 분서에 경비용 자동차 22대, 장갑차 9대를 배치하였다. 이에 간도총영사관에서는 장갑차 5대를 요구하였다.[49] 망원경도 요구되었다. 1934년 7월 간도의 각 영사관 경찰기구에는 망원경이 모두 28개 있었다. 그중 조양천, 개산둔, 위자구, 도

---

44　日本外務省 편, 1998, 앞의 책 25, 232쪽.
45　日本外務省 편, 1998, 위의 책 26, 97쪽.
46　日本外務省 편, 1998, 위의 책 25, 138쪽.
47　日本外務省 편, 1998, 위의 책 26, 77쪽.
48　日本外務省 편, 1998, 위의 책 26, 89~90쪽.
49　日本外務省 편, 1998, 위의 책 26, 97쪽.

문, 대두천, 소삼차구 등 6개 분서를 제외한 다른 경찰서와 분서는 모두 망원경을 구비하였다. 8월 총영사는 외무성에 망원경 32개를 더 요구하였다.[50]

이렇게 북간도 지역 일본영사관 경찰기구는 설치된 후부터 지속적으로 무기장비를 강화하여, 만주사변 이후 이미 일본 정규군의 무기장비와 비슷한 수준에 도달하였다. 북간도 지역 영사관 경찰기구의 무기장비 총수량은 만주 지역 영사관 경찰기구의 무기장비 총수량에서 상당히 많은 비중을 차지하였다. 1937년 만주 지역 일본영사관 경찰기구의 무기장비를 정리하면 〈표 6-8〉과 같다.

〈표 6-8〉 1937년 6월 30일 북간도 지역 무기가 만주 지역 무기에서 차지하는 비중(단위: 개, %)

| 무기 종류 | 동북지역 영사관 경찰기구 | 북간도 지역 영사관 경찰기구 | |
|---|---|---|---|
| | 무기 수량 | 무기 수량 | 동북지역에서의 비중 |
| 중기관총 | 11 | 5 | 45.5 |
| 중기관총 탄알 | 44,747 | 31,646 | 70.7 |
| 경기관총 | 168 | 77 | 45.8 |
| 보총 | 184 | 99 | 53.8 |
| 기병총 | 1,450 | 754 | 52 |
| 삼팔식보총 탄알 | 1,142,808 | 425,282 | 37.2 |
| 모젤권총 | 473 | 181 | 38.3 |
| 모젤권총 탄약 | 50,779 | 25,402 | 50 |

---

50 日本外務省 편, 1998, 앞의 책 26, 105쪽.

| | | | |
|---|---|---|---|
| 소형권총 | 188 | 67 | 35.6 |
| 소형권총 탄알 | 29,890 | 19,552 | 65.4 |
| 스미스 권총 | 355 | 315 | 91.5 |
| 스미스 권총 탄알 | 38,071 | 30,625 | 80.4 |

출처: 일본 외무성 편, 1996, 『外務省警察史』 9, 314~316쪽.

〈표 6-9〉 1937년 6월 30일 북간도 지역 장비가 만주 지역에서 차지하는 비중(단위: 개, %)

| 장비 종류 | 동북지역 영사관 경찰기구 | 북간도 지역 영사관 경찰기구 | |
|---|---|---|---|
| | 장비 수량 | 장비 수량 | 동북지역에서의 비중 |
| 무선전화 | 20 | 8 | 40 |
| 경찰전화 | 58 | 52 | 89.6 |
| 승용차 | 35 | 16 | 45.7 |
| 장갑차 | 19 | 10 | 52.6 |
| 오토바이 | 7 | 7 | 100 |
| 자전거 | 105 | 46 | 43.8 |
| 기마 | 54 | 37 | 68.5 |
| 철갑모 | 626 | 327 | 52.2 |
| 방단의 | 157 | 73 | 46.5 |
| 망원경 | 79 | 34 | 43 |
| 조명등 | 66 | 43 | 65.2 |
| 구호상자 | 118 | 48 | 40.7 |
| 격검방호구 | 751 | 409 | 54.5 |

출처: 일본 외무성 편, 1996, 『外務省警察史』 9, 316~318쪽.

〈표 6-8〉, 〈표 6-9〉를 보면, 12가지 무기 중에서 북간도 지역 경찰기구는 7가지 무기 수량이 만주 지역 영사관 경찰기구 무기 수량의 50퍼센트 이상을 차지하였다. 마찬가지로 13가지 장비 중에서 북간도 지역 경찰기구는 7가지 장비 수량이 만주 지역 영사관 경찰기구 장비 수량의 50퍼센트 이상을 차지하였다. 북간도 지역이 당시 만주에서 제일 큰 유격구였기 때문이다.[51]

물론 북간도 지역 이외에 다른 조선인 거주 지역의 영사관 경찰기구에서도 적지 않은 무기를 보유하였다. 중기관총은 북만 동부의 하동, 해림, 신안진 3개 경찰기구에 각각 1정씩, 그 탄환은 각각 3,920발, 2,160발, 2,100발을 분배하였다. 경기관총은 하동, 일면파, 목단강, 영안, 신안진, 동경성, 해림 등 7개 경찰기구에 각각 1정 내지 4정을 분배하였다. 기병총은 하동, 일면파, 목단강, 영안, 신안진, 동경성, 해림, 횡도하자 등 7개 경찰기구에 각각 5정 내지 17정을 분배하였다. 무선전화기는 하동, 일면파, 목단강, 영안, 신안진 5개 경찰기구에 각각 1대씩 분배하였다. 기타 장비도 이와 비슷하다. 이렇게 북만 동부 조선인이 많은 지방의 영사관 경찰기구에 무기장비를 많이 분배한 것은 만주사변 후 북만 동부 조선인들이 주하유격대, 영안유격대, 요하유격대, 밀산유격대 등 반만 항일유격대를 조직하여 만주국과 소련 국경지대에서 항일투쟁을 활발히 진행하였기 때문이다.

남만 지역에서는 주로 통화분관 경찰서에 대량의 무기장비를 분배하였다. 1934년 4월 5일 통화분관에 15명의 경찰을 파견할 때, 11식 경기관총 1정, 44식 기병총 13자루, 모젤권총 15자루, 소형권총 1자루와 수천 발 탄약과 망원경 등을 제공하였다.

---

51　日本外務省 편, 1998, 앞의 책 24, 105쪽.

## 2. 만주사변 전 영사관 경찰의 한국 독립운동에 대한 탄압

### 1) 한국 독립운동가에 대한 감시와 체포

만주사변 이전, 일본영사관 경찰기구에서는 줄곧 조선인 독립운동가에 대한 체포를 한국 독립운동을 진압하기 위한 가장 중요한 임무로 삼았다. 1921년 3월 일본 외무성은 간도총영사관에 대한 지시로 "간도 지방 경찰은 보통경찰 사항을 제외한 외에 특별히 불령선인의 언행을 조사하고 그들을 취체, 체포하는 것을 중점적인 임무로 한다"고 규정하였다.[52] 1923년 10월 15~18일까지 간도총영사관에서는 경찰서장과 분서장 회의를 소집하였다. 회의에서 총영사는 간도 지방 경찰관의 주요임무를 중대정치범 사건에 대한 취체와 체포임을 분명히 밝혔다.[53] 1925년 10월 간도 총영사는 각 분관 주임한테 보낸 통지에서 "만약 취체의 실적을 얻으려면 마땅히 체포를 제1순위에 놓아야 한다"고 하였다.[54] 1929년 10월 14~16일까지 총영사관에서 진행한 경찰서장, 분서장 회의에서 간도 총영사 오카다는 러시아와 인접한 간도 지역은 사회주의 사상이 유입될 수 있는 지역임을 재차 강조하기도 했다.[55] 총영사관 경찰부장 아이바 기요시(相場淸)도 "현재, 가장 주의해야 하는 것은 사상 범죄 체포"라고 말할 정도로 간도 지역 독립운동은 일본 외무성이 가장 신경 쓰는 사안이

---

52  日本外務省 편, 1998, 앞의 책 23, 133쪽.
53  日本外務省 편, 1998, 위의 책 22, 226쪽.
54  日本外務省 편, 1998, 위의 책 23, 133쪽.
55  日本外務省 편, 1998, 위의 책 23, 340쪽.

었다.[56] 1930년 5월 외무성에서는 간도 지역 일본영사관의 임무를 한국 독립운동에 대한 중대 인물을 체포하는 것이라고 명시하였다.[57]

체포 수단 가운데 가장 우선시되는 것은 '주모자'에 대한 체포이다. 1931년 1월 30일, 훈춘분관에서 소집한 공산주의 단속에 관한 협의회에서도 공산주의 주모자 체포를 제1의 임무로 확정하였다.[58] 그 이유는 주모자에 대한 체포와 심문을 통하여 더 많고 더 확실한 증거를 얻을 수 있고, 이에 근거하여 한국 독립운동 단체를 '일망타진' 할 수 있기 때문이었다. 총영사관에서는 각지 경찰기구에 주력을 집중하여 주모자에 대한 체포를 요구하였다.

영사관 경찰의 효과적인 체포 활동을 진행하기 위해 영사관에서는 적지 않은 방안을 강구하였다. 북간도 지역 영사관 경찰기구의 방안이 가장 일반적이다. 그 구체적 조치는 다음과 같다.

첫째, 북간도 지역 영사관 경찰기구는 우선 조선인의 독립운동 및 일본의 대책에 대해 종합적인 연구를 진행하고 경무회의를 자주 열어 행동을 통일하면서 체포 활동의 기초를 마련한다는 것이다. 북간도 지역 각 경찰기구의 한국 독립운동 인사들에 대한 체포 관련 연구는 〈표 6-10〉과 같다.

---

56　日本外務省 편, 1998, 앞의 책 23, 341쪽.
57　日本外務省 편, 1998, 위의 책 23, 425쪽.
58　日本外務省 편, 1998, 위의 책 24, 166쪽.

〈표 6-10〉 간도 지역 경시, 경부, 경부보, 분서장, 대리부장 체포 문제에 관한 연구과제(1925년)

| 연구과제 | 소속경찰기구 | 연구자 |
| --- | --- | --- |
| 첩보공작에 관하여 | 경찰부장 | 스에마쓰(末松) 경시 |
| 부임 후 불령선인 체포 방면에서 채취한 조치에 관하여 | 총영사관 경찰서장 | 후루야마(古山) 경부 |
| 지나인과 조선인 관계 문제에서 원칙 | 달라자 분서장 | 오가와라(大河原) 경부 |
| 마적과 불령선인의 연혁, 계통과 행동 상황에 관하여 | 경찰부 | 아쿠타가와(芥川) 경부 |
| 간도 지방거주 조선인의 사상 현황에 관하여 | 국자가분관 경찰서장 | 사이토(齋藤) 경부 |
| 경비와 불령선인 체포 시 선 손 쓰는 책략에 관하여 | 흑정자 분서장 | 쇼지(小路) 경부 |
| 혼춘 지방 거주 조선인의 사상 현황에 관하여 | 혼춘분관 경찰서 | 하세가와(長谷川) 경부 |
| 대정11년 이래 조선인 간도 이주 원인과 상황에 관하여 | 경찰부 | 최(崔) 경부 |
| 현직에서의 불령선 체포 실적에 관하여 | 국자가분관 경찰서 | 조(趙) 경부 |
| 마적 경계와 불령선인 체포 시 지나 군경과의 연락 방면에서의 주의사항에 관하여 | 혼춘분관 경찰서 | 시로노(城野) 경부 |
| 경비와 불령선인 체포 시 선 손 쓰는 책략에 관하여 | 가야하 분서장 | 야마구치(山口) 경부보 |
| 선인 비적 체포를 위한 평소의 조치에 관하여 | 의란구 분서장대리 | 아사미(淺見) 순사부장 |

출처: 일본 외무성 편, 1998, 『外務省警察史』 23, 134쪽.

한국 독립운동가를 효과적으로 체포하기 위해 영사관 경찰 간부들은 조선인의 이주, 사상, 불령선인의 연혁·계통·행동 등 방면의 각종 정보, 그리고 다양한 체포 수단과 방법에 대해 전문적으로 연구하였다.

둘째, 간도총영사관 경찰부에서는 극히 엄밀한 감시조치를 취하였다. 그중 가장 중요한 것은 영사관 경찰기구 내에 전문적인 첩보기구를 설치한 것과 밀정(간첩, 첩자, 밀탐, 정탐, 특무)을 사용한 것이었다. 이런 조치는 1918년 영사관 경찰기구가 잡거구역으로 확장할 때부터 시작되었다. 1918년 4월 26일 간도 총영사대리 스즈키는 외무대신 고토에게 영사관 경찰기구의 잡거구역 확장을 계기로 총영사관과 분관에 첩보(諜報) 공작과 관련된 상설기구를 설치할 필요가 있다고 했다. 또한 총영사관 경찰서 내에 첩보본부를 설치하여 정보를 수집하고 아울러 한국 독립운동가와 중국인 친일분자를 회유하여 정확한 정보를 지속적으로 얻을 수 있는 방법이 필요하다고 했다.[59] 경비는 매달 총영사관에서 60원, 각 분관과 백초구출장소에서 35원, 합계 한 달에 200원이 필요하였다.[60] 일본이 설치했던 정보기구는 한국 독립운동의 단체와 인물을 정탐하는 데 주력하였다.

경신참변 이후 잡거구역에 영사관 경찰기구를 확장할 때 두 가지 이유로 전문 첩보기구를 설치하였다. 첫 번째 이유는 조사 및 감시가 영사관 경찰의 임무로 규정되었기 때문이다. 1921년 3월, 간도총영사관의 스에마쓰 경시는 보통경찰 사항 외에 한국 독립운동가들의 언행을 조사하는 데 역점을 두고 그들을 감시하고 체포해야 한다고 했다.[61] 이런 조사와

---

59  日本外務省 편, 1998, 앞의 책 19, 186~187쪽.
60  日本外務省 편, 1998, 위의 책 19, 186~187쪽.
61  日本外務省 편, 1998, 위의 책 21, 153쪽.

감시는 비밀리에 진행할 수밖에 없었기 때문에 당연히 적지 않은 조선인 밀정을 이용해야 했다. 두 번째 이유는 영사관 경찰 인원이 크게 부족했기 때문이다. 영사관 경찰기구를 확장하는 것은 일본군의 점령지에서 불법적으로 진행하였다. 더욱이 각 분서는 상부지와 멀리 떨어진 조선인과 중국인의 잡거지구에 분산되어 있기 때문에 적은 수의 경찰력이 조선인 마을을 상세하게 조사할 수 없었다. 1921년 3월 간도총영사관 스에마쓰 경시는 "이번 증원되는 경찰관이 매우 적은 데다가 각지에 분산되어 있기에, 첩보기구를 확장하여 사전에 각종 사건을 정찰하고 각 경찰서 간에 서로 통보하고 또 조선 방면의 군대와 경찰에게 통보하고 서로 밀접한 연락을 유지할 필요가 있다"고 주장하였다.[62]

이에 따라 1921년 6월 27일 「간도 일본총영사관 경찰부 사무분장 규정」에 근거하여 경찰부 내에 첩보기구인 고등경찰계(高等警察係)가 신설되었다. 고등경찰계는 첩보 근무에 유관된 사항을 장악하였다. 즉 각지에서 온 정보, 기타 관청에서 온 정보 및 자기가 정찰한 정보를 취사 판단하고 이를 유관 부문에 통보하는 것이 고등경찰의 임무였다.[63] 마찬가지로 각 분서에서도 상관 고등계와 특무사무에 관한 전문인원을 배치하였다. 간단히 말하면, 경찰부의 고등경찰계와 분관 경찰서의 고등계 및 분서의 유관경찰이 바로 첩보 활동에 종사하는 '상설기구'이다. 이러한 상설기구는 그 후 동북 각 지구 각 영사관에도 연이어 설치되었다.

각 영사관 경찰기구에서는 첩보기구와 첩보공작을 매우 중요하게 여겼다. 총영사관에서는 경찰부장 스에마쓰가 직접 첩보공작을 책임지고

---

62　日本外務省 편, 1998, 앞의 책 21, 153쪽.
63　日本外務省 편, 1998, 위의 책 21, 29~33쪽.

연구하였다. 1925년 11월, 그의 연구과제가 「첩보공작에 관하여」였다.[64] 간도총영사관의 첩보공작에 관한 중시는 특무강습회에서도 나타난다. 1922년 총영사관은 외무성에 "일 년에 한 번씩 약 열흘간 총영사관에서 특무강습회를 소집하여 첩보공작 능력을 제고할 것"을 제기하였다.[65] 1923년 8월 10일부터 일주일간 총영사관에서는 첩보공작의 강력한 지도를 강화하기 위해 처음으로 북간도 각 영사관 경찰기구의 순사부장 강습회를 조직하였다.[66] 참가자들은 총영사관 경찰서, 남양평분서, 동불사분서, 국자가분관 경찰서, 양수천자분서, 두도구분관 경찰서, 이도구분서, 혼춘분관 두도구분서, 흑정자분서, 백초구분관 경찰서 등 경찰기구 순사부장 15명이다. 강습자는 스에마쓰 경시, 마쓰이(松井) 경부보, 혼다(本田) 경부보, 아쿠다가와 초우지(芥川長治) 경부였다. 강습 내용은 첩보복무, 보고문과 약도의 기재방법 등이었다.

첩보공작에 대한 중시는 첩보 인원에 대한 물색과 보호에서도 나타났다. 첩보 인원에 대한 물색은 간도총영사관에서 1922년 11월에 11개 요구를 제기하였다. 그중 "마적 또는 불령선인자 중에서 선정"함으로써 "판단상의 착오를 피면할 것", "첩자의 보고는 될수록 증거를 들어쥐는 것과 사실을 요구할 것", "첩자의 보수는 성적에 따라 지출할 것" 등이 포함되었다. '불령선인'에 익숙한 자를 선정하려면, 당연히 조선인 중에서 물색해야 했다. 이러한 간첩, 밀정, 특무들의 안전을 보증하기 위해 1925년 9월 1일 간도총영사관에서는 각 분관 주임한테 훈령을 보내어 간첩은 시

---

64 日本外務省 편, 1998, 앞의 책 23, 133~134쪽.
65 日本外務省 편, 1998, 위의 책 21, 338~339쪽.
66 日本外務省 편, 1998, 위의 책 21, 190~191쪽.

종 간첩으로 사용해야 하고 그들이 경찰기관의 간첩 신분이라는 점이 폭로되지 않게 활동할 것을 강조하였다.[67]

일본 외무성은 간첩 활동에 대량의 경비를 투입하였다. 영사관에는 한국 독립운동 역량을 단속하는 특수비용, 즉 재외 조선인 보호취체비와 재외거류민 임시 보호비를 책정하였으며, 그 가운데 기밀비와 첩보비가 포함되어 있었다. 1927~1937년 재외 거류민 임시보호비 가운데 기밀비는 보통 94,500~15,000원이고, 첩보비는 27,000~33,000원 정도였다. 이러한 특별비용이 있었기 때문에 영사관에서는 장기적으로 많은 밀정을 사용할 수 있었다. 기밀비와 첩보비에 대해 심여추(沈茹秋)는 "일본은 우월한 금전의 힘으로 일본에 귀순한 조선인을 이용하여 조선인의 내막을 정찰하고 현실에 맞게 문제를 대처하였기 때문에 조선인에 대한 모든 처리는 기대한 효과를 보지 않은 것이 없었다"고 평가했다.[68] 이는 영사관이 대량의 금전으로 조선인을 매수하여 밀정 역할을 부여하였으며, 이들을 이용해 조선인 반일세력에 대처하였음을 알 수 있다.

영사관에서 사용하는 조선인 밀정 규모와 금전의 관계는 1921년 재외 조선인 보호취체비 예산을 통해 잘 알 수 있다. 취체비는 주로 중국 각지 조선인에 대한 보호취체비로서 조선인이 많은 간도와 동변도지구의 영사관에서 많이 사용되었다. 취체비 총액은 507,482원인데, 그중 기밀비 총액은 223,835원, 첩보비 합계는 64,920원, 밀정비는 48,000원으로 밀탐 160명에게 매달 평균 50원을 지불하였다.[69] 취체비 중에서 기밀비는 약

---

67 日本外務省 편, 1998, 앞의 책 23, 128~129쪽.
68 沈茹秋, 1987, 『延边调查实錄』, 延边大学出版社, 51쪽.
69 日本外務省 편, 1996, 위의 책 8, 28쪽.

44.1퍼센트를 차지하고 기밀비 중에서 첩보비는 약 29퍼센트를 차지하며 첩보비 중에서 밀정비는 약 73.9퍼센트를 차지하였다.

이렇게 많은 첩보비, 밀정비는 실질적으로 한국 독립운동가를 체포하는 데 큰 역할을 하였다. 이에 대해 독립운동가 심여추는 "일본이 금전의 힘을 이용하여 조선인 정탐을 사용하거나 또는 매수하여 몰래 내통하였기 때문에 공산당의 음모 계획이 있을 때마다 일본 경찰서는 수시로 경찰을 파견하여 반일지사를 체포하였다. 최근 대규모 체포는 모두 네 차례였는데 체포된 수는 100여 명 정도"라고 했다.[70] 여기서 말하는 네 차례의 큰 체포사건은 바로 '간도공산당사건'이다.

일본영사관 경찰의 첩보공작에 대하여 외무성, 주만주국대사관, 관동군에서는 크게 고무되었다. 1922년 7월, 외무성에서는 간도총영사관의 정보처리가 거의 완전무결에 이르렀다고 칭찬하였다.[71] 1921년 6월 29일 총영사관 경찰부 고등경찰계에서는 밀정들의 감시 활동을 효과적으로 진행하기 위해 각 경찰서와 분서에 한국 독립운동가 및 독립운동 단체에 관한 '명부(名簿)'를 발급하였다.[72] 이 명부는 아홉 가지 유형으로 나누었는데, ①「요시찰인 명부」, ②「요시찰 내지 및 외국출국자 명부」, ③「유학생 명부」, ④「외국인 명부」, ⑤「거주자 금지 명부」, ⑥「신문기자, 통신원 명부」, ⑦「단체 명부」, ⑧「종교 명부」, ⑨「학교 명부」 등이다. 이 가운데 「요시찰인 명부」는 중요한 감시 대상의 이름이 상세하게 적혀 있었고, 반드시 항일운동의 전력과 일본에 협조하지 않은 독립운동 단체의 인물

---

70 沈茹秋, 1987, 앞의 책, 54~58쪽.
71 日本外務省 편, 1998, 앞의 책 22, 34쪽.
72 日本外務省 편, 1998, 위의 책 21, 216쪽.

들이 적시되었다. 「요시찰 내지 및 외국출국자 명부」는 북간도 지역 조선인으로서 북간도를 떠난 자에 대한 명부이다. 「유학생 명부」는 간도에 거처가 있지만 일본 유학을 갔거나 간도 이외에 가 있는 자를 기재한 명부이다. 「외국인 명부」는 중국인 이외의 외국인을 기재한 명부이다.

영사관 경찰의 조선인에 대한 체포 활동은 매우 큰 효과를 거두었다. 가장 대표적인 실례는 용정에서 발생한 'CK단 사건'이다.[73] 1920년대 초, 고려공산당, 고려청년회 등 공산주의 단체와 그 외곽 조직은 북간도에서 사회주의를 선전하고 반일투쟁을 전개하였다. 1923년 8월 10일 러시아에 유학한 학생들이 친목회를 조직하여 CK단 명의로 용정에서 선전물을 뿌리면서 일제의 침략 죄행을 폭로하였다. 그들은 8월 29일 한일강제병합일에 대규모 반일투쟁을 계획하였다. 8월 27일 밤, 이 정보를 탐지한 간도 총영사관 경찰은 학생들을 급습하여 동흥중학교 학생 11명, 영신중학교 학생 2명과 기타 반일인사 3명, 합계 16명을 체포하고 반일 선전물 수백 부를 압수하였다. 이것이 CK단 사건이다.

셋째, 수사와 체포 과정에 얻은 증거물을 강조하였다. 증거물이 있어야 독립운동가를 재판할 근거가 되었다. 그뿐만 아니라 더 많은 반일지사를 체포할 수 있는 실마리를 찾을 수 있었다. 1925년, 간도 총영사 스즈키는 각 분관 주임에게 보내는 훈령에서 "불령선인이 암암리에 행동하기 때문에 가장 중요한 것은 사실 증거를 확보하는 것"이라고 했다.[74] 1931년 1월 30일, 혼춘분관에서 소집한 영사관협의회에서는 간첩을 이용하여 사

---

73　日本外務省 편, 1998, 앞의 책 22, 209쪽.
74　日本外務省 편, 1998, 위의 책 23, 129쪽.

전에 공산당 내정을 똑똑하게 조사하는 것이 중요하다고 강조하였다.[75] 증거를 수집하는 정보 공작은 영사관 경찰 사무에서 아주 중요하기 때문에 북간도지구 각 경찰서와 분서는 모두 1, 2명의 특무 순사를 배치하여 전문적으로 정보 활동에 종사하였다.

유관 증거물을 수집하기 위해 영사관 경찰기구에서는 조선인 사이에 오고 간 서신과 교제할 때의 언행을 매우 중시하였다. 1926년 간도총영사관 경찰부장은 "최근 민족주의와 공산주의 사상을 선전하기 위해, 조선 내지와 중국 각지, 연해주 지역에서 간도에 출입하는 자들이 증가하였으며, 그들은 신사상을 가지고 독립운동을 전개하고자 하니 영사관 경찰들은 오가는 서류를 주도면밀하게 정찰하고 그들의 언행을 감시하여 체포에 필요한 증거를 수집해야 한다"고 강조했다.[76]

영사관 경찰은 수사할 때마다 대량의 물증을 압수하였다. 예를 들면, 1929년 가을부터 총영사관 경찰서는 북간도에서 빈번하게 출몰하는 혁신의회 제3분회의 조직 계통, 연락지점, 임시 거처 등에 대한 정찰을 진행하였다. 그리고 나서 12월 11일 순사부장 하세가와 기요시(長谷川淸) 등은 경찰 14명을 거느리고 용정 시내 외의 11개 지점에서 동시에 혁신의회 대원 15명을 체포하고 권총 3자루, 탄약 18발, 도장 3개, 서류 5종, 등사기 등을 몰수하였다.[77]

증거를 몰수하는 목적은 독립운동가, 독립운동 단체의 상세한 정황을 이해하여 체포 행동을 더 유리하게 하기 위해서였다. 이를테면 1927년 영

---

75 日本外務省 편, 1998, 앞의 책 24, 166쪽.
76 日本外務省 편, 1998, 위의 책 23, 190쪽.
77 日本外務省 편, 1998, 위의 책 23, 373쪽.

사관 경찰기관에서는 '제1차 간도공산당사건'에서 몰수한 증거를 분석하여 다음과 같은 다섯 가지 정황을 알 수 있었다고 했다.

① 조선공산당 활동계획의 전모, ② 조선공산당 만주총국의 활동계획, ③ 조선공산당 동만도 간부와 당원의 정황, ④ 이런 단체와 러시아 기타 지방과의 관계, ⑤ 만주에 특별히 설치한 민족주의 단체 기층조직의 존재이다.[78] 이처럼 영사관 경찰기관에서 1923~1931년 사이에 몰수한 증거물은 73,872건에 달하였다(〈표 6-11〉 참조).

〈표 6-11〉 1923~1931년 간도지구에서 몰수한 "불령문건" 상황(단위: 개, 건)

| 연도 | 종류 | 불령문서건수 | 연도 | 종류 | 불령문서건수 |
| --- | --- | --- | --- | --- | --- |
| 1923 | 122 | 4,028 | 1928 | 359 | 6,389 |
| 1924 | 164 | 3,450 | 1929 | 412 | 3,858 |
| 1925 | 201 | 4,408 | 1930 | 551 | 27,006 |
| 1926 | 259 | 3,206 | 1931 | 881 | 11,112 |
| 1927 | 330 | 10,415 | 합계 | - | 73,872 |

출처: 일본 외무성 편, 1998, 『外務省警察史』 24, 243쪽; 일본 외무성 편, 1998, 『外務省警察史』 26, 257쪽.

넷째, 체포 행동 과정에 각 경찰기관의 상호협조를 특별히 강조하였다. 한국 독립운동이 만주 각 지방과 연계하여 동시에 진행되었기 때문에 영사관에서도 항일 독립운동가에 대한 체포는 각 지방 경찰기구의 협조가 없으면 불가능하였다. 1923년 10월 15일, 간도총영사관에서 소집한

---

[78] 日本外務省 편, 1998, 앞의 책 23, 252쪽.

경찰서장, 분서장 회의에서는 한국 독립운동가를 체포할 때 각 영사 경찰기관에서 밀접하게 연계하여 서로 합작할 것을 강조하였다.[79] 1925년 9월, 간도 총영사 스즈키도 각 분관 부임에게 한국 독립운동가를 체포할 때 유관 경찰기관과 주도면밀하게 연락을 취하고 진행할 것을 주문하였다.[80]

1921년 6월 21일 간도총영사관에서는 「비상동원경계규정(非常動員警戒規程)」을 제정하였다. 이 규정에서 총영사와 각 분관 주임은 긴급 상황에 기타 영사관 경찰을 동원하고 연합시켜 하나의 '경찰대'를 조직할 수 있다고 했다. 영사관 경찰의 체포 활동으로 많은 독립운동가들이 체포되었다. 통계에 따르면, 1923~1931년 사이 북간도 지역 영사관 경찰이 체포한 한국 독립운동가는 2,698명에 달하였다고 한다.[81] 그중에 1927~1931년 사이 체포된 공산주의자는 2,270명이다.[82] 이는 체포된 자의 84퍼센트를 점한다. 이들은 대부분 조선공산당, 고려공산청년회, 중국공산당, 농민협회 등 단체의 혁명자들이다.

같은 시기, 남·북만 지역에서도 적지 않은 조선인 반일지사들이 영사관 경찰에게 체포되었다. 통계에 따르면, 1923~1931년 남·북만 지역의 영사관 경찰기구에 구류된 조선인은 모두 1,005명이다.[83] 이처럼 북간도에서 체포된 조선인은 남·북만 지역에서 체포된 조선인보다 훨씬 더 많다는 것을 알 수 있다.

---

79　日本外務省 편, 1998, 앞의 책 22, 220쪽.
80　日本外務省 편, 1998, 위의 책 23, 129쪽.
81　日本外務省 편, 1998, 위의 책 24, 224쪽.
82　日本外務省 편, 1998, 위의 책 23, 289, 315쪽.
83　日本外務省 편, 1997, 위의 책 18, 256~259쪽.

## 2) 영사관 경찰이 조작한 5차 '간도공산당사건'

소위 간도공산당사건은 1927년 10월부터 1931년 2월까지 '체포 제일주의' 방침을 내세운 일제 경찰이 간도 지역 조선인 독립운동을 탄압한 중대한 사건이다. 이 사건에서 일제는 직접 북간도 지역의 간도총영사관과 기타 분관 경찰서, 분서의 경찰을 출동시켜 수많은 항일독립지사를 체포하였다. 게다가 한 차례로 그친 것이 아니라 다섯 차례에 걸쳐 진행되었다.

1926년 10월, 조선공산당 만주총국[84]은 일제를 타격하기 위해 1927년 5월 1일부터 조선인 군중을 발동하여 항일시위운동을 조직하였다. 이에 간도총영사관 경찰서에서는 경찰과 밀정을 동원하여 엄밀하게 감시한 결과, 동만 지역의 여러 단체들이 용정시에서 활동하고 있다는 정보를 입수하였다. 그 대표가 정재윤(鄭在潤, 安基成이라고도 함)이라는 것도 탐지하였다. 1927년 9월 20일, 북간도 각지의 조선공산당 조직에서는 용정의 대성중학교에 모여 비밀회의를 열고 10월 2일에 대규모 반일 시위를 진행함으로써 조선공산당에 대한 경성지방법원의 체포·공판에 항의하고 조선공산당의 영향력을 확대하기로 결정하였다. 그러나 10월 2일에 비가 많이 내려 시위운동을 진행할 수 없었다. 이에 시위운동의 지도층은 다시 정재윤의 집에 모여 회의를 열고 시위운동을 연기하여 3일에 진행하기로 결정하였다. 이 회의에 관한 정보를 탐지한 간도총영사관 경찰서에서는 그날 오후 1시에 즉시 경찰을 출동시켜 정재윤의 가택을 포위하고 주모

---

[84] 동만구역국은 1927년에 '간도' 지역에 당 조직이 19개나 되었다(李鴻文, 1995, 『30年代朝鮮共産主義者在中國東北』, 東北師大學出版社, 15쪽). 동만구역국은 정식당원과 후보당원이 107명이었다(『特高月報』, 1930년 6월호, 75쪽).

자 및 당원을 체포하였다. 그중에는 조선공산당 만주총국의 조직부장 최원택(崔元澤), 동만구역국 서기 안기성, 선전부장 현칠종(玄七宗), 위원 이주화(李周和) 및 일부 혁명군중이 있었다.[85] 동시에 「조선공산당 만주 지방 단체 임시규정(朝鮮共產黨滿洲地方團體臨時規定)」, 「당원심득서(黨員心得書)」, 「당원 명부(黨員名簿)」, 「세포단체 일람표(細胞團體一覽表)」 등 중요 서류 37종과 도장 등을 압수하였다.[86]

그 후 영사관에서는 체포된 자들에 대한 심문자료와 몰수한 「당원 명부」, 「세포단체 일람표」에 근거하여 수사를 계속하였고, 수많은 항일투사를 체포하였다. 그중 29명은 10월 20일 조선총독부 재판소에 이송되었다.[87] 1928년 12월 27일 조선총독부 지방법원에서 29명에 대해 판결하였는데 모두 징역형에 처해졌다. 최원택은 6년, 안기성, 김지종(金知宗)은 각각 5년, 이주화 등 5명은 4년, 나머지 인원은 3년 6개월~1년까지 징역형을 언도받았다.[88] 이 사건이 제1차 간도공산당사건이다.

제1차 간도공산당사건이 발생할 때, 110명에 달하는 고려공산청년회 동만도 간부와 회원들은 일찍 용정을 떠났기 때문에 체포되지 않았다. 그러나 간도총영사관에서는 그들이 점차 공개적인 사상운동을 펼치고 있다고 판단하였으며, 이들에 대한 감시의 끈을 놓지 않았다. 또한 그들이 1928년 9월 2일 국제청년 기념일에 항일집회를 진행할 계획이라는 것을 탐지하였다. 이날 총영사관에서는 대규모 경찰이 출동하여 고려공산청년회 동만도 계열의 항일 인사 51명, 동만도 조선청년동맹 소속과 기타

---

85　金俊燁·金昌順, 1988, 『韓國共產主義運動史』 4, 清溪研究所, 385~387쪽.
86　日本外務省 편, 1998, 앞의 책 23, 254~255쪽.
87　日本外務省 편, 1998, 위의 책 23, 252쪽.
88　金俊燁·金昌順, 1988, 위의 책, 385~387쪽.

구성원 21명, 합계 72명을 체포하였다. 이 체포 활동은 제1차 간도공산당 사건과 달리 용정총영사관 경찰서에서만 진행한 것이 아니라 각 분관 경찰서 및 경찰분서에서도 동시에 진행되었다. 그 결과 간도총영사관 경찰서에서 30명, 혼춘분관 경찰서에서 8명, 국자가분관 경찰서에서 6명, 두도구분관 경찰서에서 13명, 백초구분관 경찰서에서 6명, 동불사분서에서 2명, 의란구분서에서 2명, 양수천자분서에서 1명, 걸만동분서에서 2명을 체포하였다.[89]

영사관에서는 그중에 49명을 경성지방법원으로 이송시켰고, 각각 징역 2년 내지 5년이 언도되었다. 여기에는 고려공산청년회 만주총국 동만도 책임비서(서기) 겸 조선공산당 만주총국 동만도 간부 위원 이정만(李正萬), 고려공산당청년회 만주총국 동만도 간부선전부장, 조선공산당 만주총국 동만도 책임비서(서기) 강만석(姜萬錫), 책임비서대리 임윤기(林允基), 고려공산청년회 용정군 간부 겸 조선공산당 만주총국 동만도 선전부장 김철산(金鐵山), 고려공산청년회 용정군 간부 겸 조선공산당원 최종호(崔鐘鎬) 및 고려공산 청년회 용정군 간부 김영호(金英鎬) 등이 포함되었다. 체포된 자들은 대부분 지식인들이었으며, 그 가운데 교원이 가장 많고 학생과 기자들도 많았다.[90]

이번 사건에서 체포된 자들은 고려공산청년회 및 조선공산당의 골간으로서 이 조직은 큰 타격을 입었다. 이에 대해 일제 경찰 측은 "우리 경찰기관에서는 한창 적화사상 보급과 단결을 기도하고 있는 고려공산청년회

---

89  경성지방법원검사국, 1928, 『공려공산청년회만주총국동만도간부회원체포시말』, 1928, 3~5쪽; 金俊燁·金昌順, 1988, 앞의 책, 190~191쪽.
90  金俊燁·金昌順, 1988, 위의 책, 389쪽.

동만도 간부 소속의 기층 조직회원 70여 명을 체포하였다"고 선전할 정도였다.[91] 이 사건이 제2차 간도공산당사건이었다.

1929년 11월 조선에서는 광주학생사건이 전국적으로 확대되었으며, 이는 만주 지역까지 파급되었다. 특히 북간도 지역에서 광주학생운동과 연계하여 적극적인 항일투쟁을 도모하였다. 당시 조선공산당 만주총국 선전부장에 취임한 장주련(張周璉, 별명은 張時雨)과 만주총국 동만도 서기 윤복송(尹福松), 선전부장 강석준(姜錫俊), 조직부장 한성(韓星), 당원 이동선(李東鮮) 등이 연길현 수신향 풍동에 있는 유태순(俞泰順)의 가택에서 동만도 간부회의를 소집하였다. 회의 내용은 동만의 각 군중단체 대표를 흡수할 것과 3·1운동 11주년 기념 위원회를 결성하는 것이었다. 1930년 2월 28일, 3월 1일, 소오도구에서 두도구 지역의 농민과 학생들은 대규모 항일시위운동을 일으켰다. 3월 5일 그들은 이 위원회를 전동만 폭동위원회로 개칭하고 5월 1일에 전 북간도 지역에서 항일투쟁을 준비하였다.

이 운동의 정보를 탐지한 일본영사관에서는 이미 엄밀한 감시를 진행하였다. 1930년 2월 27일 일본 외무대신은 조선인 항일투사가 간도 시가에 침입하였다면서 경찰관의 대항적 자세를 독려하였다.[92] 그리고 다음과 같은 주의 사항을 제기하였다.

> 첫째, 단속 방면에서 반드시 먼저 손을 써서 제압해야 한다. 둘째, 체포 행동을 취할 때 먼저 그들의 인수와 휴대한 총기의 종류, 수량을 똑똑히 알아야 한다. 반드시 체포 시간, 지점이 적당한지를 특별히 주

---

91  日本外務省 편, 1998, 앞의 책 23, 309쪽.
92  日本外務省 편, 1998, 위의 책 23, 428쪽.

의하여 연구한 다음, 경찰관이 충분히 준비하게 해야 한다. 셋째, 분서, 민회 혹은 금융부에 대한 습격을 방비하기 위해 될수록 각 분서의 경찰력을 충실히 하고 나아가 부근 분서와의 연락을 잘 해야 한다. 특히 야간 경계를 엄격히 해야 한다. 넷째 지방 치안을 유지하고 섭외 사건의 발생을 방지하기 위해 진일보 중국 당국과의 합작을 강화해야 한다. 다섯째 조선 측 경찰기관과의 연락을 강화해야 한다.[93]

그 후 총영사관 경찰서는 4월 14일 폭동 위원이 간부 비밀회의를 소집할 때 경찰을 출동시켜 항일투사에 대한 체포 활동을 진행하였다. 4월 말까지 동만도 선전부장 강석준 등 조선공산당 당원 17명과 청년회 평강구 간부, 용천동 책임자 전춘옥(田春玉) 등 40명, 합계 57명을 체포하였고, 전부 조선총독부 재판소로 압송을 결정하였다. 그중 조선공산당 만주총국 선전부장 장주련, 동만구역국 서기 윤복송, 선전부장 강석준 등 47명은 각각 징역 2년 내지 10년을 언도받았다.[94] 이것이 제3차 간도공산당사건이다.

1930년 5월, 북간도 지역의 조선인들은 중국공산당 연변당부의 지도 하에 기세 드높은 '붉은 5월 투쟁'을 전개하였다. 그들은 5월 30일을 전후하여 상해 참안기념일에 용정촌, 두도구를 중심으로 이도구, 약수동(藥水洞), 삼도구, 장인강(長仁江), 세린하(細鱗河), 국자가, 자동(子洞), 명월구(明月溝), 석문(石門), 팔도구(八道溝), 노도구(老頭溝), 동불사, 석건평(石建坪), 걸만동 등지를 포함한 북간도 각지에서 성대한 반일 시위행진과 무력 폭

---

93　日本外務省 편, 1998, 앞의 책 23, 399~400쪽.
94　金俊燁·金昌順, 1988, 앞의 책 4, 392~400쪽.

동을 준비하였다. 군중은 두도구 영사분관을 습격하고 친일단체인 조선인민회 가옥과 일본인 학교를 습격하였다. 천도(天圖)철도의 교각을 불태우고 용정발전소를 습격함으로써 일본 침략자들에게 큰 타격을 주었다. 그러나 일본영사관은 일찍부터 이 투쟁을 예측하고 감시하였다. 각지의 경찰서, 분서에서는 민중의 폭동을 참혹하게 진압하였다. 심지어 폭동 군중을 향해 기관총을 발사하기도 했다.[95]

그 후 간도총영사관 경찰서에서는 화룡현 영신사 동양구(和龍縣永新社東良口)에 ML파 조선공산당 폭동본부의 움직임을 탐지하였다. 이 본부는 항일무장투쟁을 준비하였다. 1930년 6월 10일 아침 총영사관 경찰서 경찰 11명은 동양구 본부를 습격하고 대장 김철(金喆) 등 22명을 체포하였다. 10여 건의 증거물을 압수하고 그들과 중국공산당과의 관계를 조사하여 밝혀냈으며 각 지방의 연계 기관을 확인하였다. 그날 총영사관 경찰서에서 체포한 항일투사들 가운데 화요파 7명, ML파 33명이 있었고 두도구분관 경찰서에서 체포한 항일투사는 31명이었다. 두 경찰서는 공동으로 11명을 체포하고 보총 5자루, 나팔 5개, 연제 산탄 약 1천 발과 화약을 압수하였다.[96]

7월 말 일본영사관 경찰기관은 조선인 항일투사 150여 명을 체포하였고 중국 측 경찰도 조선인 항일투사 200여 명을 체포하였다.[97] 일본은 체포된 35명을 경성지방법원으로 이송하였다. 재판 결과 조선공산당 동만도 서기 김근(金槿)은 사형을 언도받았으며, 다른 인사들은 징역 2년에서

---

95 金俊燁·金昌順, 1988, 앞의 책, 433쪽.
96 日本外務省 편, 1998, 앞의 책 24, 9쪽.
97 日本外務省 편, 1998, 위의 책 24, 191쪽.

무기형까지 언도되었다.[98] 이것이 제4차 간도공산당사건이다.

1930년 8월 1일부터 돈화, 액목, 교하 등지의 조선인 농민들은 8·1 길돈(吉敦) 폭동을 일으켜 신개도(新開道), 마호(馬號), 황니하(黃泥河), 관지(官地) 등지의 육군과 보안단의 병영, 공안국을 습격하였고 무기를 탈취하는 투쟁을 전개하였다. 간도총영사관 관할하에 있는 각지 경찰서에서는 중국 지방 군경과 함께 거사를 잔혹하게 진압하였다.

1930년 11월 영사관은 공비(共匪) 체포, 비해(匪害) 조사, 민정(民情) 시찰, 곡식 보호를 구실로 삼아 20~30명의 순찰대를 조직하여 14차례나 순찰하였다.[99] 주로 공비의 피해가 큰 지역과 평소 영사관 경찰력이 미치지 못하는 곳을 순찰하였는데,[100] 순찰대가 12월 15일까지 북간도 각지에서 체포한 조선인 항일투사는 440명에 달했다.[101]

1930년 8월부터 1931년 2월까지 간도총영사관 경찰서와 그 관할하에 있는 천보산, 동불사, 대랍자, 남양평 등 분서, 백초구분관 경찰서와 그 관할하에 있는 팔도구, 의란구분서, 두도구분관 경찰서와 그 관할하에 있는 이도구분서 등 경찰기관에서는 단독으로 혹은 서로 합작하여 723명의 한국 독립운동가를 체포하였다. 그중 총영사관 경찰서에서 체포한 수가 246명으로 가장 많았고 두도구분관 경찰서에서 체포한 수는 221명이었다.[102] 이에 일본은 성공적으로 적지 않은 공산당 당원과 간부를 체포하였고 그 조직을 파괴함으로써 중국공산당을 궁지에 빠트렸다고 판단하

---

98　金俊燁·金昌順, 1988, 앞의 책, 434쪽.
99　日本外務省 편, 1998, 앞의 책 24, 140쪽.
100　日本外務省 편, 1998, 위의 책 24, 194쪽.
101　日本外務省 편, 1998, 위의 책 24, 140쪽.
102　日本外務省 편, 1998, 위의 책 24, 195쪽.

였다.[103] 일본 외무성에서는 경상기밀비에서 3,190원의 위로 보조금을 간도총영사관에 제공하였다.[104] 이 사건이 제5차 간도공산당사건이었다.

## 3. 만주사변 후 영사관 경찰의 한인 항일운동에 대한 탄압

### 1) 영사관 경찰대의 한인 독립운동가 체포

만주사변 후 일본은 영사관 경찰의 조선인 항일투사에 대한 체포 활동을 더욱 강조하고 지속적으로 진행하였다. 1933년 10월 12일 영사관 경찰서장, 분서장 회의에서는 간도 지방 공비 체포 및 단속에 관한 건을 협의하였다. 이 회의에서는 공비토벌 취체 시 경찰관, 군대, 헌병의 상호 연락 협력하는 문제와 주모자를 체포하는 방침을 확정하였다. 그 방침은 영사관 경찰이 "정력을 집중하여 주모자를 체포하며, 첩보망을 확대하고 정확한 정보를 수집, 교환하며 항상 미리 손을 써서 체포하는 방법을 취하여 효과를 보아야 한다"는 것이다.[105] 일본은 독립운동가 체포에 앞서 첩보 활동의 중요함을 시종일관 강조하였다. 1935년 4월 주만주국대사관 경무부 제2과장은 고등경찰 주임회의에서 "불령선인 단체의 거점은 주로 만주국과 중국에 있고, 이 거점에 대한 조사와 취체는 영사관 경찰의 중

---

103 日本外務省 편, 1998, 앞의 책 24, 140쪽.
104 日本外務省 편, 1998, 위의 책 24, 179쪽.
105 日本外務省 편, 1998, 위의 책 26, 15쪽.

요한 책임이기에 경찰의 첩보 활동을 촉진함으로써 원만한 취체를 기대해야 한다"고 말하였다.[106] 같은 해 6월 관동군에서 제정한 1935년 관동군 치안 숙정 계획에 기초한 주만 일본 외무성 경찰 행동 요강에는 하얼빈, 길림, 간도, 봉천총영사관과 안동영사관 관할 내의 외무성 경찰관들이 반만 항일세력을 제거하기 위한 첩보와 수색 체포 활동을 원활하게 수행할 것을 특별히 강조하였다.

첫째, 이렇게 중요한 첩보 활동에 대해 1935년 2월 23일, 주만대사관 경무부는 간도총영사관 경찰부의 조치를 본받아 「고등경찰 복무 내규(高等警察服務內規)」[107]를 제정하였다. 이 「내규」에 따르면 검사, 취체 대상은 주로 요시찰인(要視察人), 요주의인(要注意人), 요시찰단체(要視察團體), 요주의단체(要注意團體)와 각종 운동 등이었다. 요시찰인은 특별 요시찰인과 정치 요시찰인, 노동 요시찰인, 보통 요시찰인 네 종류가 있다. 특별 요시찰인에는 무정부주의자, 공산주의자, 사회주의자 등이 포함된다. 정치 요시찰인에는 불온 과격 언론을 말한 자, 다른 사람을 시키거나 타인을 선동한 자, 배일사상을 선전한 자, 민족독립운동가 등이 포함된다, 요주의인에는 사상의 요주의인, 노동상의 요주의인, 이권 관련 요주의인, 언론의 요주의인, 일본 요주의인 등이 포함된다. 요주의단체에는 주로 반동단체, 노동단체, 정치단체, 민족단체 등이 포함된다. 그리고 주의하여 감시할 각종 주의 기념일은 3월 1일 한국독립기념일, 5월 1일 국제노동자 파업기념일, 8월 29일 한일강제병합일, 9월 1일 국제무산자의 기념일, 11월 7일 러시아혁명 기념일 등이었다.

---

106  日本外務省 편, 1996, 앞의 책 9, 121쪽.
107  日本外務省 편, 1996, 위의 책 9, 122~131쪽.

둘째, 만주국 주재 일본대사관 경무부는 각 민족 반일인사에 대해 중점 체포구역을 확정하였다. 1935년 10월 상순에 제정한 「전만 일제사상 대책 실시계획 대강(全滿一齊思想對策實施計劃大綱)」에서는 4대 지구를 중점 체포구역으로 확정하였는데, 봉천헌병대 관할구의 봉천(심양)·무순·청원·산성진·통화·본계호·봉황성·안동·대호산·장하·대련·영구·해성, 연길헌병대 관할구의 연길·용정촌·명월구·돈화·신점·길림·반석·이수구, 하얼빈헌병대 관할구의 하얼빈·쌍성·오상·주하·영안·소수분하·동녕·이수진·바절하·밀산·탕원·모아산, 승덕헌병대 관할구의 금주·산해관·조양 등이다.[108] 이러한 체포구역에서 승덕지구를 제외한 다른 지구는 반만 항일세력이 활발하게 활동한 지역이다. 따라서 일본은 이 지구의 반만 항일투사, 공산주의자 그 가운데 특별히 조선인을 체포하려고 했다.[109]

셋째, 주모자를 체포하려면 증거 수집이 우선이었다. 특히 북간도 지역에서 몰수한 증거가 가장 많았다. 1932~1936년까지 북간도 지역 영사관 경찰기구에서 증거로 압수한 '불령문서(不逞文書)'는 90,701부이며 매년 평균 약 18,140부에 달하였다.

〈표 6-12〉 1932~1936년 간도지구 '불령문서' 압수 상황(단위: 개, 부)

| 연도 | 종류 | 압수된 문서 부수 |
| --- | --- | --- |
| 1932 | 1,187 | 25,053 |
| 1933 | 2,716 | 45,584 |

---

108 日本外務省 편, 1996, 앞의 책 9, 162쪽.
109 日本外務省 편, 1996, 위의 책 9, 184쪽.

| | | |
|---|---|---|
| 1934 | 1,129 | 11,046 |
| 1935 | 849 | 7,268 |
| 1936 | 381 | 1,750 |
| 합계 | - | 90,701 |

출처: 일본 외무성 편, 1998, 『外務省警察史』 24, 257쪽

이렇게 몰수한 '불령문서' 중에는 중국공산당의 중요한 서류가 많이 들어 있었다. 이를테면 1935년 연길분관 의란구분서에서 수집한 「중공 중앙에서 만주성위에 보내는 지령, 동만특위에 보내는 조선문 복제지령」, 백초구분관 소삼차구분서에서 수집한 「중공동만특위당, 단연석대회 및 결의안」, 대두천분서에서 수집한 「동만특위근거지」(사진과 중요한 지도), 혼춘분관 경찰서에서 수집한 「블라디보스토크의 적색기관의 상황, 기타 소련에서 발행한 적색문헌」, 두도구분관 이도구분서에서 수집한 「인민혁명군의 동정」 등 중요한 서류가 포함되었다. 이러한 압수물에 대해 1935년 5월 주만주국 일본대사는 "공비 내부 정황을 폭로한 이렇게 많은 정보는 임무 집행 면에서뿐만 아니라, 치안경찰에 대하여 모두 적지 않은 도움이 되었다"[110]고 평가했다. 특히 그는 반만 항일세력이 소멸할 위기를 보이고 있다고 했으며, 간도총영사관의 정보 공작의 우수성을 칭찬했다. 왜냐하면 영사관 경찰은 이런 증거에 근거하여 주모자를 쉽게 체포할 수 있었고 또 관동군의 반일유격대에 대한 '토벌'을 효과적으로 진행할 수 있었기 때문이다. 1932년 10월 8일 봉천에서 소집된 제1차 경무회의에서 관동군사령관 무토 노부요시(武藤信義)는 "첩보, 정보수집과 선전 문제에

---

110  日本外務省 편, 1996, 앞의 책 9, 136쪽.

관하여, 역대로 (관동)군에 각종 정보를 제공한 영사관 경찰 정보기관에 실로 감격하지 않을 수 없다"고 자평하였다.[111]

영사관 경찰은 각종 첩보 활동에서 얻은 정보로 많은 반일분자를 체포하였다. 1931년 12월 29일, 약 200명의 조선인들은 석건평에 모여 반일시위를 진행하려고 준비하였는데, 사전에 이 정보를 탐지한 걸만동분서에서 경찰을 파견하여 운동의 '주모자' 6명을 체포하였다.[112] 1932년 3월 13일, 약 400명의 조선인들은 중국공산당의 지도하에 연길현 봉림동, 소모록구 일대에서 친일분자 7명에 대한 투쟁을 진행하였는데, 사전에 이 정보를 탐지한 간도총영사관 경찰서에서 경찰을 파견하여 이 운동의 '주모자'인 김봉준(金奉俊) 등 64명을 체포하였다.[113] 또 1932년 5월 1일 하얼빈총영사관 경찰서는 먼저 하얼빈 공업대학 조선인 학생 정성희(鄭成禧, 즉 林茂心) 등이 중국공산당 만주성위 북만특별위원회의 지도하에 조선인 공산분자를 선동하면서 반만 항일운동 계획을 획책하였음을 탐지하였다. 5월 7일 경찰서에서는 경찰을 파견하여 정성희와 중국공산당 '용의자'와 반제동맹성원인 오춘성(吳春成), 조철구(趙鐵九), 한수극(韓水極), 이인우(李人雨), 한영애(韓英愛) 등 항일인사를 체포하였다.[114]

넷째, 각 영사관 경찰기구 간에는 체포 활동에서 서로 간의 밀접한 연락과 연합을 강조하였다. 만주사변 이후 조선인 반일운동이 일정한 지방에서 서로 연락하여 동시에 시위운동, 폭동을 발동하였기 때문에 각지 영사관 경찰기구에서도 상호 간에 서로 연합하여 체포 활동을 진행하였다.

---

111　日本外務省 편, 1996, 앞의 책 2, 208~209쪽.
112　日本外務省 편, 1998, 위의 책 25, 112쪽.
113　日本外務省 편, 1998, 위의 책 25, 112쪽.
114　日本外務省 편, 1997, 위의 책 15, 217~218쪽.

이런 체포 활동은 주로 세 가지가 있다. ① 영사관 경찰서와 그 관할하에 있는 분서가 연합하여 동시에 체포 활동을 진행하는 것이다. 1932년 3월 17일 총영사관 경찰서와 그 관할하에 있는 동불사분서는 상호 연락하여 연길현 세린하(細鱗河)에서 '춘황투쟁'에 참가한 조선인 대원 51명을 체포하고 이어 18일 노도구 대교동에서 87명을 체포하였다. ② 영사관 경찰서 간에 서로 연락하여 체포 활동을 진행하였다. 1932년 1월 10일 간도총영사관 경찰, 두도구분관 경찰서, 동불사분서는 서로 연락해 연길현 태동촌과 북구에서 체포 활동을 진행하여 중공 책임자인 최병(崔炳) 등 19명과 항일지사 4명을 체포하였다. ③ 인근의 경찰분서 간에 서로 연락하여 동시에 체포 활동을 진행하였다. 1931년 12월 28일 약 1,000명의 조선인들이 석건평에 모여 반일시위운동을 진행하였는데, 그날 남양평분서와 인근의 분서는 서로 연락하여 동시에 행동함으로써 주모자 양창기(梁昌基) 등 32명을 체포하였다.[115]

다섯째, 영사관 경찰기구에서는 관동헌병대와 연합하여 공동으로 체포 활동을 진행하였다. 1934년부터 관동군은 특별수사반(特別搜査班) 혹은 공작반(工作班)을 조직하였다. 이러한 수사반, 공작반을 '특별토벌대'라고도 하였다. 이런 특별수사반은 일반적으로 헌병, 영사관 경찰, 위만 경찰 혹은 귀순분자 등으로 구성되었다. 그것은 영사관 경찰이 비록 치안 유지의 책임을 맡았으나, 수사 과정에서 수시로 많은 반일부대와 전투해야 하므로 부득이 일본군과 직접 연계된 헌병대와 연합할 수밖에 없었다. 특별공작반의 지휘자는 보통 영사관 경찰이 맡았다. 1933년 10월에 결정한『간도 지방공비를 체포 취체하는 것에 관한 협의』에서 총영사관의 경

---

115 日本外務省 편, 1998, 앞의 책 25, 112쪽.

찰부 특별수사반은 주요지구에서 각 서장이 지휘를 맡고 소탕, 소멸의 목적을 달성해야 한다고 규정하였다.[116]

이렇게 일본이 특별수사반 혹은 공작반으로 체포 활동을 진행한 결과 반만 항일세력이 위축된 것은 사실이다. 1936년 동녕지방의 일만(日滿) 통제위원회에서는 암암리에 이 지방의 중공당원과 단원이 지하활동 한다는 것을 탐지한 후, 5월 30일 영사관 경찰 1명, 헌병 3명, 만주국 경찰 2명으로 수사반을 조직하였는데 만보산, 북산촌, 태평구 3개 반으로 나누어 활동했다. 현지 일본수비대의 지원하에 수사한 결과, 주요간부 14명을 체포하였다. 그중 유격대 군사위원장 김석천(金石泉), 정치부장 최종학(崔鐘學), 선전부장 정철산(鄭哲山), 외교부장 겸 제1유격대장 이학만(李學萬), 제2유격대장 최석봉(崔碩鳳), 제3유격대장 양의봉(梁義鳳), 제4유격 대장 무양(武陽), 제5유격대장 박응섭(朴樸燮), 청년전위대 대장 최일봉(崔一鳳) 등 주요한 간부들이 포함되었다.[117] 그 후 많은 영사관 경찰이 특별수사반 혹은 공작반에 배치되었다.

〈표 6-13〉 1934년 11월~1935년 10월 영사관 경찰관의 치안공작반 참가 정황(단위: 명, 일)

| 영사관 | 참가 연인원 | 참가 일자 | 영사관 | 참가 연인원 | 참가 일자 |
|---|---|---|---|---|---|
| 하얼빈 | 773 | 307 | 도문 | 313 | 233 |
| 수분하 | 379 | 290 | 백초구 | 151 | 110 |
| 길림 | 1,503 | 449 | 두도구 | 60 | 60 |

---

116 日本外務省 편, 1996, 앞의 책 8, 15쪽.
117 日本外務省 편, 1996, 위의 책 9, 256쪽.

| 돈화 | 1,366 | 344 | 혼춘 | 256 | 256 |
| 간도 | 581 | 563 | 통화 | 1,001 | 190 |
| 연길 | 187 | 187 | 합계 | 6,570 | 2,989 |

출처: 일본 외무성 편, 1996, 『外務省警察史』 9, 149쪽.

〈표 6-13〉을 보면, 간도(용정), 도문, 백초구, 두도구, 혼춘 등 영사관 경찰의 참가 연인원은 1,548명으로 참가자 총인원의 23.6퍼센트를 점하고 참가일은 1,409일이며 총 참가일의 47퍼센트를 점한다. 이는 간도 지역 공작반 활동이 다른 지역 공작반 활동보다 훨씬 더 많았음을 의미한다. 1933년 10월 연길헌병대 대장은 용정 총영사관 경찰서에서 헌병, 경찰 합작의 특별수사반을 설치하였는데 그들은 치안공작에서 큰 성과를 얻었다고 평가하였다. 또한 각 분관 경찰서에서도 공작대의 성과는 결코 작지 않았다고 했다.[118]

이렇게 일본에서 여러 가지 조치를 한 결과 한국 독립운동은 큰 손실을 입었다. 가장 대표적인 사례는 1932년 초에 발생한 '홍경사건'이었다. 1932년 1월 17일, 한국 독립운동 단체인 국민부, 조선혁명당과 조선혁명군의 주요 지도자들이 홍경현(興京縣, 또는 新賓縣) 하북(河北)에 있는 서세명(徐世明)의 가택에서 연석회의를 소집하였다. 이 소식을 탐지한 통화 분관 경찰서에서는 19일 경찰 10명과 치안대 100명을 파견하여 회의장소를 엄밀히 봉쇄하고 습격하였다. 그 결과 이효원(李孝源), 김관웅(金寬雄) 등 중요한 간부와 대원 10명을 체포하였다. 2월 7~9일에 걸쳐 삼원포 북쪽에 있는 이도구 부근에서 차용육(車用陸), 전운학(田雲鶴), 최병모

---

118 日本外務省 편, 1998, 앞의 책 26, 10쪽.

(崔炳模) 등 15명이 체포되었다. 그 후 일본 경찰은 남만지구에서 여러 차례 체포 활동을 진행하여 주요 독립운동가 80여 명을 체포하였다.[119] 이 체포 활동은 통화, 해룡 두 분관과 안동영사관이 서로 연락하여 1932년 1월 9일부터 3월 2일까지 신빈, 집안, 통화, 금천, 임강, 반석, 안동 등 현의 10여 개 지방에서 20여 차례에 걸쳐 진행되었다. 통화분관 경찰서에서 45명을 체포하고 해룡분관 경찰서에서 28명을 체포하였으며 안동영사관 경찰서에서 10명을 체포하여 합계 83명을 체포하였다.[120] 그중에 국민부 중앙집행위원 이종건(李鍾乾), 혁명군 사령 김보안(金輔安), 혁명군 부사령 장세용(張世涌), 혁명군 독립대장 이규성(李奎星), 혁명군 집행위원장 이호원(李浩源), 혁명군 제2중대장 전운학(田雲鶴), 혁명군 대장 이진무(李振武) 등 중요한 간부가 있었으며, 또 많은 위원, 소대장, 분대장, 부관, 참사 등 요원도 있었다. 이에 대해 일본은 "국민부와 혁명군 간부의 주요 성원은 거의 모두 체포되어 사실상 국민부는 거의 소멸되었다"고 선포하였다.[121]

물론 이런 체포사건 외에도 일본영사관 경찰기구에서는 많은 한국 독립운동가와 반만 항일 군중을 체포하였다. 통계에 따르면, 1932~1936년 사이에 북간도 지역 일본영사관 경찰기구에서 체포한 한국 독립운동가와 반만 항일 군중은 6,039명에 달했다.[122] 이는 매년 평균 1,207명을 체포한 셈이다. 대다수가 조선인이었다. 같은 시기 남·북만 지역에서도 적지 않은 한국 독립운동가들이 일본영사관 경찰에게 체포되었다. 이는 주로 영사관 경찰기구에 구류되었거나 혹은 감금된 자들의 통계에 잘 나타난다.

---

119 日本外務省 편, 1996, 앞의 책 8, 285, 290~292쪽.
120 日本外務省 편, 1998, 위의 책 26, 10쪽.
121 日本外務省 편, 1996, 위의 책 8, 285쪽.
122 日本外務省 편, 1998, 위의 책 26, 258쪽.

통계에 따르면, 1932~1936년 사이에 남·북만지구 각지의 영사관 경찰기구에 구류된 한국 독립운동가들은 3,683명에 달하였다.[123] 같은 시기, 하얼빈, 수분하, 치치하얼, 만주리, 길림 등 남북 만주 지역 16개 영사관 경찰기구에 '미결 구류'되어 감금된 자는 모두 1,208명, 판결을 받고 감금된 자는 301명으로[124] 합계 5,192명이다. 북간도 지역에서 체포된 자는 남북 만주 지역에서 체포된 자보다도 더 많다. 이는 당시 북간도 지역에서 조선인의 항일운동이 훨씬 더 활발하였기 때문이다.

　체포 활동에서 영사관 경찰 중에 적지 않은 '영웅'들이 나타났다. 이러한 경찰은 주로 북간도와 길림 지역 영사관 경찰이 가장 특수하다. 북간도 지역 영사관 경찰을 보면, 연길분관 팔도구분서의 외무성 경시 야마카와 니시히라(山川西平)가 있다. 그는 1934년 8월부터 1935년 2월 사이 경찰을 거느리고 일본군에 협력하여 반일유격대에 대한 '토벌'과 수사를 진행했다. 그 과정에 공산당원 700여 명을 체포하여 일본 외무성으로부터 포상금과 공로기념장을 받았다.[125] 남양평분서의 외무성 경부 고가사하라 세이케이(小笠原盛惠)는 분서장으로 1932년부터 1933년 사이 경찰을 거느리고 수사하는 과정에서 이른바 치안 유지 위반자와 공산당의 중요한 간부 419명을 체포하여 포상금과 공로기념장을 받았다.[126] 간도총영사관 경찰서의 외무성 경부 가와시마 준키치(川島順吉)는 1935년 5월부터 12월까지 수십 차례의 수사 활동에서 치안 유지 위반자 120명을 체포하

---

123 日本外務省 편, 1997, 앞의 책 18, 259쪽.
124 日本外務省 편, 1997, 위의 책 18, 253쪽.
125 日本外務省 편, 1998, 위의 책 27, 160쪽.
126 日本外務省 편, 1998, 위의 책 27, 122쪽.

여 포상금과 공로기념장을 받았다.[127] 남만 지역 영사관 경찰 가운데 길림 총영사관 관할 반석분서 서장 사토 나가고(佐藤長五)는 1936년 8월 상순부터 12월 중순 사이 경찰을 거느리고 중공 반석 현위의 간부 50여 명을 체포하는 과정에 공적이 뛰어나 포상금과 공로기념장을 받았다.[128]

한마디로 말하면 영사관 경찰의 한국 독립운동가들에 대한 체포 활동은 아주 큰 '성과'를 거두었다. 1935년 주만주 일본대사는 치안 유지 특별 공작을 실시한 후 영사관 경찰이 양호한 효과를 거두었으며, 그 가운데 간도 지역 영사관 경찰의 성적이 으뜸이라고 평가하였다.[129]

### 2) 영사관 경찰대의 한인 항일역량에 대한 탄압

만주사변 때 일본군은 주로 관동군과 조선군으로서 모두 2만여 명 정도였다.[130] 일본군은 광활한 만주 지역에서 몇 배나 더 많은 중국 동북군과 기타 항일 무장세력을 대적해야 했기에 일반적인 사회치안을 돌볼 여력이 없었다. 이런 상황에서 만주 각지에 주재한 일본영사관 경찰의 역할이 특별히 중요해졌다. 1933년 관동헌병대 사령관은 "제국의 재만기관의 급선무는 치안 회복과 유지에 있다. 만약 영사관 경찰과 헌병이 혼연일체로 군의 치안방책에 따라 공동으로 행동하면 치안 경비를 잘 해낼 수 있을 것이다"라고 평가했다.[131] 그는 반만 항일세력을 탄압하려면 일본군

---

[127] 日本外務省 편, 1998, 앞의 책 27, 121쪽.
[128] 日本外務省 편, 1997, 위의 책 14, 125쪽.
[129] 日本外務省 편, 1996, 위의 책 9, 104쪽.
[130] 常成, 1986, 『現代東北史』, 黑龍江敎育出版社, 167쪽.
[131] 日本外務省 편, 1998, 위의 책 25, 270쪽.

보다 헌병과 경찰이 제1선에 있어야 한다고 했다.[132] 이렇게 영사관 경찰 기구는 주요 역량을 반만 항일세력에 대한 탄압과 '토벌'에 집중하였다.[133]

　만주사변 이후 북간도 지방 당국이 일본에 투항을 표시하였기에 일본군은 총 한 발도 쏘지 않고 북간도를 점령하였다. 그 후 일본은 경찰기구를 통해 직접 지방 당국의 통치권을 접수하고 북간도 지역민들에 대한 통치를 단행하였다. 북간도 지역민들은 반만 항일투쟁을 벌였다. 1932년 2월 왕청(汪淸)에서 왕덕림(王德林)이 국민구국군을 조직하여 무장 항일의 길로 나아갔다. 이어 북간도의 조선인들은 '춘황투쟁'을 전개하고 항일유격대를 조직하였다. 이런 상황에서 두만강 이남의 조선군은 1932년 4월 7일에 정식으로 2,000여 명의 간도임시파견대를 파견하여 북간도 지역에 대한 제1차 '대토벌'을 감행하였다.[134] 이 작전은 1933년 3월까지 지속되었다. 1932년 6월 25일 간도임시파견대를 대신해서 온 관동군 소속 경비대는 조선인으로 조직된 동만유격대(그후 인민혁명군 제2군 독립사, 인민혁명군 제2군으로 개편)를 궤멸시키기 위해 수천 명에 달하는 만주국군을 동원하여 제2차, 제3차 '대토벌'을 감행했다. 또한 남만 지역에서도 일본 관동군은 조선인이 다수를 차지한 반석현 공농 반일의용군, 남만유격대, 동북인민혁명군 제1일군을 탄압하기 위해 잔혹한 '대토벌'을 감행하였다.

　'대토벌'을 진행하는 가운데 북간도 지역의 일본영사관 경찰은 일본군을 대신하여 특수한 역할을 하였다. 영사관 경찰이 '토벌'에 참가한 정황을 보면, 영사관 경찰의 단독으로 조직한 '토벌'과 일본군과 연합한 '토벌'

---

132　日本外務省 편, 1998, 앞의 책 25, 281쪽.
133　日本外務省 편, 1996, 위의 책 8, 350쪽.
134　日本外務省 편, 1998, 위의 책 27, 14~15쪽.

두 가지가 있다.

그중 영사관 경찰의 단독 '토벌'은 영사관 경찰대로 진행한 토벌도 있고 영사관 경찰이 직접 자위단, 고용경찰, 만주국 경찰을 지휘하여 진행한 토벌도 있다. 구체적인 토벌 형식은 다양하다. 첫째는 단순히 경찰기구의 경찰만으로 진행한 토벌이다. 1932년 11월 15일 노도구분서의 경찰 5명은 연길현 수동촌에서 20여 명의 반일유격대와 40분간 격전을 치르고 유격대원 1명을 격살하였다.[135] 사실 이런 형식의 토벌은 극히 드물다. 둘째는 경찰기구 경찰이 자위단원을 지휘하여 진행한 토벌로 매우 일반적인 형식이다. 1934년 1월 8일 양수천자분서의 경찰 7명은 자위단원 11명을 거느리고 왕청현 유수하자에서 왕청 유격대 제2대 약 50명과 3시간가량 격전하였다.[136] 1934년 2월 7일과 8일 위자구분서 경찰 13명, 가야하분서 경찰 7명, 국자가분관 경찰서 경찰 13명은 자위단원 29명을 거느리고 연길현 위자구에서 70명에 달하는 반일유격대와 2시간가량 격전을 치렀으며, 유격대원 4명을 살해하였다.[137] 셋째는 영사관 경찰이 위만 경찰을 지휘하여 진행한 토벌이다. 1934년 5월 17일, 위자구분서 경찰 17명은 10명의 위만 경찰을 지휘하여 연길현 이도구에 주둔한 인민혁명군과 전투를 벌였으며, 40분간 격전 끝에 인민혁명군 5, 6명이 중상을 입었다.[138]

한편 영사관 경찰이 일본군과 연합하여 진행한 '토벌'을 보면, 다음과 같은 유형이 있다. 첫째, 한 개 영사관 경찰기구의 경찰이 일본군에 연합하여 진행한 토벌이다. 1934년 5월 11일 오전 7시경 의란구분서의 경

---

135　日本外務省 편, 1998, 앞의 책 27, 89쪽.
136　日本外務省 편, 1998, 위의 책 27, 124쪽.
137　日本外務省 편, 1998, 위의 책 27, 126쪽.
138　日本外務省 편, 1998, 위의 책 27, 138쪽.

찰 10명은 당지 일본군 수비대 17명과 연합하여 연길현 태양촌 집단부락 부근에서 항일유격대와 3시간 동안 격전을 벌였다. 이 전투에서 반일유격 대원 3명이 사살되었다.[139] 둘째, 한 개 영사관 경찰기구의 경찰이 자위단원을 거느리고 일본군과 연합하여 진행한 토벌이다. 사실 이런 형식의 토벌이 가장 일반적이다. 1934년 1월 12일, 의란구 경찰 5명은 자위단원 42명을 거느리고 일본군 수비대 17명과 연합하여 연길현 지인향 송포동 대성자에서 항일유격대와 격전을 벌였다. 4차례의 교전 끝에 유격대원 23명이 사살되었다.[140] 셋째, 한 개 영사관 경찰기구의 경찰이 만주국 경찰을 거느리고 일본군과 연합하여 진행한 토벌이다. 1934년 1월 1일 삼도구분서의 경찰 4명은 위만 경찰 4명을 거느리고 일본수비대 17명, 만주국군 26명과 연합하여 화룡현 금창동에서 항일유격대와 전투를 벌였다. 2시간 동안의 교전에서 유격대원 3명이 사살되었다.[141] 넷째, 한 개 영사관 경찰기구의 경찰이 자위단원, 만주국 경찰, 철도경찰, 만주국군을 거느리고 일본군에 연합하여 진행한 '토벌'이다. 1934년 1월 12일, 13일 백초구분관 경찰 5명은 자위단원 7명, 만주국 경찰 16명과 함께 일본수비대 106명, 관동헌병 2명, 만주국군 70명과 연합하여 왕청현 대황구, 대북구 일대에서 항일유격대를 공격하여 유격대원 18명을 사살하였다. 다섯째, 두 개 경찰기구의 경찰이 자위단원, 만주국 경찰을 거느리고 일본군, 만주국군과 연합하여 진행한 '토벌'이다. 1934년 1월 21~25일까지, 배초구분관 경찰서 경찰 3명, 의란구분서 경찰 4명은 자위단원 40명, 만주국 경찰

---

139 日本外務省 편, 1998, 앞의 책 27, 137쪽.
140 日本外務省 편, 1998, 위의 책 27, 125쪽.
141 日本外務省 편, 1998, 위의 책 27, 124쪽.

12명을 거느리고 일본군 백초구 수비대 63명, 의란구 수비대 40명, 만주국군 93명과 연합하여 연길현 왕우구에서 항일유격대를 공격하여 150명을 사살하였다.[142]

이렇게 진행한 영사관 경찰의 '토벌'은 1932~1936년까지 계속되었다. 그 '토벌'에 대한 통계는 〈표 6-14〉부터 〈표 6-18〉까지와 같다.

〈표 6-14〉 1932년 1~12월 일본영사관 경찰과 항일부대의 교전 상황(간도)(단위: 명)

| 영사관 경찰, 일본군과 반일부대의 교전 | | | | | |
|---|---|---|---|---|---|
| 교전 횟수 | 교전 지속시간 | 반일부대 참전 연인원 | 일본 측 참전 연인원 | 반일부대 손실 | 일본측 손실 |
| 126 | 474시간 25분 | 20,712 | 영사관 경찰 30,069 일본군 8,056 | 사망 2,767 포로 219 무기 398 기타 111 | 사망 9 부상 15 |
| 그중 영사관 경찰과 반일부대와의 교전 차수 196차 | | | | | |

출처: 일본 외무성 편, 1998, 『外務省警察史』 25, 242쪽.

〈표 6-15〉 1933년 1~12월 일본영사관 경찰과 항일부대의 교전 상황(간도)(단위: 시간, 명)

| 영사관 경찰과 반일부대의 교전 | | | | | |
|---|---|---|---|---|---|
| 교전 횟수 | 교전 지속 시간 | 반일부대 참전 연인원 | 반일부대 손실 | 일본 측 손실 | |
| 82 | 2,854 | 영사관 경찰 680 자위단 1,062 기타 122 | 사망 246 포로 40 총기 59 탄약 180 기타 44 | 사망3 중상1 | 18,692 |

[142] 日本外務省 편, 1998, 앞의 책 27, 125쪽.

| 영사관 경찰, 일본군과 반일부대의 교전 | | | | | |
|---|---|---|---|---|---|
| 68 | 7,415 | 영사관 경찰 793<br>자위단 897<br>일본군 1975<br>만주국군 577<br>기타 23 | 사망 899<br>포로 27<br>총기 125<br>탄약 1,394<br>기타 87 | 사망 8<br>부상 52 | 30,692 |

출처: 일본 외무성 편, 1998, 『外務省警察史』 26, 不二出版, 55쪽.

〈표 6-16〉 1934년 1~12월 일본영사관 경찰과 항일부대의 교전 상황(간도)(단위: 명)

| 영사관 경찰과 반일부대의 교전 | | | | | |
|---|---|---|---|---|---|
| 교전 횟수 | 교전 지속 시간 | 반일부대 참전 연인원 | 일본 측 참전 연인원 | 반일부대 손실 | 일본 측 손실 |
| 111 | 90시간 14분 | 4,835 | 영사관 경찰 1,074<br>자위단 1,502<br>경찰용원 55<br>만주국경찰 110<br>철로단 60 | 사망 89<br>부상 92<br>포로 9 | 사망 3<br>부상 6 |
| 영사관 경찰, 일본군과 반일부대의 교전 | | | | | |
| 73 | 154시간 40분 | 7,942 | 영사관 경찰 733<br>일본군 1,648<br>만주국군 2,097<br>자위단 614<br>만주국경찰 550<br>경찰용원 56<br>경무단 17<br>소방조 34<br>협조회 2 | 사망 499<br>부상 168<br>포로 21 | 사망 14<br>부상 38 |

출처: 일본 외무성 편, 1998, 『外務省警察史』 26, 123쪽.

〈표 6-17〉 1935년 1~12월 일본영사관 경찰과 항일부대의 교전 상황(간도)(단위: 명)

| 영사관 경찰과 반일부대의 교전 ||||||
|---|---|---|---|---|---|
| 교전 횟수 | 교전 지속 시간 | 반일부대 참전 연인원 | 일본 측 참전 연인원 | 반일부대 손실 | 일본 측 손실 |
| 40 | 29시간10분 | 1,230 | 영사관 경찰 422<br>자위단 294<br>경찰용원 53<br>만주국경찰 75<br>철로경비원 8 | 사망 51<br>부상 26<br>포로 6 | 사망 3<br>(순사)<br>부상 26 |
| 영사관 경찰, 일본군과 반일부대의 교전 ||||||
| 26 | 43시간40분 | 1,382 | 영사관 경찰대 286<br>경찰용원 21<br>일본군 358<br>만주국군 449<br>만주국경찰 223<br>자위단 197<br>철로경비원 15<br>협조회회원 7<br>부락민 26 | 사망 30<br>부상 76<br>포로 1 | 사망 4<br>부상 9 |

출처: 일본 외무성 편, 1998, 『外務省警察史』 26, 181쪽

〈표 6-18〉 1936년 1~12월 영사관 경찰과 항일부대의 교전 상황(간도)(단위: 명)

| 영사관 경찰과 반일부대의 교전 ||||||
|---|---|---|---|---|---|
| 교전 횟수 | 교전 지속 시간 | 반일부대 참전 연인원 | 일본 측 참전 연인원 | 반일부대 손실 | 일본 측 손실 |
| 4 | 1시간35분 | 44 | 영사관 경찰 26<br>경찰용원 7<br>철로경찰 20<br>자위단 10<br>기타 9 | 사망 1<br>부상 2 | |

| 영사관 경찰, 일본군과 반일부대의 교전 ||||
|---|---|---|---|
| 4 | 6시간30분 | 270 | 영사관 경찰대 37<br>일본군 67<br>만주국경찰 16<br>철로경찰 12<br>만철자위단 35<br>자위단 30 | 사망 2<br>부상 25 |

출처: 일본 외무성 편, 1998, 『外務省警察史』 26, 257쪽.

위의 표에서 1932년, 1933년, 1934년, 1935년, 1936년 영사관 경찰 기구에서 단독으로 진행한 토벌 횟수는 각각 196회, 82회, 111회, 40회, 4회 합계 433회인데, 영사관 경찰이 일본군에 연합하여 진행한 토벌 횟수는 각각 126회, 68회, 72회, 26회, 4회, 합계 296회이다. 5년간 영사관 경찰이 단독으로 진행한 토벌 횟수가 일본군과 연합하여 진행한 토벌 횟수보다 훨씬 더 많고 토벌 총횟수(729회)의 60퍼센트를 차지한다. 토벌에 참전한 연인원은 영사관 경찰과 일본군, 자위단이 비슷하다. 특히 주목되는 것은 영사관 경찰은 단독으로 진행한 토벌이나 일본군과 연합하여 진행한 토벌 모두 지휘자로서 자위단, 만주국 경찰, 경찰용원, 밀탐, 민회 회원 등 기타 인원을 거느리고 토벌을 진행하였다는 점이다. 이에 대해 1933년 11월 간도 총영사 나가이는 외무대신에게 보내는 보고서에서 "만주사변 이래 우리 영사관 경찰은 무장경찰로서 단독 혹은 황군(일본군)과 협력하여 교민에 대한 경비를 담당하고 전례 없는 활동을 진행하였다. 그 행동은 군대의 행동에 비해서도 손색이 없다"고 평가했다.[143]

---

143 日本外務省 편, 1998, 앞의 책 26, 46쪽.

영사관 경찰은 토벌의 지휘자일 뿐만 아니라, 토벌의 첨병이기도 했다. 1934년 3월 팔도구분서는 동북인민혁명군 제2군 제1독립사의 한 부대가 연길현 삼산촌과 장재촌에 모인 후 팔도구를 습격할 것이라는 것을 탐지하였다. 29일 오전 10시, 분서장 등 13명의 경찰은 자위단 20명을 거느리고 삼산촌의 두 고지에서 약 30명의 인민혁명군과 교전하여 5명을 사살하였다. 이어 또 장재촌 부근에서 인민혁명군과 교전하여 약 30명을 사살하였다.[144] 이번 토벌에 참가한 팔도구 분서 순사 오쓰카(大塚)는 만주사변부터 1934년까지 60여 회의 토벌에 참가하였고, 장재촌 전투에서 그 공로가 인정되어 30원의 상금을 받기도 했다. 팔도구분서의 경찰 13명도 모두 상금을 받았다.[145]

북간도 지역 이외에 남·북만 지역의 영사관 경찰기구도 역시 반만 항일세력에 대한 '토벌'에 참가하였다. 당시 동변도 지역은 일본의 중점 '토벌'구였다. 그중 통화분관, 해룡분관의 경찰기구는 관동군과 협력하여 '토벌'을 진행하였다. 1933년 2월, 일본군 수비대가 통화에 주재하자마자 영사관 경찰은 일본군과 협력하여 반만 항일세력 '소탕'에 적극적으로 행동하였다.[146] 이러한 토벌에서 영사관 경찰서장은 때로는 '토벌대'의 지휘자가 되었다. 1936년 10월 중순부터 12월 하순까지 동변도 산악지대의 반만 항일세력에 대해 두 차례 토벌을 진행할 때 봉천, 본계호, 봉황성, 무순, 안산의 영사관 경찰서장, 분서장이 '토벌대' 대장을 맡았다.[147] 이러한 영사관 경찰의 활동으로 반만 항일세력이 위축되었으며, 조선혁명군 총

---

144　日本外務省 편, 1998, 앞의 책 27, 130쪽.
145　日本外務省 편, 1998, 위의 책 27, 131쪽.
146　日本外務省 편, 1997, 위의 책 11, 300쪽.
147　日本外務省 편, 1996, 위의 책 9, 255쪽.

사령 양세봉 장군의 희생이 가장 대표적인 사례다.

　일본은 영사관에 경찰서를 설치하고 영사관 밖의 상부지와 미개방지의 일본인 거주지에 파출소, 출장소, 분서, 파견소, 분견소 등 다양한 경찰기구를 설치하였다. 이리하여 중국 각지에 수많은 일본영사관 경찰기구가 설치되었다. 만주 지역에서 일본영사관 영사경찰은 한국 독립운동을 억압하고 독립운동가를 체포하는 데 최적화된 존재였다. 군사적 기능까지 겸비한 영사경찰은 반만 항일세력의 활동을 크게 약화시켰다.

제3부
'만주국' 성립 이후
일제의 조선인 이주정책

# 제7장
# '만주국' 성립과
# 조선인 이주정책

# 1. 만주사변과 '안전농촌' 설치

## 1) 만주사변과 '안전농촌' 설치 배경

1929년 미국발 세계대공황의 여파는 후발 자본주의 국가인 제국주의 일본에게 대륙 침략의 야욕을 한층 고취시켰다. 1931년 4월 성립된 하마구치 오사치(濱口雄幸) 내각에서 가장 시급히 해결해야 할 사안은 중국과 만몽(滿蒙) 문제였다. 이 내각은 이 지역에서 제국주의 일본의 특수 권익이 축소된 원인을 시데하라 기주로(幣原喜重郎)의 연약 외교에서 찾았다.[1] 하마구치 내각은 만주와 몽골 지역의 특수권익을 지키려면 무력을 사용해야 하며, 이것이 결국 제국주의 일본의 국가 이익과 직결된다고 인식하였다. 1931년 9월 18일 '만주사변'의 기폭제인 유조호(柳潮湖) 사건이 일어나게 된 배경이었다. 만주사변의 실행은 관동군이 담당하였으며, 그 직접적인 피해는 장학량 군대인 동북군이 받았지만, 그 유탄은 이주 조선인들에게도 떨어졌다.

'만주사변'은 지역의 정치, 경제, 사회, 문화 지형도를 변형시켰다. 이주 조선인은 실질적으로 관동군의 나라인 '만주국'에서 새로운 생활을 영위하였다.[2] 제국주의 일본도 절대적인 수적 우세에 있는 한족(漢族)과 만

---

[1] 강동진, 1985, 『일본근대사』, 한길사, 362쪽.

[2] 1920년 10월 일본군의 간도침략 당시에도 이른바 민회금융부에 10만 원의 예산을 지원함으로써 이주 조선인에 대한 구제사업을 선전하였다. 마찬가지로 만주사변을 관동군이 직접 계획하였으며, 그로 인한 피해를 마치 구제하는 것처럼 조선인 사회의 안정화를 꾀한다고 선전했다. 하지만 결국 이것은 일본인의 적극적인 이주를 도모하고 조선인 가운데 친일세력을 키워서 보다 광범위한 일본인들의 활동 영향력을 높이려

주족과 소수 민족인 조선족의 위상을 어떻게 할 것인지에 대해 나름대로 우려하였다. 이에 따라 제국주의 일본은 '오족협화(五族協和)'를 만주국 정체성의 상징으로 내세워 국가 존립의 정당성을 확보하려 했다. 그뿐만 아니라 중국 동북군의 조선인에 대한 약탈로 피난길에 올랐던 이주민들에 대한 정책적 해결을 시도하였다. 특히 조선총독부는 만주에 '안전농촌'을 설립하여 이주 조선인의 농업경영 시스템을 구축하려고 했다. 하지만 일본 외무성과 관동군은 조선총독부 정책에 비협조적이었다. 조선총독부는 국내의 경제 상황이 좋지 않은 상태에서 이주민이 조선으로 귀환하는 것은 또 다른 문제를 야기할 소지가 있다고 판단하고, '안전농촌' 설치라는 정책을 밀고 나아갔다.

이주 조선인을 대상으로 안전농촌을 설치하게 된 데에는 몇 가지 배경이 있다. 첫째, '만주사변' 때 패잔병 중국 군인들의 조선인 마을 습격이다.[3] 만주사변 당시 장학량 군대 군사대 대장을 맡고 있던 이수계(李樹桂)는 관동군의 침략 현황과 중국군의 퇴각 상황을 "1931년 9월 18일 10시 20분 유조호 방면에서 거대한 폭발음이 있었으며, 그것을 신호탄으로 관동군이 북대영을 공격하였는데 중국군은 제대로 저항하지 못하였으며, 동대영으로 퇴각하였고 그 과정에서 수많은 사상자가 발생하였다"라고 했다. 이는 장학량 군대가 관동군의 급습에 전혀 대비하지 못한 채 일방적인 공격에 괴멸되었음을 말해 준다.[4] 관동군에게 패한 장학량 군대 소속 군인들은 이미 정주(定住)하고 있던 조선인 마을로 들어가 약탈, 방

---

고 하는 것이다. 물론 이것이 협화회를 통하여 조직적으로 움직인 것은 두말할 필요가 없다(淺田喬二·小林英夫, 1986, 『日本帝國主義の滿洲支配』, 時潮社, 278~288쪽).

3   손춘일, 2001, 앞의 책, 296쪽.
4   孫邦, 1991, 『9·18事變資料匯編』, 吉林文史出版社, 276~281쪽.

화, 강간 등 온갖 만행을 저질렀다. 따라서 만주 지역 치안은 아주 불안정한 상태에 놓였으며, 이주 조선인들은 자신들의 정착지를 벗어나 철도 연선으로 피난길에 올랐다. 특히 봉천, 장춘, 하얼빈 등 대도시로 향하기 위해 피난길에 합류한 조선인은 만주사변 다음 해인 1932년 1월에 약 2만 명에 달했다.[5] 만주 지역의 대도시를 중심으로 조선인 피난민이 급증하자 조선총독부와 관동군, 일본군은 합동으로 구체적인 구제방안을 강구하는 협의를 진행하였다.[6] 이때 관동군 역시 조선인 장교 홍사익과 윤상필을 현장에 파견하였다. 이들은 조선인 피난민의 실상을 파악하기 위해 심양·장춘·하얼빈 등 대도시를 조사하였다. 1932년 말 만주 지역을 답사하였던 임원근(林元根)은 이주 조선인의 실상과 일제의 대륙 침략정책을 알리면서 심양(봉천)의 피난 이주 조선인을 '5전짜리 인생'이라고 묘사할 정도였다.[7] '하루살이' 생활이 대부분의 이주 조선인들의 실상이었다.

만주 지역은 일제가 한국 독립운동의 책원지(策源地)라고 할 정도로 반만 항일세력들이 활발하게 활동한 지역이다. 민족주의 계열의 지청천이 이끈 한국독립군과 양세봉이 지휘한 조선혁명군이 대표적인 항일단체이다. 만주국은 성립 이후 안정적인 국정 운영을 위해 가장 먼저 처리할 대상으로 한국독립군을 비롯한 '반만 항일세력'을 꼽았다. 만주국 전역에서 치안을 해치고 특히 정상 국가를 지향한 만주국의 정체성을 흔드는 행

---

5  民族問題硏究所 編, 2000, 『日帝下戰時體制期政策史料叢書』 1, 韓國學術情報株式會社, 473쪽.

6  朝鮮總督府, 1940, 『施政三十年史』, 398쪽. 만주사변 직후 일제는 여비와 주거비용 등을 합해 가구당 100원 정도의 구제비를 책정하였다(民族問題硏究所 編, 2000, 위의 책 1, 473~475쪽).

7  林元根, 1933, 「滿洲國과 朝鮮人將來」, 『三千里』 5권 1호, 56쪽.

위를 좌시할 수 없었던 것이다. 만주국은 우선 국군을 창설하고 경찰력을 확보하였다. 제국주의 일본은 항일세력을 탄압하고 오족협화를 실현하기 위해 관동군, 만주국군, 만주국 경찰을 활용하였다. 그 목적은 치안 유지를 담보로 한 만주국 체제의 완성이었다.[8] 그리고 강압적인 인상을 불식시키고 안정적으로 조선인 사회를 통제하기 위해 집단적으로 조선인을 관리할 필요성이 대두하였고, 여기에서 '안전농촌'이 대안으로 떠올랐다.[9] 하지만 1932년 3월 만주국 건국 이후에도 치안 상황은 호전되지 않았다. 봉계군벌 마점산(馬占山) 등이 조직한 의용군, 구국군의 활동과[10] 한국독립군의 활약, 중국공산당 만주성위의 조직적인 반만 항일 투쟁은 만주국 입장에서는 공권력 확립과 그들이 건국이념으로 내세운 '오족협화'를 실현하는 데 큰 걸림돌로 작용하였다. 따라서 제국주의 일본은 잠재적 저항 집단으로 여겨졌던 이주 조선인에 대한 근본적 대책 마련에 몰두하였다.[11]

　　피난 조선인의 처리 문제를 놓고 골몰하던 만주국은 안전농촌을 설립하여 독립군과 이주민의 연결고리를 차단하려고 했다. 즉 안전농촌을 설립하여 조선인들을 철저하게 감시하고 통제하려 했던 것이다.[12] 만주 지역은 조선인들의 터전이자 독립운동의 활동무대였다. 독립군들은 이주 조선인들과의 관계를 공고히 하면서 인적 자원과 군자금을 제공받았다. 이

---

8　蘭星會, 1970, 『滿洲國軍』, 402~404쪽.
9　民族問題研究所 編, 2000, 앞의 책 1, 251쪽, 556쪽.
10　봉계군벌의 역사는 1912년 북양정부 임시대총통 원세계가 장작림을 육군 제27사단장에 임명하면서 시작되었다. 그후 부침을 거듭하면서 1928년까지 지속되고 이후 장학량에 의해서 운영되었다(胡玉海, 『奉系軍史』, 遼海出版社, 1~2쪽).
11　民族問題研究所 編, 2000, 위의 책 1, 556~557쪽.
12　「三源浦農場ニ關スル件(機密제399호)」, 『滿蒙各地ニ於ケル鮮人ノ農業關係雜件』 6, 1935.7.31.

러한 관계는 때로는 생활의 궁핍함과 일본군의 침략, 밀정들의 이간책 등으로 파열음이 발생하곤 했다. 제국주의 일본은 독립군 부대와 조선인 사회의 연결고리를 차단하기 위해 간도협조회, 혼춘정의단과 같은 친일단체를 가동하기도 했다.[13] 독립군과 조선인 사회의 간극을 벌리고 통치와 직결된 치안 안정을 위한다는 명분이 안전농촌 설립으로 이어진 것이다.

'안전농촌'의 선정 요건은 다음과 같았다. 첫째, 일본과 만주국군, 경찰이 주둔하고 있거나 또 가깝고 경비가 확실한 곳이었다. 즉 일반적인 농촌의 경작지를 확보하는 것이 아니라 독립군세력을 조선인 사회에서 멀리 떨어지게 할 수 있는 방안이 안전농촌 설립에도 반영되었다. 둘째, 300~400정보(1町步는 9,900$m^2$)의 넓은 경작지가 존재하는 곳이다. 셋째, 땔감과 우물 등 식수원이 보장된 곳으로 마을을 형성하는 데 필요한 조건을 갖춘 곳이다. 넷째, 황무지 개발을 통해 새로운 귀농자를 수용할 수 있으며, 교통이 편리한 곳이다.

이러한 요건이 충족된 곳 가운데 특히 기존의 한국 독립운동기지가 건설되었던 곳이 일차적으로 선정되기도 했다.[14] 길림성 삼원포와 흑룡강성 하동이 그곳이다. 나자구 지역은 청산리 전투를 승리로 이끌었던 북로군정서 세력이 일시적으로 거점을 두고 활동했던 지역이다. 연해주 지역과 접경 지역으로 산세가 깊지만 비교적 넓은 평야가 존재했던 나자구 지역 역시 만주국에서 안전농촌으로 설립한 후보군에 속했다. 특히 1934년에 독립운동 세력이 나자구 지역을 중심으로 활동한다는 점을 들어 안전

---

13 朝鮮總督府, 1940, 앞의 책, 914쪽.

14 「三源浦農場設置方ノ件(機密제198호)」, 『滿蒙各地ニ於ケル鮮人ノ農業關係雜件』 6, 1935.4.16.

농촌을 이곳에 빨리 설치해야 한다는 보고가 지속적으로 본국에 송부될 정도였다.[15] 다만 나자구는 안전농촌이 아니라 집단부락의 성격을 띠면서 항일세력과 이주 조선인 사회의 분리가 지속적으로 추진되었던 곳이다. 역설적으로 그만큼 나자구 지역이 항일 무장세력의 근거지로 활용되었음을 알 수 있다.

'안전농촌'을 만들기 위해서는 농업용수 확보가 반드시 필요했다. 그런데 만주 지역은 넓은 하천의 수에 비해 관개시설의 발달 수준이 높지 않았다. 여기에서 중국인 농민과 조선인 간의 갈등이 상존했다. 때문에 이주 조선인들은 항상 벼농사를 짓기 위하여 수전 가경지 확보를 최우선으로 삼았다.[16] 하지만 만주 지역의 수리(水利) 조절과 관개용수로 확보는 미흡하였고,[17] 벼농사 발전 과정에서 어려움이 아주 컸다.

만보산사건은 벼농사에 필요한 농업용수를 둘러싼 민족 간의 갈등으로 표출된 대표적인 예라고 할 수 있다. 1931년 7월 길림성 장춘현 만보산에서 중국인과 조선인 간에 용수로 확보를 놓고 벌인 갈등이 폭발했다. 이 사건 이전에도 조선인과 중국인 사이에 농업용수로 등으로 갈등과 분쟁이 발생하였지만, 만보산사건에는 제국주의 일본의 힘이 작용하였다. 즉 만주사변 직전 만주 침략의 여론 준비로 이 사건을 이용하려는 제국주

---

15 「羅子溝農村問題調査資料進達ノ件(普通제161호)」, 『滿蒙各地ニ於ケル鮮人ノ農業關係雜件』6, 1935.3.28.

16 제국주의 일본은 안전농촌을 설치하면서 농무계를 조직하였다. 농무계는 일제 정책에 적극적으로 협력하는 경우가 많았다. 그뿐만 아니라 안전농촌에 설치된 기구 역시 만주국 농업경영 철학을 실행하는 집행 기관으로 행정업무를 담당하였다(「安全農村ニ於ケル公共的事務處理ニ關スル件(公機密 378호)」, 『滿蒙各地ニ於ケル鮮人ノ農業關係雜件』 4, 1933.4.26.

17 民族問題研究所 編, 2000, 앞의 책 1, 554쪽.

의 일본이 개입함으로써 한반도 국내에서의 학살사건으로 확대되는 대표적인 분쟁으로 국제연맹 리튼조사단의 조사 사건이 되기도 했다. 만보산사건은 만주 지방관헌이 수전농업에 종사하는 조선인 이주자의 소작관계에 대한 단속과 규제의 강도가 극에 달했던 시점에서 발생한 사건이다. 이 사건의 발단이 된 소작관계 성립 과정의 진상은 그 당시 시행되었던 엄격한 규정이 실제로는 잘 적용되지 않았던 것을 보여 준다.[18] 만주국은 이주 조선인들의 농업 경영과 한족 간의 갈등 양상을 해결해야만 했다.[19] 따라서 보다 안정적이며 통제 가능한 공간적 범위를 구축할 수밖에 없었다. 만주국 성립과 안전농촌 성립의 필요조건이 성숙하게 된 것이다. 이것을 일제는 '오족협화'의 실현으로 포장하여 중국인 지주와 조선인 소작인 간의 골 깊은 갈등 관계를 일시적으로 해결할 수 있는 안전농촌을 주장했다. 이주 조선인들의 생존을 위협했던 지주의 '갑질'은 폭력적 형태로 표출되기도 했다. 따라서 조선인들은 보다 안정적인 농업 환경 조성을 내세웠던 만주국의 안전농촌에 응했던 것이다.[20]

'안전농촌' 설립의 배경에는 안정적인 식량 확보라는 문제도 있었다. 1918년 쌀 폭동 등 인구 증가로 인한 만성적인 쌀 부족 국가였던 일본은 한반도에서 산미증식계획을 통해 어느 정도 이 문제를 해결했지만, 대만과 조선의 경작지와는 비교가 되지 않는 만주 지역에서 그 최종 결실을

---

18 만보산사건도 수로 문제가 한 원인으로 작용되었다(박영석, 1978, 『만보산사건 연구』, 아세아문화사, 93~94쪽).
19 「羅子溝農村問題調査資料進達ノ件(普通제161호)」, 『滿蒙各地ニ於ケル鮮人ノ農業關係雜件』 6, 1935.3.28.
20 예컨대 1933년 봉천성의 경우 봄에만 30여 건의 크고 작은 분쟁이 발생하는 등 갈등의 불씨가 여전하였다(「三源浦農場設置方ノ件(機密제198호)」, 『滿蒙各地ニ於ケル鮮人ノ農業關係雜件』 6, 1935.4.16).

이루려고 했다. 조선인들이 수전 개발을 통해 경작지를 확장했지만, 만주 지역은 전통적으로 수전보다는 밭농사를 주로 지었던 지역이었다. 따라서 대규모 경작지 확보의 시험적 무대로서 안전농촌 설립을 추진했던 것이다.[21] 만주사변 전 일본인의 만주 이민사업은 좌절의 연속이었다. 1930년 일본인 농업 이민은 약 1천 명에 불과하였다.[22] 따라서 조선인의 '안전농촌' 이민으로 이를 대신하고자 했던 것이다.

영구, 삼원포, 하동, 수하, 철령 등 5곳의 안전농촌이 확정되고, 1933년 4월에는 조선총독부에서 안전농촌 운영방안을 강구하였다.[23] 조선총독부는 안전농촌을 직접 운영하는 것이 아니라, 동아권업공사와의 협의를 통해 조선인민회 조직을 활용하는 방안을 구상하였다. 그러나 안전농촌 설치 지역에 민회가 조직되기에는 시간이 필요했다. 따라서 이를 대체할 방안으로 농무계가 채택되었다. 조선총독부는 농무계 설치에 필요한 농업금융을 조선인들에게 지원할 것을 약속하였으며, 봉천 일본총영사관과

---

21　1929년 이후 대공황이 발생하면서 이에 대한 타개책으로 일본 내 농촌구제정책과 대륙 침략정책이라는 두 가지 노선이 정해졌다. 농촌구제정책은 한반도에서 농촌진흥정책으로 표현화되었으며, 농촌과 국방을 제1주의로 삼아야 한다는 것이 당시 공황 타개책의 중요한 정책이었다(東京大學 社會科學硏究所, 1980, 『昭和恐慌』, 東京大學出版會, 123~124쪽).

22　平井千乘, 「滿洲ニ安全農村の建設」, 『朝鮮及滿洲』 제332호, 1935. 12, 31~32쪽. 손춘일은 일제가 안전농촌을 설립한 원인 가운데 '만주사변' 직후 국내 언론들의 만주 조선인 사회에 대한 실상을 소개하면서 이것이 안전농촌 설치의 압력으로 작용하였다고 지적하였다(손춘일, 2001, 앞의 책, 303~307쪽). 물론 이러한 측면을 부정할 수 없지만 언론 보도를 안전농촌의 직접적인 설치 배경으로 보기는 어렵다. 안전농촌에 대한 설립 논의는 이미 1920년대부터 진행되었기 때문에 이러한 측면은 재고되어야 할 것이다(民族問題硏究所 編, 2000, 앞의 책 1, 554쪽).

23　「安全農村ニ於ケル公共的事務處理ニ關スル件(公機密 378호)」, 『滿蒙各地ニ於ケル鮮人ノ農業關係雜件』 4, 1933.4.26.

협조하여 안전농촌 지역에 농무계를 설치하였다.[24]

농무계와 관련하여 구체적으로는 다음과 같은 방침이 세워졌다. 첫째, 만주사변으로 피난길에 올랐던 조선인들을 수용하여 농업경영의 편의를 고려하고 이를 수십 호 단위로 나누어 각 촌에 정주케 했다. 또한 각 촌마다 농무계를 두고, 농무계장과 평의원이 농무계를 이끌게 했다. 농무계를 대민업무의 최전선에 배치함으로써 관리의 효율성을 높이려 한 것이다. 둘째, 동아권업주식회사에서는 일정 기간 일본영사관의 감독을 받으면서 공공사무를 처리하게 했다. 셋째, 농무계장은 안전농촌 전체 사무를 관장함으로써 조직의 효율성을 제고하도록 했다. 넷째, 이와 연동하여 동아권업주식회사는 모든 공공사무를 농무계장을 통해서 처리하고 이를 영사관과 공유하도록 했다. 다섯째, 농촌 내 장정으로 자위단을 조직하고, 자위단은 농촌 주재 경찰관의 지도와 감독을 받도록 했다.[25]

농무계는 조선총독부에서 이주 조선인에게 금융을 지원할 목적으로 설립한 단체였다. 이 단체는 농경자금을 대출해 주면서 조선인 사회를 통제하고자 했다. 조선총독부가 동아권업주식회사를 통해 농무계를 장악하면 이것은 자연스럽게 조선인 사회를 통제하는 수단이 되었다. 동아권업주식회사는 1921년에 남만주철도주식회사, 동양척식주식회사, 오쿠라(大倉)주식회사의 출자로 남만주 및 동부 내몽고 지역의 농산 자원 개발과 이주 조선인의 생활 안정 및 일본인의 경제적 발전을 꾀한다는 목적으로 설립되었다.[26] 1920년대 이미 동아권업은 '자작농창정(自作農創定)'을

---

24  동아권업주식회사, 1933, 『東亞勸業株式會社十年史』, 307~310쪽.

25  「安全農村ニ於ケル公共ノ事務處理ニ關スル件(公機密 378호)」, 『滿蒙各地ニ於ケル鮮人ノ農業關係雜件』 4, 1933.4.26.

26  동아권업주식회사, 1933, 앞의 책, 1~3쪽. 「滿洲に安全農村の建設」, 『朝鮮及滿洲』,

목적으로 간도 지역에 안전농촌의 설치를 추진하였지만, 일본 경찰력 등 공권력의 부재로 그 뜻을 이루지 못했다. 이러한 전력을 가진 동아권업의 존재는 조선총독부의 안전농촌 설립 목적과 부합되었다. 이에 따라 조선총독부는 봉천에 본사를 둔 동아권업에 보조금을 주고 안전농촌 설치 운영권을 부여한 것이다.[27] 나아가 향후 본격적으로 진행될 이주 일본인을 받아들일 수 있는 선행 작업도 진행하였다.[28]

이와 같이 조선총독부는 만주 지역 조선인 이주를 추진함으로써 조선 농촌의 인구과잉 문제를 해소하고 지주와 소작농 간의 치열한 계급적, 민족적 모순으로 빈발한 소작쟁의를 완화하려 하였다. 조선총독부의 '조선인의 만주 이주안'은 만주에서의 민족 비례를 적당히 조절해 통치를 안정시키고 조선인의 일본으로의 대량 이주를 완화시키려는 일본 정부의 의도와 맞물려 1934년 4월 일본 의회를 통과했다.

### 2) 영구 안전농촌

요녕성 영구(營口)에 안전농촌이 설립된 것은 1933년이었다. 영구 지역에 피난민을 수용한다는 명목이었다.[29] 조선총독부와 일본 외무성은 요

---

1935년 7월호, 31쪽. 동아권업의 대체로 다음과 같은 업무를 담당했다. 첫째 토지의 취득과 경영, 농업과 기타 자원 개발을 이용하는 사업, 이민 모집과 부식, 건축물의 건조 및 임차, 매매, 농수산물의 가공 및 판매, 자금 조성 등의 사업을 추진하였다.

27 朝鮮總督府, 1940, 앞의 책, 399쪽. 조선총독부는 계획이민을 보다 구체화하기 위해 1936년 경성에 선만척식주식회사를 설립하였으며, 만주국은 일본인과 조선인 이민을 대행할 만주척식회사를 만철과 합작으로 설치하였다.

28 「滿洲に安全農村の建設」, 『朝鮮及滿洲』, 1935년 7월호, 32쪽.

29 「安全農村ニ於ケル公共的事務處理ニ關スル件(公機密 378호)」, 『滿蒙各地ニ於ケル鮮

녕성의 이주 조선인들에게 보다 안전한 경작지를 선정하기 위해 관찰하던 중 1933년 전장태(田庄台) 남쪽 2,600정보를 조선인 안전농촌 적합지라고 결정하여 동아권업주식회사에 정밀한 측량을 의뢰하였다. 같은 해 3월 22일 영구 대석교(大石橋) 수비대 모리시게 다테오(森重干夫) 대위의 안내하에 동아권업주식회사 기술원, 측량원 등 30명과 조선총독부 파견원 4명으로 구성된 조사원들은 농사에 관계가 많은 간만의 차, 요하의 수량, 전력 배급 문제, 기상 상태 등을 조사하였다.[30] 조사 결과 안전농촌 건설을 위한 대규모 개간지를 확보했다.

이후 동아권업은 이곳에 조선인 피난민을 이주시켜 안전농촌을 건설한다고 대대적으로 선전하였다.[31] 안전농촌 건설비는 약 90만 원으로 책정되었고, 수용 호수는 1천 호이며, 호당 수용비용 등 1천 원 정도로 계상되었다. 무엇보다도 중요한 토지는 이 지역 원 지주들이 만주사변으로 피난갔기 때문에 봉천성 실업청에서 현지 조사를 통해 싼 가격에 확보, 공급하는 경우가 많았다.[32] 영구 안전농촌의 공사는 1933년 10월까지 완료를 목표로 진행되었고, 1933년 9월 말까지 공사는 평균 73퍼센트 진

---

人ノ農業關係雜件』 4, 1933. 4. 26. 필자가 2006년 7월에 영구 안전농촌을 방문하였을 때 역시 1933년 설립 당시의 모습을 그대로 유지하였다. 1953년 국영농장의 주체가 바뀌면서『榮興農場檔案』(5), 1953~1988, 1쪽] 영흥조선족향으로 행정단위가 편제되어 있다. 현재 14개 지역으로 나뉘어져 있으며 7, 8, 11, 12, 중앙지역은 조선족들의 거주지이며, 나머지는 한족들의 집거구이다. 지금도 벼농사를 짓고 있으며, 해방 전과는 다른 점은 양수기의 크기와 철로가 포장되었다는 정도이다[2006년 7월 12일 영흥농장 책임자 김용범(金龍範) 향장과의 면담].

30　營口市檔案館, 1960,『營口日本人發展史』, 303쪽; 현은주, 1999,「1930년대의 만주이민에 대하여-영구안전농촌을 중심으로-」,『백산학보』 53, 294쪽.

31　동아권업주식회사, 1933, 앞의 책, 305~306쪽.

32　民族問題研究所 編, 2000, 앞의 책 1, 257쪽.

척되었다. 구체적으로 농촌 주위 제방 64퍼센트, 배수간선 74퍼센트, 용수로 지선 78퍼센트, 양수장 공사 90퍼센트, 각종 구조물 82퍼센트, 간선 용수로 50퍼센트, 철도 아래 관통하는 수로 공사 33퍼센트, 배수로 지선 79퍼센트, 부락도로 70퍼센트, 중앙도로 92퍼센트, 십호 간선 수로 선 도로 79퍼센트, 제2차 부락건축 66퍼센트, 사무소 및 숙사 건축 90퍼센트였다.[33] 안전농촌 설치 초기 기초적인 공사는 중국인 노동자들이 담당하였지만 농업용수와 도로 정비 등은 입촌민들이 담당하였다.

영구 안전농촌은 1933년 5월 비로소 봉천성 지역 조선인 600호를 수용하였고,[34] 토지 개간과 정리에 힘든 한 해를 보냈다. 입촌자의 기준은 먼저 피난민이어야 했다. 또 그 가운데 세대주를 포함한 가족 중 노동 가능한 자가 2명 이상이어야 했다. 그뿐만 아니라 만주국 성립부터 반만 항일세력들의 저항에 부딪혔기 때문에, 이러한 것을 원천적으로 제거하기 위해 사상적 측면을 중요시했다. 또한 전문 농업인을 우대하여 안전농

---

33 民族問題硏究所 編, 2000, 앞의 책 1, 257~258, 555쪽.
34 피난 이주 조선인의 수용은 5월 1일부터 전후 9회에 걸쳐 총 626호 2,817명을 수용하고 다음 해 춘경기까지 예정된 800호를 수용한다고 하였다.

| 횟수 | 대상 | 일시 | 인원 호수 | 인원 명 | 횟수 | 대상 | 일시 | 인원 호수 | 인원 명 |
|---|---|---|---|---|---|---|---|---|---|
| 1 | 안동 피난민 | 5월 1일 | 133 | 672 | 6 | 요양 피난민 | 5월 20일 | 20 | 113 |
| 2 | 무순 피난민 | 5월 3일 | 96 | 235 | 7 | 해룡 피난민 | 6월 6일 | 63 | 293 |
| 3 | 안동 피난민 | 5월 6일 | 79 | 422 | 8 | 개로 피난민 | 6월 16일 | 89 | 441 |
| 4 | 무순 피난민 | 5월 9일 | 9 | 42 | 9 | 영구 피난민 | 6월 29일 | 59 | 237 |
| 5 | 봉천 피난민 | 5월 15일 | 78 | 362 | | 합계 | | 626 | 2,817 |

출처: 民族問題硏究所 編, 2000, 『日帝下戰時體制期政策史料叢書』 1, 593쪽.
** 이주 조선인 가운데 노동자와 비노동자의 비율은 6대 4의 비율.

촌 설립 목적에 부합되는 조선인들이 선발되었다.[35] 이렇게 선발된 조선인 입촌자들은 토지개간과 경지 정리를 먼저 시행하였으며, 이를 통해 수전경영의 기초를 마련하였다. 당시 영구 안전농촌에서는 선정된 604호가 1,500정보를 경작하였으며, 다음 해부터 본격적으로 수확을 거두었다.[36]

일제 당국은 영구 안전농촌을 설치하면서 식량 수급과 미질 확보라는 두 마리 토끼를 잡고자 했다. 시범적인 안전농촌이 성공적으로 운영되면 본격적인 일본인 이민을 추진하기 위해서였다. 그런데 영구 안전농촌에서 가장 시급히 해결해야 할 문제는 농업용수 확보였다. 만주 지역에 설치되었던 다른 안전농촌도 마찬가지였다. 영구 안전농촌은 발해만으로 흘러들어가는 요하를 끌어다 써야만 했다. 이를 위해서는 해수를 막아 주는 방파제와 물을 끌어올리는 양수기[37]가 필수였다. 일제 당국은 만주 전역에서 농업용수로 인한 크고 작은 분쟁이 민족 간에 발생하는 것을 목도하였기 때문에 이 문제를 해결해야만 정상적인 안전농촌 운영이 가능하다고 판단했다.[38] 치수를 관장하고 용수로를 확보하는 것은 법적 규정

---

35 「間島集團部落建設槪況」, 『朝鮮總督府調査月報』 1935.3, 109쪽.
36 1934년 영구 안전농촌의 수확량은 벼를 기준으로 했을 때 약 3만석 정도였고 당시 시세로 환산하면 30만 원 정도였다. 이는 만주에 설치되었던 다른 안전농촌과 비교해서도 첫해 대풍이라고 할 만했다.(「營口安全農村 初年作 大豊」, 『東亞日報』, 1934.8.29).
37 영구 안전농촌 개설 당시 양수기는 CEW형으로 200마력의 원동기를 이용하여 간조 시에 물을 끌어들였으며(鎌田澤一郎, 1935, 「朝鮮人移民問題重大性」, 『朝鮮』 237호, 63쪽), 현재에도 양수기를 이용하여 요하의 물을 끌어다가 농사를 짓고 있다(2006년 7월 12일 영홍농장 책임자 김용범 향장과의 면담). 그만큼 영구 안전농촌에서 양수기는 발해만과 맞닿아 있는 특성상 벼농사를 짓는 데 가장 중요한 기계였다.
38 농업용수는 요하의 물을 끌어다 썼다. 방파제는 해안선과 접해 있어 도로겸용 방파제를 축조하고 밖으로 조림하여 방풍과 방파를 겸하여 연료 채취용으로 제공하였다(民族問題硏究所 編, 2000, 앞의 책 1, 254~255쪽).

력과 행정력이 동시에 수반되어야 했다. 이를 위해 동아권업주식회사는 1933년 3월 15일 영구에 출장소를 개설하고 조사원을 상주시켜 세밀하고 체계적인 관리 감독 체제를 구축하였다.

그런데 영구 안전농촌은 초기 이주민 입촌 계획과 달리 조선의 농민들을 직접 받아들인 경우도 많았다. 조선총독부는 1934년 10월 낙동강 범람으로 발생한 이재민들을 영구 안전농촌으로 이주시켰다. 이주에 필요한 모든 경비는 조선총독부가 부담하고 농민들이 정착한 후 농사를 지어서 상환하는 방식이었다.[39] 경상남도 창원·밀양·김해·함안 등지에서 선발된 2백 호의 농민들은 각 호당 150원의 이주자금을 책정받고 10년 이후 자작농이 될 수 있다는 조선총독부의 권유로 영구 농장에 이주하였다. 조선총독부는 한반도 국내에서 발생한 인구 과잉 및 소작쟁의와 같은 여러 문제를 해결하기 위한 안전지대로서 영구 안전농촌을 활용한 것이다.

〈표 7-1〉 농지 규모와 사업비 (단위: 정보, %, 원)

| 구분 | 수전 | 택지 | 잡지 | 합계 |
|---|---|---|---|---|
| 면적(정보) | 2,000 | 24 | 376 | 2,400 |
| 1호당 면적 | 2.5 | 0.05 | | 2.55 |
| 비율 | 83 | 1 | 16 | 100 |
| 농가 수 | 공사비 | 토지대금 및 영농자금(농기구) | 경비 및 잡비 | 합계 |
| 800 | 496,000 | 144,000 | 50,000 | 690,000 |

출처: 民族問題硏究所 編, 2000, 『日帝下戰時體制期政策史料叢書』 1, 255~256쪽.

---

39 「洛東江岸災民中 千五十名을 輸送」, 『東亞日報』, 1934.10.14.

영구 안전농촌 설치 당시 농지 규모와 사업비는 〈표 7-1〉과 같았다. 영구 안전농촌의 전체 면적은 2,400정보이다. 그 가운데 수전 비율이 압도적으로 높다. 전체 면적 2,400정보 중 수전은 2,000정보로 83퍼센트를 차지했으며, 조선인 농민이 거주하는 택지는 24정보이다. 이 밖에 잡지(雜地)는 16퍼센트에 해당하는 376정보이다. 중국인 지주가 피난 가면서 토지소유권에 대한 명확한 확인절차를 통하였고, 동아권업주식회사에서 봉천성 실업청과 협의하여 가격을 결정하였기 때문에 토지가격은 비교적 저렴했다. 조선인 이주민들은 이러한 과정을 통해서 토지를 각 호당 2.5정보 분배받았다.[40]

영구 안전농촌을 조성하는 데 필요한 전체 사업비 가운데 토지정리, 방파제 구축 등 공사비의 비중은 63퍼센트를 차지하였다. 그 밖에 중국인 지주에게 지불한 토지보상비와 농기구 구입을 비롯한 영농자금 비율은 약 18퍼센트를 차지하였다. 영구 안전농촌은 요하에서 풍부한 농업용수를 끌어다 사용했기 때문에 첫해부터 많은 수확량을 올릴 수 있었다. 1934, 1935년 영구 안전농촌의 각 구별 경작면적과 수확 가능 면적, 수확 예상량을 정리하면 〈표 7-2〉와 같다.

〈표 7-2〉 영구 안전농촌 경작 상황 (단위: 정보, 석)

| 구별 | 경작면적 | | 수확 가능 면적 | | 수확 예상량 | |
|---|---|---|---|---|---|---|
| | 1934 | 1935 | 1934 | 1935 | 1934 | 1935 |
| 1 | 107.59 | 231.84 | 98.09 | 190.41 | 1,342.50 | 3,870.90 |
| 2 | 143.84 | 188.64 | 139.68 | 174.80 | 3,307.30 | 4,325.50 |

---

40  民族問題研究所 編, 2000, 앞의 책 1, 257쪽.

| 3 | 143.81 | 144 | 137.30 | 143.28 | 3,259.68 | 3,893 |
| 4 | 142.14 | 143.80 | 138.54 | 142.30 | 2,863.60 | 3,126.80 |
| 5 | 138.72 | 142.80 | 131.88 | 138.43 | 1,504 | 2,812.10 |
| 6 | 140.34 | 143.50 | 138.08 | 140.35 | 2,703.60 | 3,160.40 |
| 7 | 142.88 | 143.66 | 135.66 | 142 | 2,479.18 | 2,704.50 |
| 8 | 143.69 | 143.76 | 141.19 | 143.76 | 3,064 | 3,098 |
| 9 | 91.64 | 201.05 | 88.22 | 183.25 | 1,467.10 | 2,448.90 |
| 10 | 0 | 159.68 | 0 | 134.84 | 0 | 1,583.90 |
| 11 | 0 | 143.76 | 0 | 120.16 | 0 | 1,305.10 |
| 12 | 0 | 144 | 0 | 42.71 | 0 | 91.10 |
| 중앙 | 283.22 | 286.85 | 277.04 | 283.49 | 6,949.55 | 7,420.60 |
| 남 | 0 | 148.08 | 0 | 98.80 | 0 | 1,327.60 |
| 합계 | 1,477.87 | 2,365.42 | 1,425.68 | 2,078.38 | 28,940.51 | 41,168.40 |
| 기타 | 0 | 111.58 | 0 | 97.64 | 0 | 1,200 |
| 총계 | 1,477.87 | 2,477 | 1,425.68 | 2,176.22 | 28,940.51 | 42,368.40 |

출처: 「東亞勸業經營農場ニ於ケル收量豫想報告書送付ノ件」, 『滿蒙各地ニ於ケル鮮人ノ農業關係雜件』 6.

영구 안전농촌은 모두 15구역으로 이루어졌다. 1~12까지 연번으로 구역을 정하고 중앙과 남쪽 방향 그리고 기타로 나누었다. 안전농촌의 중앙구역은 관리 감독기관이 설치되어 있으며, 수확량은 다른 지역을 압도하였다. 10~12구역, 남부의 경우 수확 첫해인 1934년도 경작면적이 없었던 것은 발해만과 가까운 지역이기 때문에 방파제를 쌓고 농지로 만드는 작업이 진행되었기 때문이다. 위의 표에서 알 수 있듯이 이곳은 1935년이 되어서야 비로소 경작을 할 수 있었지만 경작지에 염분의 함량이 많아 수확량은 상대적으로 다른 곳에 비해 적었다.

이렇듯 영구 안전농촌은 만주 지역의 안전농촌 가운데 규모가 가장 크지만 구역 전체 수확은 1935년부터 가능하였다.[41] 경작면적은 1934년 각 구역 평균 105.56정보였으며, 다음 해인 1935년에는 168.96정보로 증가하였다. 이러한 가운데 1934년 한반도 남부에서 이주한 조선인들은 11~12구를 배정받았는데, 이곳은 토지의 염분함유량이 높아 그다음 해까지 벼를 생산할 수 없는 지경이었다. 그들의 생활실태는 말로 표현할 수 없을 만큼 곤경에 처해 있었다.[42]

생산량을 세부적으로 보면 단보당 쌀 수확량은 1934년에 1.01석이었고, 1935년에는 0.9석으로 감소하였다.[43] 이를 단순히 조선인들의 농업생산력이 저하되었다고 보는 것은 타당하지 않다.[44] 영구 안전농촌은 제10~12구 지역이 염분 함유량이 많아 수확량이 거의 없었기 때문에 전체 구역의 높은 생산량에도 불구하고 평균적으로 전년보다 낮은 수치를 기록하였다.[45] 영구 안전농촌은 이러한 문제를 해결하고자 염분 함유량 제거를 위해 시비(施肥) 방법의 개선과 충분한 농업용수의 공급 등 여러 방

---

41 『滿洲移民農村の現狀幷に緊急移民對策』, 16쪽.

42 「移住한 三南災民收穫全無 困境」, 『東亞日報』, 1935.10.19.

43 미종은 평안북도 표준미종을 썼다(『滿洲移民農村の現狀幷に緊急移民對策』, 16쪽). 1928년 식민지 조선의 전국 단보당 평균 쌀 생산량은 0.90석이었다(朝鮮總督府殖產局, 1928, 『朝鮮의 農業』, 표6참조). 1927년 만주 지역 단보당 생산량은 0.98인 데(尾池禹一郎, 1927, 『滿蒙の米作と移住鮮農問題』, 46~47쪽) 비해 영구 지역은 조금 높은 수치를 보이고 있다.

44 현은주, 1999, 앞의 글, 303쪽.

45 1938년까지 단보당 쌀 생산량은 꾸준히 증가하여 그해 1.1석 정도를 기록한다(朝鮮總督府, 1940, 앞의 책, 914쪽).

안을 강구하였다.⁴⁶ 이와 같은 노력으로 영구 안전농촌은 단보당 쌀 생산량이 다른 지역과 비교해 보아도 결코 떨어지지 않았다. 심지어 한반도의 최상급 수전보다도 쌀 생산량이 많았다. 식량의 안정적인 공급과 조선 내 소작쟁의 등의 문제를 해결하려는 명목으로 설치되었던 안전농촌의 성과는 외형상 성공한 듯 보였다. 하지만 안전농촌 구성원들의 생활은 궁핍하였다. 초기 정착자금을 동아권업공사에서 부담하였지만 1935년 이후 수확량의 상당 부분을 이주 조선인들은 세금으로 내고 있었기 때문에 농민들은 과다한 세 부담에 허덕이고 있었다. 1가구 평균 240원의 생활비 가운데 100여 원을 각종 세금으로 납부한 상황을 감안하면 안전농촌의 생활이 결코 '안전'하지 않았음을 알 수 있다. 부족한 생활비는 영구금융회에서 융통하고 있어, 생계비 부족의 악순환이 계속되고 있었다.⁴⁷

영구 안전농촌이 어느 정도 가시적인 성과를 거두자 동아권업공사는 1935년에 총면적 3천 정보와 수용 농가수 1,200호의 규모로 제2차 영구농촌 설치를 추진하였다.⁴⁸ 영구 안전농촌은 만주국이 주창하는 이른바 '왕도낙토'를 실현하는 구체적인 공간이었고, 만주국과 조선총독부에서는 이를 적극 이용하여 집단부락과 자작농창정으로 연결하는 정책을 시행하였다.

---

46 비료비가 상대적으로 높게 책정되어 있는 것도 생산량 증가와 밀접하다. 삼원포 안전농촌의 경우 농가 1호당 지출비에서 차지하는 비율이 15퍼센트 정도였다.

47 현은주, 1999, 앞의 글, 307쪽.

48 「昭和十年度安全農村設立計劃ニ關スル件(普通제451호)」, 『滿蒙各地ニ於ケル鮮人ノ農業關係雜件』 6, 1935.8.20. 현재 전장태 농장과 평안 농장으로 남아 있다.

### 3) 삼원포 안전농촌

경술국치 이후 독립운동가들은 국외 독립운동 기지의 하나로 오늘날 길림성 유하현 삼원포 추가가에 신흥강습소(신흥무관학교)를 설립하였다. 1911년 6월 설립된 이 학교는 1920년 8월경 폐교될 때까지 3,000여 명의 독립군 인재를 양성했다.[49] 이후 이 지역에 설립되었던 학교들도 민족교육을 이어 나갔다. 특히 동명학교는 삼원포 지역의 대표적인 민족교육기관으로 성장하였다. 하지만 만주사변 직후 1932년에 삼원포가 일제에게 완전히 강점되면서 동명학교는 국민우급학교(보통학교)로 개칭되고 삼원포 북문 밖의 한족학교에 자리를 잡았고 학교교육도 일제의 노예교육으로 완전히 바뀌었다. 학생들은 일본인 이름과 성으로 창씨개명을 했으며 일본말을 써야 했다. 독립운동가들은 1934년 삼원포 역 앞에 새 교사가 신축되면서 동명학교를 다시 독립적으로 이전 설립했다. 일제의 감독과 총칼 아래 일제를 위한 노예화 교육을 해야만 했던 시기였지만 동명학교 교직원들은 항일구국, 애국 애족 교육을 한시도 놓지 않았다. 2008년까지 동명학교 교장으로 근무했던 이정호는 만주국 시기 동명학교를 다음과 같이 기억하였다.

후기 동명학교는 1934년도에 세워진 학교로서 조선인들이 요구해서 만든 학교로서 기숙사도 부속되어 있었어요. 삼원포 지역은 일본인들이 조선인 독립군 기지로 알고 있었기 때문에 감시도 심했다고 합니다. 그뿐만 아니라 일본은 이 지역에 집단부락(안전농촌)을 설치하

---

[49] 서중석, 2001, 『신흥무관학교와 망명자들』, 역사비평사, 64쪽.

여 조선인들에게 무지막지한 노동력을 강요했지요. 참 힘든 시기였지요. 제가 이곳에서 교장하면서 이곳의 전통을 지키려고 했지만 아이들이 점점 줄어들고 해서 어쩔 수가 없었습니다.[50]

삼원포는 집안과 통화를 지나 홍경현으로 통하는 지점에 위치하였지만 유하현 시내와는 많이 떨어져 있기 때문에 오지라고 할 수 있다. 그러나 일제 당국은 다른 안전농촌에 비해 교통이 불편한 삼원포에 안전농촌을 설치하려 했다. 그 이유는 이곳에 과거 독립운동 기지가 있었기 때문이다. 특히 신흥무관학교의 영향으로 이 지역은 독립운동가들을 지속적으로 배출하는 민족학교가 많이 분포되어 있었다. 따라서 삼원포의 안전농촌 설치는 교통의 안전, 피난민의 정착이라는 본래의 목적과는 달리 독립운동 세력을 현지 조선인 사회와 완전히 분리하고자 하는 목적이 있었다.[51] 남만주 지역 조선인을 관할했던 봉천총영사관 총영사는 삼원포에 대해 다음과 같이 진단하였다.

> 지난 가을 동변도 특별공작 실시 결과는 동변도 치안 유지에 대하여 하나의 신기원을 이루었을 뿐만 아니라 일본과 만주국 각 기관의 협조 정신이 발휘되었다. 특히 이 지역 거주 조선인과 만족 간의 융화에 크게 공헌하였다. 이에 지속적으로 실시하는 동변도 부흥공작 가운데 집단부락의 건설은 이후 치안공작상 가장 의의 있는 사업으로

---

50　2011년 7월 12일 이정호 교장 현지 인터뷰.
51　「三源浦農場設置方ノ件(機密제198호)」,『滿蒙各地ニ於ケル鮮人ノ農業關係雜件』6, 1935.4.16.

현재 동변도(남만주)에서는 동포 조선인 다수가 거주하고 있는 사정에 비추어 우리들은 큰 관심을 가지고 있다. 또한 유하현 삼원포는 오랫동안 동변도에서 불령선인의 책원지로서 알려진 곳이다. 특히 요즘 이곳에 불령선인은 공산주의자로서 만인비적과 밀접한 연계를 지니고 교묘히 반만 항일(反滿抗日) 행위를 드러내고 있기 때문에 시급히 이곳에 유력한 집단부락을 건설하여 동변 치안 숙정의 틀을 만드는 것이 초미의 급무라고 생각된다. 게다가 종래 동변도 조선인 사상이 악화되었고 또 그 생활은 절망적인 상태이므로 다수가 이러한 사상을 추종하고 있다. 군경의 직접 단속과 병행하여 경제방면의 공작을 고려할 필요가 있다. 이후 만주로 이주하는 조선인 간의 감정이 벌어진 원인이 토지 문제에 있음을 비추어 보았을 때 이 화근을 없애는 의미로서 집단부락을 설치하여 이에 따라 조선 농민 자작농창정 방법을 강구하여 본건 실시에 따라 공서의 편의를 기대한다. 이를 위해 협의회를 결성한다.[52]

이처럼 일제 당국이 삼원포에 안전농촌을 설치하려 한 것은 이곳이 과거 '불령선인의 책원지'였고, 아직도 공산주의자들이 '반만 항일' 운동을 펴고 있는 곳이었기 때문이다. 즉 '치안 유지', '치안 숙정'을 위해 안전농촌을 설치하고자 한 것이다. 이러한 목적 때문에 안전농촌의 운영과 경비 문제 역시 중요한 문제였다. 1935년 4월 봉천 총영사와 외무대신 간의 삼원포 지역 안전농촌 설치에 관한 서신은 이를 분명하게 보여 주고 있다.

---

52 「三源浦集團部落設定計劃ノ件(公文普通제55호)」, 『滿蒙各地二於ケル鮮人ノ農業關係雜件』 6, 1935. 4. 13.

치안 숙정의 실제적 효과를 거둘 목적으로 일부 경찰권의 철폐를 시험적으로 실시할 예정인데 이미 성 공서 경무당국과의 사이에 의견 일치를 보았다. 만주국 정부는 이번 2백여만 원의 자금을 가지고 동변도(東邊道) 부흥을 위하여 봉천, 안동 양성 당국에서 현재 이것을 실행하려고 한다. 본 공작은 작년 여름 실시된 동변도 특별공작의 효과를 한층 확대 강화하여 일반 주민의 갱생을 위한 것으로서 자금의 내용은 도로 건설비, 집단부락(안전농촌) 건설비, 부락 방위시설비 등 주로 치안을 기초로 한 부흥비이다. 지금까지 동변도의 치안은 정치·군사의 중심지를 이탈하여 멀리 산간 오지의 주민들이 열악하고 통치가 불안정함에 따라 암흑상태가 되었고, 또 조선인으로 인해 크게 소란하여 주지한 바와 같이 동변도 조선인 대책은 식자들이 일찍이 고려한 바다. 이에 본 특별공작 기회에 조선인 비적의 소굴로 최근 전향의 기운이 있는 동변도 유하현 삼원포에 조선 농민의 집단부락을 건설하여 그 근거지를 복멸함으로써 일반 조선인 농민에게 새로운 국가의 은혜를 알게 한다.[53]

이들은 치안 문제를 해결하는 동시에 만주국의 오족협화에 충실한 '국민'으로 거듭나야 함을 강조하였다. 이렇게 삼원포 안전농촌 설치는 정당화되었다. 삼원포 지역에서의 치안 확보는 이주 조선인 사회를 근거로 하는 항일 세력에 대한 철저한 탄압에 기초한 것이다.[54] 일제가 표면적으로

---

53 「三源浦農場設置方ノ件(機密제198호)」, 『滿蒙各地ニ於ケル鮮人ノ農業關係雜件』 6, 1935.4.16.
54 關東軍參謀部, 1937, 『最近に於ける滿洲國の治安』, 20쪽.

내세웠던 안전농촌의 설립 목적이 만주사변으로 발생한 피난민을 보호하기 위해서가 아니라, 독립운동 세력의 무장 거점의 상징인 삼원포를 안전농촌이라는 '인위적 울타리'로 둘러쳐 항일무장 세력을 탄압·억제하려는 데 있었음을 알 수 있다.[55]

삼원포 안전농촌은 유하현과 통화현을 잇는 도로를 끼고 형성되었다.[56] 물론 교통 문제가 대두되었지만 추가가를 제외한 두 곳은 교통이 편리하여 경비의 안전을 담보하고 영농에 필요한 물자를 원활하게 수급할 수 있었다. 1935년 안전농촌이 설치될 당시 호구 수는 약 200호, 1,000명 정도였다.[57]

삼원포 안전농촌은 크게 세 지역으로 나뉘었다. 경학사와 신흥강습소가 위치한 추가가, 통화와 유하를 잇는 대로에 인접한 유가가(劉家街), 그리고 장가가(張家街) 지역이었다.[58] 만주국에서는 안전농촌 경비시설을 스스로 부담하지 않고, 유하현을 통해서 안전농촌의 경비시설 자금을 이주 조선인들에게 무이자로 대출해 주었다. 결국 안전농촌의 모든 경비는 이주 조선인의 몫이 되었다. 장가가 4,732원, 유가가 4,999원, 추가가에 5,254원이 지출되었다. 삼원포 안전농촌은 소위 '동변도 부흥공작'의 일환으로 진행되었는데[59] 그 규모를 보면 다음과 같다.

---

55  윤휘탁, 1996, 『일제하 만주국 연구: 항일무장투쟁과 치안 숙정공작』, 일조각, 279쪽.
56  「三源浦農場設置方ノ件(機密제198호)」, 『滿蒙各地ニ於ケル鮮人ノ農業關係雜件』 6, 1935.4.16.
57  1935.4.16, 위의 글
58  1935.4.16, 위의 글
59  1935.4.16, 위의 글

〈표 7-3〉 계획면적 및 수용 호수(단위: 정보)

| 지목별 | 면적 | 1호당 배당면적 | 비고(이용면적) |
|---|---|---|---|
| 수전 | 400 | 2 | 85 |
| 택지 및 채소밭 | 20 | 0.1 | 4 |
| 잡지 | 50 | 0.25 | 11 |
| 계 | 470 | 2.35 | 100 |

출처: 「三源浦農場設置方ノ件(機密제198호)」, 『滿蒙各地ニ於ケル鮮人ノ農業關係雜件』 6, 1935.4.16.

〈표 7-4〉 사업비 예산(단위: 원, %)

| 내역 | 토지 구입비 | 토지개량비 | 사무비 | 대출금 | 예비비 | 합계 |
|---|---|---|---|---|---|---|
| 금액 | 88,300 | 2,000 | 3,000 | 20,000 | 15,000 | 128,300 |
| 비율 | 68.8 | 1.6 | 2.3 | 15.6 | 11.7 | 100 |

출처: 「三源浦農場設置方ノ件(機密제198호)」, 『滿蒙各地ニ於ケル鮮人ノ農業關係雜件』 6, 1935.4.16.

    삼원포 안전농촌의 사업비 규모는 영구 안전농촌과 비교해 보면 그 특징이 보다 잘 드러난다. 영구 안전농촌은 사업비의 대부분이 농지조성에 지출되었는데, 삼원포 안전농촌은 오히려 토지 구입비의 비중이 훨씬 크다. 이러한 차이는 현지 상황과 관련 있는 것으로 보인다.

    삼원포 안전농촌의 조선인들은 1935년 평균 60석을 수확하였으며, 당시 시장가격으로 360원을 손에 쥐었다. 하지만 농촌 관리비를 포함하여 270원 정도의 지출을 하였기 때문에 1년 순익은 96원 정도였다.[60] 생계비

---

60 지출 내역은 다음과 같다. 관리비 60원, 종자대 14원, 경기비 12원, 생계비 96원, 공과금 10원, 잡비 30원, 이자 11원, 비료대 35원 계 268원(1935.4.16, 앞의 글).

96원은 4인 가족을 기준으로 한 사람당 하루에 7전 정도이다. 이 금액은 일본 형무소 1인 1일의 생계비 10전보다도 적은 것으로, 그들이 얼마나 열악한 생활환경에 놓여 있었는지 알 수 있다.[61] 조선인 농민들의 지출은 대부분 생활비와 각종 세금이었으며, 다음 해 영농자금은 대부분 농무계를 통해서 조달되었다. 따라서 조선인들의 1년간 수입과 지출 규모는 자작농창정을 희망하였던 것과는 거리가 멀었다.

이러한 가운데 당국은 장기적으로 안전농촌을 운영하는 체계적인 틀을 짜기 위해 청년층 대상의 교육프로그램을 운영하였다. 1930년대에는 조선에서 농촌진흥운동이 진행되고 있었기 때문에 이를 적극 활용, '중견인물' 육성을 목적으로 조선의 청년훈련소에 안전농촌의 청년들을 파견하여 각종 교육을 받게 하였다.

한편 일본 외무성과 조선총독부가 삼원포 지역을 '독립운동가의 소굴'로 파악하면서 이 지역에 설치한 안전농촌의 치안과 방비 관련 경비 문제가 중요한 문제로 대두되었다. 삼원포 안전농촌은 경비기관이 타 안전농촌의 경비 규모보다 컸다.[62] 요녕성 철령 안전농촌은 고작 경찰 2명이 상주할 정도의 경비력이었다. 흑룡강성 하동 안전농촌은 경찰관 40명, 자위단 17명의 규모로 총 경비인원이 57명이었다. 이에 비해 삼원포는 군대 113명, 경찰 79명, 자위단 124명 등 모두 316명의 경비력을 보유하였다(〈표 7-5〉참조). 이처럼 삼원포 안전농촌은 거주 인구에 비하여 경비력이 매우 비대하였다. 이는 일제가 이 지역에서의 항일투쟁 열기를 차단하고 통제하기 위해 상당한 경비력을 투입했음을 말해 준다.

---

61  金三民, 1931, 『在滿朝鮮人の窮狀と其の解決策』, 新大陸社, 85쪽.
62  民族問題硏究所 編, 2000, 앞의 책 1, 271~272쪽, 567쪽.

〈표 7-5〉 삼원포 지역 경비 상황(단위: 명)

| 군대 | | 경찰 | | 자위단 | |
|---|---|---|---|---|---|
| 구분 | 인원 | 구분 | 인원 | 구분 | 인원 |
| 일본군(관동군) | 39 | 지도관 | 9 | 만주국인 | 24 |
| 만주군 | 74 | 경찰관 | 11 | 조선인 | 100 |
| | | 만주국 경관 | 48 | | |
| | | 일본 영사경관 | 11 | | |
| 계 | 113 | | 79 | | 124 |
| 합계 | 316 | | | | |

출처: 「三源浦農場設置方ノ件(機密제198호)」, 『滿蒙各地ニ於ケル鮮人ノ農業關係雜件』 6, 1935.4.16.

    당시 삼원포 지역은 배일감정이 강했던 것으로 보인다. 삼원포 안전농촌을 설치하는 과정에서도 만주국 경찰대원 2명이 살해되는 사건이 발생할 정도였다.[63] 또 1935년 7월 8일에는 200명의 반만 항일군이 추가가를 습격하여 공사가 진행 중인 집단부락 방벽을 파괴하고, 부근에 거주하는 공사 인부인 만주족 2명을 살해하였다. 이들은 삼원포 지역에 "향후 안전농촌 건설에 참여한 자를 살해한다"는 선전문을 살포하기도 했다. 삼원포에 안전농촌을 설치하는 데 어려움이 따르자 일제는 강력한 경찰력 확보가 필요하다고 보았으며, 외무성 외사 경찰을 포함하여 조선인 경찰 우대 정책도 아울러 실시하였다. 중국인 경찰보다 조선인 경찰의 월급을 두 배

---

63 「三源浦農場設置方ノ件(機密제198호)」, 『滿蒙各地ニ於ケル鮮人ノ農業關係雜件』 6, 1935.4.16.

정도 책정한 것은 '이한제한(以韓制韓)'의 방침에 따른 것이었다고 할 수 있다.[64]

### 4) 하동 안전농촌

하얼빈 남동쪽으로 100킬로미터 떨어진 주하현 하동마을에도 안전농촌이 설치되었다. 이 과정에서 일제의 정책적 측면을 배제할 수 없지만 실질적으로 주하현 일면파조선인민회의 역할이 컸다. 주하현 일면파조선인민회에서는 안전농촌 설치를 위하여 하동 농장에 대한 의견서를 하얼빈총영사관에 제출하였다.[65] 의견서에는 하동 농장이 수전경영의 최적지이며, 이미 10여 년 전부터 조선인들이 지주하여 본격적으로 벼농사를 짓고 있다는 점을 강조하였다. 특히 만주사변으로 인한 피난 조선인들을 위한 안전농촌으로 가장 적합한 곳임을 의견서에 적시하였다. 이 의견서는 조선인민회장 김여백의 이름으로 제출되었다. 김여백은 만주권업주식회사를 방문하여 1920년대부터 본격적으로 개척된 하동마을의 정황을 상세하게 소개하였다. 김여백이 의견서를 제출한 이후 주하현 마이강 동쪽 마을인 하동마을이 주목받았고, 1933년 3월 하얼빈 만철수용소의 630세대 조선인들이 하동으로 이주하였다.[66] 이러한 상황을 당시 『하얼빈 일일신문(哈爾濱日日新聞)』기사를 통해 보면 다음과 같다.

---

64 이홍석, 2005, 「만주 지역에서 일제의 '以韓治韓' 통치방식 연구」, 『한국민족운동사연구』 42, 519~524쪽.

65 「一面坡朝鮮人民會ノ水田經營地調査ニ關スル件(機密제55호)」, 『滿蒙各地ニ於ケル鮮人ノ農業關係雜件(3)』, 1932.1.28.

66 「오길밀과 전장대에 집단농장지결정」, 『동아일보』, 1933.1.5.

1932년 북만의 비적 피해 및 일찍이 겪어 보지 못하였던 대수해로 하얼빈에 피난한 다수의 조선 농민은 원향둔에 조선인 피난수용소에 수용되었다. 현재 수용된 자는 1,260여 명이다. 시내 및 근교에 산재해 임시로 거주하고 있으며, 현지 구제가 필요한 자는 4,470여 명에 이르며, 당국에서는 이들에 대한 피난 조선인 구제책을 강구하였다. 이번 피난 조선 농민은 동아권업공사가 운영하는 동부선 오길밀하의 하동 농장에 수용하여 농경에 종사하게 될 것이다. 7일 동부선 열차로 조선인 피난민 600명이 출발하였다. 8, 9일에 피난민이 이 농장에 도착하였으며 하얼빈 피난수용소는 10일 폐쇄되었다.[67]

한편 『조선중앙일보』는 하동 농장을 새롭게 개척할 농장이 아니라 기존 이주 조선인들이 이미 개척한 농장으로 파악하였으며, 동아권업주식회사가 조선인 소유의 토지를 매수한 것이라 하였다.[68] 주하현 하동은 농장이 설치되기 이전부터 조선인들과 한족들이 공유하던 공간이었다. 하동 농장 설치 전 하동의 인구를 정리하면 〈표 7-6〉과 같다.

---

67 「六千の避難鮮人は 河東農場に收容さる」, 『哈爾濱日日新聞』, 1933.5.8.
68 「哈市하동 농장매도」, 『朝鮮中央日報』, 1933.10.4. 이 기사의 내용은 하동 농장의 설치 연원을 조선인 농장에서 찾고 있지만 이는 사실과 다르다. 이미 한족들이 주하현에 이주하여 토지를 개간한 기록이 있으며, 한족들의 토지를 동아권업공사가 헐값에 매입하였다는 사실에 비추어 보아도 조선인 농장에서 연원을 찾는 것은 무리인 것 같다.

〈표 7-6〉 1933년 3월 주하현, 연수현 조선인 이주 현황 (단위: 상, 호, 명)

| 현 | 구 | 향 | 면적(상) | 수전(상) | 수전숙지(상) | 만주인 호수 | 만주인 인구 | 조선인 호수 | 조선인 인구 | 비고 |
|---|---|---|---|---|---|---|---|---|---|---|
| 주하현 | 1구 | 장발향 | 1,800 | 400 | 300 | 168 | 1,200 | 43 | 215 | 만인 가운데 60호 수전 |
|  |  | 동안향 | 1,300 | 410 | 300 | 150 | 800 | 48 | 240 | 만인 가운데 70호 수전 |
|  |  | 영안향 | 900 | 100 | 100 | 50 | 200 |  |  |  |
| 소계 |  |  | 4,000 | 910 | 700 | 368 | 2,200 | 91 | 455 |  |
| 연수현 | 2구 | 동남향 | 2,200 | 300 | 1,500 | 180 | 1,000 |  |  |  |
| 합계 |  |  | 6,200 | 1,210 | 2,200 | 548 | 3,200 | 91 | 455 |  |

출처: 한득수, 『하동조선족60년변천실기』(미간행), 5쪽.
비고: 위의 표는 주하현 전체 인구는 아니며, 하동 농장에 포함된 곳만 계산한 것임.

〈표 7-6〉에서 알 수 있듯이 주하현(현 상지시)에는 이미 400여 명의 조선인이 이주하였으며, 연수현(延壽縣)에는 동남향에 조선인이 없지만 그 외 지역에는 이미 조선인들이 이주해 있었다.[69] 주하현의 경우 3개 향의 총인구 가운데 조선인은 20퍼센트에 지나지 않았다. 안전농촌의 경지 확보는 한족 지주들의 토지를 매입하여 이를 다시 조선인들에게 불하하는 방식이 사용되었다. 안전농촌에 조선인 입식 문제를 둘러싸고 조선총독부와 일본 외무성 간의 헤게모니 쟁탈전의 양상도 보였다. 조선인 처리 문제를 놓고 양 기관은 절충과 협의를 통해 서로의 입장을 관철시키려고

---

69 1930년 연수현에는 남자 1,054명, 여자 767명 총 1,821명이 거주하였다(연수현민족종교사무국, 2005, 『연수현조선족100년사』, 4~6쪽).

하였다. 1933년 4월까지 동아권업공사는 조선인들의 하동 안전농촌에 대한 이주를 완료해야 했지만, 당시 농촌 거주 피난 조선인의 경비(警備) 문제 때문에 지연되는 사태가 발생하였다. 이에 대해 조선총독부와 일본 외무성은 1932년 12월 28일 경비 문제를 놓고 절충안을 제기하였다.[70] 물론 어느 쪽으로 결론이 나든지 양 기관의 주도권 다툼은 지속될 수밖에 없는 상황이었다.[71] 당시 절충안은 토지 획득과 군부 및 만철의 입장이 충분히 반영되지 않은 상태에서 결정하기 때문에 극비로 처리하는 것을 원칙으로 하였다.[72] 이렇게 설치된 하동 안전농촌은 만주국의 오족협화 실현을 강조하는 일본의 선전도구로 이용되기도 했다.

일제의 논리대로라면 1907년 통감부 간도파출소의 설치에서부터 안전농촌 설치의 연원을 찾을 수 있다.[73] '조선인 보호'를 위해서 간도파출

---

70 「경비력의 관계상 이주안위가 염려」, 『동아일보』, 1933.1.5.
71 「朝鮮總督府ノ滿洲ニ於ケル大集團農場創設計劃ニ關スル件(暗제37호)」, 『滿蒙各地ニ於ケル鮮人ノ農業關係雜件(4)』, 1933.2.9.
72 일본인 이민 관련의 민감함을 엿볼 수 있는 대목이다. 즉 군부와 만철의 움직임에 대한 부분을 극비사항으로 분류한 것은 이민의 중대함이 가져올 파장을 고려하였기 때문이다.
73 「만주사변 후 재만 조선인에 대한 조선총독부의 구제 및 시설에 대해서」, 『朝鮮公論』 245호, 44쪽. 조선총독부의 만주에 대한 관심은 지대하였다. 이는 선만일체화에 대한 끝없는 구애의 노정인지도 모른다. 다음의 인용문은 조선총독부의 일상적인 선전 논리이다. "조선총독부의 재만 조선인에 대한 보호 무육시설은 1907년 통감부 임시파출소 설치에 근원을 발하며 이래 주로 간도재주 조선인에 대하여 보호를 행하여 왔지만, 1921년에 이르러 본부와 외무성과의 상에 재만 조선인 보호시설에 관한 협정의 결과 본부는 간도 및 표만주 지방 거주 조선인에 대하여 주로 조장행정에 관한 시설을 담당하였다. 해마다 80만 원 내지 90만 원의 예산을 계상하여 교육, 위생, 산업, 금융, 구제 등에 관한 제반 시설을 하여 왔으며, 그렇지만 구 동북정권 시대에 있어서는 특히 중국 측의 질서에 부합되지 않아, 반제 운동이 대두한 이후 배일운동이 치열해져 조선인에 대한 중국 관민의 박해가 더욱 격렬하게 되어 사업이 진척되는 데 방해가 되었다."

소가 설치되었듯이 1931년 '만주사변'으로 발생한 피난 조선인들을 보호하기 위해 안전농촌 설치를 결정했다는 것이 그들의 상투적인 선전논리였다. 그들은 관동군이 만주사변을 일으키지 않았으면 애초부터 일어나지 않았을 피난민 문제는 제쳐 두고, 장학량 군대의 패잔병이 조선인 마을을 공격하고 약탈한 것만 강조하였다. 그뿐만 아니라 안전농촌이 설치된 것은 단순한 피난민 구제가 아니라 장기적인 계획 속에서 실현한 구체적인 정책이었음을 재차 강조하였다. 안전농촌은 자작농창정 계획과 연결되었기 때문에 조선인에 대한 즉흥적인 '구제'가 아닌 '이등공민'으로서 안정적인 지위를 향유할 수 있는 토대를 마련하는 것이라고 하였다.

만주 전역에 안전농촌이 설립되자 만주국에서는 이를 '이상향의 도래' 및 그 실현으로 설정하여 각 언론사를 통해 선전하였다. 그 가운데 『재만조선인통신』은 영구 안전농촌을 시작으로 「철령 안전농촌기」, 「하동 안전농촌 탐방기」를 게재하여 새로운 국가인 만주국 건국의 정체성과 농업정책의 방향을 입증하려고 하였다. 1935년 『재만 조선인통신』에 실린 「하동 안전농촌 탐방기」를 정리하면 다음과 같다.

> 이 농촌은 빈강성 주하현 제1구 장발향, 동안향과 연수현 제5구 순인향에 걸쳐 있다. 동부는 산악에 접하고 서부는 연수현 가도를 경계로 하고 남부는 주하현 제2구 이고랑 역계에 달하고 북부는 연수현 제3구 건곤향계에 접하였다. 즉 북위 45도 15분 동경 128도 1분 부근에 위치하였다. 주요 시장과의 거리는 만주 국철 빈수선 오길밀하역까지의 최단 거리는 4킬로미터, 최장 15킬로미터(오길밀하 하얼빈간 150킬로미터), 일면파까지 24킬로미터이다. 지세는 조선의 강경평야와 같이 동으로 산을 끼고 서북에 마이하가 흐르며, 산록지대인데 기복이

없이 대체로 동에서 서로 향하여 약 500분의 1의 경사가 있을 뿐이다. 지질은 제4기 신층에 속하고 표토는 흑색지질양토이며, 하층은 황갈색의 식토로 지미는 물론 비옥하여 수도작에 최적한 토양이다. 그리고 이 지방은 일반적으로 10월부터 다음 해 4월까지 결빙기로 1월의 최저기온은 보통 영하 30여 도에 이르며, 지하 결빙이 5척여에 이르나 5월이 되면 기온이 급격히 상승하여 6월 하순에는 최고 온도에 달한다. 그리하여 8월 상순까지는 대개 27, 8도를 오르내린다. 그러다가 9월 중순이 되면 기온이 급강하여 동 20일 전후에는 초상이 나타난다. 요컨대 봄, 가을이 없다는 말이 가장 적합하다. 따라서 무상기간이 겨우 140일 내외인 이유로 그 대신 농경기간은 비교적 기온이 높고 또 한발기인 6월 상순경에도 우량(雨量)이 풍부하여 수도작에는 하등 지장이 없을 뿐만 아니라 북만에서는 수전경영지로 최적지가 되어 있다.[74]

이러한 선전자료는 만주국의 통제하에 이상향으로 비추어지는 '순기능'의 역할도 있었지만, 안전농촌의 안정성이 1934년까지도 담보되지 못했다는 것을 반증하기도 했다.[75] 하동 안전농촌은 1933년 설치된 이후에도 조선인들의 이주와 재이주가 빈번하였다.[76] 초기 만철 수용소에서

---

74 「재만 조선인 안전농촌 순회기」, 『在滿朝鮮人通信』 3호, 1936년 5월호.
75 「경비력의 관계상 이주 안위가 염려」, 『동아일보』, 1933.1.5.
76 「河東農場及亮珠河鮮農移動ニ關スル件(普通 제404)」, 『滿蒙各地ニ於ケル鮮人ノ農業關係雜件(6)』, 1935.3.18. 하동 농장이 설치되면서 동아권업공사에서는 조선인들의 안정적인 영농을 위한다는 명목으로 치안 유지 및 그 밖의 대책을 마련하는 데 분주하였다. 하지만 1년여가 지난 1935년에는 이동하는 현상이 나타났으며, 이에 대한 해석 또한 필요하다.

630호가 이주한 이후 1933년 말에는 800세대, 1935년 봄에는 980세대로 증가하였다.[77] 하동 농장은 계획부터 설치까지 신속하게 진행된 안전농촌이었다. 하동 안전농촌에 수용된 사람들은 주로 북만 각지에서 농경에 종사하였던 조선인들이었다. 이들이 안전농촌에 수용된 뒤에 바로 농경에 종사하여 그해 수확물을 볼 수 있었던 것도 북만에서의 농사 경험을 살렸기 때문이다.[78]

하동 안전농촌은 총 22계(稧)로 이루어져 있었다. 농촌 설치 당시에는 '계(稧)'라는 단위로 촌락의 명칭이 명명되었으며, 오늘날에는 남흥촌(南興村)·대성촌(大星村)으로 불리고 있다.[79] 만주국 입장에서 하동 농촌은 북만 지역에서 농업정책을 가름할 중요한 곳이었다. 따라서 그 설치 과정에서 현지 공관과의 유기적인 협조가 필수적이었다. 주하현(珠河縣)공서와 하얼빈 일본총영사관 등 이해관계 기관의 적극적인 '협력'으로 이루어낸 결과가 하동 안전농촌이었다.[80]

하동 안전농촌을 설치할 때 가장 중요한 문제는 토지매수였다. 토지매수를 위한 협정, 즉 토지상조(土地商租)에 관한 협정은 주하현 공서 일면파 관리처에서 다루었다. 주체는 관동군과 조선총독부, 하얼빈총영사관, 만철, 동아권업공사, 만주국 실업부 등이었다.[81] 이들 단체는 피난민을 구

---

77 한득수, 『하동조선족60년변천실기』(미간행), 15쪽.
78 현은주, 2001, 앞의 글, 131쪽.
79 현재 거주자들은 아직까지 '계'라고 부르는 데 익숙해 있다(정판룡, 2000, 『고향 떠나 50년』, 민족출판사, 20쪽).
80 「地區問題も 圓滿に解決」, 『哈爾賓日日新聞』, 1933.5.9.
81 동아권업의 토지매수는 남만주철도주식회사(이하 만철)의 지시로 가능하였다. 특히 1920년대 만주 지역에서 펼친 동아권업의 사업은 만철과 결합하여 토지에 대한 독점으로 나타났다. 즉 1928년 4월 만철은 동척의 총주식 95퍼센트를 소유하여 동아권업

제한다는 명목으로 12조로 구성된 토지상조판리(土地商租辦理)에 관한 협정을 작성하였다.

첫째, 동아권업주식회사는 조선인 피난민을 수용하면서 안전농촌 설치 진행 방법 조례에 따라 먼저 2,500정보의 토지 상조 구역을 신속하게 결정해야 했다. 토지 상조 시 토지와 가택 가격은 만주국, 동아권업공사, 중국인 지주의 의견을 조율하여 결정하고, 이후 협상이 난항을 겪을 때는 같은 수의 인원으로 토지 및 가옥 가격 평정위원회를 결성하였다. 그 구성원은 관동군 1명, 조선총독부 관료 1명, 하얼빈총영사관 1명, 남만주철도주식회사 직원 1명, 동아권업주식회사 1명, 만주국 실업부 관료 1명, 길림성공서 1명, 주하현공서 1명, 연수현공서 1명, 주하현과 연수현 지역 유지 1명이었다. 또한 토지를 일정 기간 상조하거나 집의 양도를 승낙한 자는 위원회의 결정이 내리기 전에 그 대가를 요구하려면, 소유권이 있는 경우 현공서의 확인을 거쳐 그 권리 소유상관증서나 서류를 올리고, 동아권업주식회사에서는 아래 표준에 따라 지불하는 한편, 여기에 현공서에서 증명한 소유권자에 한해서는 현공서가 전부 책임지도록 했다.[82]

토지 및 가옥평정위원회에서는 기본적으로 원주민의 의사에 기초

---

을 자회사로 하였다. 이해 9월 만철은 중역회의에서 동아권업에 토지매수 자금을 융자할 것을 결정하고 그 제1회 대부금으로서 간도 방면의 매수자금 500만 원을 대부할 것을 결정하였다. 1929년 동아권업은 만철 간부의 종용에 따라 간도 지역의 토지매수를 개시하였고 중국적을 가진 조선인을 명의로 하여 2월과 4월 무려 7,209정보의 토지를 매수하였다. 비로소 동아권업은 조선인이 다수 거주하는 간도 지역의 토지 4만 정보를 매수하여 대지주가 되었으며, 조선인 농민에게 장기 연부(年賦) 상환의 방법으로 토지 분양을 행하였다. 단 이 장기에 걸친 고리로 조선인 농민을 착취하려는 계획은 현지에서 국토도매 문제를 야기하여 동아권업은 토지매수를 중단할 수밖에 없었다(金靜美, 1992, 『中國東北部における抗日朝鮮·中國民衆史序說』, 現代企劃室, 315쪽).

82 한득수, 앞의 책, 16쪽.

한다는 명목하에 수전 상지(上地) 120원, 중지(中地) 100원, 밭 상지 90원, 중지 70원, 황무지 토지 30원, 중지 10원, 가옥은 상 40원, 중 30원, 하 20원으로 결정하고, 이외 매호 이전비를 100원씩 지불하였다.[83] 문제는 이 과정에서 토지 및 가옥의 이전비용이 적정선에서 결정되었는지를 살펴보아야 한다는 점이다. 당시 주하현과 연수현의 실거래 토지가격은 1상(약 2,000평)당 150원 정도였다. 이러한 위원회의 결정 가격인 수전 상지 120원은 보상비로 턱없이 부족한 가격이었다. 이로 인하여 한족과 조선인 사이의 갈등의 골은 깊어 갔다. 1930년대 제국주의 일본이 대륙을 본격적으로 침략하면서 곳곳에서 이러한 양상이 나타났다. 예컨대 화북지역에, 이른바 하북성 영하현 모범농촌을 설치할 때 토지매수를 진행했는데 토지가격이 당초에는 51만 원으로 책정되었지만 최종 결정가는 41만 원이었다. 이처럼 예상가액보다 훨씬 낮은 가격을 지출하고 토지를 매수하였기 때문에 기존 한족 지주들은 강력하게 반대했지만 관동군 특무기관을 동원하여 강제적으로 타협한 경우가 많았다.[84]

하동 안전농촌의 경우 1933년 8월 18일까지 주하현의 토지매수, 9월 15일까지 연수현의 토지매수가 완료되었다. 최초로 매수한 토지는 2,810상이었고, 그 후 1934년 2월부터 확장지구의 매수가 개시되어 1935년에는 3,270상의 면적을 확보하였다. 토지개량공사는 1933년 5월 초에 이미 시작되었는데, 이는 강제적인 토지매수가 이루어지고 있음을 뜻한다. 뒤이어 이미 경작되었던 수전 800정보에 용수취입구와 보 및 기타 수로를 통해 농업용수를 제공하였고, 6월 초부터 중순까지 파종하

---

83 한득수, 앞의 책, 6쪽.
84 손춘일, 2001, 앞의 책, 321쪽.

었다. 이 공사는 제1기 및 제2기로 나누어 진행되었으며 11월 중순에 모두 종결되었다. 일제는 하동 농장의 관개시설을 가장 현대적이며 모범적이라고 자평하였다.[85]

만주국 입장에서 안전농촌 설치 이후 가장 고려해야 할 대상은 농민들이었다. 그 가운데 청년들은 앞으로 안정적인 농업 발전을 위해 적극 육성해야 할 대상이었다. 이러한 정책하에 만주국에서는 각 안전농촌에서 '중견청년'을 선발하여 조선 내에서 훈련을 받게 하였다. 조선의 농촌진흥정책과 보조를 맞추기 위함이었다. 만주 지역 전체 선발 인원 66명 중 하동 농장에서 선발된 인원은 9명이었다. 이들은 평안북도 정주군에 위치한 농민훈련소에서 선진 농법을 훈련받은 후 귀향하였다.[86] 이 정책은 조선인 '중견청년'들에게 만주국의 구성원이라는 소속감을 심어 줌으로써 향후 만주국 농업정책의 적극적인 지지자로 만들기 위함이었다.

하동 안전농촌에서는 벼농사뿐만 아니라 겨울철 부업도 병행하였지만 눈에 띄는 부업은 별로 없었다. 국내에서 농촌진흥운동 당시 일반적으로 시행된 가마니 짜기, 새끼 짜기 등 부업과 크게 다르지 않았다. 부업 수입도 전체 수입에서 차지하는 비중이 낮았다.[87] 일제는 1930년대 악화된

---

85 「재만 조선인안전농촌순회기」, 『在滿朝鮮人通信』 3호, 1936.5. "이 농장에 수용된 동포는 전기한 바와 같이 만주사변의 피난민과 북만수재의 이재민으로 하얼빈 시내외에 산재 혹은 동거하였던 자들이다. 그러다가 1933년 5월 7일 9일 20일 3차로 나누어 이 농촌에 수송된 이래 어제까지의 우려를 잊어버리고 신천지의 주인공이 된 이들이다. 현재 이곳에 있는 농민은 789호, 3372명인데 이 농장도 역시 자작농창설을 주안으로 한 농장이라 불원한 장래에 이 농토는 동포의 것이 되고 따라서 이 땅위에 우리의 자손이 영원히 살 게 될 것이다."

86 「안전농촌중견청년농민훈련파견소」, 『在滿朝鮮人通信』 25호, 1937.4.

87 東亞勸業株式會社, 1935, 『營口·河東·鐵嶺·綏化·三源浦 朝鮮人安全農村建設經過竝現狀』, 41쪽. 1935년 기준 하동 농장 1호당 평균 수입액(504원) 가운데 약 3퍼센트를

경제 상황을 극복하기 위해 단결을 호소하고 절약 등의 캠페인으로 포장하면서 국내뿐만 아니라 만주국에서도 경제공황을 이겨내려고 하였다.

안전농촌을 보다 효율적으로 운영하기 위해 행정기관이 설치되었다. 실질적인 통치·관리기구들이 설치되었는데, 당시 하동 지방에 설치된 일제 통치기구로는 하얼빈 일본총영사관 하동영사분서, 주하 경무과 하동분주소, 하동분주소 상무자위단, 하동권업주식회사, 하동촌공서, 하동협화청년단 등이 있었다. 행정기구에 소속된 인원은 일본인 18명, 조선인 180명, 중국인 7명 등이었다. 조선인이 압도적으로 많은 것은 농민을 대면하는 데 조선인이 가장 적합했기 때문이었다. 이들을 통해서 하동 안전농촌을 명목상이나마 '안전'하게 통제하였다.[88] 이 가운데 하동영사분서에는 총독부특파원 가미노미야 다다시로(神宮忠三郎), 경위 이종갑(李鍾甲), 김인술(金仁述) 등 20여 명이 상주하였으며,[89] 상무자위단에는 조선인 이동화(李東和), 김재정(金在晶) 등의 단원 25명과 일본인 교환이 상주하였다.

관리조직의 행정기구 이외에 하동 안전농촌에는 기초 단위인 계가 설치되어 보다 효율적인 조선인 통치를 실시하였다. 각 계마다 책임자를 두었으며, 이들을 통해 조선인 농민에 대한 지배권을 행사하였다. 이 역시 일제가 만주에서 활용했던 '이한제한(以韓制韓)' 정책과 일치하는 것이었다.[90] 농무계연합회(農務契聯合會)가 설립되어 각 계를 지도하면서 농장을 운영하였다. 농무계는 외연상 군중적 생산조합이었으나 실질적으로는

---

자치하는 데 그쳤다.
88  상지시조선민족사 편집부, 2008, 『하동 농장 건립과정』, 33쪽.
89  상지시조선민족사 편집부, 2008, 위의 책, 34쪽.
90  한득수, 앞의 책, 16쪽.

행정권을 행사하였다. 연합회 산하 각 계에는 계장을 두었으며, 하동 안전농촌 22계에서 계장을 역임한 사람들은 56명이었다.[91] 하동 농무계연합회 회장이 각 계 계장을 지도했으며, 계장은 계 아래 둔장(屯長)을 지도했다. 회장, 계장은 모두 친일파로서 제국주의 일본을 위해 직권을 행사했다. 당시 각 계 책임자를 정리하면 〈표 7-7〉과 같다.

〈표 7-7〉 하동 농장 각 계 책임자 일람표

| 구역 | 담당자 | 구역 | 담당자 |
| --- | --- | --- | --- |
| 1계(남홍) | 허준리, 이성백, 김원철, 김철진 | 11계(태양) | 김병식, 김병두 |
| 2계(남홍) | 박문과 | 12계(태양) | 이광운, 안일권, 안원철 |
| 3계(남홍) | 김제삼 | 13계(태양) | 홍일주, 최원극 |
| 4계(남홍) | 김하재 | 14계(태양) | 임택근, 손진호 |
| 5계(남홍) | 홍영보, 이창절 | 15계(태양) | 방인진, 이희연, 이종진 |
| 6계(남홍) | 천훈, 박필리 | 16계(태양) | 이학토, 김창규, 김운영 |
| 7계(대성) | 옥금식, 김영찬 | 17계(태양) | 이진태, 임창규 |
| 8계(대성) | 윤창식, 김국보 | 18계(북흥) | 백상복, 정철우, 권영진 |
| 9계(대성) | 최정훈, 허성환 | 19계(북흥) | 이성복 |
| 10계(대성) | 장경칠 | 20계(북흥) | 이중석, 김두일, 백명래, 백기원 |

출처: 한득수, 앞의 책, 17~18쪽.
참조: 설립 당시 22계였지만, 2008년 현재 파악된 계는 20계이다.

91 농무계연합회의 임원은 다음과 같다. 회장 김하재, 허준리, 신영안, 주사 김이탁, 김선택, 문서 신종순, 재무 신홍구, 민정 임덕화, 회계 박찬익, 직원 신규희, 양기원, 권녕가, 김순철, 김시창, 윤만기, 박문한, 석두환, 이명근, 지동향, 문덕조, 신종한 등이다(상지시 조선민족사 편집부, 2008, 앞의 책, 34쪽).

일면파 지역에는 조선인민회가 존재하였기 때문에 일본 입장에서는 하동 안전농촌의 특성상 농무계라는 형식으로 농촌의 감시와 통치체제를 구축한 것이다. 따라서 농무계의 계장은 친일적인 색채를 띨 수밖에 없었다. 농무계연합회의 주된 업무 가운데 하나가 대출금 회수였다.[92] 농민들은 농업경영에 필요한 자금뿐만 아니라 생활 자금도 부족하였기 때문에 대부분 대출에 의존하였다. 일제는 이를 통해 안전농촌을 장악하려고 했다.

한편 만주국 입장에서 '안전농촌'의 존재는 왕도낙토를 실현하는 무대이기도 했다. '만주국'이라는 신생국가는 일본의 2.2배 정도의 면적을 보유했으며, 농업은 중요한 산업의 하나였다. 따라서 토지매수와 불하 및 대출 문제는 안전농촌 존립의 주요 잣대였다. 동아권업공사에서는 하동 안전농촌을 건설하기 위해 2,470정보의 농지 매수 계획을 세웠다. 조선인 1,000호를 기준으로 한 마을당 각각 50호씩 20개 마을을 창설하려는 계획이었으나 토지매수계획이 원만하지 못하여 1933년 말에는 2,240정보에 그쳐 계획을 달성하지 못했다.[93] 1934년 5월에 예정면적의 매수를 마쳤으며, 그곳에 조선인 852호, 3,492명을 수용하였다. 동아권업공사의 업무를 인계받은 만선척식회사에서는 전체 조선인들에게 약 78만 원을 대출하였으며, 각 호당 950원가량을 연부로 납부하도록 했다. 1933년 입주 당시 대출금의 명목은 자작농창정 및 자립생활에 필요한 자금이었다. 농업경영과 거주지 안정에 관한 부분인데 동아권업공사에서는 이를 통해

---

92 「자작농창정과 안전농촌」, 『滿鮮日報』, 1940.1.13.
93 현은주, 1999, 앞의 글, 130쪽. 다만 왜 매수를 하지 못했는지에 대한 분석이 필요하다.

이주 조선인을 더욱 긴박하였다.[94] 1939년까지 하동 안전농촌의 대출과 상환 현황을 정리하면 〈표 7-8〉과 같다.

〈표 7-8〉 하동 안전농촌 대출금 및 상환 현황(1939) (단위: 원)

| 호수 | 대출금 총액 | | | | | | 호당 평균 |
|---|---|---|---|---|---|---|---|
| 694 | 757,724 | | | | | | 1,092 |
| 연도 | 1935 | 1936 | 1937 | 1938 | 1939 | 비고 | |
| 대출금 미수금 | 31,000 | 158,555 | 145,282 | 46,685 | 12,787 | | |

출처: 「자작농창정과 안전농촌」, 『滿鮮日報』, 1940.1.13.

〈표 7-8〉에서 알 수 있듯이 하동 농장 운영 이후 3년 안에 대출금을 회수하려던 만주국의 계획은 차질을 빚었다. 당시 하동 농장 이주 조선인에게 연부 15년 이후 자작농으로 창정한다는 가정하에 평균 1정(町) 1단(單)에 100~115포대의 벼를 현물로 납품하게 하였다. 1938년 1,400정보에서 연부로 낸 벼가 4,300톤에 달하였지만, 1937년부터 토지 및 가옥의 연부 상환을 종료하려는 계획은 사실상 실현되지 못했다.[95]

하동 농장의 호수별 증가율은 1933년 600여 호가 처음 이주한 후 지속적으로 증가하였다. 1935년에는 980세대로 증가하였으며, 1938년에는 1,000여 세대로 늘어났다. 이에 따라 경작지 면적도 증가하였다.[96] 하동

---

94 「하동농촌자작농 800호 설정도 재이. 대부금 내역 73만 원 토지매수 및 수로건설비, 5만원 가옥 건설비」, 『滿鮮日報』, 1939.12.3.
95 「자작농창정과 안전농촌」, 『滿鮮日報』, 1940.1.13.
96 한득수, 앞의 책, 15쪽. 하지만 현은주는 하동 농장의 호구수가 1935년을 기점으로 감소하였는데 이것은 안전농촌에서 떠나는 가구들이 늘어간 것을 의미한다고 하였다(현

농장의 경작지 면적은 거주 인구수와 비례하였다. 초기 입식자를 포함하여 1938년 경작자(호수 기준)에게 약 1정보 반의 토지를 분배하였다. 이 원칙이 어느 정도 지켜지고 있기 때문에 하동 안전농촌의 경작지 증가와 인구수의 증가가 비례한 것이다.[97] 경작지 면적의 확대는 생산량 증가로 이어졌다. 1933~1938년까지 하동 안전농촌의 수확량을 정리하면 〈표 7-9〉와 같다.

〈표 7-9〉 하동 농장 수확량(1933~1938년)(단위: 호, 정보, 석)

| 연도 | 호수 | 경작 면적 | 수확량 | 면적대비 수확량 | 호당 수확량 |
|---|---|---|---|---|---|
| 1933 | 800 | 791 | 19,536 | 2.47 | 24 |
| 1934 | 852 | 1,397 | 30,947 | 2.21 | 36 |
| 1935 | 980 | 1,623 | 42,566 | 2.62 | 43 |
| 1936 | 683 | 1,659 | 42,758 | 2.6 | 62 |
| 1937 | 663 | 1,657 | 44,889 | 2.8 | 67 |
| 1938 | 1,000 | 1,642 | 35,684 | 2.4 | 35 |

출처: 東亞勸業株式會社, 『營口·河東·鐵嶺·綏化·三源浦 朝鮮人安全農村建設經過竝現狀』, 1935, 38쪽;「자작농창정과 안전농촌」, 『滿鮮日報』 1940.1.13 ; 현은주, 앞의 글, 132쪽.

〈표 7-9〉를 보면, 1938년까지 하동 농장의 평균 수확량은 36,000여 석(수전)이었다.[98] 첫해 수확량이 19,536석에 비하여 2년 뒤에는 두 배가

---

은주, 1999, 앞의 글, 131쪽).

97  현덕희(玄德熙) 인터뷰, 2008년 12월 7일.

98  「자작농창정과 안전농촌」, 『滿鮮日報』, 1940.1.13.

량 증가하였다. 호당 평균 50석을 생산하였는데, 이는 1정보에 20석 정도의 생산고를 올렸다고 할 수 있다. 제국주의 일본이 '선진농법'의 구현 등을 주장했지만 현실적으로는 농촌 평균을 웃돌지 못했음을 반증한다. 자료마다 약간의 차이는 있지만 하동 농장의 생산량이 다른 안전농촌보다 압도적으로 많았다고 보기는 어렵다.[99]

생산량의 추이는 벼 품종과 직결된다. 하동 안전농촌이 설치될 당시 벼 재배방법으로는 산종을 주로 하는 직파였다. 1934년 인공으로 점종하는 방법이 광복 때까지 지속되면서 경작지의 약 10퍼센트가 수전 점종재배법이었다.[100] 당시 벼 종자는 국주, 공육, 북해도, 천락조, 경조였으며, 해방 이후에는 25가지로 그 품종이 개량되었다.[101]

이주 조선인을 안전농촌에 '가두기' 위한 전초작업인 토지매수는 해방 직후 조선인들에게는 또 다른 공포로 다가왔다. 중국인 소유 토지를 동아권업공사가 헐값에 매입하면서 생긴 한족들의 불만은 해방 직후 조선인들에게 분출되었다. 하동 안전농촌이 설치되었던 주하현과 연수현에서 한족들은 하동 농촌이 설치되기 이전 자신들의 토지를 일제가 강제로 수용한 것이라고 주장하면서 조선인 마을을 습격하였다. 또 연수현에서는 일제가 놓고 간 수류탄으로 무장하여 이에 대응하였다고 한다.[102] 이처

---

99 현은주, 1999, 앞의 글, 132쪽에서는 하동 농장의 생산량이 영구나 철령에 비하여 높다고 했으나 실질적으로는 거의 차이가 없었다(「자작농창정과 안전농촌」, 『滿鮮日報』, 1940.1.13).

100 한득수, 앞의 책, 42쪽.

101 한득수, 위의 책, 45쪽; 현은주, 1999, 위의 글, 131쪽.

102 2008년 12월 8일 하동안전농촌 거주 1세대 현덕희(玄德熙, 1929년생, 평남 개천) 인터뷰 내용. 2008년 12월 8일 『연수현조족100년사』 주필 안승철(安承哲, 1931년생) 인터뷰 내용. 인터뷰에서 해방 공간 조선인들의 처지가 어떠했는지 충분히 짐작할 수 있었다.

럼 크고 작은 분쟁이 발생한 것으로 보아 만주국의 오족협화는 결국 허상이었으며, 일제가 조성했던 안전농촌은 초기부터 조선인에게는 안전하지 않은 농촌이었다고 할 수 있다.

## 2. '만주국'의 조선인 이주정책과 조선인 이주 실태

1932년 '만주국' 성립은 제국주의 일본이 1868년 메이지 유신 이후 추진했던 대륙 침략정책의 가장 큰 상징적인 결과였다. 오늘날 중국의 동북 3성보다 큰 면적을 보유하고 있던 만주국의 행정력과 생산력을 확보하기 위해 필수적인 것은 인적 자원이었다. 후자의 경우 일본의 농민들을 이주시키려 했지만 충분한 목표 달성을 이루지 못했다. 만주국은 이들을 대체하고 보완할 인적 자원으로 조선인들에게 눈을 돌렸다. 만주국 시기 이주 조선인 수를 정리하면 다음과 같다.

〈표 7-10〉 만주국 시기 조선인 인구(단위: 명)

| 연도 | 인구 | 연도 | 인구 |
|---|---|---|---|
| 1930 | 602,495 | 1938 | 1,106,181 |
| 1931 | 623,048 | 1939 | 1,264,504 |
| 1932 | 650,072 | 1940 | 1,450,384 |
| 1933 | 680,898 | 1941 | 1,573,556 |
| 1934 | 745,116 | 1942 | 1,653,181 |
| 1935 | 818,566 | 1943 | 1,714,166 |

| | | | |
|---|---|---|---|
| 1936 | 901,152 | 1944 | 1,777,423 |
| 1937 | 1,002,021 | 1945 | 1,948,375 |

출처: 박경숙, 2009, 「식민지 시기 조선의 인구동태와 구조」, 『한국인구학』 32권 2호, 47쪽.

〈표 7-10〉에서 알 수 있듯이 이주 조선인은 1932년 만주국 건국 이후 5년간 약 30만 명 가까이 증가했고, 중일전쟁 이후에는 폭발적으로 증가하여 해마다 거의 10만 명 정도 증가세를 보이고 있다.

만주국의 대표적인 조선인 관료였던 윤상필[103]은 첫째, 만주로의 조선 이민을 통제하는 것이 조선 농민을 잘 살게 하는 방법이며, 둘째, 이민 문제는 민족의 발전상 중요한 문제이기 때문에 조선 농민을 만주로 진출시키는 방법 역시 조선인의 삶의 질을 높일 수 있다고 했다. 일견 모순되는 견해이지만, 윤상필은 한반도의 조선인을 만주로 이주시킴으로써 일본인 부족분을 채우려고 했다.

윤상필은 주로 만주국의 토지관리 및 정책 입안과 결정에 큰 영향력을 발휘하였으며, 조선인 집단이주에도 깊숙이 관여하였다. 그가 조선인의 만주 이주에 관심을 가진 것은 만주국 성립 이후에도 조선인의 만주 이주는 만주의 농촌 문제를 해결할 수 있는 열쇠였고, 만주국 건국이념이었던 오족협화에서 조선인이 차지하는 위상이 컸기 때문이다. 그는 또 조선인이 오늘날 연변 지역에만 있을 것이 아니라 북만주 국경 지역까지 진

---

[103] 윤상필은 대한제국 육군무관학교의 마지막 생도로서 1909년 일본으로 건너가 일본 육사 27기로 졸업하였다. 동기생 가운데 가장 우수한 성적을 거둔 윤상필은 1931년 9월 만주사변이 발발하면서 만주 지역의 전문가로 후일 만주국 조선인 최고 관료의 지위를 누렸다(김주용, 2020, 「만주국 시기 조선인 개척민 이주 설계자 윤상필의 생애와 활동」, 『동국사학』 69 참조).

출할 필요가 있다고 생각했다. 윤상필은 이를 조선민족 발전의 한 방안이라고 역설했지만, 북만주 미간지의 개발을 위해 조선인을 첨병으로 이용하고자 하는 구상에서 나온 것이기도 했다.[104] 미간지는 각 성장(省長)의 지도와 감독을 통해서 정비가 진행되었다.[105] 만주국 입장에서 미간지 개발은 향후 농업 이민과 관련하여 중요한 문제였다. 그런데 현실적으로 만주국 전역에서 미간지와 수전 개발은 조선인을 배제하고는 도저히 다룰 수 없는 사안이었다.[106]

한편 만주 지역 집단이주 조선인들의 생활은 어떠했을까. 1910년대부터 대한국민회로 상징되는 북간도 지역의 대표적인 항일독립운동 근거지인 남하마탕과 대황구의 집단이주 사례를 통해 이주민들의 생활실태를 살펴보겠다.

1935년 봄 제국주의 일본의 '달콤한 유혹'에 이끌려 왕청현 남하마탕, 대황구에 이주한 조선인들은 황무지를 개간하고 수로를 개척하면서 정착하였다. 하지만 그 과정은 순탄치 않았다. 남하마탕에 200세대 1,000여 명이 집단이주하였으며, 대황구에도 185세대 793명이 정착하였다.[107] 지역적으로 산세가 깊지만 비교적 넓은 벌판이 펼쳐져 있는 두 지역에 집단

---

104 黑龍江省檔案館 編, 2005, 『東北日本移民檔案』-黑龍江省 1, 廣西師範大學, 24쪽.

105 미간지의 원활한 개간을 위해 정비심의기관으로 만주국 정부는 중앙, 성 및 현에 다음과 같은 기관을 설치하였다. 첫째, 개척위원회 제1분과회(개척용지정비관계)를 두어 미용지 정비방침 및 정비지구에 관하여 심의 업무를 담당하였고, 둘째, 성개척위원회 토지분과회(가칭)는 성개척위원회 방침 및 정비지구에 관한 심의를 담당하였다(黑龍江省檔案館 編, 2005, 위의 책 1, 24~25쪽).

106 김기훈, 2011, 「만주국 시기 조선인 이민담론의 시론적 고찰-조선일보 사설을 중심으로-」, 『동북아역사논총』 31, 135~138쪽.

107 滿鮮拓殖株式會社, 1937, 『間島省汪淸縣鮮農移民入植實施經過狀況』, 27쪽.

이주했던 조선인 관련 사무는 백초구 일본영사분관에서 담당하였다. 그야말로 철저한 감시망이 이주 조선인들을 기다리고 있었던 셈이다.

강원도 철원군 외학리가 고향인 정두용은 1935년 음력 3월에 일제의 선전을 믿고 마을 사람들과 함께 "신세 한번 고쳐보기 위해" 하마탕에 이주하였다고 한다.[108] 그는 조선총독부에서 만주로 이주 시 모든 비용은 만선척식주식회사에서 부담한다고 한 말을 믿고 집단이주에 참여하였다고 한다. 그는 당시 상황을 이렇게 말한다.

> 쓸쓸하고 한적하기 그지없는 하마탕 산골에 10리 길을 가도 살림집 몇 채 없는 인구가 아주 적은 골짜기에… 이주민 대오가 산굽이에 이르자 만척에서 파견된 담당자가 대오를 멈추어 세우고 큰 돌 위에서 훈시하였다. "이제 곧 하마탕에 도착한다. 하마탕에 도착한 후 모두 통일 지휘에 복종해야 하며 마음대로 외출하지 못한다. 말을 듣지 않으면 벌을 받을 줄 알라." 고향에서나 기차칸에서 또 역전에서 듣던 말소리와는 달리 사납고 독이 찬 명령식 어조는 사람들에게 위기감과 공포감을 느끼게 하였다.[109]

조선총독부에서는 국내의 과잉 인구를 '왕도낙토' 만주로 이주시키면서 자작농이 될 수 있다는 '달콤한 유혹'으로 이주를 독려했지만 실질적으로는 강제적 이주와 다름없는 현상들이 만주 곳곳에서 나타났다. 〈표 7-11〉은 2007년 9월 필자가 직접 하마탕을 방문하여 이주 2세대인 개척

---

108 최석준, 2007, 『하마탕촌 발자취』, 하마탕촌민위원회, 3쪽.
109 최석준, 2007, 위의 책, 7~8쪽.

민 세대의 고난의 역사와 이민 1세대의 증언을 통해 그들의 이주 시기 및 삶의 실태를 정리한 것이다.

〈표 7-11〉 집단이민 1세대

|  | 이름 | 생년월일 | 본적지 | 마을 이름 | 이주 시기 | 주요 내용 |
|---|---|---|---|---|---|---|
| 1 | 오준섭 | 1921.12.27 | 함남 북청 성대 창성 | 남하마탕 | 1937년경 | 항일연군과 자위단과의 총격전 구술 |
| 2 | 이도화 | 1921.10.10 | 강원도 | 남하마탕 | 1937. | 결혼 후 이주, 토성 쌓기에 동원됨 |
| 3 | 김순녀 | 1920 | 경남 함양 마천 | 연길현 복리둔 | 1937.4 | 남편 양무출과 이주, 이주 초기 땅막 속에서 거주 |
| 4 | 김양금 | 1916.1.8 | 전북 임실 강질 | 안도 양강촌 전북둔 | 1944.8 | 남편 남송조와 이주. 보충 이민형태 |
| 5 | 박연주 | 1933.7.11 | 전북 임실 | 화룡현 광평둔 | 1939.3 | 이주 후 남동생 두 명이 영양실조로 사망 |
| 6 | 조점순 | 1931.1.7 | 전북 고창 아산 | 안도현 양강촌 강남둔 | 1938.2 |  |
| 7 | 최봉식 | 1921 | 경남 함양 마천 | 복리둔 | 1938.3 | 절구통, 징병특별 훈련 참가 |
| 8 | 정다남 | 1929.6 | 전북 남원 | 안도현 송강촌 북도둔 | 1938 | 떡시루, 땅굴과 토성 |
| 9 | 김인순 | 1928 | 경기 양평 | 연길현 명월구 이청북둔 | 1940 | 화로와 단지(항아리) |
| 10 | 서차관 | 1923 | 경북 상주 | 왕청현 춘화향 태양둔 | 1937.3 |  |
| 11 | 김인생 | 1922 | 경북 김천 | 왕청현 춘하향 향수촌 | 1937.3 | 일본인 부대 보급대 역할(강제 부역) |

| 12 | 황정례 | 1932 | 충남 공주 | 연길현 명월구 영생동 | 1943.3 | |
| 13 | 이영자 | 1923 | 경남 밀양 | 연길현 복녕촌 복만둔 | 1938 | 만척의 수탈 |
| 14 | 조진희 | 1931 | 강원 | 안도현 양강촌 전북둔 | 1938년 봄 | 학교 미취학 |
| 15 | 박차순 | 1927 | 전북 정읍 | 안도현 송강촌 정읍둔 | 1944.4 | 1938년 부모 선 이주 |
| 16 | 서완석 | 1923 | 강원 김화 | 안도현 대사하촌 태평둔 | 1939 | 만척에서 식량으로 겉수수와 썩은 좁쌀 배급 |
| 17 | 김동수 | 1922 | 경남 밀양 | 연길현 명월촌 도안구 | 1939 | 전염병 창궐 |

출처: 이광평, 2002(미발간), 『집단이민기행』, 2007년 9월 2일 하마탕 방문 구술 채록.

〈표 7-11〉에 정리한 총 17명의 구술자 가운데 고향이 전라도와 경상도인 사람들의 비율은 약 65퍼센트 정도이다. 이렇게 남부 지방 이주민이 압도적인 것은 이미 함경도 출신들은 북간도 도회지를 비롯한 전역에 터를 잡고 있었으며, '집단부락'의 특성상 수전농법에 익숙한 지역의 농민들이 필요했기 때문이다. 일제가 수전농지의 확충과 식량의 안정적 확보를 집단부락 설치의 주목적으로 삼았기 때문에 자연스럽게 삼남 지방 조선인들이 강제이주의 주요 대상이 된 것이다. 이들의 연령은 1916~1933년생까지 다양하게 분포되어 있는데 대부분이 이주 1세대로, 이주 당시 고향에서 자신들이 쓰던 간단한 생활 용기를 휴대하였다. 이렇게 이주한 조선인들은 고향과는 전혀 다른 생활환경에 놓이게 되었다.

다른 지역 집단부락과 마찬가지로 남하마탕에 이주한 조선인들이 가장 먼저 할 일은 자신들이 거주할 집을 짓는 것보다 토성 쌓기였다. 집단부락의 형태는 십자로 길이 놓여 있고 동서남북에 각각 50세대씩 집터가 있었다. 하마탕 이주 1세대인 이도화(1921년생)의 증언에 따르면, 이주하자마자 토성 쌓기와 길닦이에 강제동원되었으며, 토성을 쌓을 때 머리에 돌 등을 이고 다녔기 때문에 빗질을 하지 못할 지경으로 고되고 비위생적인 작업이었다고 한다.[110]

이처럼 집단 거주한 조선인들은 대부분 강제노역에 시달렸다. 그들에게 안정된 거주는 초기에는 불가능하였던 것 같다. 일반적으로 초기 집 형태는 땅굴 형태의 임시 가옥이었다.[111] 이곳에서 거주하는 이주민에게 지급된 양식은 매우 열악하였다. 배급된 식량은 대부분 좁쌀이었으며 부식으로 소금, 채소 등이 지급되었다.

마을 모습이 어느 정도 갖추어지면서 외부와의 경계는 더욱 강화되었다. 일제는 집단부락민들을 보갑제와 호적제도를 통해 엄격하게 통제하였으며, 신분증·여행증을 발급하여 통제를 한층 강화하였다. 무장기구는 갈수록 증설되었고, 집단부락 간 경비도로를 신설하는가 하면 경비전화를 개통하기도 했다. 그야말로 집단부락은 죄수 아닌 죄수로 살아가는 '감옥'과도 같았다.

마을에서는 부락행정단과 자위단으로 나뉘어 업무를 처리하게 하였으며, 부락장 밑에 부락부장과 호장을 두었다. 하마탕 집단부락의 초기 부락장은 백인섭이 담당하였으며, 자위단 단장은 이원순이었다. 이주민들은 이들의 지시에 저항 없이 따라야만 했다. 그뿐만 아니라 만주국의 정

---

110  이광평, 2002, 『집단이민기행』, 7쪽.
111  최석준, 2007, 앞의 책, 13쪽.

치적 정체성, 즉 '오족협화'를 실현하는 협화회 분회, 백초구영사분관 헌병대 등이 이주 조선인들을 감시하였다. 이러한 가운데 1937년에는 하마탕에 전하국민우급학교가 설립되었고 학제는 4년제이며 학생 수는 40명 정도였다.[112]

한편 집단이주의 모든 일정을 책임진 만척에 대한 조선인들의 인식은 마을 책임자 이외에는 상당히 적대적이었다.[113] 1944년 안도현 양강촌에 집단이주한 민병규(1923년 충남 공주 출생)는 만척에서 이주민에게 농기구를 비싼 값으로 대여하였으며, 특히 오래된 농기를 새것으로 둔갑시켜 대여하는 경우도 있었다고 한다.[114]

이처럼 이주 조선인들의 경제적 안정을 주요 목적이라고 선전한 집단이민은 오히려 조선인들을 이용하여 경제적 착취를 제도화한 것이었다. 요컨대 집단이민, 집단부락의 설치는 일제가 그렇게 주창했던 조선인의 경제적 신장이 얼마나 허구적이며, '사탕발림'에 지나지 않았는지를 여실히 보여 주는 정책의 하나라고 할 수 있다. 집단부락은 일제가 만주 지역에서 조선인을 이용하여 안정적인 '수탈'을 시도하였음을 보여 주는 상징적 존재였다. 당시 촌민들의 생활은 극히 빈곤하였으며 낡은 초가집에 이불 한두 채로 겨우 명을 이어갈 정도였다. 의복도 남루하였고, 80퍼센트 이상이 이러한 생활을 이어갔다.

하동 농장은 교육적인 측면을 강조하였다. 그것은 민족교육이라기보다는 만주국의 노예화 교육이었다고 할 수 있다. 하동에는 일제가 농

---

112 최석준, 2007, 앞의 책, 17쪽.
113 김주용, 2009, 「만주 '하동안전농촌'의 설치와 운영」, 『백산학보』 84, 302쪽.
114 이광평, 2002, 앞의 책, 34쪽(2002년 5월 11일 인터뷰).

장을 설치하기 이전인 1927년에 조선인들이 직접 운영한 학교가 존재하였다. 하지만 1933년 하동 농장이 설치된 이후 조선총독부의 신청으로 일본영사관의 허가를 거쳐 '하동보통학교'가 설립되었다.[115] 이 학교는 6년제였으며 각 계에 설치한 사립학교에서 3년을 마치고 4학년부터 보통학교에서 교수하였다. 1937년 치외법권이 철폐되면서 만주국의 민족교육도 바뀌었으며, 학교 명칭도 주하현 공립국민우급학교로 개칭되었다.[116] 이때부터 만주국의 우민화 교육이 본격화되었다.[117] 우민화 교육도 해방이 되면서 일소되었으며, 학교 역시 1945년 9월 15일 하동고려소학교로 개칭되었다. 그때 당시 비교적 생활이 괜찮은 집은 초가 3칸, 소와 수레가 있었으며, 이들은 중농으로 분류되었다고 한다.

---

[115] 한득수, 앞의 책, 104쪽.

[116] 「하농농촌자작농 800호 설정도 재이」, 『滿鮮日報』, 1939.12.3.

[117] 한득수, 위의 책, 105쪽. 중국 연변대 부총장을 지냈던 정판룡의 글을 인용하면 다음과 같다. "학교에 한때는 그래도 얼마간의 조선어 시간이 있었으나 소위 만주국의 신학제가 실시되면서 조선어는 취소되고 일본어와 중국어만 배워주었다. 비록 우리는 중국 땅에 와 살고 있는 조선 사람이지만 여전히 대일본제국의 신민이며 만주국의 국민이라는 것이었다. 그리하여 학교에서는 일본어를 국어라 하여 첫 자리에 놓았고, 중국어는 만어라 하여 다음 자리에 놓았다. 그러니 우리는 일본 신민이며 만주국민인 이중성을 띤 인간이지만 오직 조선사람만은 아니라는 것이다"(정판룡, 2000, 앞의 책, 22~23쪽).

# 제8장
# 중일전쟁 이후
# 일제의 조선인 이주정책

## 1. '만주국'의 집단이민 정책

　제국주의 일본은 만주국 건국 이후 전 세계에 자율적인 통치 방침을 천명하였으며, 이를 위해 치안 유지에 힘을 기울였다. 그뿐만 아니라 드넓은 토지를 개척하기 위해 일본인과 조선인의 농업 이민 추진도 동시에 진행하였다. 일본 본국에서 무장이민과 집단이민을 추진하여 만주 전역에는 새로운 형태의 농촌이 형성되었다. 또 조선인의 '안전농촌'도 조성되었다. 하지만 이 과정에서 이미 형성된 한족 농촌에 새로운 거주지를 만드는 것은 현지인들의 반발을 사기에 충분하였다. 이러한 반발로 심지어 공동 우물에 분뇨를 투척하는 일까지 발생하였을 정도다. 따라서 조선인의 '안전농촌'은 제국주의 일본의 계획대로 안전한 곳이 아니라 새로운 거주자인 이주 조선인들과 원 거주자인 한족들 사이에 갈등의 불씨를 안고 있는 공간이었다.[1] 또 만주국 정부의 의도대로 치안 유지도 제대로 실현되지 않았다. '반만 항일' 세력들은 만주 각지에서 만주국 국군, 경찰과 전투를 계속하였다.

　만주국 성립 다음 해인 1933년 1월 중국공산당 만주성위에서는 만주 문제에 대한 근본적인 전략 수정안을 내놓았다. 만주성위원회 동만특위는 농민 대중투쟁을 확대하며 이를 기초로 혁명대중 조직을 농민위원회에 조직해야 한다고 하였다. 특히 적위대, 유격대를 기초로 인민혁명군을 조직하여 항일투쟁에 힘을 집중해야 한다고 하였다.[2] 1933년에 동장영(董

---

1　김주용, 2009, 앞의 글, 303쪽.
2　中共延邊州委黨史硏究室 編, 2000, 『東滿地區革命歷史文獻匯編』, 1120~1130쪽.

長榮)은 만주사변(9·18) 이후 전개된 반일운동의 고조 속에서 참가 계급에 대한 오류를 범했다고 지적하는 등 보다 강력한 반만 항일투쟁의 열기를 끌어올리려고 했다. 항일투쟁의 방략은 민중의 무장을 통한 민족혁명 전선을 구축하는 데 있다는 것이다.[3]

만주성위 동만특위는 만주국과 조선의 국경지방에서 무장공작을 위해 유격대 및 적위대원 가운데 조선 내 무장공작대를 편성하여 혼춘, 양수천자 방면에서 국경지대로 파견하였다. 이에 따라 공청(공산청년회)도 선전과 학습활동 등에만 국한하지 않고 무장활동으로 전환하지 않을 수 없었다. 군중투쟁의 기초 위에서 유격대를 창건하고 유격구를 개척할 것을 만주성위에 요청하였다. 이미 1931년 12월 중순 중국공산당 중앙에서 항일유격대를 창건하기로 결정하자 동만특위에서는 옹성랍자에서 회의를 개최한 바 있다. 회의의 주요 결론은 동만 각 현(縣)마다 단(團) 열성자 회의를 소집하고 항일유격대를 창건하고 항일유격 전쟁의 임무를 명확히 한다는 것이었다.[4] 1932년 2월 20일 만주성위는 동만특위에 유격 전쟁에 대해 적극적인 자세로 임할 것을 명령하였으며, 그것이 동만특위의 주요 임무임을 천명했다. 이는 유격 전쟁과 군중 투쟁의 연동성을 강조한 것으로서 기층 대중의 토대 위에서 조직된 유격대의 지속성을 담보한다는 것이다. 이러한 기조 아래 공청단의 활동 방침도 정해졌다.

만주국이 성립된 1932년 7월 공청단원 김철진(金哲鎭), 김충진(金忠鎭) 형제가 경찰서를 습격하였으며, 김동규(金東奎)는 일본 군용트럭 3대를 습격하기도 했다. 연길유격대는 같은 해 10월에 조직되었으며 다음 해

---

3  中共延邊州委黨史硏究室 編, 2000, 앞의 책, 86~97쪽.

4  中共延邊州委黨史硏究室 編, 2000, 위의 책, 76~77쪽.

1월에 유격대대로 확대되었다. 대대장은 박동근(朴東根)이고, 정치위원은 박길(朴吉)이었으며 대원은 130여 명이었다.[5] 오늘날 연변조선족자치주에 속하는 화룡현에서는 1932년 3월, 왕청현에서는 1933년 초에 각각 유격대가 조직되었다.

공청단 동만특위와 현위(縣委)는 모두 유격 근거지에 소재하였다. 동만특위에서는 기층 당, 단조직과 청년 군중에 대한 항일의식을 제고하기 위해 『투쟁』, 『두갈래 전선』이란 기관지를 발행하였으며, 공청단 동만특위에서도 『동만주간지』를 발간했다. 연길현위와 화룡현위에서도 항일의식을 높이기 위해 각각 『청년투쟁』과 『청년선봉』이란 간행물을 발간하였다.[6] 이러한 성과를 바탕으로 1933년 9월까지 890명이었던 단원이 다음 달에는 1,365명으로 증가하였다.

1933년 동만특위 김성도(金成道)는 혼춘현 왕구지구를 순시하고 당 간부에게 "이 지방은 일제의 통치구가 아니라 우리의 유격구가 되어야 한다"라고 강조하였다. 그리고 지주의 토지 몰수 분배, 토호열신 정권 박탈, 가렴잡세 폐지, 고리대 퇴치, 동척금융부의 채권 부인, 일본제국주의 기관의 파괴 등을 슬로건으로 하고 지주·고리대 부농을 습격하여 그 가옥·곡물을 방화 연소시키고 불량지주, 반공산주의자, 친일 조선인 등을 제국주의 일본의 주구로서 청산해야 한다고 주장하였다.[7] 이들은 이러한 기초 위에 소비에트촌을 건설하고자 하였다. 유격대의 필수조건은 소비에트 건설에 있다고 보았기 때문이다. 그 후 당부는 공산청년단과 협의하

---

5  김동화, 1988, 『연변청년운동사』, 연변인민출판사, 147쪽.
6  김동화, 1988, 위의 책, 156쪽.
7  中共延邊州委黨史硏究室, 2000, 앞의 책, 629쪽.

여 각 촌의 대표자를 모아 소비에트촌 건설을 협의하였다.[8] 이곳의 공청단체는 학술단체나 계몽단체에 국한된 성격을 띤 것이 아니라 청년 대중을 교양하고 항일의식을 결속시키는 조직으로 활동하였다.

만주성위로서는 일본군에게 만주가 점령된 상태에서 마적이나 농민이 자연발생적인 반만 항일전을 전개하자 새로운 방식의 항일투쟁을 모색하지 않을 수 없었다.[9] 이에 따라 유격구 사업을 주관하는 지도자들이 공청이 범하고 있는 좌경적 편향들을 극복하고 청년사업을 혁신하기 위한 방도와 출로를 열심히 모색하였다. 1933년 3월 소왕청 마촌에서 공청 일군회의가 소집되었으며, 이 회의에는 왕청현지구 공청위원, 아동국장, 연길에서 온 청년대표와 용정 학생대표를 비롯한 30명 정도의 청년단 사업관계자들이 참석하였다. 김중권, 박현숙, 조동욱, 박길성, 이성일, 김범수, 최봉송 등이 여기에 포함되어 있었다.

1932년 연길현위에서는 상급기관인 동만특위에 청년공작과 군사공작에 필수적인 유격대의 조직 편성과 인원 보충에 대한 계획안을 제출하였다.[10] 유격대는 만주국의 군사력과 경찰력이 약한 소도시의 지주 및 자위단을 목표로 사업을 전개하였다. 일제 당국의 조사에 따르면 중공당 왕청현 구위는 한중반일연합무장유격대를 조직하여 무장투쟁을 전개하였다.[11] 1920년 북로군정서의 군사적 요충지였던 서대파 십리평 방면에 왕청현구위를 조직하고 십리평을 소비에트 구역으로 형성하여 반일무장

---

8  中共延邊州委黨史研究室, 2000, 앞의 책, 255쪽.
9  와다 하루끼, 1992, 『김일성과 만주항일전쟁』, 창작과 비평사, 75쪽.
10 姜德相, 1976, 『現代史資料』 30, 173쪽.
11 「領事館警察勤務規制22條報告ニ關スル件」, 『在支滿本邦警察統計及管內狀況報告雜纂』 22, 1933.1.4.

유격대를 조직하였던 것이다.

일제 당국은 1932년 성립된 만주국의 전반적인 치안과 정부조직이 안정되었다고 판단하였고, 2년 뒤 1934년 7월에 제2차로 정부조직을 개편하였다. 푸이가 집정이었는데 이제는 황제로 바뀌었고 그에 따른 제2기 치안 숙정이 날로 강해졌다.[12] 일제 당국은 반만 항일세력에 대한 지속적인 '귀순작업', 즉 회유정책을 펼쳤으며, 한편으로는 저항운동을 철저하게 탄압하는 정책을 병행하였다.

동만특위 화룡현 평강구 소속 유격대는 파종기에 농민의 경작 및 조선인 집단부락 건축공사를 방해하기 위해 전후 여러 차례에 걸쳐 공작을 시도하였지만, 일제 경찰의 검거와 단속이 엄격하여 그 목적을 달성하지 못했다. 1934년 3월 이도구 오천수동 지방에서 인계된 이래 그 지방에 근거지를 마련한 유격대와 연락을 취하면서 경찰서를 습격하거나 친일파에 대한 위협적 행동을 단행하였으나 그해 10월 중순 만주국군 및 경찰의 '토벌'로 식량 등이 유실되기도 하였다. 동만특위의 명령에 따라 이도구 내에 잠입, 반일회를 조직하여 모연공작을 개시하였다.

만주국은 치안 숙정을 통한 항일세력 탄압을 보다 효과적으로 진행하기 위해 '집단부락'을 설치하였다. 초기 집단부락의 설치는 일제가 간도 지역을 '불령단의 소굴'이라고 판단한 것과 매우 밀접한 관련이 있다. 만주국 건국 이후 지속적인 치안 숙정을 단행하였지만 벽지(오지)까지는 공권력이 미치지 못하였다.[13]

---

12 蘭星會, 1972, 『滿洲國軍』, 83~84쪽.
13 조선총독부에서는 집단부락의 설치 동기를 비적들로부터 피난민을 보호하고 안정적인 삶의 토대를 마련하기 위함이라고 강조하였다.

1934년부터 실시된 간도 지역의 '집단부락' 설치는 그 선정 기준 및 선정된 지점을 살펴보면 그 성격을 충분히 짐작할 수 있다. 먼저 선정 기준은 군경이 주둔하고 있는 곳으로 경작지가 약 400정보(120만 평) 분포하고 교통이 발달한 곳이다.[14] 이 가운데 군경이 주둔하고 있는 곳이 첫 번째 고려 대상이었다. 특히 집단부락에 반만 항일세력과 '토비' 등을 방비하기 위한 목적으로 무장자위단을 둘 만큼 '치안'은 만주국 입장에서는 아무리 강조해도 지나치지 않았다. 다음은 간도 지역에 설치된 집단부락 내 무장자위단의 현황을 정리한 것이다.

〈표 8-1〉 집단부락 무장 현황(1935년 1월)(단위: 명, 개, 건)

| 마을명 | 자위단원수 | 무기류 | | '비적' 습격 횟수 | 피해 상황 | | | | 비고 |
|---|---|---|---|---|---|---|---|---|---|
| | | 총 | 창 | | 살해 | 부상 | 납치 | 방화 | |
| 북하마탕 | 18 | 18 | | 6 | 8 | 14 | 19 | 26 | ** |
| 태양촌 | 20 | 20 | | 2 | | | | | |
| 중평 | 13 | 13 | | 7 | | | | | |
| 춘흥촌 | 15 | 15 | | 10 | | | | | |
| 세린하 | 30 | 14 | | 3 | | | | | |
| 장인강 | 31 | 24 | | 10 | | | | | |
| 토산자 | 33 | 20 | | 8 | | 1 | | | |
| 청산리 | 40 | 40 | | 1 | 1 | 2 | | | ** |
| 낙타하자 | 28 | 28 | 29 | 2 | | | | | |
| 탑자구 | 23 | 20 | | | | | | | |

14 『朝鮮總督府調査月報』, 1935년 3월호, 107쪽.

| 지명 | | | | | | | | 비고 |
|------|---|---|---|---|---|---|---|------|
| 금불사 | 22 | 18 | | 13 | 6 | | 31 | |
| 도목구 | 23 | 23 | 3 | | 1 | | | |
| 상명월구 | 23 | 23 | 4 | | | 31 | | |
| 석문내 | 23 | 23 | 7 | | | | | |
| 전각루 | 20 | 23 | 7 | | 3 | 1 | 6 | |
| 와룡호 | 50 | 50 | 4 | | | 1 | 3 | ** |
| 용흥동 | 30 | 30 | 1 | | 2 | | | |
| 석두하 | 31 | 23 | 3 | | | 2 | | |
| 소백초구 | 23 | 16 | 15 | | | | 5 | |
| 목단천 | 23 | 20 | 7 | | | | 1 | 1 |
| 오참 | 23 | 23 | 6 | | | | | 1 |
| 우심산 | 20 | 21 | 5 | | | | | |
| 태평구 | 23 | 23 | 1 | | | | | ** |
| 설대산 | 23 | 20 | | | | | | |
| 합계 | 607 | 550 | 128 | 18 | 24 | | 96 | 28 |

출처: 『朝鮮總督府調査月報』, 1935년 3월호, 116~117쪽.
비고: **는 독립운동기지가 있던 곳.

〈표 8-1〉에서 알 수 있듯이, 자위단원은 대부분 총을 보유했다. 마을 크기에 따라 다소 차이는 있지만 약 30명 내외의 무장 자위단원이 있었다. 그럼에도 불구하고 청산리, 북하마탕, 태평구 등과 같이 전통적인 항일 근거지에서는 크고 작은 문제들이 발생하였다. 예컨대 북하마탕은 1910년대부터 항일독립운동의 근거지였는데 이곳에서만 8명이 살해되고 방화도 많이 발생하였다. 물론 살해된 사람들의 신분과 방화된 건물의 성격을 명확하게 파악할 수 없지만 만주국 입장에서는 이를 '치안 부재'

로 받아들일 수밖에 없었다.

만주로의 집단이민은 만선척식회사[15]의 의견이 상당히 중요하게 작용하였다. 안전농촌 설립에 전신인 동아권업공사가 관여하였는데, 중일전쟁기 조선인 집단이민에 있어서는 만주척식회사가 거의 독보적인 존재였다. 회사 명칭에서도 알 수 있듯이 만선척식회사는 농업 부분에서 '만철'과 같은 위상을 지니고 있었다. 만선척식의 사업계획이 재만 조선인 집단이민 정책과 연결되기 때문에 당시 이 회사 간부의 한 명인 고견성(高見成)의 견해를 통해 이민정책의 단면을 살펴보고자 한다.

먼저 그는 만주국 성립 전과 후의 조선인 이민 현황을 다음과 같이 지적하였다.[16] "만주사변 후 신흥 만주국에 희망을 품고 도강하는 조선인의 수는 현저히 증가하였는데, 만주사변 전과 비교해 보았을 때 상당한 차이를 보이고 있다"고 언급하면서, 이민 통제의 필요성을 강조하였다. 만주국 성립 전후 재만 조선인 수를 정리하면 다음과 같다.

〈표 8-2〉 만주국 성립 전후 조선인 이민 현황 (단위: 명)

| 연도 | 이민 수 | 1년 평균 증가 |
| --- | --- | --- |
| 1927 | 558,280 | |
| 1930 | 607,119 | 16,279 |
| 1933 | 673,794 | |

---

15  1936년 6월 27일 만주국 법령의 공포로 설립되었으며, 자본금은 1,500만 원이다(「금일 법령 공포」, 『東亞日報』, 1936.6.26).

16  高見成, 1938, 「조선 농민과 만주국의 산업개발」, 『재만 조선인통신』 51·52합집, 32~35쪽.

| | | |
|---|---|---|
| 1936 | 875,908 | 67,371 |

출처: 고견성, 1938, 「조선 농민과 만주국의 산업개발」, 『재만 조선인통신』, 51·52합집, 32쪽.
비고: 이훈구, 1932, 『만주와 조선인』, 평양숭실대학, 79쪽에는 1927년 768,780명으로 집계하였다. 약 20만 명의 차이가 발생하는데, 만척의 주장은 이주 조선인 증가가 반드시 필요하다는 것을 역설적으로 표현한 것이다. 만주국 시기 조선인 수에 관한 통계는 자료마다 편차가 있기 때문에 정확한 숫자를 단정하기 어려운 점도 있다.

1932년 만주국 성립 이후 조선인 이민은 그 이전 시기보다 1년 평균 4배 이상 증가하였다. 고견성은 조선인의 만주 이주 증가 추세가 이 상태를 유지한다면 10년 후에는 150만 명, 20년 후에는 200만 명을 돌파할 것으로 판단하였다.

그뿐만 아니라 만선척식회사는 이주 조선인을 위한다는 명목으로 세 가지의 사업계획을 세웠다.[17] 첫째, 조선에서 온 신규 이민의 '입식' 통제이다. 1937년 초의 조선인 이주는 간도성 안도, 왕청, 연길 3현 및 봉천성 영구현에 2,339호, 12,149인이었으며, 35개의 조선인 마을이 건설될 정도로 확산되었다. 또 1938년과 1939년 초에 걸쳐 선견대(先遣隊)라는 성격의 명목으로 독립운동기지였던 왕청현 나자구에 195호 975명이 이주하였다. 신규 이주 수용 호수를 연 1만 호 이내로 결정하였던 만주국과 조선

---

[17] 만주에서 이미 이주해 거주하는 조선인 농민에 대해 공사는 다음과 같은 종류의 농경지를 경영하고 있다. 첫째, 직영농장, 둘째, 관리농장, 셋째 안전농촌이다. 먼저 직영농장은 공사가 직접 소작인으로 경작하게 하는 것으로 오가황, 공태보, 통요대우구, 왕청문, 영문 6개소 합계 작부면적 수전 2,570정보, 연지 4,463정보이다. 관리토지는 면적, 지미, 치안 및 교통 등의 관계상 아직까지 경제적인 이익을 거두기에는 이른 곳으로 내몽골 자라터치 38,880정보를 비롯하여 17개소 총면적 92,929정보가 있으며, 장소에 따라 주재원 또는 관리인을 두고 물납 혹은 금납에 의한 소작 계약을 행하고 있어 1939년 이용하고 있는 토지 면적은 약 6,300정보에 지나지 않는다.

총독부 간의 협정에 따라 북간도 및 서간도 일대 23개 현이 조선인 농민의 이주지로 결정되었다.[18]

둘째, 기존 이주 조선인들에 대한 집결 통제이다. 만주국이 이러한 정책을 실시하게 된 배경은 일정한 토지 없이 불평불만을 품고 각지에 유리하고 있는 농민에게 경제적 기초를 제공한다는 측면과 국방 내지 치안상 필요한 지역의 통제를 위해 집결지를 결정할 수밖에 없다는 정치, 국방, 치안 등의 요소가 크게 작용한 것을 들 수 있다.[19] 1938년 4월 중순부터 6월까지 조선인 농민들을 집결 이주시킨 지역은 영구, 유하, 회덕, 왕부묘, 대역창으로 호수는 1,016호, 총인구는 4,270명에 달하였다. 1938년 4월 이들 조선인 농민의 집결 통제를 위하여 간도성 및 남만주 일대 23현 이외 각 성에서 16현이 지정되었다.[20]

셋째, 자작농창정 문제이다. 자작농창정은 생활 안정과 직결되었다. 또 생활 안정은 치안 안정으로 이어지기 때문에 만주국에서는 지속적인 관심을 기울였다. 하지만 자작농창정은 쉽게 이루어지지 않았다. 만주국과 만척은 자작농창정의 방침 아래 이주 조선인들에게 토지대, 가옥 건축 자금 등 마을 건설에 필요한 농자금을 농민이 농경에 착수하여 수확을 얻게 된 해부터 20년 이내의 기한으로 연부 상환케 한다는 계획을 세웠지만 1933년부터 설치된 안전농촌은 6년이 지난 1939년에도 그것을 쉽게 달

---

18 「만주개척민 전북서 2600명」, 『매일신보』, 1940.7.28.
19 윤휘탁, 1996, 앞의 책, 283쪽.
20 구체적으로는 봉천성의 개원, 철령, 서안, 서풍, 길림성의 영길, 액목, 돈화, 상양, 회덕, 서란, 화전이며 목단강성의 영안과 빈강성의 수화, 용강성의 태동, 조남, 흥안남성의 통요이다.

성하지 못했다.[21]

하동 안전농촌의 예를 보면 더 명확하게 알 수 있다.[22] 하동 안전농촌으로의 이주 및 정착이 순조롭게 진행된 것은 아니었다. 안전농촌의 설치와 운영의 주체는 동아권업공사였다. 1933년 4월까지 권업공사는 조선인들의 하동 안전농촌에 대한 이주를 완료해야 했지만, 당시 조선인 경비 문제 때문에 지연되는 사태가 발생하였다. 이에 대해 조선총독부와 일본 외무성은 1932년 12월 28일 조선총독부에서 경비 문제를 놓고 절충안을 제기하였다.[23] 물론 결론이 어느 쪽으로 결정되든지 양 기관의 주도권 다툼은 지속될 수밖에 없는 상황이었다.[24] 당시 절충안은 토지 획득과 군부 및 만철의 입장이 충분히 반영되지 않은 상태에서 결정하였기 때문에 극비로 처리하는 것을 원칙으로 하였다.[25]

특히 일제는 안전농촌이 설치된 것은 단순한 피난민의 구제가 아니라 장기적인 계획 속에서 실현한 구체적인 정책이었음을 강조하였다. 즉 안전농촌은 자작농창정 계획과 연동해서 실시하는 것이기 때문에 조선인에 대한 즉흥적인 '구제'가 아닌 이등공민으로서 안정적인 지위를 향유할 수 있는 토대를 마련하는 것이라고 하였다. 만주국에서는 안전농촌을 설립

---

21  한득수, 앞의 책, 17쪽.
22  김주용, 2009, 앞의 책, 285~313쪽.
23  「경비력의 관계상 이주안위가 염려」, 『東亞日報』, 1933.1.5.
24  「朝鮮總督府ノ滿洲ニ於ケル大集團農場 創設計劃ニ關スル件(暗 제37호)」, 『滿蒙各地ニ於ケル鮮人ノ農業關係雜件(4)』, 1933.2.9. 만주 지역 이주자에 대한 일본 외무성과 조선총독부의 입장이 확연하게 다르다. 예컨대 이주하려는 자 또는 바로 이주한 자는 조선총독부의 통치권에 있었던 자들이 대부분이다. 하지만 이미 만주에 이주하여 정착한 자는 일본 외무성에서 자신들의 업무라고 주장하고 있는 것 또한 사실이다.
25  일본인 이민 관련의 민감함을 엿볼 수 있는 대목이다. 즉 군부와 만철의 움직임에 대한 부분을 극비사항으로 분류한 것은 이민이 가져올 중대한 파장을 고려하였기 때문이다.

하고 이를 '이상향의 도래' 및 그 실현으로 설정하여 각 언론사를 통하여 선전하였다.

『재만 조선인통신』에서 기술한 것처럼 소작농이 주가 되어 토지 소유권을 갖지 못한 이주 조선인이 대부분이었는데, 1938년 조선총독부와 만주국이 협의한 결과 이주 조선인들을 자작농으로 창정한다는 계획을 지속적으로 발표만 하고 있었다. 정책이 성공할 가능성이 불확실하기 때문에 나온 결과라고 할 수 있다. 하얼빈금융회 이사인 박종희는「자작농창정으로 민심안정」이란 글에서 이주 조선인의 가장 현실적인 문제는 자작농창정이라고 했으며, 만주국 입장에서도 이주민에게 그렇게 선전하였지만 그 성과는 크지 않았다고 했다.[26]

여기에서 주목되는 것은 과연 기존 거주 조선인 농민들이 자작농화되었는가라는 점이다. 이러한 문제를 해결하려면 토지매수가 관건인데, 당시 농무계에서는 그럴 능력이 없었기 때문에 쉽게 성과를 낼 수 없었다.[27] 이를 해결하려면 기존 거주 농민들이 소작하고 있는 토지를 만척에서 매수하여 농민들에게 나누어 주면서, 농무계를 이용하여 각 마을의 자작농창정을 이루려고 한다면 가능한 일이었다. 그러나 만척이나 농무계는 그럴 의사도 능력도 없었다.

당시 이민정책을 수립할 때 기존 농민의 현상을 정확하게 파악해야 하였음에도 불구하고 만주국 및 조선총독부는 황무지 개간 등에 초점을

---

26  박종희, 1939,「자작농창정으로 민심안정」,『재만 조선인통신』61호, 12~13쪽.
27  농무계는 새로운 마을이 형성되면서 각각의 마을을 계라고 칭하고 이에 대한 모임을 가리켰다. 안전농촌의 경우도 마찬가지로 농무계를 통하여 관리되었다(상지시조선민족사 편집부, 2008, 앞의 책, 34쪽).

맞추거나 인구 증가 정책 및 치안 유지 방안에만 더욱 치중했다.[28] 즉 농민을 농업정책의 주체로 파악하였음에도 불구하고 그들이 자급자족할 수 있는 토지 마련에는 소홀하였다. 조선인 농민의 토지 소유 현실화를 가능하게 하기 위해서는 만주국 정부의 강력한 행정력 행사가 중요했다. 하지만 그것은 또 다른 무리한 통제가 작용함을 뜻하기도 했다.

## 2. 흑룡강성 영안현 지역 집단부락 설치

만주국 성립 전후 주요 이민 대상자는 조선인이라기보다는 일본인이었다. 하지만 일본인 이민은 현지인과 마찰을 빚었다. 일본인 이민은 초기에는 청년을 중심으로 이루어졌으며, 의용대나 자경단을 갖춘 무장이민 형태로도 진행되었다.[29]

일본인 이민은 이른바 '개척단'이라는 이름으로 이루어졌다. 1938년에 영안현 사란진에 만몽개척청년단 의용대영안훈련소가 설치되었다. 1939년에는 난강, 유림, 호둔화림 및 밀접하 각 지구에 제8차 개척단의 입식이 이루어졌으며, 동시에 산시, 경박호에 청소년의용대 갑종훈련소 및 어업개척단을 설치하였으며, 나아가 산시, 밀산에 철도자경단 훈련소가 설치되었다.[30]

---

28  孫春日, 2003, 『滿洲國 時期 朝鮮開拓民硏究』, 延邊大學出版社, 104~105쪽.
29  윤휘탁, 1996, 앞의 책, 287쪽.
30  黑龍江省檔案館 編, 2005, 앞의 책, 136쪽.

특히 만주국은 국방산업이 필요하다는 판단 아래 농축산을 발전시키고자 교통이 편리한 영안현에 일본인 개척민의 입식을 적극적으로 추진하였다. 그 결과 1939년 5개 집단부락 1,200호, 청년의용훈련소 3개소 900명이 입식되었으며, 1940년에는 석두전자, 납합밀영성자, 대평구, 삼도하자 합계 6개 집단 1,200호 및 소목단지구 외 7개소에 75호를 이주시켰다.[31]

한편 만주국에서는 치안 불안요소를 극복하고 일본인 신진 청년들을 더 많이 이주시키기 위해 청소년의용대를 운영하였다. 영안현의 경우 1936년 일본인 청년의용대가 사란진에 개설되었으며,[32] 1936년 12월에 이르러 3,600명의 입식을 완료하였다. 기본훈련을 실시하였고 1939년 다시 갑종훈련소에서 훈련시켜 만주국의 '충실한' 이식 침략자의 선봉으로 만들고자 했다. 이러한 방침에도 불구하고 훈련소에서는 크고 작은 분규

---

31 黑龍江省檔案館 編, 2005, 앞의 책, 140쪽. 다음은 일본인 개척단 현황을 정리한 것이다. 밀점추전 개척단의 본단 광견대(光遣隊)는 2월 입식, 신안진 서쪽 약 8,000미터 떨어진 대황지에 위치한 밀점하의 비옥한 평원을 차지하였다. 단원의 융화 상황 및 부민과의 협화를 적극적으로 추진하였다. 호둔향천 개척단 본단은 1939년 1월부터 3월까지 3차에 이르는 44명의 광견대가 입식되었다. 입식지구는 영안현성에서 서쪽 약 27킬로미터 지점에 위치하며, 합하 유역에 있는 가경 면적은 4,000여 맥(陌), 방목지 1,700맥이다. 광견대가 건설 공사를 독려하면서 1939년 수전 15맥, 전 100맥을 경작하여 좋은 성적을 거두었고, 자급자족을 기할 수 있었다. 난강 개척단 입식지구는 현성 서남쪽 약 10킬로미터 지점 와룡경찰서 관내 이도구를 중심으로 하여 도가선(圖佳線, 도문-가목사)에 잇닿은 지역을 차지하며 약 5,300맥으로, 1939년 단 자체의 자급자족을 계획하여 한전(旱田) 150맥, 수전 50맥을 경작하였다. 화림 개척단의 본단 입식지구는 목단강의 동광화림역의 동쪽 약 8,000미터 떨어진 오하림경찰서 관내 북전자에 위치하며 총 면적 5,400맥 내 3,000맥의 가경지를 가지고 있으며, 수전 가경면적이 많아 토지가 비옥하다. 유림기옥 개척단의 본단은 현성 동남쪽 15킬로미터 알사란하 유역에 위치하며 특히 조림 계획으로 4,600맥의 종묘원을 건설 경영하는 것 외에 1,500평의 과수원도 만들었으며 축산도 계획하였다.
32 黑龍江省檔案館 編, 2005, 위의 책, 143쪽.

가 발생하였다. 즉 훈련생을 훈련소에 입소시켰지만 일본인 훈련생도 간의 다툼, 기존 주민과의 마찰, 간부 명령에 대한 불복종 등 사건이 지속적으로 발생하자, 이에 대한 근본 대책이 필요하였다. 다시 말하자면 일본인 청년을 대신할 수 있는 조선인의 집단이주에 대한 필요성이 역설적으로 제기되기에 이르렀다. 〈표 8-3〉은 영안현 청년의용대의 훈련소 훈련 상황을 정리한 것이다.

〈표 8-3〉 영안훈련소의 훈련 상황(단위: 명)

| 대별 | 인원 | 이행월일 | 이행선 |
| --- | --- | --- | --- |
| 1 | 295 | 1939.3.14 | 교하현 화수촌 |
| 2 | 322 | 1939.4.7 | 남산시 |
| 3 | 457 | 1939.4.30 | 흑하성 |
| 4 | 529 | 1939.5.5 | 돈화현 대석두 |
| 5 | 337 | 1939.4.18 | 동녕현 삼타구 |
| 6 | 394 | 1939.6.4 | 돈화현 대석두 |
| 7 | 275 | 1939.6.4 | 경박호 |
| 8 | 241 | 1939.4.29 | 빈강성 하현 남평양산 |
| 9 | 266 | 1939.3.13 | 산시 길산(철도) |
| 10 | 254 | 1939.4.24 | 돈화현 대석두 |
| 11 | 297 | 1939.4.24 | 삼강성 발리현 청산 |
| 12 | 375 | 1939.4.29 | 홍안성 삼하지방 |

출처: 黑龍江省檔案館 編,『東北日本移民檔案』-黑龍江省 1, 145쪽.

이와 연결하여 만주국에서는 영안현 경박호 부근에 경박학원이라는 농업기관을 설치하였다. 경박학원은 만주 농업의 지도원 양성을 목적으로 1932년 10월 만주국 문교부의 인가를 받아 1933년 동경 국사관의 야마다 데이이치(山田悌一)를 총무로 하여, 영안현 경박호반에서 실습농원을 경영하였다. 그해 9월 2일 학생 190명을 처음으로 입학시켜 학교의 기반을 갖추었다. 하지만 1934년 5월 17일 야마다와 학생 수비대 등 일본군이 현지 저항세력과 충돌하면서 구성원의 희생이 뒤따랐다. 그뿐만 아니라 자금난까지 겹쳐 분산 경영되기에 이르렀다. 1936년 4월부터 해랍이 농사시험장에 10명, 공주령 농사시험장에 6명, 밀산현 성자하 개척단에 50명, 그 밖에 20명 합계 86명을 분산하였다.[33]

영안현은 목단강지구에 속하면서 연변 지역과도 가깝기 때문에 조선인 이민 역시 적극적으로 전개되었다. 일본인 이민뿐만 아니라 조선인 이주 역시 집단 또는 집합이라는 이름으로 진행되었다. 조선인의 영안현 이주는 1939년 해림지구에 3개 집단 324호 및 간방 외 14개소 부락에 집합 개척민 37호 및 밀산현에서 원주민 41호를 해림홍전자 제3부락으로 이주시켰다. 이들 이주 지역은 대부분 미경지였지만 이미 파견된 개척단의 본단 광견대(光遣隊)[34]가 선점하여 경작면적이 적었다. 따라서 일제는 이주 조선인들에게 경작지를 분배하기 위해 오하림 관내 북전자에 있는 한족(漢族) 원주민 140호 720명을 타 지역으로 강제 이주시켜야만 했다.

만주국에서는 집합이민 형식으로 이주한 조선인들을 '유랑성' 이민으

---

33 영안현 남쪽 경박호에는 어업개척단을 설치하였다. 1939년 10월 단장 시바타 유조(柴田雄藏) 이하 10명의 선견대로서 반농반어의 특수개척단이라 할 수 있다.

34 광견대는 개척단 본단이 개척지에 가기 전에 미리 개척 준비를 하는 준비단이라고 할 수 있다.

로 간주하였다. 하지만 이는 선거주 이주자의 재이주는 개인적 문제가 아닌 사회적 문제라는 점을 간과한 것이었다. 1938년 7월 이주 조선인에 대한 취체 요강의 변경에 따라 개척농민을 선척(鮮拓: 선만척식주식회사)이 직접 취급하였다. 집합 개척농민이 선척의 자금을 받으려면 지방금융회, 예컨대 영안금융회, 목단강금융회에서 이를 알선하였다. 1939년 영안현 부근에 이주한 조선인들의 상황을 정리하면 〈표 8-4〉, 〈표 8-5〉와 같다.

〈표 8-4〉 조선인 집단 개척민(단위: 호, 명)

| 입식부락 | 호수 | 인원 | 출신 도별 | 입식연월일 |
|---|---|---|---|---|
| 해림강 제1부락 | 99 | 524 | 경북 | 1939.4.13 |
| 제2부락 | 130 | 746 | 경북(55), 경남(75) | 4.16 |
| 임가방신 | 94 | 529 | 경북(70), 경남(24) | 4.13 |
| 합계 | 323 | 1,799 | | |

〈표 8-5〉 조선인 집합 개척민(단위: 호, 명)

| 입식부락 | 호수 | 인원 | 출신 도별 | 입식연월일 | 비고 |
|---|---|---|---|---|---|
| 삼가자 | 17 | 102 | 전라남도 | 1939.4.5 | |
| 납고남구 | 17 | 100 | 전라남도 | 1939.4.2 | |
| 백묘자 | 24 | 110 | 전라남도 | 1939.4.12 | |
| 포자오남구 | 10 | 52 | 경상남도 | 1939.4.20 | 목단강 금융회 |
| 영둔 | 15 | 71 | 경상남도 | 1939.4.20 | |
| 사호남구 | 16 | 74 | 경상남도 | 1939.4.20 | |
| 강두남구 | 10 | 50 | 경상남도 | 1939.4.20 | |
| 대림산자 | 50 | 258 | 경상남도 | 1939.4.20 | |

| | | | | | |
|---|---|---|---|---|---|
| 석하동구 | 33 | 175 | 전라남도 | 위와 같음 | |
| 문명둔 | 30 | 240 | 경상남도 | 1939.4.6 | |
| 대령 | 21 | 91 | 전라남도 | 1939.4.8 | 신안진 금융회 |
| 석하대둔 | 24 | 137 | 경상남도 | 1939.4.9 | |
| 누방 | 49 | 244 | 경상남도 | 1939.4.10 | 영안 금융회 |
| 칠간방 | 49 | 265 | 경상남도 | 위와 같음 | |
| 합계 | 365 | 1,965 | | | |

출처: 黑龍江省檔案館 編, 2005, 『東北日本移民檔案』-黑龍江省 1, 145쪽.
비고: 집단개척민은 선만척식주식회사에서 모든 이주 과정부터 정착까지 도맡아 추진한 이주민이며, 집합개척민은 회사와 만주국 정부의 공동 관여로 진행된 이주민이다.

위의 표에서 알 수 있듯이 14개 지구의 경지면적은 3천 상(晌)을 넘었지만, 이들 지방은 수전에 적합한 지역이 아니었기 때문에 이주 농민들의 경제적 어려움은 계속되었다. 특히 영안 지역 금융회가 활성화되지 않아 가옥 구축 및 위생, 교육 등 전반적인 이주 사회의 각 요소가 정착하는 데 어려움이 뒤따랐다. 여기에서도 자작농창정이 가장 큰 문제였다. 이주 조선인 농민의 90퍼센트를 차지하는 소작농을 자작농으로 창정하여 그들로 하여금 일부 지주의 무한한 착취로부터[35] 벗어나게 하는 것이 목표였지만 이 역시 쉽게 이루어지지 않았다. 다만 영안현 남부지역에 대한 만척(만선척식주식회사)의 토지매수가 일부 진행되고 있었을 뿐이다.

오늘날 흑룡강성 영안시 발해진은 중국의 중점 농업지역으로 각광받고 있다.[36] 특히 발해진 전 지역이 화산토(석강, 현지에서는 곰보들판으로 불

---

35  黑龍江省檔案館 編, 2005, 앞의 책 2, 59쪽.
36  중국 동북지방에서 쌀 품종 개량 및 우수 농업 지역으로 지정된 곳은 대부분 조선인 이

림)로 이루어져 있어 미질(米質)이 다른 지역과 비교해도 월등히 앞선다.[37] 이 지역에 백산 안희제가 발해 농장을 설치하기 이전에 이미 조선인들이 개별 이민 형태로 정착한 마을이 있다. 발해진을 끼고 도는 목단강 서쪽에 있다고 하여 이름 붙여진 강서촌이다. 이곳에는 1926년에 첫 이주자가 정착하였다.[38] 발해진 강서촌은 영안시에서 남쪽으로 51킬로미터 떨어져 있고 발해국 상경용천부 유적지와 불과 5킬로미터 거리에 위치해 있다.

1926년 8세대의 이주민이 강서촌에 정착하였다. 강룡전, 강룡팔, 강수석, 강순녀, 김준달, 김부관, 안경순, 황영춘 등이 그들이다.[39] 당시 영안현 일대에서는 주로 신민부 계열의 독립운동가들이 활동하였다. 신민부는 영안현 지역을 수전 개발을 통한 독립운동 근거지로 삼고자 했다. 이를 위한 회의도 개최하였으며, 윤세복과 현천묵 등이 참석하였다.[40] 이러한 상황 속에서 이주하였던 강서촌은 개간되지 않은 벌판이었고, 한족과 만족 20여 호가 산재해 거주하였다. 조선인들이 이주하면서 일본 간도총영사관 및 하얼빈영사관에서도 이 지역에 관심을 가지기 시작하였다. 이

---

주와 밀접한 관련이 있는 곳이다. 예를 들면 흑룡강성 상지시 하동마을 역시 우량품종 기지로 선정되었으며, 중국에서 가장 좋은 질의 쌀이 생산된다고 평가받고 있는 흑룡강성 오상현 역시 그러하다. 이러한 면에서 영안현 발해진 마을의 쌀은 하동마을, 오상현의 쌀과 같은 대우를 받고 있다고 할 수 있다.

37  현재 영안시 발해진 향수촌과 강서촌, 합달촌에서 생산되고 있는 이른바 '향수미'는 1992년부터 중국농업박람회와 중국국제농업박람회에서 녹생고품질 상질미 등 많은 상을 수상하여 '천하제일미'라는 최고의 영예를 자랑한다고 한다[김창남, 2004, 『78년 강서촌력사』, 강서촌촌민위원회(미간행), 2쪽].

38  김창남, 2004, 위의 책, 6쪽.

39  김창남, 2004, 위의 책, 6쪽.

40  「在寧安縣不逞鮮人團秘密會議 開催ニ關スル件(기밀제262호)」, 『不逞團關係雜件-朝鮮人ノ部-在滿洲ノ部』 43, 1926.10.2.

주 조선인들은 목단강 물을 끌어들여 수전에 필요한 용수를 확보하였다. 그뿐만 아니라 여름철 장마로 유실되기 쉬운 보(堡)를 축성하는 데 전력을 다하였다.[41] 촌 공서(公署)는 아보둔(阿堡屯)에 설치하였으며, 모든 농업세를 이곳에서 징수하였다. 이 시기에는 강서촌을 하둔(下屯)으로 불렀다. 만주국 성립 직후 고단했던 그들의 상황을 살펴보면 다음과 같다.

> 일제의 통치하에서 수전을 개간하게 되어 목단강에서 물을 끌어들이게 되었는데 물이 가장 적은 이른 봄이 되면 강을 가로막는 일에 총동원되었다. 그들은 아침 일찍부터 저녁 늦게까지 근처의 큰 돌들을 끌어모아 제방을 쌓고 또 자갈로 틈 사이를 메우고 또 새로 나래를 엮어서 펴고 그 위에다 돌이며 자갈을 쌓아 올려 물이 새지 않도록 보를 막는 일을 계획하였다. 여름철 장마가 지면 보가 물에 밀려 나가는 통에 보막이에 얼마나 땀 흘리고 고생하였는지 모른다.[42]

1937년 이후에는 강서촌에 집단부락을 설치하였고 70여 세대가 이주했다. 먼저 마을 둘레에 높이 2미터 이상 토성을 쌓고 지정된 곳에 출입문을 만들어 사람들의 출입을 통제했다. 이는 당시 동북항일연군과의 연계를 끊어 내려는 조치였다.[43] 특히 촌에다 배급소를 설치하고 콩기름과 소금을 공급하였다. 일제 당국은 자위단을 조직하였는데 반만 항일투쟁을

---

41  김창남, 2004, 앞의 책, 6쪽.
42  김창남, 2004, 위의 책, 6쪽. 필자는 2019년 7월 14일 흑룡강성 영안현 발해진 강서촌을 방문하여 이곳에서 태어난 배정숙(1934년생)과 면담하였다. 그는 자신의 부친 배병하는 평안남도 개천군에서 1930년대 초에 이곳으로 이주하였다고 했다.
43  이광평, 2002, 앞의 책, 1쪽.

미연에 방지하고 통치의 효율성과 농업생산량의 극대화를 위한 조치였다. 자위단은 유급자위단과 일반자위단으로 구분되었다. 유급자위단은 두세 명이 월급을 받고 출근했으며, 일반자위단은 10여 명이 있었다. 자위단장은 정운룡이었다. 자위단은 만주국에서 지급된 보총을 사용하였다.[44]

당시 정착 이후 수전 농법은 산식(散植)을 주로 하였고 농우 사용은 해방 이후에나 가능하였으며, 사람이 맨손으로 토지를 개간하는 경우가 허다하였다.[45] 이러한 역경을 딛고 풍부한 수자원을 바탕으로 농업생산력이 제고되었다. 강서촌은 1945년 8월까지 120세대의 큰 촌락으로 성장하였다. 경지면적은 120헥타르였으며, 평균 수입은 30원 정도였다.[46]

영안현 강서촌의 이주 조선인들은 대부분 낡은 초가집에서 살았으며, 겨우 온돌로 추위를 이겨 내면서 지냈다. 집단부락 설치 이후 조선인들은 농업세와 공출 등으로 이중 착취를 당하였으며, 배급된 좁쌀로 생활하였다. 그 내용을 잠시 인용하면 다음과 같다.

> 여름에는 베옷을 입고 겨울에는 무명옷을 입었는데 윗사람이 한번 해 입으면 아랫사람이 내리내리 입었으니 판나면 깁고 기워 입었다. 신은 집에서 만들어 신었다. 볏짚으로 새끼를 꼬아 네 가닥으로 날로 하고 볏짚으로 엮어 신을 만들었는데 이것을 초신이라고 불렀다. (중략) 여름에는 나무로 만든 나막신과 혹은 게다를 신고 다녔다. 가장기물도 나무로 많이 만들었다.[47]

---

44 김창남, 2004, 앞의 책, 8쪽.
45 김창남, 2004, 위의 책, 57쪽.
46 김창남, 2004, 위의 책, 68쪽.
47 김창남, 2004, 위의 책, 65쪽.

강서촌 이주민들도 집단부락이 설치되자마자 토성 쌓기에 동원되었다. 집단부락은 십자로 길을 내고 동서남북에 각각 50세대씩 집터를 잡게 하였다. 이주민들은 이주하자마자 토성 쌓기와 길닦이에 강제동원되었으며, 토성을 쌓을 때 머리에 돌 등을 이고 다녔기 때문에 빗질을 하지 못할 지경이었다고 한다.[48] 이처럼 집단 거주한 조선인들은 대부분 강제노역에 시달렸다. 그들에게 안정된 거주는 초기에는 불가능하였던 것 같다. 일반적으로 초기 집 형태는 땅굴 형태의 임시 가옥이었다. 이곳에서 거주하는 이주민에게 지급된 양식은 매우 열악하였다. 배급된 식량은 대부분 좁쌀이었으며 부식으로 소금, 채소 등이 지급되었다.

마을 모습이 어느 정도 갖추어지면서 외부와의 경계는 더욱 강화되었다. 일제는 집단부락민들을 보갑제와 호적제도를 통해 엄격하게 통제하였으며, 신분증·여행증을 발급하여 통제를 한층 강화하였다. 무장기구는 갈수록 증설되었고, 집단부락 간 경비도로를 신설하는가 하면 경비전화를 개통하기도 했다.[49]

마을에서는 부락행정단과 자위단으로 나누어 업무를 처리하게 하였으며, 부락장 밑에 부락부장과 호장을 두었다. 이주민들은 이들의 지시에 저항 없이 따라야만 했다. 협화회 분회, 백초구영사분관 헌병대 등이 이주 조선인들을 감시하였다. 이러한 가운데 1937년에는 강서촌에 삼강성 강서사립학교가 설립되었다. 학제는 4년제이며 학생 수는 15명이었다.[50]

---

48  이광평, 2002, 앞의 책, 7쪽.
49  유필규, 2015, 앞의 책, 54쪽.
50  김창남, 2004, 앞의 책, 78쪽.

## 3. 북간도 왕청현 나자구 지역 집단부락 설치

　1910년대 후반 독립운동 단체는 급변하는 국제정세 속에서 여러 출로를 모색하였다. 독립전쟁을 수행하기 위해 독립운동 근거지 마련이 시급한 문제로 대두되었다.[51] 왕청현 나자구는 독립운동가들이 주목한 장소였다.[52] 1914년 민족주의자 이근용은 삼도하자에 사립학교를 설립, 운영하였는데 학생 수는 200여 명이었다. 그해 태평구에 이동휘, 장기영, 오영선 등이 설립한 일명 나자구 무관학교에는 조선 내에서 유학 온 인물이 300명에 달하였다. 그 결과 국내 각지에서 생활난으로 만주지대에 황무지를 구할 목적으로 온 농민에 이르기까지 민족주의자로 만들었다.[53] 1920년 봉오동 전투 이후 독립군 연합부대 가운데 북로군정서의 서일이 부대원을 이끌고 나자구에 들어왔다. 일제 당국은 나자구의 이러한 실태를 다음과 같이 설명하였다.

　　종래 나자구 방면 일반 배일 조선인은 항상 중국의 비호 원조를 받기 위해 중국 관민의 감정을 해치지 않으려고 노력하였다. 중국에 귀화

---

51　김춘선, 2016, 『북간도 한인사회의 형성과 민족운동』, 고려대 민족문화연구원, 464쪽.
52　나자구는 왕청현 춘경향 중부 일대를 총칭하며 만주사람들은 수분대전자라고 칭한다. 일찍이 이 지방이 연길현 관내에 속하였을 때에는 이름도 없는 산간 분지에 지나지 않았다. 지금부터 24년 전 청조 선통 3년 왕청현의 창설과 함께 연길도윤공서 도선주가 경계구분을 위해 각지 조사여행 때 이곳이 수분하 상류에 위치한 평원으로서 지명을 갖게 되어 수분대전자란 호칭을 얻었다.
53　「羅子溝 農村問題 調査資料 進達ノ件(보통제161호)」, 『滿蒙各地ニ於ケル鮮人ノ農業關係雜件』 6, 1935. 3. 28.

를 서둘러 하지 않았다. 즉 일본을 배척함과 동시에 중국인이 되는 것을 바라지 않았다. 의연하게 한국민으로서 자립하려고 하는 주의를 가지고 있었는데, 최근에 이르러 이러한 것에 변화의 조짐이 보였다. 즉 중일 신조약(이른바 21개 조약, 인용자)은 조만간 동 방면에도 효력을 미쳐 만약 중국에 귀화하지 않으면 일본의 통치하에 놓일 수 있어 그 고통과 치욕을 면하려면 귀화하는 방법밖에 없다는 인식이 팽배해졌다. 따라서 귀화는 점차 증가하여 약 500호에 달하는 귀화자가 발생하였다.[54]

전통적으로 나자구 지역은 독립운동의 근거지 역할을 담당하였다. 하지만 이주 조선인 사회가 안정적으로 유지된 것은 아니었다. 특히 교육문제는 더욱 조선인 사회를 불안하게 하였다. 신흥학교 등이 재정 곤란으로 폐교되자 교사 박현동이 학생 8명을 데리고 명동학교로 갈 정도였다.

1931년 만주사변은 만주 지역에 큰 영향을 미쳤다. 나자구에서도 피난민 구제작업이 진행되었다. 가마다 사와이치로(鎌田澤一郎)는 안전농촌의 창립 동기에 대하여 '만주사변'으로 인해 피해받고 있는 조선인 구제를 들고 있다.[55] 이를 실현하기 위해 먼저 도로 보수를 추진하였다. 그 목적은 다음과 같다. 첫째, 집단부락은 다른 지방에서 이민을 받아들여 이 일대에 산재한 현 주민을 일정한 지대로 집결시킨다. 둘째, 광막한 황무지를 미경(未耕)의 땅으로 방치하면 국가적 손실이므로, 하나는 지방 발전을 위해 또 하나는 조선인 구제를 위해 집단부락을 설치해야 한다는 것이다.

---

54 「羅子溝方面ノ近況ニ關スル件(기밀61호)」, 『不逞團關係雜件-朝鮮人ノ部-在滿洲ノ部』 5, 1916.11.4.
55 「羅子溝 農村問題 調査資料 進達ノ件(보통제161호)」, 『滿蒙各地ニ於ケル鮮人ノ農業關係雜件』 6, 1935.3.28.

한편 나자구 일대의 농촌에서는 조선인들이 넓은 땅에 산재해 거주하였다.[56] 또한 이들 농촌을 중심으로 반만 항일세력들이 출몰하여 지방의 치안상 큰 문제로 대두되었다. 그뿐만 아니라 나자구의 대표적 반만 항일세력 오의성(吳義成)이 거주하면서 만주사변 이후 3년간 나자구 전체에서 75,000여 원을 징발하였다.[57] 따라서 농민들은 생산물을 탈취당할까 두려운 생활을 영위하였다. 만주국 입장에서는 왕도낙토 및 오족협화 실행과 지역 치안 유지를 위한다는 명목으로 군대와 경찰을 활용하였다.[58] 이러한 일제 당국의 이주 조선인에 대한 인식은 다음과 같았다.

이 지방에 반드시 선량한 농민만 존재하는 것이라고 판단하기는 어렵다. 주민 스스로 구하여 통비와 연락하는 자도 있고, 토벌에 즈음하여 그 효과가 미약한 것도 이러한 측면이 없지 않다. 이러한 상황은 국가적 견지에서 보았을 때 위험한 측면이 없지 않다. 이곳에서 지방의 치안 유지 제1안으로 장차 피해 농민 구제를 위해 현재 산재해 있는 상태의 농촌을 집단생활로 전환하는 것이 현재 초미의 급무이며, 동시에 이를 연장하여 장래 지방행정 진전에 공헌하는 것 역시 중요

---

56　이주 조선인들은 마을을 이루면서 생활하였는데 전통적으로 집은 풍수지리에 맞게 지었다. 따라서 집터도 이와 무관하지 않다. 일제로서는 산재해 있는 이주 조선인 가옥을 한데 모아 통제하고 관리하기 쉬운 시스템을 완비하고자 했다.

57　오의성은 만주국 이후 성립된 중국 구국군총사령관을 맡았으며, 휘하에 4백 명의 군인들이 있으며, 만군과 일본군에 대한 대항 방침으로 유격전을 주로 사용하였다(「오의성 비 궤주」, 『매일신보』 1933.11.22).

58　생존과 저항의 문제에서 이주 조선인들은 어떠한 방식을 택하였을까. 이에 대해서는 단선적인 사고방식으로는 해결하기 어렵다. 예컨대 해방구라고 일컫는 명월구 지방의 경우는 일제가 공비들의 탐학에서 이주 조선인들을 구제한다고 하였지만 실질적으로 감시와 통제가 더 심하였으며 이는 항일투사를 탄압하기 위한 기초 공작이었다.

하다. 제2의 이유로서는 지방 치안 유지에 필요한 동시에 주민의 행복 증진을 기도하는 제1안의 사업 완료 후에 궁핍이 극에 달해 있는 이주 한농(韓農)에게 항구적인 안락한 거주지를 제공하고 <u>지주에게서 벗어나 자주독립을 하고 게다가 교육 위생 제반 사회 시설을 정비하고 황민화 교육을 받기 위해서 자작농창정의 전제 조건으로서 나자구 집단부락의 창설을 기도한다.</u>(밑줄 인용자)[59]

나자구의 집단부락을 설치하기 위해서 만주국에서는 왕청현 제5구 경찰서가 설치되었다. 1933년 6월 이 지역을 일본군이 만주국 경찰에 인계한 후 1934년 6월 24일 오의성 일파가 나자구를 습격하여 경찰관 18명이 무장해제당한 상태였다. 1934년 8월 혼성 제7여 보병 제9단이 나자구에 주둔하여 반만 항일세력을 '토벌'하였다.[60]

1935년 당시 나자구의 농촌에는 한족(漢族)은 거의 없었으며, 나자구 농촌은 이주 조선인들로 구성된 공동체였다.[61] 만주국은 정책적으로 나자구와 그 주변의 자원을 활용하기 위해 이주 조선인들에 의한 집단부락 설치를 계획하였으며, 이는 만선척식회사와 선만척식회사를 통해 실현되었다. ① 농경 방법 개선, 토지 이용과 경작 방법 개선, ② 품종 개량, ③ 축산 장려, 농산가공품의 산출, 부업 장려, 식수 장려, 풍부한 자원 이용을 통해 집단부락을 설치하려 했다. 특히 나자구에서 생산되는 목이버섯, 목재 등 특

---

59 「羅子溝 農村問題 調査資料 進達ノ件普通(제161호)」, 『滿蒙各地ニ於ケル鮮人ノ農業關係雜件』 6, 1935.3.28.
60 「羅子溝占領한 反滿軍 四面으로 陣地構築中, 放火 掠奪 市街接續地猛射擊, 警察 市民 犧牲者多數(間島)」, 『동아일보』, 1934.6.30.
61 안전농촌은 치안 불안을 해소하고 안정적인 세수원 확보를 위해 계획되었다.

화시킬 수 있는 것들을 상품화하고, 나아가 동만의 요지인 나자구에 조선인 집단부락을 설치하여 사회사업을 성공적으로 수행하려고 했다.

1937년 10월 선만척식회사는 경북 김천, 고령, 청송, 영천, 문경, 성주, 예천, 봉화, 영양 등 각 군에서 간도 나자구 지역에 입식할 200호 1천여 명의 이민을 결정하였다. 이러한 이민사업은 간도총영사관의 협조로 진행되었다.[62]

선만척식회사는 간도성 왕청현 나자구에 농가 600호의 집단부락을 건설하기로 되어 있어 조선총독부는 다음 해 봄 경북에서 이민을 보내기로 계획하였다. 이들의 이주를 원활하게 추진하기 위해 선견대로 200호가 결정되었다.[63] 1938년 경상북도 이민대는 간도성 나자구에 이주하기 시작했다. 그해 2월 24일부터 봉화, 영주, 예천, 상주 4개 군에 58호가 먼저 이주하고 27일 성주, 칠곡, 선산, 영양, 청송, 예천, 문경, 상주 8개 군에 126명이 이주하였다.[64] 조선총독부에서는 개척민에 대한 의료제공을 위해 순회 진료반을 편성하여 시행하였다. 1943년 8월 25일 경성의전에서는 도문, 나자구에서 의료 순회 진료반을 운영하였다.[65]

---

62 「선만척식이민 전부정주완료」, 『매일신보』, 1937.11.18.
63 「간도나자구에 또 집단농촌을 건설」, 『매일신보』, 1937.9.9.
64 「경북이민선발대 간도성나자구로」, 『매일신보』, 1938.2.20.
65 「개척민촌에 진료반」, 『매일신보』, 1943.8.5.

# 제9장
## '개척민'의 등장과 '왕도낙토'의 실체

## 1. 만선척식회사와 '개척민'

만선척식주식회사는 1936년 9월 제령으로 경성의 선만척식회사와 함께 세워졌다. 재만 조선인 농민을 통제할 목적으로 1922년 1월 봉천(奉天)에 설립된 동아권업주식회사(東亞勸業株式會社)를 인수해 그 업무를 흡수하였다. 그리고 만주에서의 조선인 이주 용도의 토지 취득, 수전 개발, 조선인 이주민 모집과 부식(扶植) 역할을 담당하였다. 이 회사는 자작농창정사업의 일환으로 만주의 여러 곳에 소위 '안전농촌'을 설치했고, 토지개량사업의 명목으로 논을 조성하고 밭을 개발했다. 또한 조선인 이주민의 정착을 원활히 하기 위해 소위 '개척민훈련소'를 설치했고 목장과 정미사업을 벌이기도 하였다.

1936년 이후 만주 이주정책을 담당한 기관은 만선척식회사였다. 만선척식회사는 1936년 6월 27일 만주국의 법령 공포로 설립되었으며, 자본금 1,500만 원으로 시작하였다. 만선척식회사의 주요 사업은 중일전쟁 발발 이후 대규모 '만주 개척민' 정책과 연결되어 실행에 옮겨졌다. 그것은 일본인 대신 조선인들의 이주로 방향을 전환하는 것이었다.[1]

'만주국' 성립 이후 한반도의 집단이민은 권업주식회사의 뒤를 이어 조선총독부의 공기업이라고 할 수 있는 선만척식회사와 만선척식회사의 합작으로 진행되었다.[2] 조선인들의 집단이주 형태는 다양하였다. 첫째,

---

1 유필규, 2015, 앞의 글, 90쪽.
2 만선척식과 선만척식의 조직과 이민정책 및 운영에 대한 연구는 다음과 같다. 정안기, 2011, 「만주국기 조선인의 만주 이민과 鮮滿拓殖(주)」, 『동북아역사논총』 31; 조정우, 2014, 「조선총독부 만주이민정책의 이면-선만척식회사 설립 경위를 중심으로-」, 『사

조선총독부와 만척은 모집의 편의를 위해 지역적 편제를 통하여 이주를 시행하였다. 오늘날 연변조선족자치주 지역에 전북둔, 정읍둔, 충북촌 등의 지명이 남아 있는 것도 이와 무관하지 않다. 둘째, 이주 당시 선전과 이주 완료 후 정책 당국의 태도는 달랐다. 집단으로 이주한 조선인들은 기존에 이주한 조선인과 달리 새로운 문화 충격을 받으면서 감옥과도 같은 마을에서 집단적으로 생활하였다. 1935년 이후 남하마탕과 대황구 등에 집단이주한 조선인들은 만선척식주식회사의 달콤했던 선전과는 다른 고단한 현실을 살아갔다. 셋째, '자작농창정'은 헛된 구호에 그쳤다. 조선인들의 땅에 대한 집착을 이용하여 한반도에서 집단으로 이주시키면서 자작농창정이라는 막연한 희망을 심어 주었지만, 실질적으로는 만척에 고용된 소작농과 다름없는 생활을 하였을 뿐이고, 자작농으로 자리 잡은 경우는 흔치 않았다.

만주국 성립 이후 전라북도 농민들의 집단이주는 먼저 안전농촌 지역의 이식 형태로 진행되었다. 1936년 4월 전북 완주, 남원, 장수, 진안 등 12개 군민 500여 명은 전라북도 당국의 알선으로 영구(營口)로 이주하였다.[3] 그렇다면 만선척식주식회사에서 주관했던 전북인들의 만주 이주는 어떠했는가. 다른 지역과 마찬가지로 전북 지역 사람들도 조선총독부에서 만주로의 이주 시 모든 비용은 만선척식주식회사에서 부담한다고 선전하는 것을 믿고 집단이주에 참여했다.

『재만 조선인통신』이 바로 만주국의 이민정책 및 협화정책을 적극적으로 선전하는 흥아협회의 기관지였기 때문에 이러한 논조가 강하게 투

---

회와 역사』 103.

[3] 「만주로 가는 이민군, 전북서만 500여 명」, 『조선중앙일보』, 1936.4.30.

영되었다.⁴ 특히 만선척식회사의 '친근한' 조선인 이주민 '모시기 태도'는 국내와 국외가 상이했다.

 최후로 특히 첨가하면 조선인 이민 입식의 전도에 관한 것인데 회사는 관계 각 방면과 긴밀한 연락을 하여 미리 소요의 사항을 이주 지원자에게 알게 하도록 처치를 취함과 동시에 입식 시기가 되면 선만 국경의 요추지 및 이주지에 전도자를 배치할 주도용의하에 소홀함이 없음을 기하고 있으나 본년도는 회사가 창립된 지 아직 일천할 뿐만 아니라 또한 그의 입식은 3월 하순 적어도 4월 초순까지는 마치지 않으면 안 되는 관계상 준비의 완료와 바로 예정수에 달하는 이주자를 보게 됨에 있어 현재 고심하고 있는 것이다. 관민 각위는 특히 본년도에는 이 점을 양해하여서 원조하여 주기를 간망하는 바이다.⁵

 1937년 중일전쟁기 조선인에 대한 집단부락 정책이 본격화되면서 만척의 사업이 순조롭게 진행되려면 초기 이주 조선인의 역할이 중요했기 때문에 회사와의 유기적인 관계를 강조하였다. 하지만 현지에서 느꼈던 농민들의 두려움은 낯선 땅에서 더욱 클 수밖에 없었다.

 수십 명의 장정들이 거멓게 질린 얼굴을 하고 있었지만 결코 추위

---

4 『재만 조선인통신』의 발간 의도와 그 현황에 대해서는 黃敏湖, 2008, 「滿洲地域 親日言論 '在滿朝鮮人通信'의 發行과 思想統制의 傾向」, 『韓日民族問題硏究』 제10호; 柳弼奎, 2016, 「1930년대 중후반 일제의 '만주개척민' 정책에 대한 친일 재만한인의 선전」, 『韓國學論叢』 45 참조.
5 『재만 조선인통신』 21, 2쪽.

때문만은 아니다. 누런 군복을 입고 하얀 실장갑을 낀 일본군의 서릿발 치는 총신이 화약 냄새를 피우며 가슴을 겨누고 있기 때문이고, 사면에 경기관총까지 걸어놓았다.[6]

훗날 일부 한국인들은 만주국의 자작농창정이 실질적으로 효과를 거두었다고 지속적으로 주장하였다. 공진항은 그의 자서전 『이상향을 찾아서』에서 자신의 만주 진출과 농장 운영 및 이주 조선인들의 자작농이 실현되고 있음을 서술하였다.

이에 살길을 찾아서 연구해 내놓은 방법이 자유식 자작농창정이라는 제도였다. 이 제도에 의하면 농민은 누구든지 연한의 제한이 없이 언제나 토지에 대한 지가를 지불하면 그 토지를 소유할 수 있다는 것이다. 때마침 안가농장은 이해에 대풍을 이루었는데 추수기에 이 제도를 발표한 결과 농민 총수의 삼분의 일에 가까운 사람들이 자기가 경작하고 있는 토지에 대한 대금을 완납하는 기적적인 현상이 나타났다. 이 제도는 아직까지 있어 온 균등식 연부상환제에 비하면 혁신적인 방법으로 만몽회사가 처음으로 창안한 전무후무한 이례적인 시도였다.[7]

독립운동을 전개하다가 1933년부터 『만몽일보』 기자로 활동한 신영우는 1937년 만주국의 조선인 정책이 본궤도에 올랐다고 주장했으며, 향

---

6   리혜선, 2009, 『두만강변의 충북마을-정암촌 이주사』, 민족출판사, 1쪽.
7   공진항, 1970, 『이상향을 찾아서』, 탁암공진항희수기념사업회, 66~67쪽.

후 조선인 이민은 어느 정도 통제를 통해 이루어져야 한다고 했다.[8] 만주사변 이후 이주 조선인들의 생활이 '명랑'해지기 시작했다는 것이다. 만주국 민정부 척식사 제2과장이었던 윤상필도 이와 대동소이한 견해를 보였다. 그는 1937년 4월 장춘 자택에서 가진 한 인터뷰에서 "조선 이민을 통제하는 것은 조선 농민을 잘 살게 하는 것이오"라고 했다. 국가가 직접 통제해야만 만족할 만한 이주와 생활이 가능하다는 논리이다.

일본 농업 이민은 만주국에서는 성립 초기부터 가장 중요한 문제였다. 오족협화를 달성하기 위해서도, 만주의 광활한 농지를 확보하기 위해서도 일본 농민 이주는 제국주의 일본 차원에서 이루어져야 할 사안이었다. 따라서 일본인 이민 정책은 왕도낙토, 오족협화와 분리할 수 없는 아주 특별한 정책이었다.[9] 1936년부터 일본인 이민의 대량화를 목적으로 추진한 정책은 계획대로 실행되지 못했다. 1941년 만주개척기 제1기 5개년 계획이 끝나는 시점에 일본인 농업 이민은 4만 3천 호에 불과하였으며, 이주 대상을 조선인으로 선회할 수밖에 없었다. 이에 따라 조선인 이주 농민의 명칭도 일본인 이민과 마찬가지로 '개척민'으로 바뀌었다.

만주국에서 조선인의 이주를 계획하고 설계했던 윤상필은 1935년 11월 민정 이사관으로 임명되어 척정사(拓政司) 제2과장을 맡아 만주 지역 조선인 이주민의 정착과 농업 개척사업을 담당했다. 1932년 3월에 성립된 만주국의 국무원은 교통부, 사법부, 외교부, 군정부, 재정부, 산업부, 민정부로 조직되었으며, 윤상필이 근무했던 민정부는 1937년 민생부

---

8 『재만 조선인통신』 26, 2쪽.
9 塚瀨進, 1998, 『滿洲國-民族協和の實像』, 吉川弘文館, 199쪽.

로 부서 명칭을 바꾸었다.[10] 1935년 만주국의 조선인 행정 관리는 지방청에는 간도성 민정청장 간임관(칙임관) 김병태(金秉泰), 간도성 민정청 실업과장 유홍순(劉鴻洵), 민정청 학무과장 윤태동(尹泰東) 등이 있었다.[11] 1937년 4월 윤상필은 만주 지역 이주 조선인 통제에 대한 의견을 재만 조선인통신사 서범석과의 대화에서 다음과 같이 개진하였다.

> 서범석: 조선 이민을 통제한다는 말이 조선 농민을 제한한다는 말로 들리는 경향이 있어 흔히 만주 건국에 대하여 환멸을 느끼는 사람이 많습니다.
>
> 윤상필: 조선 이민을 통제하는 것은 조선 농민을 잘 살게 하기 위하여 하는 것이오. 또 조선 농민의 이주를 국가가 직접 지도하는 데 필요한 사무적 방법이올시다. 그러면 조선 농민은 국가가 직접 지도를 하지 않았을 때도 많이 왔으며 만족한 정도는 아니라고 하나 만주에 뿌리를 박고 살았으니까 그렇게 간섭적 지도를 하지 않더라도 조선 농민은 그대로 방임하여 두면 적극적으로 장려하는 일본 이민보다 훨씬 많이 올 수 있다고 반박하는 분이 있습니다마는 만주국이 1개단 1민족 국가가 아니요 5족의 국가인 이상 각기 민족에 적응한 정치와 지도가 필요한 것이올시다. 만주국 구성 민족의 질과 환경과 의식이 동일하다면 문제가 아니나, 아시다시피 적극적으로 장려치 아니하면 잘 오지 아니하는 민족에 대하여는 장려할 필요가 있으며, 방임하여도 잘 오는 민족에 대해서는 만주에서 다른 민족과 사이좋게 잘 살도

---

10 塚瀨進, 1998, 앞의 책, 27쪽.
11 『삼천리』 제9권 제4호, 1937.5.

록 지도할 필요가 있는 것이올시다. 이러한 관계, 즉 만주국 건국 정신과 이민은 서로 어떠한 방법을 규정하게 되었는데 그 규정된 방법이 이민 통제가 되어 일본 이민은 이렇게, 조선 이민은 저렇게 아니하면 아니된다는 결론을 가져오게 되는 것이올시다. 그렇기 때문에 만주국 건국 정신을 잘 이해한다면 당연히 이민 통제의 의의와 정신을 아울러 이해하게 될 것이오.[12]

윤상필은 만주국 건국 정신, 즉 오족협화를 강조하였는데 이미 그해 2월 11일 협화회 기구 내에 조선인보도위원회(朝鮮人輔導委員會)를 특설하여 재만 조선인 150만 명은 모두 협화회 중앙본부에 참가하여 국민개로(皆勞) 운동에 관한 간담회를 개최하였다. 당시 참가인은 윤상필을 비롯하여 참의 이범익(李範益), 진학문(秦學文), 김응두(金應斗), 이성재(李性在) 등이었다.[13] 이들의 논리는 국가가 직접 통제해야만 만족할 만한 이주와 생활이 가능하다는 것이었다.

만선척식회사가 성립된 이후 조선인 개척민 신규 입식에 대한 정책은 순조롭게 진행되었다. 일제가 규정한 영농사업으로 조선인 입만 호수를 15년간 15만 호, 75만 명으로 해마다 1만 호, 5만 명씩 수용한다는 계획이었다. 1942년 조선인 정책이민 수는 140,500명이었다. 더 많은 곳에 조선인 개척민을 입식하기 위해서 입식을 지도 장려하는 지역으로 간도와 동변도 23개 현을 지정하였었는데, 1938년 7월 원칙적으로 지역적 제한을 철폐하였다.

---

12 『재만 조선인통신』 27, 1937, 2~3쪽.
13 「조선인보도위원회 협화회 기구에 특설」, 『매일신보』, 1942.2.12.

## 2. 조선인 개척민의 생활 실태

1938년 1월 전라북도에서는 만선척식회사에서 주도한 이민자 모집 호수를 600호로 제한하여 홍보하였지만, 신청자 수가 무려 1,500호에 달했다면서 만주 이민 물결의 적극적인 호응이 있다고 선전하였다.[14] 만척은 이민자들을 선정한 후 강원도 평강군 고삽면 세포리에 본부를 둔 만주 개척지원 훈련소에서 '지방 중견' 인물 21명을 훈련시켰다. 이때 이주한 전북인들을 각 군별로 보면 완주 100호, 진안 80호, 금산 40호, 무주 40호, 장수 50호, 임실 30호, 남원 25호, 순창 25호, 정읍 50호, 고창 25호, 부안 25호, 김제 50호, 옥구 20호, 익산 40호 등 총 600호이다. 이들 가운데 160호는 1938년 3월 13일 간도성 안도현으로 이주했다.[15] 그런데 이들의 생활은 이주한 안도현 정착지에서 큰 화재가 발생하여 초기부터 어려움을 겪었다. 그 상황을 보면 다음과 같다.

> 지난 3월 9일 밤 간도성 명월구 촌락 만주인 가옥에서 발화하여 때마침 강풍에 휩쓸려 집단이민 부락 3백 호를 전소시키고 10일 오전 4시경 겨우 진화되었는데 이 대화에 의한 이재자는 2천 명에 달한다. 그중에는 전북에서 간 이민 170호, 828명도 재해를 입어 전부 선만척식공사에 수용되었다. 다행히 사상자는 없으나 목하 구제에 노력하고

---

14 「만주 이민 모집에 희망자가 속출, 전북도 600명 선정」, 『동아일보』, 1938.1.29.
15 「만주 이민 부대 전북서 160호」, 『매일신보』, 1938.3.15.

있는바 화재 손해는 적어도 50만 원 이상에 달하리라 한다.[16]

간도성 안도현 명월구(明月溝)는 항일 근거지인데, 만주국에서는 '치안 유지' 차원에서 집단부락으로 만들었다.[17] 이주 준비 및 제반 사항이 완전하지 않은 상태에서 이주 조선인들은 고통스러워했지만 만주국 입장에서는 이를 불식시키고 많은 조선인들을 이주시키기 위해 언론을 통해 이주지역의 안정성과 오족협화를 선전했다.[18]

1939년 전체 집단이민은 총 3,000호로 계획되었다. 만주국의 간도성, 봉천성, 길림성, 통화성, 목단강성 5개 성에 집중적인 정착지가 마련될 예정이었다. 이 가운데 전북인들은 안도현에 정착하였다. 모두 591호였다. 안도현에는 이미 전북인들이 정착하고 있던 전북둔, 정읍둔, 장수둔이 있어 이곳에 추가 이주했으며, 새로 익산둔이 신설되어 44호가 정착하였다.[19] 그런데 전라북도인들의 이주지가 연변 지역에만 국한된 것은 아니었다. 전라북도는 선만척식회사와 함께 1940년에 600호의 이주계획을 세워 선견대로 120호를 보내려 했다. 담당 부서인 전라북도 사회과에서는 전북인들을 처음으로 소만(蘇滿) 국경지대인 북안성(北安省) 눈강(嫩江)지구에 입식시키기로 결정하였다. 선만척식은 선발된 '개척민'의 현지

---

16 「간도 명월구 화재, 전북에서 간 이민촌락」, 『동아일보』, 1938.3.13.
17 안도현 명월구는 1938년 9월 창설된 간도특설대의 본부이기도 했다.
18 목단강성 목릉 팔면통로에 이주한 김제 출신 집합개척민 반장 김을석은 전라북도 사회과장에게 감사의 편지를 썼다. 내용은 "오족협화 정신으로 조선 사람들을 잘 대접하여 주고 있으며, 이주민들의 살림살이가 나아지고 있다"라고 하면서 감사를 표하였다. 이처럼 만주국에서는 이주민들에게 환상적인 현실을 심어 주고자 했다(「우리 생활은 행복, 전북 출신 만주 개척민의 편지」, 『매일신보』, 1939.9.4).
19 「만주국 집단이민의 입식할 지역 결정」, 『매일신보』, 1938.12.13.

적응 능력을 향상시키기 위해 한 달간 훈련시키고 이주케 하였다.[20]

조선총독부와 선만척식회사에서 담당하고 있는 전북인들의 만주 입식과 관련하여, 전라북도 내에서 국책사업에 협력해야 한다는 취지하에 1938년부터 전라북도이민협회 설립이 추진되었다.[21] 전라북도의 인구가 1938년 기준 1,502,000여 명으로 인구밀도가 높기 때문에 만주와 북선(北鮮)에 이주시켜야 한다는 논리로 전라북도 차원에서 논의가 진행되었다. 이러한 논의는 2년 뒤인 1940년 7월경에 확정되어 전라북도이민협회가 설립되기에 이르렀다. 이 협회는 인구문제 해결뿐만 아니라 '선만일여(鮮滿一如)' 정책 밑에서 국책적 사명 완수를 목적으로 한다고 내걸었다.[22]

1940년 3월에는 전북 김제군에서만 280호 1,400명이 간도성 왕청현에 입식하였다. 이들은 호남선 임시 열차로 함경선을 경유하여 도가선(圖佳線, 도문-가목사)을 이용하여 왕청현에 도착하였다.[23] 이해 8월에도 전북인들은 북만주 눈강지구에 524호의 잔류 가족 2,600여 명이 이주할 예정이었다.[24] 만선척식주식회사에서는 국내의 각 지역에 초모책을 두었다. 이른바 '관 알선'을 통해 이주했던 전북인들의 정확한 숫자는 아직 파악하지 못하였다.

필자가 인터뷰한 구술자의 고향은 전라북도 전역에 걸쳐 있다. 안도현 송강진 남도둔의 경우 전주, 남원, 진안, 무주 등이며, 북도둔은 완주, 남원이었다. 송강진 송화둔의 경우 고창, 금산이며, 그 밖에 임실, 부안, 익산,

---

20 「명춘 만주 개척민 전북서 600호 선발」, 『매일신보』, 1938.8.21.
21 「전북이민협회 조직 농후」, 『매일신보』, 1938.11.30.
22 「신대륙 개척에 박차 전북이민협회 결성」, 『매일신보』, 1940.7.5.
23 「전북 김제군 내 1,400개척민 발정」, 『동아일보』, 1940.3.21.
24 「만주 개척민 전북서 2,600명」, 『매일신보』, 1940.7.28.

김제, 정읍 등이었다. 구술자 가운데 나이가 가장 많은 사람은 1916년생이며 가장 어린 사람은 1940년생이다.[25]

〈표 9-1〉 전북 출신 만주 이주 1세대 구술자 현황

| 순번 | 이름 | 출생연도 | 출생지 | 이주연도 | 이주지 | 비고 |
|---|---|---|---|---|---|---|
| 1 | 이옥룡 | 1936 | 전주 | 1939 | 안도현 남도둔 | |
| 2 | 유영동 | 1933 | 남원 | 1939 | 안도현 한흥둔 | |
| 3 | 최기홍 | 1921 | 진안 | 1939 | 안도현 남도둔 | |
| 4 | 김기환 | 1928 | 곡성 | 1942 | 안도현 량강구 | 구술자료 정리자(이광평)가 전남 곡성을 전북으로 착각함. |
| 5 | 박복순 | 1930 | 전주 | 1930 | 안도현 무주둔 | |
| 6 | 정주문 | 1934 | 무주 | 1938 | 안도현 무주둔 | |
| 7 | 정해련 | 1927 | 무주 | 1939 | 안도현 남도둔 | |
| 8 | 양재정 | 1934 | 완주 | 1938 | 안도현 북도둔 | |
| 9 | 정다남 | 1929 | 남원 | 1938 | 안도현 북도둔 | |
| 10 | 노병택 | 1935 | 남원 | 1939 | 안도현 흥륭둔 | |
| 11 | 유문근 | | 남원 | | 안도현 북도둔 | |
| 12 | 강룡수 | | 남원 | 1939 | 안도현 한흥둔 | |

---

25 전라북도 출신 이주 1세대의 구술자료를 확보한 것은 쉽지 않은 일이었다. 이미 고인이 된 사람이 대부분이었으며, 한중수교 이후에나 가능한 일이었기 때문이다. 이민사를 규명하는 데 가장 중요한 것은 공식적인 문건의 확보이겠지만 구술자료는 그 이면사를 보완하는 데 아주 귀한 자료이다. 이 구술자료는 대체로 정착 초기 모습과 생활실태, 항일 무장세력과의 관계, 해방 후 귀환 상황 등으로 나누어 볼 수 있다. 먼저 정착 초기의 교통편과 휴대용 물건 등이 자세하게 묘사되어 있다.

| | | | | | | |
|---|---|---|---|---|---|---|
| 13 | 이정순 | 1934 | 고창 | 1938 | 안도현 전북둔 | *구술 원문에는 거창으로 오기 |
| 14 | 현귀동 | 1936 | 금산 | 1938 | 안도현 양초둔 | |
| 15 | 박순희 | 1940 | 금산 | 1938 | 안도현 양초둔 | 구술자 중 나이가 가장 어림 |
| 16 | 강안순 | 1935 | 임실 | 1937 | 안도현 장수둔 | |
| 17 | 박용구 | 1930 | 부안 | 1938 | 안도현 전북둔 | *구술 원문에는 부암으로 오기 |
| 18 | 유영석 | 1924 | 익산 | 1939 | 안도현 강남둔 | |
| 19 | 조점순 | 1933 | 고창 | 1938 | 안도현 강남둔 | |
| 20 | 조복수 | 1936 | 고창 | 1938 | 안도현 강남둔 | |
| 21 | 박연주 | 1933 | 임실 | 1938 | 화룡현 광평둔 | |
| 22 | 김옥자 | 1931 | 김제 | 1937 | 안도현 대흥둔 | |
| 23 | 박차순 | 1927 | 정읍 | 1938 | 안도현 정읍둔 | |
| 24 | 조정숙 | 1928 | 이리 | 1938 | 안도현 전북둔 | |
| 25 | 김양금 | 1916 | 임실 | 1945 | 안도현 전북둔 | 구술자 중 최고령 |
| 26 | 문금순 | 1932 | | | 안도현 전북둔 | |
| 27 | 김양순 | 1928 | 김제 | 1938 | 안도현 무주둔 | |
| 28 | 김산월 | 1935 | 금산 | 1939 | 안도현 안산둔 | |
| 29 | 정금인 | 1931 | 김제 | 1939 | 왕청현 목단지춘 | |
| 30 | 정중원 | | 김제 | 1939 | 왕청현 목단지춘 | |
| 31 | 고을곤 | 1922 | 김제 | 1944 | 왕청현 방초둔 | |
| 32 | 남주일 | 1924 | 충주 | 1939 | 안도현 서남촌 | 충북 출신 |
| 33 | 신현만 | 1933 | 부여 | 1944 | 안도현 강남둔 | 충남 출신 |

출처: 원광대학교 동북아시아인문사회연구소, 2019, 『만주에 이주한 전라북도 사람들의 정착과 귀환』, 22~23쪽.

새로운 곳에 정착한 이주 조선인들의 눈에는 모든 것이 낯설었다. 어쩌면 목숨을 내놓아야 할 상황에 놓이게 될지도 몰랐다. 정착 초기 모습은 1927년생 무주 출신 정해련의 다음 구술에서 잘 나타난다. 토성 쌓기는 초기 이주민들의 정착생활의 고단함과 안정되지 않은 초기 생활을 잘 말해 준다.

> 토성부터 쌓았어. 만척의 사람이 우리 부락에 주둔하고 있으면서 먼저 남녀로소를 동원하여 토성 쌓기부터 하였소. 만척에서는 우리들을 일 시키기 위해 량식도 좀 주고 소도 내주고 손수레도 내주었소. 그런데 이런 모든 것들을 빚으로 매기고 앞으로 갚으라 하지 않겠소? 토성 쌓기를 하기 위해 만척에서는 모든 세대주들더러 부락을 세울 남도둔에 가리고야를 치고 그곳에서 자고 먹게 하면서 밤낮으로 일하게 하였고 여자와 아이들은 북도둔에서 걸어 다니면서 일하게 하였소. 만척에서는 1, 2, 3⋯9반까지 토성 쌓기 임무를 떼어 주었고 어느 반이 먼저 쌓으면 장려를 준다고 하였소. (중략) 토성은 굉장히 컸소. 토성의 동서와 남북의 길이가 약 100미터씩 되고 높이는 약 4미터 되었지. 그리고 토성 동쪽과 북쪽 가운데 큰 대문을 내고 토성 네 귀에 보초막을 만들었소. 우리 8반에서는 남보다 먼저 자기 임무를 끝내고 다른 반을 도와주었다오. 하여 전 부락의 토성 쌓기는 1940년 4월 중순에 완료되었소.[26]

이주자들의 토성 쌓기는 초기 정착하는 데 필수적인 주거 안정이라는

---

26 원광대학교 동북아시아인문사회연구소 편, 2019, 앞의 책, 57~58쪽.

측면에서는 가장 중요한 사업이었다. 위 구술자 정해련의 부친은 토성 쌓기가 완성된 이후 사망하였을 만큼 노동량이 엄청났던 것 같다. 박용구(1930년생)가 전하는 토성 쌓기의 기억은 다음과 같다.

> 우리는 전북둔에 온 다음, 집도 짓고 토성도 쌓았소. 아마 토성 밑 너비가 한 2미터, 토성꼭대기 너비는 한 1미터, 토성 높이가 한 3미터가 될 거요. 그때 어른들은 쪽지게로 떼짱을 날라다 토성을 쌓았소. 그런데 토성을 쌓는데 비적이 들어오지 않았겠소. 그 비적이 바로 김일성 부대인 임참모가 거느리는 항일련군이지. 우리는 림참모를 직접 보았소.[27]

이처럼 토성과 항일연군(비적)의 인연을 기억하는 경우도 있었다. 익산 출신 유영석(1924년생)의 토성 쌓기도 항일연군과 경찰의 기억이 강했다.

> 그리고는 토성 쌓기를 하였소. 비적들이 들어온다고 토성을 쌓는다지. 토성을 3미터 높이로 올려 쌓고 대문은 동쪽 토성 가운데다 하나만 냈으며, 토성의 네 귀에 포대를 짓고 자위단들이 경비를 서게 했어. 우리 형님도 자위단이어서 늘 보초를 섰소. 마을 안에 집을 약 50호를 지었댔소. 그런데 이민들은 오자마자 다른 곳으로 도망은 못 가겠더군. 돈 한푼도 없지. 먹을 것이 없지. 또 만척과 경찰들이 눈에 쌍불을 켜고 감독하거든.[28]

---

27  원광대학교 동북아시아인문사회연구소 편, 2019, 앞의 책, 167쪽.
28  원광대학교 동북아시아인문사회연구소 편, 2019, 위의 책, 189쪽.

이주민들은 토성을 자신들을 방어할 요새 건설의 상징이라고 여겼던 것 같다. 토성보다 더 중요한 것은 자신들이 거주할 주택이었지만 후순위였다. 토성을 쌓은 후 본격적인 집짓기가 시작되었다. 만척에서는 수수나 좁쌀을 배급하였다.[29]

만척에서는 토성을 쌓게 하고 집을 지으면서 밭과 수전을 함께 일구게 했다. 밭은 한족들에게 노임을 주고 일구게 하였으며, 수전은 보뚝(봇둑을 말한다-인용자)을 만들고 물을 끌어 농사를 지었다. 정해련의 구술을 보면 다음과 같다.

> 토성을 다 쌓고 집도 짓고 또 밭농사도 하게 되자 만척에선 세 번째 해엔 논풀기를 하게 했소. 그러자면 보뚝(봇둑)을 만들어 몇천 미터 밖으로부터 강물을 끌어들여야 했다오. 만척에서는 수리 전문 일꾼을 데려다 보뚝자리를 측량했고 반장이 책임지고 일을 하게 했다오. 만약 어느 집에서든지 연고 없이 안 나오면 경찰들이 찾아가 욕설을 퍼붓거나 호되게 때려 주기도 했단 말이오. (중략) 만척에서는 일본에서 수입한 벼종자를 대어 주었다오. 논농사 경험이 있는 남도둔 농민들은 정성을 다해 논농사를 하였다오. 이 부락 사람들은 21세기 들어선 오늘날도 그 논판 이름을 1호논, 2호논 등 그대로 부르고 있소. 만척에서는 첫 2년은 식량을 조금씩 대주고 토지세 등 세금은 안 받았지만 1941년부터 자급자족하라면서 식량을 배급 주지 않았고, 토지세 등 세금으로 논농사 총소출량의 70퍼센트를 무작정 받아갔다오. 그때 농

---

29 滿鮮拓殖株式會社, 『間島省汪淸縣鮮農民入植實施經過狀況』, 29쪽. 안도현 태평둔에 이주한 서완석의 증언에 다르면 좁쌀 가운데 썩은 것도 섞여 있었다고 한다.

사가 아무리 잘되어도 많은 집들에서 배를 곯았는데 흉년만 들면 배고픈 고생을 얼마나 하였던지 말이 아니었다오.[30]

이주민들에게 정착 자금으로 주어야 할 비용은 제대로 전달되지 않은 것 같다. 특히 만주 지역 입주자들은 낯선 환경에서 정착해야 하는 어려움이 있었지만 이를 제대로 반영하였다고 보기는 어렵다. 일제가 자신들을 이용하여 집단이민의 우월성을 선전하였다는 것도 뒤늦게 알았다고 했다.

우리가 왔던 대흥둔 집단이민들에게는 집마다 소 한 마리에 수레 하나씩 주었습니다. 일본 사람들은 민족모순을 만들기 위해서 일본 사람들은 일등 국민이라고 하고 조선 이주민들을 2등 국민이라 하고 한족 등 다른 민족사람들은 3등 국민이라면서 일등 국민에게는 입쌀을 주고 2등 국민에게는 좁쌀을 주고 3등 국민에게는 수수와 옥수수 쌀만 주었습니다. 우리도 처음엔 통옥수수를 먹을 줄 몰라 알을 까서 닦아 먹지 않으면 맨물에 넣고 삶아 먹었습니다. (중략) 그제야 우리 이민들은 만척회사에서 이민들에게 내준 모든 것들을 값을 쳐서 빚으로 매겼고 그 빚을 꼭 받아간다는 걸 알게 되었지. 그러니 이전의 선전은 모두 우리 이민들을 기편하는 새빨간 거짓말이 아니겠소. 우리 이민들은 분통이 터져도 초과 권세를 가진 일본 사람들 앞에서 무슨 시비도리를 따진단 말이요.[31]

---

30  원광대학교 동북아시아인문사회연구소 편, 2019, 앞의 책, 60쪽.
31  원광대학교 동북아시아인문사회연구소 편, 2019, 위의 책, 62~63쪽.

일제가 만주국 성립 이후 추진했던 조선인 집단이민의 실체는 저비용 고효율의 농업생산력 확보였다. 그 중심에는 만척이 있었으며, 조선인들은 지역마다 편차는 있지만 토지에 긴박된 채 대량의 농업생산을 위해 쉬지 않는 '전사'가 되어야만 하였다. 집단부락의 창설을 문화창달의 선전장으로 활용했던 만주국은 구성원의 희생을 바탕으로 전시체제의 농업을 이끌어 갔다.[32]

이주한 조선인들의 휴대품 가운데 대표적인 것들은 맷돌, 함지, 지게, 항아리 등을 들 수 있다. 이주 첫해의 고단한 삶, 즉 배고픔과의 사투를 벌이면서 생존을 이어 갔지만 위생상태는 열악하였다. 남원 출신 정다남(1929년생)의 구술이다.

> 외할아버지는 글을 알아 고향서 선생질을 하였는데 이곳에서 앓아 사망했어요. 약도 못 썼지요. 병원에 가고 약을 사려면 송강에 가야지요. 피찡이라는 병에 걸렸어요. 지금 말하면 이질과 같은 병이지요. 그래서 많이 죽었어요. 한집에서 3~4명씩 죽어 나갔지요. 우리 부락엔 전 가족이 몰살한 집은 없었지만 다른 부락에는 몰살한 집이 있었구요.[33]

남원 출신 노병택(1935년생)의 구술 역시 대동소이하다.

> 물이 아주 나빴습니다. 홍릉의 강물이 시커멓습니다. 그래도 그 물을

---

32 김주용, 2018, 『한국 독립운동과 만주-이주, 저항, 정착의 점이지대』, 경인문화사, 256쪽.
33 원광대학교 동북아시아인문사회연구소 편, 2019, 앞의 책, 124~125쪽.

길어 먹었지요. 그때 100호에 아이들이 상당히 많았댔는데 한 두셋을 내놓고 다 죽었어요. 데리고 온 어린아이들이 전부 다 죽은 거나 마찬가지지요. 그 물 때문에 아이들이고 어른들이고 모두 다 토질병에 걸렸어요. 해방이 되어서도 전염병이 돌아 많이 죽었어요. 한국에서 100호가 왔는데 데리고 온 아이들이 해방될 때까지 살아남은 것이 5명 좌우밖에 안 될거요. 여기에 와서 낳은 아이들도 거진 죽었어요. 모두 몇 달이 지나거나 몇 살씩 먹고는 죽지요. 내 동생도 5살 먹고서 죽었는데요.[34]

이주자들의 위생 실태는 전 연령층이 모두 위험군에 포함되었지만 가장 심각한 것은 어린아이들과 노인이었다. 물과 식량문제로 많은 이주민들은 사선의 경계에 있어야만 했다. 전주 출신 이옥룡(1936년생)의 구술은 다음과 같다.

처음에 적응이 되지 않아 고생이 막심했다오. 마시는 물이 바뀐 데다가 배급 주는 식량도 다 썩은 좁쌀뿐이었으니 모두 다 병이 안 나겠소. 그때 이 부락에는 의사도 없었고 아무런 의료 보장이 없었지. 병이 나면 송강으로 가야 하는데 돈이 있어야 가지. 그래서 어린아이들과 노인님들이 많이 죽었다니깐. 1940년에는 어린아이들이 몰살하다시피 되었소. 새로 낳은 아이들은 모두 죽은 거나 다름없었다오. 조선서 낳아 온 아이들도 많이 죽었소. 그때 사람이 죽으면 돈 있는 집에서는 행두에 메고 내갔고 돈 없는 사람들은 관도 만들기 힘들어 시체를

---

34 원광대학교 동북아시아인문사회연구소 편, 2019, 앞의 책, 132쪽.

돗자리에 들들 감아서 내다가 파묻었소.[35]

많은 이주민들은 '죽지 못해 살았다'고 술회하는 경우가 많았다. 제대로 된 배급도 없는 상태에서 만주 논농사에 전력투구한 이주민들의 삶이 고스란히 녹아 있다. 기아와 질병에서 벗어나지 못한 이주 조선인들은 그 땅에 정착하였고 해방 후 이민가의 형태로 자신들의 처지를 전하고 있었다. '십진가'라는 곡에 맞추어 안도현 남도둔 이민가를 만들었다. 그 노래의 마지막 구절은 고향으로 가는 희망을 품고 있었다.

## 3. '협화'의 허구성: 왕도낙토의 변명

1931년 '만주사변'이 발발하자 중국공산청년단 동만특위는 한중 양국 민중의 연합론을 내세우면서 일제의 대륙 침략정책을 규탄하고 조선인민회, 동척, 금융부의 파괴를 일반 민중들에게 적극 호소하였다.[36] 그만큼 일제의 만주 침략은 한국 독립운동의 투쟁방략과 만주 지역의 정치지형을 바꿔 놓았다. 이러한 가운데 일제는 만주사변으로 인한 이주 조선인 피난민을 수용하고 이들을 관리 감독하여 치안 유지(항일 무장세력 탄압)와 안정적인 식량 확보를 목표로 '안전농촌'을 설치하였다. 특히 일제는 '안전농촌' 설립을 통해 새롭게 건국된 만주국하에서의 치안을 유지하고 나아

---

[35] 원광대학교 동북아시아인문사회연구소 편, 2019, 앞의 책, 38쪽.
[36] 姜德相, 1976, 앞의 책, 127~128쪽.

가 한국 독립운동 세력의 약화를 꾀하였다. '치안 유지'와 '협화'는 만주국의 정체성과도 밀접한 관련이 있다.[37] 다음의 인용문은 일제의 '안전농촌' 설치 목적이 무엇이었는가를 분명하게 보여 준다.

> 지금까지 동변도(東邊道, 西間島 지역)의 치안은 정권의 중심을 벗어나 열악한 산동민의 불통제(不統制)한 이민에 따라 소란스럽고 일본에 대한 불령행위가 많은 불령선인(不逞鮮人)에 의해 사변 후 치안은 조선인 불령인이 좌우하였다.
> 
> 동변도 각 현 거주 조선인은 총 95,704명이며 그 가운데 90퍼센트가 농업에 종사하고 있다. 그리고 이민의 연혁을 보면 동변도는 옛날에 한반도 한민족의 발생지라고 칭하고 있으며 예로부터 약간의 거주가 있었는데 급속하게 증가한 것은 한일병합에 따라 반감을 가지고 또 1919년 만세운동 이후 불평분자 등의 이주 및 이들을 따라 이주한 자들이 있다. 이주 후에는 일본 관헌의 보호감독권 밖에 있고 홍경현(興京縣) 왕청문 또는 유하현 삼원포 등에 근거를 두고 있는 조선독립단의 세력 보호하에 20여 년의 긴 세월을 보냈다. 그 사상은 조선 독립 및 반일감정이 농후하고 다분히 공산주의 사상을 지니고 있다. 만주사변 후 일본군의 세력이 신장되고 만주국 관헌의 친일 태도에 따라 그 단속이 엄중하여 거주 조선인은 대단히 곤란한 입장에 있었다. 작년 여름 양세봉(梁世奉)의 횡사와 함께 소수 불령선인은 공산주의에 경도하는 것 외에 대일만국가(對日滿國家)의 전향 기운이 점차 강하게 나타나고 있다.

---

37 小山貞知, 1941, 『滿洲協和會の發達』, 東亞新書, 16쪽.

유하현 삼원포는 조선 불령자의 소굴로서 작년 여름 특별공작 중심이 되었다. 그 피해가 컸으며 따라서 전향 기운도 특히 높아 이에 조선 농민의 안전농촌을 경영하는 전향자를 보호하고 새로운 국가와 일본 국민의 혜택을 받아 불령선인의 소굴을 위로부터 아래까지 복멸하여 종래 어떠한 국가적 혜택을 받지 못했던 동변도 전 조선인의 전향 귀순을 재촉하여 치안의 근본적 해결을 도모하는 데 일조한다.[38]

만주국은 건국 이후 '치안제일주의'를 표방하면서 한국 독립운동 세력에 대한 강력한 탄압정책을 펼쳤다. 일제는 만주국의 치안이 '오족협화'의 토대로서 작용하기 때문에 강력한 치안 숙정이 필요하다고 판단하였다.[39] 따라서 특히 삼원포처럼 독립운동 세력의 거점이었던 곳의 치안 유지는 '협화'를 구현하는 데 필수조건으로 여겨졌다.

한편 일제는 만주국의 협화가 초기에 이루어지지 않은 원인을 이주 조선인(특히 소작인)과 중국인 간의 갈등에 있다고 보았다.[40] 토지 문제를 둘러싼 민족 간 갈등에 대해 일제는 협화를 저해하는 가장 중요한 요인으로 인식하였으며, 이를 해소하기 위해서는 조직적인 개입과 그것을 미연에 방지할 제도적 장치가 필요하였다. 즉 집단적으로 조선인들을 수용하여 마을을 조직하고 이를 통해서 각 민족 간의 수로 문제나 소작료 문제도 자연스럽게 해결될 수 있으리라고 판단하였던 것이다. 이처럼 일제 당

---

38 「三源浦農場設置方ノ件(機密제198호)」, 『滿蒙各地ニ於ケル鮮人ノ農業關係雜件』 6, 1935.4.16.

39 淺田喬二·小林英夫, 1986, 『日本帝國主義の滿洲支配』, 時潮社, 361~362쪽.

40 「三源浦農場設置方ノ件(機密제198호)」, 『滿蒙各地ニ於ケル鮮人ノ農業關係雜件』 6, 1935.4.16.

국은 '안전농촌'을 설치하여 그동안 지속되어 오던 각 민족 간의 갈등을 해결하고자 하였다. 하지만 '안전농촌' 설치 이후에도 각 민족 간의 갈등은 빈번하게 발생하였다.[41] 일제의 고민이 바로 여기에 있었다. 이러한 인식은 종종 이주 조선인과 만주인 간의 분쟁에서 일본인 관리의 태도를 문제 삼기도 하였다.[42] 즉 일본인 관리가 분쟁 지역을 직접 가서 보지 않고 부하를 시켜서 시찰한 후 분쟁을 해결하기 때문에 조선인 농민과 만주인 지주 간 불신의 골이 깊어졌다고 한다. 일제는 이것이 협화를 해치는 지름길이라고 강조했다.

한편 1934년 11월 결성된 봉천성 일만인관계농사보도위원회(日滿人關係農事輔導委員會)도 같은 맥락에서 이해할 수 있다.[43] 이 위원회는 만주국에서 일본인(이주 조선인 포함)과 중국인 간의 협동을 통해 민족 간 융화를 높이고 나아가 농업경영에도 이를 그대로 적용하여 오족협화의 토대를 마련하고자 하였다. 요컨대 일제가 안전농촌을 설치한 목적 가운데 하나는 만주 지역 치안확보였다. 다시 말하면 치안 유지 없이는 만주국의 건국이념인 협화는 어불성설이라는 것이다. 그만큼 '만주사변' 이후 만주 지역의 항일세력을 탄압하는 데는 일만(日滿)군경의 힘만으로는 부족하

---

41  1935년 4월 하얼빈 지역에서 수백 명의 조선인과 만주족 간의 격투나 수로 문제 분쟁 등이 발생하였고 이에 대한 처리 문제가 대두되었다(「水路開鑿ニ關シ鮮滿人ノ紛爭調停ニ關スル件(機密제845호)」, 『滿蒙各地ニ於ケル鮮人ノ農業關係雜件』 6, 1935.5.20]. 특히 수로를 둘러싼 갈등은 협화를 건국정신으로 내세운 만주국 정부에게는 부담스러울 수밖에 없었다.

42  「鮮滿人ノ水田紛爭ニ對スル日系官吏ノ態度ニ關スル件(機密제254호)」, 『滿蒙各地ニ於ケル鮮人ノ農業關係雜件』 6, 1935.5.22.

43  「奉天省日滿人關係農事輔導委員會」, 『滿蒙各地ニ於ケル鮮人ノ農業關係雜件』 6, 1934.11.

였다. 따라서 '집단수용'이 가능한 안전농촌을 설치하였으며, 민족 간 갈등을 해소할 방안으로, 즉 '오족협화'의 구현이라는 점을 안전농촌의 설치와 연결했던 것이다. 격리가 치안 유지를 가능하게 하며 이것이 협화를 구현하는 정책이라고 만주국은 강조했다. 만주국 입장에서는 안전농촌이 '협화'를 구현하는 데 적합하다고 선전하였고 또 이를 구체화하였다. '협화'는 말 그대로 구성원 간의 '하모니'인데 이주 조선인을 집단적으로 수용하여 다른 민족과 격리하면서 '협화'를 실현한다고 한 것은 만주국에서 주장하는 '협화'가 지닌 허구성을 여실히 보여 주는 것이었다. 또한 일제는 '안전'을 내세워 이주 조선인들을 집단적으로 수용하여 생활향상을 꾀한다고 하였지만, 실질적으로 '안전농촌'의 조선인들은 고율의 세금 등으로 '안전'하지 못한 상태에 있었다.[44]

---

[44] 「재만동포 농촌역방기」, 『朝鮮中央日報』, 1936.8.5.

# 제10장
# 남은 자와
# 떠난 자들의 변주곡

## 1. 토지 점유와 정착: 중국 공민 조선족으로

　해방 이후 만주 지역 동포들의 미귀환 문제는 주로 토지와 관련이 있다. 또 광복 전후 연변 지역에 발생한 전염병도 귀환을 어렵게 했다.[1] 1946년 8월 목단강 등 북만주 지역에서 귀환하기 위해 도문에 집결했던 조선인들이 6만여 명에 달했다. 귀환을 기다리던 조선인들이 도문 지역에서 발생한 콜레라로 300여 명이 희생되었다. 중국에서는 국경을 일시 봉쇄하여 전염병 확대를 근절하고자 했다. 콜레라가 퇴치된 후 중국은 조선인들을 정착시키기 위해 일정한 경비를 주고 분산 배치하였다. 노동력을 활용하기 위해 중국 지방 정부는 조선인들의 귀국에 적극적이지 않았으며, 미귀환자들은 현지에서 토지를 분배받고 정착하여 조선족(중국 공민)으로 살아가게 되었다.

　1945년 8월 제국주의 일본이 패망하면서 만주 지역의 상황은 아주 복잡해졌다. 소련군의 진주로 만주 지역에서 조선인들은 불안할 수밖에 없었다. 이때 만주 지역에는 관내에서 활동했던 조선의용군이 들어와 조선인들을 보호하였다. 1945년 11월 25일 건립된 조선의용군 제3지대는 김택명을 지대장으로, 주덕해를 정위로 두었다. 주로 하얼빈을 중심으로 한 위수 지역을 담당하였으며, 토비 숙청, 토지개혁, 조선 민족 간부 양성 등의 사업을 전개하였다. 이러한 가운데 조선인들은 한반도로 귀환하려는 이들과 그럴 수 없었던 이들로 극명하게 나뉘었다.

---

[1] 김춘선, 2007, 「중국 연변 지역 전염병 확산과 한인의 미귀환」, 『한국근현대사연구』 43.

귀국하지 못하고 하얼빈을 비롯한 대도시에 남는 자들은 생활기초를 현지에서 오랫동안 닦아놓았기 때문에 쉽게 귀환을 결정하지 못했다. 특히 조선에 돌아갈 고향이 없는 사람들, 조선에서 소작농이나 도시 빈민으로 있다가 중국에 왔고 다시 돌아갈 희망이 없는 사람들, 징병으로 일본 관동군에 나간 아들이 해방을 맞아 집으로 돌아오기를 기다리는 사람들, 해방이 되자 자식들이 조선의용군, 동북민주연군에 참가한 혁명군인 가족들, 조선인에게도 토지를 나누어 주었기 때문에 안정된 생활이 보증된 농민들은 그대로 만주에 정착할 수밖에 없었다.

1945년 8월 19일 북만주 주하현이 해방되면서 하동 마을의 조선인들도 새로운 시기를 맞이하였다. 당시 어수선한 상황 속에서 조선인들은 이주와 재이주를 고민하면서 한족의 위협에 대응하기 위해 단체로 활동하였다.[2] 1946년 4월 14일 주하현 정부가 정식으로 성립되면서 하동에도 정부가 성립되어 1948년 2월까지 하동을 남흥, 민주, 대성, 중앙, 진흥, 북흥 6개 촌 관리구로 구분하였다. 정부는 각 구에 촌정부를 설치하였고 안전농촌기에 '계'라고 불렀던 명칭을 '둔'으로 바꿔 부르기 시작하였다.[3] 이때부터 중국 정부에서는 하동 농장에 대한 종자개량 등을 실시하여 우량품종개량지로 지정할 정도였다. 이처럼 하동 농장은 일제강점기를 거쳐 오늘날에도 우리 민족의 정체성을 유지하고 있는 중국 동북지역의 중요한 농업생산기지로 거듭났다.

---

2 현덕희 인터뷰(2008년 12월 7일).
3 한득수, 앞의 책, 19쪽.

## 2. 귀환

중국 정부는 귀환 행정의 규제 방침에 대해 연합군 총사령부의 것을 따르면서 자국 내 조선인 거류 문제 및 재산 문제 등에 관한 각종 법령을 제정하였다. 이를 바탕으로 조선인의 귀환 시스템이 구축되었지만 귀환이 본격적으로 진척되고 중국 내 상황이 급변하면서 중국 정부는 조선인들의 의지와 상관없이 송환을 추진하였다.

1945년 해방 이후 만주와 중국 관내에 거류하고 있는 조선인들의 귀환 문제는 연합국과 중국 국민정부가 풀어야 할 숙제이자 우리에게는 민족적 사명이었다. 해방 전 중국 전역의 거주 조선인들은 최대 230만 명 정도였다고 한다. 조선인들은 복잡한 중국 내 사정 속에서 귀환과 정착을 결정해야만 했다. 국민당 정부는 조선인들을 '한교'로 인정하여 전부 송환한다는 기본 방침을 제정하였다. 이들의 산업과 재산을 '일위유산(日僞遺産)'으로 간주하고 몰수, 차압하여 조선인들의 생활기반을 빼앗아 갔다. 결국 국민당 점령 지역의 대부분 조선인들은 부득이 국내로 귀환하거나 해방구로 이동해 갔다. 반면 공산당은 무상으로 토지를 분배해 당지에 정착할 수 있는 생활기반을 마련해 주었다.[4]

일제가 패망하자 이주 조선인 사회에도 큰 변화가 왔다. 연변 지역 안도현에는 마을마다 거의 절반의 사람들이 귀환하였다. 안도현 남도촌에 살고 있던 정해련(1927년생)의 구술이다.

---

4  김춘선, 2004, 「광복 후 중국 동북지역 한인들의 정착과 국내 귀환」, 『한국근현대사연구』 28.

광복 이듬해에 절반 이상의 부락사람들이 한국으로 되돌아갔소. 나의 형님은 어머니를 설득시켜 고향으로 가자고 했소. 그런데 어머니가 견결히 반대하는 것이 아니겠소. 아버지의 산소가 여기 있는데 어떻게 버리고 가는가. 한치 땅도 없는 고향에 가면 또다시 남의 땅을 부치면서 머슴질을 하지 않는가. 그러니 갈려면 너희들끼리 가거라. 어머님께서 고집하시어 우리들은 그에 순종하는 수밖에 없었소. (중략) 광복이 난다는 소문이 나기 전부터 그때 일본 사람들 앞에서 개질하던 사람들, 돈을 많이 모아 부자가 된 사람들이 슬금슬금 먼저 도망을 갔다오. 광복이 나자 혼란한 판에 우리 마을의 절반 이상 되는 집들에서 고향으로 돌아가거나 더 살기 좋은 곳으로 떠나니 마을에는 47호만 남게 되었소.[5]

귀환과 미귀환의 중요한 선택에서 토지 문제가 가장 중요하였다. 그뿐만 아니라 부부 간에 먼저 사망한 사람의 묘가 있는 경우에도 귀환을 쉽게 결정할 수 없었을 것이다. 땅을 매개로 집단이주했던 사람들은 '토지'가 곧 생명이었을 것이다. 전라북도 완주군 조촌면에서 1934년에 태어나 1938년 어린 나이에 안도현으로 이주했던 양재정은 해방 당시의 상황을 다음과 같이 기억하였다.

심지어 교원들도 도망간 것이 있소. 교원들이야 무슨 죄가 다 있어. 다 도망을 가고 김광호란 허리 굽은 선생 딱 하나만 남았소. 선생들이 7~8명 되었지. 부락장, 자위단 단장 등 사람들은 먼저 싹 도망을 쳤소.

---

5   원광대학교 동북아시아인문사회연구소 편, 2019, 앞의 책, 67~68쪽.

심지어 반장질을 하던 사람들도 다 도망을 쳤소. 반장들도 많이 뜯어 먹었지. 회사에서 배급주는 것도 뜯어 먹고 그러니 도망을 갔지.[6]

반대로 광복이 된 후 북한에서 온 경우도 있었다. 남원 출신 노병택은 북한에서 들어온 사람들을 다음과 같이 기억하였다.

> 갑산지구에서 많이 들어왔어요. 함경북도 등 변경지구에서 많이 왔습니다. 백두산 밑에 길이 있으니까 그길로 많이 들어왔습니다. 한쪽으로는 나가고 한쪽으로는 들어오고, 우리 집단이민을 왔던 사람들은 살지 못하겠다고 나가고 조선 변경지구에서는 여기가 살기 낫다고 들어오고.[7]

정착한 이주 조선인들은 중국의 공민으로 살아갔다. 그들도 1960년대 문화혁명의 소용돌이는 벗어나지 못했다. 1930년 전라북도 부안에서 태어나 1938년 안도현으로 이주했던 박용구는 1960년대를 다음과 같이 기억하였다.

> 1962년도에 연변주공작대가 우리 부락에 와서 호적을 올려주더군. 그러다가 문화대혁명이 터지는 통에 숱한 고생을 했소. 그 무슨 조선특무라고 끌려다니면서 일 년 동안 노동개조를 하였소. 그 무슨 조선서 특무로 파견되어 들어왔다나. 아무리 억울해도 누가 변명을 해주

---

6 원광대학교 동북아시아인문사회연구소 편, 2019, 앞의 책, 120쪽.
7 원광대학교 동북아시아인문사회연구소 편, 2019, 위의 책, 134쪽.

는 사람도 없는데.[8]

만주국 시기에 이주 정착한 조선인들은 현재 '조선족'으로 살아가고 있다. 만주국의 황무지 개척의 주역이었던 조선인들은 1952년 '조선족'으로 중국 공민의 지위를 얻었다. 이처럼 이주 조선인들의 경제적 안정을 주요 목적이라고 선전한 집단이민은 오히려 조선인들을 이용하여 경제적 착취를 제도적으로 마련하는 기초가 되었다.

---

8 원광대학교 동북아시아인문사회연구소 편, 2019, 앞의 책, 171쪽.

# 결론

제국주의 일본은 만주 지역(중국 동북지역)을 침략하는 과정에서 이곳에 거주하는 조선(한국)인을 이용하는 동시에, 그들에 대한 통제와 탄압을 병행하였다. 수많은 독립운동가들이 일찍부터 만주를 중요한 독립운동 근거지로 삼고 무장단체를 조직하여 두만강, 압록강 이남 조선의 식민지 통치 질서에 큰 위협을 주었기 때문이다.

그 가운데 간도 지역의 조선인에 대한 이용과 통제·탄압이 가장 중요하였다. 간도(연변) 지역이 중·조·러 삼국 교계지에 위치해 있고, 일찍부터 만주 지역에서 가장 큰 조선인 집거구를 형성하였고, 또 동북지역에서 가장 큰 독립운동기지였기 때문이다. 일제는 조선인을 보호·취체한다는 구실로 먼저 간도 문제를 조작하고 중국 정부와 '간도협약'을 체결한 후, 용정, 국자가, 두도구, 백초구, 혼춘 등 상부지(商埠地: 개방지)에 영사관 경찰서를 설치하였다. 그 후 일본은 영사관 경찰서를 침략 거점으로 삼고 상부지 밖의 조선인 잡거구역에 부단히 침투하였다. 1915년 중·일 간 만몽조약이 체결되자, 일제는 일방적으로 1910년 경술국치 이후 조선인도 '일본 신민'에 해당한다는 구실로 '만몽조약'의 일본인에 대한 영사재판권이 북간도 지역 조선인에게도 적용된다고 주장하면서 잡거구역의 조선인 관할권을 탈취하기 시작하였다. 일제는 잡거구역에 3개 경찰분서를 설치하였다. 3·1운동 후 일본은 '혼춘사건'을 조작하고 간도 지역에 출병한 기회에 잡거구역에 경찰분서 10개를 증설하고 대량의 경찰 인원을 배치함과 동시에 간도총영사관 경찰부를 설치하였다. 만주사변(9·18사변) 이후에는 독립운동 세력에 대한 감시와 탄압을 강화하기 위해 잡거구에 경찰분서를 증설하였다.

이와 함께 일제는 조선인을 보호·단속한다는 구실로 남·북만 각지의 조선인 거주지에도 영사관 경찰기구를 다수 설치하였다. 러일전쟁 이후 봉천(심양), 안동, 우장(영구), 철령, 장춘 등 만철연선 부근의 조선인 거주지에 영사관 경찰관출장소(파출소)를 설치하였다. 1915년 중·일 간 만몽조약이 체결된 후 일본은 통화, 해룡, 신빈, 도록, 농안 등 조선인이 많은 소도시에 영사분관 경찰서를 설치함과 동시에 그 부근의 조선인 거주지에 십여 개소의 경찰관출장소를 증설하였다. 9·18 만주사변 이후, 일본은 반석, 돈화, 화전 등 조선인 거주지에 영사관 경찰서와 분서를 설치함과 동시에, 해림, 영고탑(영안), 일면파, 아성, 주하 등지를 중심으로 한 북만 각지의 조선인 거주지에도 영사관 경찰기구를 다수 설치하였다.

조선인 거주지의 영사관 경찰기구는 일본인과 조선인에 대한 통제와 탄압을 진행하였다. 일본영사관의 조선인 통제방식은 주로 영사관 경찰이 직접 조선인을 통제하는 방식, 조선인 경찰로 조선인을 다스리는 통제방식, 조선인 친일단체('조선인거류민회','보민회','자위단' 등)로써 조선인을 다스리는(즉 '이한제한') 통제방식 등 세 가지였다. 이런 방식으로 일본은 다방면의 정보를 수집함과 동시에 각 조선인 마을에 대한 감시를 진행하였다. 일본영사관에서는 경찰대를 조직하여 수많은 조선인 항일투사를 체포하였다. 일본은 북간도 지역에서는 다섯 차례의 '간도공산당사건'을 조작하였고 남만 지역에서는 '신빈사건' 등 중대한 체포사건을 조작하였다.

일본영사관 경찰은 또 일본군과 협동하여 동북 각지의 항일유격대에 대한 '토벌'을 진행하였다. 1920년 조선주재군과 연합하여 '경신대학살'을 감행하면서 수많은 조선인을 학살하고 가옥을 불살라 버렸다. 만주사변 후, 북간도 지역에서는 관동군과 연합하여 동만 각지의 반일유격대(동북인민혁명군, 항일연군)에 대한 '대토벌'을 감행하여 반만 항일세력에 중대한 손실을 주었다. 이처럼 일본영사관 경찰은 만주 지역 조선인의 가장 큰 직접 통치자로서 수천 명의 조선인 독립운동가와 일반인을 학살하였다.

일제는 대륙 침략을 위해 이주 조선인을 적극적으로 활용하고, 통제하기 위해 조선인거류민회를 설립하였다. 북간도 지역 조선인거류민회는 1916년 12월 혼춘조선민공회(琿春朝鮮民公會)에서 비롯되어 1931년 9월까지 모두 18개가 설립되었다. 남만 지역 조선인회는 1913년 11월 안동(安東)에서 설립된 조선인조합(朝鮮人組合)에서 비롯되어 1931년 9월까지 모두 16개가 설립되었다. 북만 지역에는 1920년대에 하얼빈을 비롯하여 8개 조선인회가 설립되었으나, 1931년 9월까지 유지된 조선인회는 3개뿐이었다.

조선인민회는 완전히 일본영사관의 지휘와 감독을 받아 움직였다. 일본영사관은 조선인거류민회 회장을 비롯한 임원에 대한 임면권(任免權)을 장악하고, 회원들의 선거권이나 피선거권을 완전히 배제했다. 조선인거류민회의 재정 문제와 제반 의결사항도 반드시 영사관의 인가를 받아 시행하도록 규정했다. 그 결과 조선인거류민회는 일본영사관의 '시정 보조기관(施政補助機關)'으로 전락했다.

북간도 지역 조선인거류민회는 설립 당시 주로 일본 외무성의 보조금에 의존하였지만, 운영 경비는 대체로 회원의 회비에 의존했다. 반면에 남만 지역 조선인회는 절대 부족한 활동경비를 일본 외무성과 조선총독부의 보조금에 의존하여 해결했다.

조선인민회의 활동은 조사·교육·위생·산업·'구제' 사업·직업 알선 등을 중심으로 전개되었다. 일제는 북간도 지역 조선인거류민회 내에 금융부를 설립했다. 금융부는 저리 대출을 미끼로 조선인 사회를 잠식했다. 조선인민회에서 설립 운영한 학교는 주로 조선총독부의 보조금에 의존하고, 조선총독부에서 편찬한 교과서를 사용하여 학생들에게 친일교육을 실시했다. 일본영사관은 조선인민회 관계자들에게 조선과 일본의 교육·위생·산업·금융·교통 시설을 '시찰'하는 '특혜'를 베풀었다. 친일무장단체인 보민회(保民會)와 선민부(鮮民府)는 일본군과 협동작전으로 독립운동을 탄압하는 데 앞장섰다. 이 단체들은 해체된 후 조선인민회로 흡수 통합되면서 양자 사이의 밀접한 상호 관련성을 드러냈다. 조선인민회가 지향하였던 궁극적인 목표는 조선인 사회를 통제하고, 조선인 사회 내부에서 친일 기반을 구축하는 데 있었다.

조선인민회는 재만 조선인 사회의 권익을 대변하는 '자치운동'을 전개하기도 했다. 1923년 2월 북간도 지역에서 전개된 일본 국적 탈적(脫籍)운동과 '자치운동'이 바로 그것이다. 남만 지역에서는 1928년 1월 중국 지방당국의 조선인 구축 정책에 대응하여 '만주조선인대회'를 주도하면서 대책 수립에 앞장섰다. 그러나 이러한 활동은 일제의 침략 이익에 저촉되고, 민족운동 진영에서도 반대하여 소기의 목적을 거둘 수 없었다.

1931년 9월 18일 관동군이 심양에 주둔한 장학량의 북대양을 급습하면서 시작된 '만주사변'은 조선인 이주의 큰 분기점이 되었다. 1932년 '만주국' 성립 이후 조선인들의 이주 양태에도 큰 변화가 있었다. 관동군의 '왕국'이라고 하는 만주국은 일제에 직접 통제를 받으면서도 국제적으로 독립국임을 공포하였다. 만주국 성립 이후 일제에 의하여 '안전농촌(安全農村)', '집단부락(集團部落)' 건설이 본격적으로 시행되면서 북만주와 지금의 내몽고 지역까지 조선인들이 거주하였다. 제국주의 일본은 만주국 성립 이후 필요한 농민을 대규모 이식하기 위해 한반도의 조선인에게 주목했다. 1937년 중일전쟁 이후 일제는 이른바 '개척민'이라는 이름으로 드넓은 만주 지역에 조선인들을 강제 이주시켰다. 안전농촌을 설치하여 조선인의 동요를 막고 안정적인 식량 수급을 계획하였으며, 만주의 드넓은 토지를 개간하기 위해 조선인 농민의 대규모 이주를 추진하였다. 안전농촌의 경영권은 동아권업공사에 있었지만 1938년 만선척식회사에서 인수하였다. 그뿐만 아니라 만선척식회사는 일제와 함께 조선인의 집단이주도 추진하였다. 집단부락 형태로 진행되어 오늘날에도 중국 동북지역 곳곳에서 그 형태를 확인할 수 있다.

일제는 새로운 식민 지배 체제 구축을 위해 조선인민회에 대한 정비를 서둘렀다. 이러한 배경에서 1931년 10월 21일 전만조선인민회연합회가 설립되었다. 1934년 5월 북간도 지역 조선인거류민회까지 합류하면서 명실상부한 전만조선인민회연합회로 탈바꿈했다. 조선인민회는 1934년 75개에서 1935년에는 104개로, 1936년에는 123개로 증가하였다. 1936년 조선인민회에 가입한 회원은 무려 18여만 명에 달하였다. 이는 당시 재만 조선인 총 인구수 90여만 명에 비하면 약 20퍼센트에 달하는 것이었다.

'만주국' 시기 전만조선인민회연합회의 활동을 보면 첫째, 무려 7회에 달하는 총회를 개최하여 조선인민회의 현안을 토론하고, 일제의 식민 지배 체제 구축에 적극 협력하고자 했다. 둘째, 「리튼보고서」를 반대하는 선언서를 발표하는 등 일제의 만주 침략 이익을 대변하고 나섰다. 셋째, 조선인 사회에 대한 통제수단으로 집단부락(集團部落) 건설과 자경단(自警團) 설립을 추진했다. 넷째, 1933년 3월부터 무려 56권에 달하는 연합회 회보를 발행했다. 회보 발행을 통해 재만 조선인의 민족 자주 의식을 말살시키고, 철저한 '일본 신민화'를 도모하고, '만주국'의 건국이념인 '민족협화'를 선전하는 역할을 담당했다. 다섯째, 여러 가지 금융 조직을 설립하여 재만 조선인 사회의 어려운 경제 여건을 개선하는 한편 조선인 사회를 잠식하는 도구로 이용했다. 여섯째, 조선인민회를 통하여 소위 '산업제일주의 운동'을 일으켜 재만 조선인을 '만주국'의 산업노동력으로 동원하는 데 앞장섰다. 일곱째, 친일무장단체로 간도협조회(間島協助會)를 설립하여 반만 항일운동을 탄압하는 데 앞장섰다. 간도협조회는 조직체계에서 조선인민회와 밀접한 연관성을 지니고 있었다.

일제는 1936년 6월과 1937년 11월 두 차례에 걸쳐 '만주국'에서 '치외법권'을 철폐했다. 이를 근거로 일제는 재만 일본인에게는 특례를 적용하여 권익을 보호하는 한편, 재만 조선인의 '치외법권'을 박탈했다. 일제는 재만 조선인을 전시체제에 동원할 목적으로 '치외법권'에 근거를 두고 있던 전만조선인민회연합회와 조선인민회를 '만주제국협화회'에 흡수 통합시켰다. 따라서 재만 조선인은 만주국 내 다른 피지배 민중과 마찬가지로 만주제국협화회라는 거대한 군중동원 조직의 억압과 통제 속에서 일제가 감행하였던 대륙 침략을 위한 '총력전'에 강제동원되었다.

1945년 8월 15일 전쟁이 끝나면서 만주 지역 조선인들은 새로운 국제환경 속에서 또 다른 삶을 선택해야 하는 갈림길에 놓였다. 그 가운데 50퍼센트 정도는 한반도로 귀환하였으며, 나머지는 귀환하지 않고 중국 공민(조선족)으로서 만주에 정착하였다. 남은 자들에게는 여러 사정이 있었지만 가장 중요한 것은 토지였다. 특히 중국공산당의 토지 무상분배 정책은 조선인들에게 귀환을 포기할 만큼의 거부할 수 없는 유혹이었다.

# 부록

# 주요 연표

| 연월일 | 주요 법령 정책 및 주요 사건 |
|---|---|
| 1904.8.31 | 일본 우장(牛莊)영사관 설치 |
| 1906.6.1 | 일본 봉천(奉天)총영사관 설치 |
| 1906.6.6 | 일본 안동(安東)영사관 설치 |
| 1906.8.3 | 일본 철령(鐵嶺)영사관 설치 |
| 1906.11.26 | 일본 남만주철도주식회사(南滿洲鐵道株式會社) 설립 |
| 1906.11.28 | 일본 장춘(長春)영사관 설치 |
| 1907.3.8 | 일본 하얼빈(哈爾賓)총영사관 설치 |
| 1907.3.9 | 일본 길림(吉林)총영사관 설치 |
| 1907.6.15 | 청은 혼춘(琿春)을 일본에 상부지로 개방 |
| 1908.10.10 | 일본 치치하얼(齊齊哈爾)영사관 설치 |
| 1909.9.4 | 청·일 「도문강중한계무조관(中韓圖門江界務條約-간도협약)」 체결 |
| 1909.11.2 | 일본용정촌에 간도총영사관/국자가분관 설치 |
| 1909.11.9 | 일본 두도구(頭道溝)분관 설치 |
| 1910.2.27 | 일본 간도총영사관 백초구(百草溝)출장소 설치 |
| 1910.12.11 | 일본 혼춘분관 설치 |
| 1911.3.3 | 일본 중의원(衆議院) 「간도 영사재판권에 대한 법률안」을 통과 |
| 1913.11 | 안동조선인조합(朝鮮人組合) 설립 |
| 1915.5.25 | 중일 「남만주(南滿洲) 및 동부내몽골(東部內蒙古)에 관한 조약-만몽조약」 체결 |
| 1915.10 | 간도총영사관 백초구출장소가 왕청 백초구 조선인 친목회를 조선인회로 개편 |

| 연월일 | 주요 법령 정책 및 주요 사건 |
|---|---|
| 1916.7 | 일본 간도총영사관 국자가분관은 향도회(鄕徒會)를 친일단체로 개편 |
| 1916.10.4 | 일본은 해룡(海龍)분관 설치 |
| 1916.10.11 | 일본은 도록(掏鹿)분관 설치 |
| 1916.10.16 | 일본은 정가둔(鄭家屯)분관 설치 |
| 1916.12.5 | 혼춘조선민공회(朝鮮民公會) 설립 |
| 1917.2.28 | 일본은 통화(通化)분관 설치 |
| 1917.7 | 봉천거류조선인회 설립 |
| 1917.8.10 | 용정촌조선인거류민회 설립 |
| 1917.10.1 | 두도구조선인거류민회 설립 |
| 1918.10 | 백초구조선인거류민회 설립 |
| 1918.12.10 | 국자가조선인거류민회 설립 |
| 1918.12.27 | 팔도구조선인거류민회 설립 |
| 1919.1 | 남양평조선인거류민회 설립 |
| 1919.2.10 | 장춘조선인회 설립 |
| 1919.2 | 철령조선인농업조합(朝鮮人農業組合) 설립 |
| 1919.12.27 | 길림조선인회 설립 |
| 1919 | 가을 일진회 출신 이인수(李寅秀)·최정규(崔晶圭)·서소석(徐邵晳) 등은 흥경현 신빈보(興京縣新賓堡)에서 보민회(保民會)를 설립 |
| 1920.3.27 | 봉천거류조선인회를 봉천거류조선인협회로 개편 |
| 1920.3 | 해룡현 북산성자진조선인농업조합(北山城子鎭 朝鮮人農業組合) 설립 |
| 1920.4 | 하얼빈조선인회 설립 |
| 1920.5.24 | 도록조선인회 설립 |
| 1920.9 | 수분하조선인회 설립 |

| 연월일 | 주요 법령 정책 및 주요 사건 |
|---|---|
| 1920.10 | 유하현 양자초조선인보민회 설립/소수분조선인회 설립 |
| 1920.11 | 안동조선인조합을 안동조선인회로 개칭/일면파조선인회 설립/횡도하자조선인회 설립 |
| 1920.12 | 유하조선인거류민회 설립 |
| 1921.1.23 | 무순조선인회 설립 |
| 1921.1 | 해림조선인회 설립 |
| 1921.3 | 휘남현조선인농업조합 설립 |
| 1921.4 | 석두하자조선인회 설립 |
| 1921 | 연길현의 동불사·천보산·이도구·의란구, 왕청현의 가야하·양수천자, 혼춘현의 두도구·흑정자, 화룡현의 대랍자·부동·걸만동 등 11개 조선인거류민회가 설립 |
| 1921 | 보민회는 본부를 흥경현에 두고, 흥경·통화·환인·관전·집안·임강·장백·유하 등 8개 지역에 지부회를 설치 |
| 1922.4.1 | 철령조선인농업조합을 철령조선인회로 개편 |
| 1922.6.1 | 일본 만주리영사관 설치 |
| 1922.8.1 | 정가둔조선인회 설립 |
| 1923.3.1 | 해룡조선인회 설립 |
| 1923.8.27 | 간도총영사관 경찰 'CK단 사건' 조작하여 용정의 동흥, 영신 등 중학교 사생 16명 체포 |
| 1923.9.20 | 일본영사관은 보민회를 해체 |
| 1924.2.14 | 영구조선인회 설립 |
| 1924.3.3 | 통화조선인회 설립 |
| 1924.6 | 통의부 의용군은 보민회 회장 최정규를 처단 |
| 1924.9 | 신민부 별동대장 황덕환(黃德煥)은 해림 조선민회장 배두산(裵斗山)을 처단 |

| 연월일 | 주요 법령 정책 및 주요 사건 |
|---|---|
| 1925.5.31 | 「미쓰야협정(三矢協定)」 체결/사평가조선인회 설립 |
| 1926.4 | 안산조선인회 설립 |
| 1927.10.3 | 간도총영사관 경찰 '제1차간도공산당사건' 조작, 29명 체포 |
| 1928.2 | 치치하얼조선인회 설립 |
| 1928.9.2 | 연변 지역 영사관 경찰 '제2차간도공산당사건' 조작, 70여 명 체포 |
| 1928.10 | 통화조선인회 회장 이동성(李東成)의 주도로 독립운동 단체를 탄압하기 위한 선민부(鮮民府) 설립 |
| 1929.2 | 선민부가 명칭을 한교동향회(韓僑同鄕會)로 개칭 |
| 1929.5 | 북간도 지역 18개 조선인거류민회 회장 제5회 정기총회 개최 |
| 1930.4 | 간도총영사관 경찰 '제3차간도공산당사건' 조작, 57명 체포 |
| 1930.6 | 북간도 지역 조선인거류민회 민회장연합회의를 개최 |
| 1931.7.2 | 만보산사건 발생 |
| 1931.9.18 | 일본의 만주 침략 *만주사변 발발. 아시아태평양전쟁 개시 |
| 1931.10.20-21 | 봉천에서 봉천·안동·무순·철령·사평가·장춘·길림·안산·해룡·도록·하얼빈·치치하얼·일면파 등 13개 조선인민회 대표들이 모여 전만조선인민회연합회(全滿朝鮮人民會聯合會) 설립 |
| 1931.11 | 교하조선인민회 설립 |
| 1932.1.25-27 | 봉천에서 제2회(임시) 전만조선인민회연합회 총회 개최 |
| 1932.1 | 대석교조선인민회 설립/반석조선인민회 설립 |
| 1932.3.1 | '만주국' 성립 |
| 1932.4. | 조선총독부에서 안전농촌 설치 방안 마련 |
| 1932.5.25-26 | 봉천에서 제3회 전만조선인민회연합회 총회 개최 |
| 1932.6 | 해림조선인민회 설립 |
| 1932.7.25 | 일본은 '만주국'에서 협화회 설립 |

| 연월일 | 주요 법령 정책 및 주요 사건 |
|---|---|
| 1932.7 | 돈화조선인민회 설립/도뢰소조선인민회 설립/영안조선인민회 설립 |
| 1932.11.26 | 봉천에서 제4회(임시) 전만조선인민회연합회 총회 개최 |
| 1932.12 | 흥경조선인민회 설립 |
| 1932.12.23 | 일본은 하이라얼영사관 설치 |
| 1933.1 | 이수진조선인민회 설립/평양진조선인민회 설립/『전만조선인민회연회 회보』 발행. 1937년 11월까지 총 56호를 발행 |
| 1933.3 | 흑룡강성 하동 안전농촌 설립/본계호조선인민회 설립 |
| 1933.4 | 화전조선인민회 설립 |
| 1933.5.30-6.1 | 봉천에서 제5회 전만조선인민회연합회 총회 개최 |
| 1933.5 | 요녕성 영구 안전농촌 설립/ 태래조선인민회 설립 |
| 1933.7 | 요양조선인민회 설립 |
| 1933.8 | 밀산조선인민회 설립/신안진조선인민회 설립/극산조선인민회 설립/해북진조선인민회 설립/수하조선인민회 설립 |
| 1933.9.21 | 일본은 돈화분관 설치 |
| 1933.9 | 개원조선인민회 설립/목단강조선인민회 설립 |
| 1933.10 | 환인조선인민회 설립/의란조선인민회 설립/아성조선인민회 설립/빈현조선인민회 설립 |
| 1933.11 | 동경성조선인민회 설립/오운조선인민회 설립 |
| 1933.12 | 통하조선인민회 설립/흑하조선인민회 설립/북안진조선인민회 설립 |
| 1934.2 | 가목사조선인민회 설립/방정조선인민회 설립/부금조선인민회 설립/목릉참조선인민회 설립/동녕조선인민회 설립/소수분조선인민회 설립/동흥조선인민회 설립 |
| 1934.3 | 길림조선인민회 소성자지부 설립/반석조선인민회 연통산지부 설립/연수조선인민회 설립/해륜조선인민회 설립/목란조선인민회 설립 |

| 연월일 | 주요 법령 정책 및 주요 사건 |
|---|---|
| 1934.4 | 고유수조선인민회 지부 설립/공주령조선인민회 설립/오상조선인민회 설립/하이라얼조선인민회 설립 |
| 1934.5.21-23 | 신경에서 전만조선인회연합회 제6회 정기총회 개최 |
| 1934.5 | 주하조선인민회 설립 |
| 1934.6 | 요하조선인민회 설립 |
| 1934.7 | 만주국의 정부 체제 변화, 황제 체제(연호 강덕) 구축, 봉천성 일만인(日滿人) 관계농사보도위원회 성립/통료조선인민회 설립/조남조선인민회 설립 |
| 1934.8.10 | 일본은 도문분관 설치 |
| 1934.8.18 | 일본은 수분하영사관 설치 |
| 1934.8 | 동안진조선인민회 설립/소가기조선인민회 설립/호림조선인민회 설립 |
| 1934.9.6 | 일본관동군 헌병사령부 연길헌병대의 외곽조직으로 간도협조회 설립 |
| 1934.9 | 만주리조선인민회 설립 |
| 1934.10 | 보청조선인민회 설립/북만 지역 모아산조선인민회 설립 |
| 1935.4 | 길림성 삼원포 안전농촌 성립 |
| 1935.5.30-6.3 | 신경에서 제7회 전만조선인회연합회 정기총회 개최 |
| 1936.6.18 | 치외법권 철폐 현지 간사회(治外法權撤廢 現地幹事會)는 조선인민회를 협화회에 흡수 통합하는 「처리요강」 제정 |
| 1936.9.5 | 만주제국협화회 신경조선인민회 분회 설립 |
| 1936 | 일본은 협화회를 만주제국협화회로 개칭/영안현 청년의용대 설치 |
| 1937.7.7 | 중일전쟁 발발/ 만주국의 민정부는 민생부로 부서 명칭 변경 |
| 1937.11.5 | 일본은 '만주국'에서 치외법권 철폐 |
| 1938 | 영안현 사란진에 만몽개척청년단 의용대영안훈련소 설치/ 나자구에 200호 집단부락 이주, 지역적 이주 제한 철폐 |
| 1943.8.25 | 경성의전에서는 도문, 나자구 집단부락에 의료 순회 진료반 운영 |

# 주요 법령

⟨용정촌조선인거류민회 규칙⟩

제1조 본회는 용정촌에 재류(在留)한 조선인으로서 조직함.

제2조 본회는 거류민 공동의 이익과 함께 공공의 사무를 심의 처리함.

제3조 본회에 회장 1명, 의원(議員) 8명을 두고, 영사관(領事官)이 이를 지령(指命)함.

제4조 회장과 의원은 명예직으로 하되, 그 임기는 1년으로 함.

제5조 회장과 의원으로 지명된 자는 영사관이 정당하고 인정되는 이유 이외에는 임기 중 사임할 수 없음.

제6조 회장은 본회를 통할(統轄)하여 그 사무를 집행하고, 외부에 대하여 본회를 대표함.

제7조 본회의 회의는 의원 4명 이상이 출석하지 않으면 개회할 수 없음. 의사(議事)에 관하여 출석원(出席員)의 가부가 동수(同數)가 될 경우 회장이 이를 결정함.

제8조 본회의 회의에서 의결한 사항은 영사관의 인가를 얻어 시행함.

제9조 본회는 회무(會務)집행을 위하여 영사관의 인가를 얻어 이사 약간 명을 두되, 그 중 1명은 유급으로 할 수 있음.

제10조 본회는 제2조의 목적을 실행하는데 필요한 경비를 처리하기 위하여 회원으로부터 회비를 징수함.

제11조 본회는 수입 지출을 명료케 하기 위하여 필요한 장부를 준비하고, 다음달 5일까지 그 명세표를 영사관에 제출한 후 본회 회장(會場)

에도 게시함.

제12조 본회는 본 규칙을 실시하기 위하여 별도로 세칙을 의정하고, 영사관(領事官)의 인가를 얻어 시행할 수 있음.

제13조 용정촌 이외에 거주하는 조선인으로 본회에 입회하고자 하는 자는 본회의 인가를 얻어 입회할 수 있음.

**부칙**

제14조 본 규칙은 본회 설립 인가를 받은 날부터 시행함.

(독립기념관 소장, 日本外務省陸海軍省文書 113, 機密 第53號, 「朝鮮人居留民會設立ニ關スル件」, 『在外各地朝鮮人會設立關係雜件』 1, 大正 6년 8월 10일, MT 3.8.2. 306 49~52쪽)

### 〈봉천거류민회 규칙 시행세칙(奉天居留民會規則施行細則)〉

제1조 본회에 아래와 같은 유급 직원을 둔다.

　　　　이사 1명 봉급 150원 이내

　　　　서기 약간명 1명 봉급 60원 이내

제2조 이사는 회장의 지휘를 받아 회무를 관장하고 서기는 이사를 보좌하여 회무에 종사한다.

제3조 이사의 임면은 행정위원회의 결의에 따르기로 한다. 서기의 임면은 행정위원회의 결의를 경과하지 않고 회장이 임명한다.

제4조 행정위원회는 회장이 소집하고 만약 행정위원 5명 이상이 요청할 경우 회장이 소집한다.

제5조 행정위원회에서 의안(議案)은 회장 혹은 행정위원 2명 이상 찬성하였을 경우 이를 제출한다.

제6조 행정위원회에서 의안(議案)은 소집할 당시 회장이 통보한다.
　　　단 특별한 경우는 예외로 한다.

제7조 이사는 의사록을 작성하여 회의 후 3일 내에 출석한 각 행정위원의 조인(調印)을 받아야 한다.

제8조 회계 연도는 1월 1일부터 6월 30일까지를 상반기로 하고, 7월 1일부터 12월 31일까지 하반기로 한다.

제9조 본회의 경비는 경상비·임시비 2종으로 나누고, 경상비는 각 반기간(半期間) 예산으로 임시비는 행정위원의 의결을 거치고 영사관의 인가를 받아야 한다.

(奉天居留民會, 『奉天居留民會三十年史』, 滿洲共同印刷株式會社, 1936, 16~17쪽)


## 〈선만척식주식회사령(鮮滿拓殖株式會社令, 1936年 制令7號)〉

### 제1장 총칙

제1조 선만척식주식회사는 서북선 조선인 이주자를 위해 필요한 척식사업의 경영 및 만주국의 조선인 이주자를 위해 필요한 척식사업에 대해 자금을 공급하는 것을 목적으로 하는 주식회사로 그 본사를 경성에 둔다.

제2조 선만척식주식회사의 자본은 2천만엔으로 하는데, 단 조선총독의 허가를 얻어서 증가할 수 있다.

제3조 선만척식주식회사는 주금(株金) 전액 불입 전에라도 자본을 증가할 수 있다.

제4조 선만척식주식회사의 주권(株券)은 기명식으로 제국신민, 제국법령에 의해 설립된 법인, 만주국인 또는 만주국법령에 의해 설립된 법인에 한해 소유할 수 있다.

제5조 선만척식회사의 존립기간은 설립등기일로부터 30년으로 하는데, 단 조선총독의 허가를 얻어 그 기간을 연장할 수 있다.

**제2장 역원(役員, 임원)**

제6조 선만척식주식회사에는 총재 1인, 이사 3인 이상 및 감사 2인 이상을 둔다.

제7조 총재는 선만척식회사를 대표하여 그 업무를 총리(總理)한다. 총재의 사고가 있을 때에는 정관이 정한 바에 따라 이사 중 1인이 그 직무를 대리하며, 총재가 결원일 때에는 그 직무를 행한다. 이사는 총재를 보조하여 선만척식주식회사의 업무를 분장한다. 감사는 선만척식주식회사의 업무를 감사한다.

제8조 총재는 조선총독이 임명하며, 그 임기는 5년으로 한다. 이사는 50주 이상을 소유한 주주 가운데 주주총회에서 2배의 후보자를 선거하여 조선총독이 그 중에서 임명하는데, 그 임기는 4년으로 한다. 감사는 30주 이상을 소유한 주주 가운데 주주총회에서 그를 선임하며, 그 임기는 2년으로 한다.

제9조 총재 및 이사는 다른 직무 또는 상업에 종사할 수 없는데, 단 조선총독의 허가를 얻었을 때에는 이 제한을 받지 않는다.

## 제3장 영업

제10조 선만척식주식회사는 아래의 업무를 한다.

    1. 서북선 조선인 이주자를 위해 필요한 토지의 취득, 경영 및 처분

    2. 서북선 조선인 이주자를 위해 필요한 자금의 대부(貸付)

    3. 서북선 조선인 이주자를 위해 필요한 건축물의 축조, 매매 및 대차(貸借)

    4. 서북선 조선인 이주자를 위해 필요한 토지의 위탁에 의한 경영 및 관리

    5. 그 외 서북선 이주자를 위해 필요한 사업

    6. 만주국 조선인 이주자를 위해 필요한 척식사업을 운영하는 것을 목적으로 한 회사의 주식 인수 및 사업자금 대부

    전항(前項) 제5호 또는 제6호의 업무를 하려할 때에는 미리 조선총독의 허가를 얻어야 한다.

제11조 전조(前條) 제1항 제1호의 토지의 처분 및 동항(同項) 제2호의 자금 대부의 방법은 조선총독의 허가를 받아야 한다.

제12조 영업상의 여유금은 국채증권,지방채증권 혹은 조선총독의 허가를 얻은 유가증권의 응모,인수 혹은 매입을 하거나 조선총독이 지정한 은행에 예입하는 것 이외에는 사용할 수 없다.

## 제4장 선만척식채권(鮮滿拓殖債券)

제13조

    1. 선만척식주식회사는 불입한 주금액(株金額)의 3배를 한도로 선만척식채권을 발행할 수 있다.

    2. 선만척식채권을 발행하는 경우에는 조선민사령에 의할 것을

정한 상법 제209조에 정한 결의에 의할 것을 요하지 않는다.
3. 사채(社債)를 발행하는 경우에 응모총액이 사채 신청 중에 기재된 사채총액에 달하지 않더라도 사채를 성립시킬 것을 사채신청 중에 기재했을 때는 그 응모를 합해 사채총액으로 한다.

제14조 선만척식채권을 발행하려고 할 때에는 매회 그 금액, 조건 및 발행 및 상환의 방법을 정해 조선총독의 인가를 얻어야 한다.

제15조 선만척식채권은 권면금액 10엔 이상으로 하여 무기명 이찰부(利札附)로 하는데, 단 응모자 또는 소유자의 청구에 따라 기명식으로 할 수 있다.

제16조 권면금액 20엔 이하의 선만척식채권을 발행하는 경우에는 매출의 방법에 의할 수 있는데, 이 경우에는 매출기간을 정할 것을 요한다. 전항의 경우에는 사채신청증을 작성할 것을 요하지 않는다.
제1항의 규정에 의해 발행한 선만척식채권에는 상호 및 조선 민사령에서 의한다고 정한 상법 제173조 제2호 및 제4호 내지 제6호에 든 사항을 기재할 것을 요하며, 조선민사령에서 의거한다고 정한 상법 제204조의 3조 1항의 기간은 선만척식채권의 매상총액 및 조선민사령에서 의거한다고 정한 상법 제173조 제4호 내지 제6호에 든 사항으로 한다. 매출의 방법에 의해 선만척식채권을 발행한 경우, 사채의 등기신청에는 매출기간 내에 선만척식채권의 매상총액을 증(證)한다는 서면을 첨부할 것을 요한다.

제17조 매출의 방법에 의해 선만척식채권을 발행하려고 할 때에는 매출기간 및 조선민사령에서 의거한다고 정한 상법 제203조 제2항 제1호 내지 제3호에 든 사항을 공고해야 한다.

제18조 선만척식채권의 소유자는 선만척식주식회사의 재산에 관해 다른

채권자에게 선달(先達)하여 자기 채권의 변제(辨濟)받을 권리를 갖는다.

제19조 선만척식채권의 소멸시효는 원금에 있어서는 15년, 이자에 있어서는 5년으로 완성된다.

제20조 선만척식주식회사는 사채 차체(借替)를 위해 일시 제13조 제1항의 제한에 의하지 않는 선만척식채권을 발행할 수 있는데, 이 경우에는 발행 후 1일 이내 그 사채총액에 상당하는 구(舊)선만척식채권을 상환해야 한다.

제21조 선만척식주식회사는 조선총독의 인가를 얻어 선만척식채권의 매입상각을 할 수 있다.

제22조 선만척식채권의 모조(模造)에 관해서는 조선형사령에 의할 것을 정한 통화 및 증권모조취체법을 준용한다.

## 제5장 감독

제23조 조선총독은 선만척식주식회사의 업무를 감독한다.

제24조 선만척식주식회사 차입금을 하려 할 때에는 조선총독의 인가를 얻어야 한다.

제25조 정관의 변경, 합병 및 해산의 결의는 조선총독의 인가를 얻지 않는다면 그 효력을 발생시키지 아니한다.

제26조 선만척식주식회사는 조선총독의 인가를 얻지 않는다면 이익금의 처분을 할 수 없다.

제27조 조선총독은 선만척식주식회사의 업무에 관해 감독상 필요한 명령을 할 수 있다.

제28조 조선총독은 선만척식주식회사 감리관을 두고 선만척식주식회사

의 업무를 감시토록 한다.

제29조 선만척식주식회사 감리관은 언제라도 선만척식주식회사의 금고, 장부 및 제반의 문서와 물건을 검사할 수 있다. 선만척식주식회사 감리관은 필요하다고 인정될 때에는 언제라도 선만척식주식회사에 명하여 업무에 관한 제반 계산 및 상황을 보고하도록 할 수 있다. 선만척식주식회사 감리관은 주주총회 외 기타 제반의 회의에 출석하여 의견을 진술할 수 있다.

제30조 조선총독은 선만척식주식회사의 결의 또는 역원의 행위가 법령, 법령에 기초한 처분 또는 정관에 위반되거나 또는 공익을 해한다고 인정될 때에는 그 결의를 취소하거나 또는 역원을 해임할 수 있다.

## 제6장 벌칙

제31조 선만척식주식회사가 아래의 각호 중 하나에 해당할 때에는 총재 또는 총재의 직무를 행하거나 대리하는 이사를 100엔 이상 2,000엔 이하의 과료(過料)에 처하고, 이사의 분장업무에 관계될 때에는 이사를 과료에 처하는 것은 역시 동일하다.

   1. 본령에 의해 허가를 받아야 하는 경우에 있어 그 허가를 받지 않았을 때
   2. 제10조 제1항의 규정에 의하지 않고 업무를 수행했을 때
   3. 제12조의 규정에 위반하여 영업상의 여유금을 사용했을 때
   4. 제13조 제1항의 규정에 위반하여 선만척식채권을 발행했을 때
   5. 제20조의 규정에 위반하여 선만척식채권의 상환을 하지 않았을 때

6. 제27조의 규정에 의해 행한 명령에 위반되었을 때

제32조 선만척식주식회사의 총재 또는 이사가 제10조의 규정에 위반하였을 때에는 20엔 이상 200엔 이하의 과료에 처한다.

제33조 조선민사령에 의할 것을 정한 비송사사건수속법(非訟事事件手續法) 제206조 내지 제208조의 규정은 전(前)2조의 과료로 그것을 준용한다.

**부칙**

제34조 본령의 시행 기일은 조선총독이 정한다[쇼와(昭和) 11년 6월 18일부터 시행].

제35조 조선총독은 설립위원을 임명하여 선만척식주식회사의 설립에 관한 일체의 사무를 처리하도록 한다.

제36조 설립위원은 정관을 작성하여 조선총독의 인가를 얻은 후 주주를 모집해야 한다.

제37조 주식신청증(株式申請證)에는 정관인가(定款認可)의 연월일 및 조선민사령에 의할 것을 정한 상법 제126조 제2항 제2호, 제4호 및 제5호에 규정한 사항을 기재해야 한다.

제38조 설립위원은 주주의 모집을 마쳤을 때에는 주식신청증을 조선총독에게 제출하여 검사를 받아야 한다.

제39조 설립위원은 전조(前條)의 검사를 받은 후 지체없이 각주에 대해 제1회의 납입을 해야 한다. 전항의 납입이 있을 때에는 설립위원은 지체없이 창립총회를 소집해야 한다.

제40조 창립총회가 종결되었을 때에는 설립위원이 그 사무를 선만척식주식회사 총재에게 인도해야 한다.

제41조 설립 초도(初度)의 이사는 50주 이상을 가진 주주 중에서, 설립 초도의 감사는 30주 이상을 가진 주주 가운데 조선총독이 그를 임명하며 임기는 이사 4년, 감사 2년으로 한다.

제42조 조선등록세령(朝鮮登錄稅令) 제3조 제1항 제8호 중 조선식산채권(朝鮮殖産債券)의 하(下)에 급선만척식채권(及鮮滿拓殖債券)을 더한다.

# 참고문헌

## 자료

「間島集團部落建設槪況」,『朝鮮總督府調査月報』1935.3

鎌田澤一郎, 1935,「朝鮮人移民問題重大性」,『朝鮮』237호

高麗書林 編, 1990,『日本外務省特殊調査文書』46, 高麗書林

關東軍參謀部, 1937,『最近に於ける滿洲國の治安』

關東憲兵司令部, 1932,『滿洲共産党の近況』

金三民, 1931,『在滿朝鮮人の窮狀と其の解決策』, 新大陸社

金正柱, 1967,『朝鮮統治史料』8, 原書房

「羅子溝農村問題調査資料進達ノ件(普通제161호)」,『滿蒙各地ニ於ケル鮮人ノ農業關係雜件』6, 1935.3.28.

동아권업주식회사, 1933,『東亞勸業株式會社十年史』

東亞勸業柱式會社, 1935,『營口·河東·鐵嶺·綏化·三源浦 朝鮮人安全農村建設經過竝現狀』

『東亞日報』

滿鮮拓殖株式會社, 1937,『間島省汪淸縣鮮農移民入植實施經過狀況』

「滿洲に安全農村の建設」,『朝鮮及滿洲』, 1935년 7월호

尾池禹一郞, 1927,『滿蒙の米作と移住鮮農問題』

步平等編著, 1987,『東北國際約章匯釋(1689~1919)』, 黑龍江人民出版社

奉天居留民會, 1936,『奉天居留民會三十年史』, 滿洲共同印刷株式會社

山本四郞, 1984,『寺內正毅関係文書』(首相以前), 京都女子大学叢刊 9, 京都女子大学

「三源浦農場設置方ノ件(機密제198호)」,『滿蒙各地ニ於ケル鮮人ノ農業關係雜件』6, 1935.4.16.

「三源浦農場ニ關スル件(機密제399호)」,『滿蒙各地ニ於ケル鮮人ノ農業關係雜件』6, 1935.7.31.

「三源浦集團部落設定計劃ノ件(公文普通제55호)」,『滿蒙各地ニ於ケル鮮人ノ農業關係雜

件』6, 1935.4.13.

上塚司, 1918, 『調査資料 第2輯間島事情』, 滿鐵總務部調査課

石森久彌, 1933, 『對滿朝鮮移民の堅實性』, 朝鮮公論社

「昭和十年度安全農村設立計劃ニ關スル件(普通제451호)」, 『滿蒙各地ニ於ケル鮮人ノ農業關係雜件』6, 1935.

「안전농촌중견청년농민훈련파견소」, 『在滿朝鮮人通信』25호, 1937.4.

「安全農村ニ於ケル公共的事務處理ニ關スル件(公機密 378호)」, 『滿蒙各地ニ於ケル鮮人ノ農業關係雜件』4, 1933.4.26.

聯成, 「延警廳呈報和龍縣境居留民會處所表由」, 1922.1

聯成, 「延警廳呈爲鮮民會可否令其照章具報以便隨時取締請示由」, 1921.12.24

聯成, 「延警廳呈報和龍警察監視和街居留民會開會與日警部長交涉各情由」, 1922.4.3

聯成, 「延警廳呈報和屬范洞鮮民會收賦課金檢送證據請鑒由」, 1922.3.30

聯成, 「延警廳呈報查明琿春鮮民總會收捐各情立送清單請鑒由」, 1922.3.13

聯成, 「延警廳呈報查明琿春鮮民總會收捐各情立送清單請鑒由」, 1922.3.14

聯成, 「延警廳呈報辦理勸散崔允周在普通學校開會案由」, 1922.3.15

營口市檔案館, 1960, 『營口日本人發展史』

「領事館警察勤務規制22條報告ニ關スル件」, 『在支滿本邦警察統計及管內狀況報告雜纂』22, 1933.1.4.

王彥威·王亮輯編, 1987, 『清季外交史料』(四), 書目文獻出版社

王芸生 編著, 2005, 『六十年来中国与日本』5, 三联书店.

牛丸潤亮, 1927, 『最近間島事情』, 朝鮮及朝鮮人社出版

日本外務省 編, 1996~1998, 『外務省警察史』(第4-27卷), 不二出版

中共延邊州委黨史研究室 編, 2000, 『東滿地區革命歷史文獻匯編』

中央檔案館·遼寧省檔案館·吉林省檔案館·黑龍江省檔案館, 1989, 『東北地区革命历史文件汇集』甲18

『재만 조선인통신』

전만조선인민회연합회, 『全滿朝鮮人民會聯合會會報』1~56, 1933.3~1937.11

『朝鮮中央日報』

統監府臨時間島派出所殘務整理所, 1910, 『間嶋産業調査書』

『哈爾濱賓日日新聞』

黑龍江省檔案館 編, 2005, 『東北日本移民檔案』-黑龍江省 1, 廣西師範大學

### 단행본

강동진, 1980, 『日帝의 韓國侵略政策史』, 한길사

강동진, 1985, 『일본근대사』, 한길사

공진항, 1970, 『이상향을 찾아서』, 탁암공진항회수기념사업회

김동화, 1988, 『연변청년운동사』, 연변인민출판사

金三民, 1931, 『在滿朝鮮人の窮狀と其の解決策』, 新大陸社

金成鎬, 1999, 『1930年代 延邊 '民生團'事件 硏究』, 백산자료원

金靜美, 1992, 『中國東北部における抗日朝鮮・中國民衆史序說』, 現代企劃室

김주용, 2008, 『일제의 간도 경제침략과 한인사회』, 선인

김주용, 2018, 『한국 독립운동과 만주-이주, 저항, 정착의 점이지대』, 경인문화사

김준엽・김창순, 1988, 『한국공산주의운동사』 4, 청계연구소

김창남, 2004, 『78년 강서촌력사』, 강서촌촌민위원회(미간행)

김춘선, 2016, 『북간도 한인사회의 형성과 민족운동』, 고려대학교 민족문화연구원

金泰國, 2007, 『東北地區'朝鮮人民會'硏究』, 黑龍江朝鮮民族出版社

東京大學 社會科學硏究所, 1980, 『昭和恐慌』, 東京大學出版會

蘭星會, 1970, 『滿洲國軍』

리혜선, 2009, 『두만강변의 충북마을-정암촌 이주사』, 민족출판사

滿洲移民史硏究會, 1976, 『日本帝國主義の滿洲移民』, 龍溪書舍

民族問題硏究所 編, 2000, 『日帝下戰時體制期政策史料叢書』 1, 韓國學術情報株式會社

박경식, 1986, 『日本帝國主義의 朝鮮支配』, 청아출판사

박영석, 1978, 『만보산사건 연구』, 아세아문화사

常成等, 1986, 『現代東北史』, 黑龍江敎育出版社

서중석, 2001, 『신흥무관학교와 망명자들』, 역사비평사

小林英夫, 1996, 『滿鐵「知の集團」の誕生と死』, 吉川弘文館

小林英夫 編, 2000, 『近代日本と滿鐵』, 吉川弘文館

小山貞知, 1941, 『滿洲協和會の發達』, 東亞新書

孫邦, 1991, 『9.18事變資料匯編』, 吉林文史出版社

손춘일, 2001, 『해방전 동북조선족 토지관계사 연구(하)』, 길림인민출판사

孫春日, 2003, 『滿洲國 時期 朝鮮開拓民研究』, 延邊大學出版社

歷史學會編, 1984, 『日本의 侵略政策史研究』, 一潮閣

연수현민족종교사무국, 2005, 『연수현조선족100년사』

와다 하루끼, 1992, 『김일성과 만주항일전쟁』, 창작과 비평사

원광대학교 동북아시아인문사회연구소, 2019, 『만주에 이주한 전라북도 사람들의 정착과 귀환』, 경인문화사

윤휘탁, 1996, 『일제하 만주국 연구: 항일무장투쟁과 치안 숙정공작』, 일조각

李盛煥, 1991, 『近代東アジアンの政治力學間島をめぐる日中朝關係の史的展開』, 錦正社

李鴻文, 1995, 『30年代朝鮮共産主義者在中國東北』, 東北師大學出版社

李洪錫, 2008, 『日本駐東北地區領事館警察機構研究』, 延邊大學出版社

李勳求, 1932, 『滿洲와 朝鮮人』, 平壤崇實專門學校 經濟研究室

임종국, 1982, 『일본침략과 친일파』, 청사

荻野富士夫, 2005, 『外務省警察史』, 校倉書房

淺田喬二·小林英夫, 1986, 『日本帝國主義の滿洲支配』, 時潮社

塚瀨進, 1998, 『滿洲國-民族協和の實像』, 吉川弘文館

최석준, 2007, 『하마탕촌 발자취』, 하마탕촌민위원회

한국독립유공자협회 엮음, 1997, 『中國東北地域 韓國獨立運動史』, 集文堂

한득수, 『하동조선족60년변천실기』(미간행)

한석정, 1999, 『만주국 건국의 재해석: 괴뢰국의 국가효과, 1932~1936』, 동아대학교출판부

**연구논문**

姜昌錫, 1987, 「統監府의 間島政策 研究」, 『東義史學』 3

高興民·李鐘官, 1987, 「日本駐間島總領事館所屬機構及沿革概述」, 『中國朝鮮族歷史研究論叢』 1, 연변대학출판사

谷川雄一郎, 2001, 「'間島協約'締結過程の再檢討」, 『文學研究論集』 14

權九熏, 1992, 「日帝의 統監府間島派出所 設置와 性格」, 『한국독립운동사연구』 6

權立, 1990, 「光復以前 中國居住 韓民族의 法的 地位에 대하여」, 『산운사학』 4

김기훈, 2011, 「만주국 시기 조선인 이민담론의 시론적 고찰-조선일보 사설을 중심으로-」, 『동북아역사논총』 31

金周溶, 1996, 「1910년대 北間島 韓人의 法的地位土地所有權과 裁判權을 중심으로」, 『東國史學』 30

金周溶, 2000, 「日帝의 間島 金融政策에 관한 연구1910년대 間島救濟會를 중심으로」, 『한국민족운동사연구』 24

金周溶, 2001, 「1920년대 간도지역 朝鮮人民會 金融部 연구한인사회에 대한 통제를 중심으로」, 『史學研究』 62

김주용, 2009, 「만주 '하동안전농촌'의 설치와 운영」, 『백산학보』 84

김주용, 2020, 「만주국 시기 조선인 개척민 이주 설계자 윤상필의 생애와 활동」, 『동국사학』 69

김춘선, 1998, 「北間島地域 韓人社會의 形成과 土地所有權 問題」, 『全州史學』 6

김춘선, 1998, 「조선후기 한인의 만주로의 '犯越'과 정착과정」, 『白山學報』 51

김춘선, 2000, 「庚申慘變 연구한인사회와 관련지어」, 『韓國史研究』 111

김춘선, 2007, 「중국 연변 지역 전염병 확산과 한인의 미귀환」, 『한국근현대사연구』 43

김태국, 2000, 「북간도 지역 조선인거류민회(1917~1929)의 설립과 조직」, 『역사문제연구』 4

김태국, 2000, 「청산리전쟁 전후 북간도 지역 일본영사관의 동향과 그 성격」, 『韓國史研究』 111

김태국, 2001, 「남만 지역 조선인회(1913~1931)의 설립과 변천」, 『한국근현대사연구』 17

박영석, 1995, 「日本帝國主義下 在滿韓人의 法的 地位에 관한 諸問題1931년 滿洲事變 이전을 중심으로」, 『한국민족운동사연구』 11

朴永錫, 1995, 「張學良 中國東北軍閥政權의 對韓人政策 특히 吉林省을 중심으로」, 『韓國近現代史論叢』, 吳世昌教授華甲紀念論叢刊行委員會

朴昌昱, 1987, 「試論朝鮮族의 遷及 歷史上限問題」, 『朝鮮族研究論叢』 1, 延邊大學出版社

朴昌昱, 1996, 「19世紀 80~20世紀初 《間島》와 中國朝鮮族 問題에 對한 中韓兩國間의 爭端」, 『東北亞研究』 961, 朝鮮大學校 東北亞問題研究所

副島昭一, 1993, 「「滿洲國」統治と治外法權撤廢」, 『滿洲國의 研究』, 京都大學人文科學研究所

孫春日, 1997, 「在滿韓人의 國籍問題와 土地所有權 關係土地商租權을 중심으로」, 『한국민

족운동사연구』 17

孫春日, 1997, 「滿洲國 성립 후 土地商租權문제와 在滿韓人에 대한 土地政策(1932~1937)」, 『아시아문화』 13, 翰林大學校 아시아文化硏究所

孫春日, 1998, 「滿洲事變前 東亞勸業株式會社의 土地占有形態와 在滿韓人에 대한 中國當局의 土地政策」, 『白山學報』 51

申奎燮, 1993, 「日本の間島政策と朝鮮人社會1920年代前半までの懷柔政策を中心として」, 『朝鮮史研究會論文集』 31

申奎燮, 1997, 「初期'滿洲國'における朝鮮人統合政策全滿朝鮮人民會連合會の分析を中心に一」, 『日本植民地研究』 9

申奎燮, 2004, 「'만주국'의 협화회와 재만 조선인」, 『만주연구』 1

申奎燮, 2005, 「일제의 친일세력육성정책과 재만 조선인-1910년대와 20년대 회유정책을 중심으로-」, 『史林』 24

어윤원, 1984, 「간도일본총령사관」, 「연변문사자료』 2, 연변인민출판사

오병한, 2020, 「1920년대 서간도 지역 친일단체의 활동과 동향 -安東朝鮮人會와 滿洲保民會를 중심으로-」, 『한국독립운동사연구』 69, 한국독립운동사연구소

吳世昌, 1970, 「在滿韓人의 社會的 實態」, 『白山學報』 9

吳世昌, 1979, 「在滿朝鮮人民會研究」, 『白山學報』 25

유필규, 2008, 「1930년대 연변지역 韓人 '集團部落'의 설치와 통제적 생활상」, 『한국독립운동사연구』 30, 독립기념관 한국독립운동연구소

유필규, 2015, 「만주국시기 한인의 강제이주와 집단부락」, 국민대학교 국사학과 박사학위논문.

柳弼奎, 2016, 「1930년대 중후반 일제의 '만주개척민' 정책에 대한 친일 재만한인의 선전」, 『韓國學論叢』 45

尹輝鐸, 1995, 「'滿洲國'時期 日帝의 對民支配의 實相保甲制度와 關聯하여」, 『東亞研究』 30, 서강대학교 동아연구소

尹輝鐸, 2000, 「'滿洲國'의 '民族協和'運動과 朝鮮人」, 『한국민족운동사연구』 26

李盛煥, 1992, 「原敬내각과 間島문제琿春事件을 전후한 일본의 間島정책」, 『平和統一研究』 9, 대구대학교 평화통일연구소

이홍석, 2005, 「만주 지역에서 일제의 '以韓治韓' 통치방식 연구」, 『한국민족운동사연구』 42

任城模, 1993,「滿洲國協和會의 對民支配政策과 그 實態'東邊道治本工作'과 관련하여」, 『東洋史學硏究』 42

任城模, 1996,「만주국협화회: 만주국 분단지배와 국민동원의 견인차」, 『민족문제연구』 13

任城模, 2001「일본제국주의와 만주국: 지배와 저항의 틈새」, 『한국민족운동사연구』 27

林永西, 1993,「191020년대 間島韓人에 대한 중국의 政策과 民會」, 『韓國學報』 73

田中隆一, 2001,「朝鮮における'在滿朝鮮人'問題」, 『東洋文化研究』 3, 學習院大學東洋文化研究所

井上學, 1973,「日本帝國主義と間島問題」, 『朝鮮史研究會論文集』 10

조동걸, 1998,「1920년 간도(경신)참변의 실상」, 『역사비평』 겨울호

崔峰龍, 2005,「滿洲保民會의 活動과 그 性格-滿洲에서의 濟愚敎를 中心으로-」, 『한국민족운동사연구』 43

秋憲樹, 1969,「1920년대 재만 한인에 대한 중일의 정책」, 『3·1운동 50주년 기념논집』, 동아일보사

韓相禱, 1993,「日帝下 在中韓人獨立運動의 國際的 背景中國軍閥政權 및 國民黨政府와의 관계를 중심으로」, 『건대사학』 8

현은주, 1999,「1930년대의 만주이민에 대하여-영구안전농촌을 중심으로-」, 『백산학보』 53

홍종필, 1995,「'滿洲事變'이후 朝鮮總督府가 間島地方에 건설한 朝鮮人 集團部落에 대하여」, 『明知史論』 7

黃敏湖, 1995,「1920년대 후반 在滿韓人에 대한 中國當局의 政策과 韓人社會의 對應」, 『韓國史研究』 90

黃敏湖, 2008,「滿洲地域 親日言論 '在滿朝鮮人通信'의 發行과 思想統制의 傾向」, 『韓日民族問題研究』 제10호

# 찾아보기

CK단 사건 320

## ㄱ

가마다 사와이치로(鎌田澤一郎) 429
가미노미야 다다시로(神宮忠三郎) 390
가야하조선인거류민회 117
가와시마 준키치(川島順吉) 340
간도 조선공산당 사건 30
간도구제회(間島救濟會) 117
간도용정촌구제회(間島龍井村救濟會) 52
간도총영사관 206, 212, 250, 261, 288, 292~296, 304, 307, 312, 315, 329, 330
간도협약 17, 36, 207, 302
간도혼춘민회연합회 138
간민교육회(墾民敎育會) 58, 59
강덕(康德) 143
강룡전 424
강룡팔 424
강만석(姜萬錫) 326
강부달(康富達) 99
강석준(姜錫俊) 327
강수석 424
강순녀 424
개원(開原) 40
걸만동조선인거류민회 113
경박학원 421
경박호(鏡泊湖)전투 151

경신참변 30, 66, 96, 117, 123, 304
경의선(京義線) 40
경학사(耕學社) 63
고가사하라 세이케이(小笠原盛惠) 340
고견성(高見成) 413
고승제(高承濟) 23
고쿠라 다쿠지(小倉鐸二) 246
고토 신페이(後藤新平) 247
고형진(高亨鎭) 99
공리회(共理會) 63
공진항 437
관동도독부(關東都督府) 61
국민부 338
귀화한족동향회(歸化韓族同鄕會) 126
금융부 117
길림변무공서(吉林邊務公署) 46
길림자위군(吉林自衛軍) 135
길림총영사관 147, 237, 258
김관웅(金寬雄) 338
김동호(金東浩) 257
김룡각(金龍珏) 99
김명여(金鳴汝) 98
김병식(金秉湜) 98
김병태(金秉泰) 439
김보안(金輔安) 339
김봉준(金奉俊) 335
김부관 424

김석천(金石泉) 337
김성도(金成道) 408
김성린(金聖麟) 98
김세익(金世益) 98
김영호(金英鎬) 326
김원호(金元鎬) 250
김응두(金應斗) 440
김인술(金仁述) 390
김재정(金在晶) 390
김재필(金梓弼) 257, 258
김준달 424
김창률(金昌律) 98
김철산(金鐵山) 326
김철진(金哲鎭) 407
김충진(金忠鎭) 407
김택명 458
김하청(金河淸) 98
김호찬(金虎贊) 99

ㄴ

나가이 기요(永井淸) 265
나경석(羅景錫) 127
나카무라 대위 사건(中村大尉事件) 134
남만주철도주식회사(南滿洲鐵道株式會) 61
노병택 462
농무계 361, 362
농무계연합회(農務契聯合會) 390
니시자와 요시초우(西澤義徵) 214

ㄷ

다시로 시게노리(田代重德) 237
당취오(唐聚五) 135

대전자령(大甸子嶺)전투 151
대한민국임시정부 육군주만참의부 92
대한의군부 92
대한통군부 92
데라우치 마사타케(寺內正毅) 210, 272
도문강중한계무조관(圖們江中韓界務條約) 48, 49, 57, 66, 81
도문영사관 156
돈화(敦化) 40
동경성(東京城)전투 151
동남로병비도(東南路兵備道) 54
동녕현(東寧縣) 42, 43
동녕현성(東寧縣城)전투 151
동명학교 372
동북민주연군 459
동북인민혁명군(東北人民革命軍) 136
동북항일연군(東北抗日聯軍) 136
동빈현(同賓縣) 43
동아권업공사(東亞勸業公司) 176, 362, 364, 371
동아권업주식회사(東亞勸業株式會社) 434
동아권업회사 177
동양학원(東洋學院) 257
동장영(董長榮) 406
동풍(東豊) 40

ㄹ

리튼보고서 172, 192

ㅁ

마점산(馬占山) 151
만몽5안건(滿蒙五案件) 48

만몽조약(滿蒙條約) 57, 66
만보산사건(萬寶山事件) 22~27, 134, 359
만선척식주식회사 423, 435
만선척식회사 434, 436, 441
만주국 건국공로장(滿洲國 建國功勞章) 98
만주권농사(滿洲勸農社) 162
만주리(滿州里)영사관 148
만주리조선인민회 148
만주사변 30, 235, 307, 312, 354, 355
만주입통제부(滿洲入統制部) 176
만주제국협화회(滿洲帝國協和會) 172, 186, 189, 190, 193
만주조선인대회(滿洲朝鮮人大會) 125, 127, 128
만주척식주식회사(滿洲拓殖株式會社) 24
만주협약 17
만주호(滿洲號) 171
목릉현(穆棱縣) 42, 43
무순(撫順) 40
무양(武陽) 337
무토 노부요시(武藤信義) 334
문봉조(文鳳朝) 98, 99
미쓰야협정(三矢協定) 60, 126
민병규 403
민생단(民生團) 138
민회금융부(民會金融部) 29
밀산현(密山縣) 43

ㅂ

박경주(朴京周) 98
박길(朴吉) 408
박동근(朴東根) 408
박동진(朴東震) 98
박봉한(朴鳳漢) 99
박석윤(朴錫胤) 138
박순(朴淳) 98
박승벽(朴承壁) 98
박용구 447, 462
박윤택(朴允澤) 99
박응섭(朴樸燮) 337
박인순(朴仁淳) 256
박재숙(朴在肅) 99
박제봉(朴濟鳳) 99
박준병(朴準秉) 99
반석(磐石) 40
배두산(裵斗山) 97
백초구조선인거류민회 117
보민회(保民會) 91, 93, 272
봉금정책(封禁政策) 36
봉천(奉天) 40
봉천거류조선인협회(奉天居留朝鮮人協會) 90, 475
봉천거류조선인회 90
봉천상부회(奉天相扶會) 127
봉천조선인대회(奉天朝鮮人大會) 127
봉천조선인협회 122
봉천총영사관 86, 90, 123, 153, 332, 373
봉천총영사관 경찰서 228
부금현(富錦縣) 43
부민단(扶民團) 63
부여(扶餘)학교 121
부의(溥儀) 141
북간도조선인거류민회 72, 80, 98, 100, 129, 130, 144
북산성자진조선인농업조합(北山城子鎭朝鮮人農業組合) 92

빈강현(濱江縣) 43

## ㅅ

사도하자(四道河子)전투 151
사이토 스에지로(齋藤季治郞) 17
사카이 요사키치(堺與三吉) 221
사토 나가고(佐藤長五) 341
사평가조선인회 111
삼원포 안전농촌 375~379
서상무(徐相懋) 39
서세명(徐世明) 338
서안(西安) 40
서풍(西豊) 40
선견대(先遣隊) 414
선만척식주식회사(鮮滿拓殖株式會社) 22, 24, 422, 482~488
선만척식회사 432, 442~434
선민부(鮮民府) 91
성세경(成世慶) 99
쇼지 한산로(小路半三郞) 256
수분하영사관 156
스즈키 요타로(鈴木要太郞) 210
시노다 지사쿠(篠田治策) 210, 272
시데하라 기주로(幣原喜重郞) 215, 354
시세영(柴世榮) 135
신경총영사관 147
신민둔(新民屯)분관 경찰서 228
신민부(新民府) 40, 91, 97, 229, 269, 424
신민현조선인주민회(新民縣朝鮮人住民會) 127
신영우 437
신해혁명(辛亥革命) 59
신현묵(申鉉黙) 98

신흥무관학교 372, 373
심여추(沈茹秋) 318, 319
쌍성현(雙城縣) 43

## ㅇ

아모우 에이지(天羽英二) 274
아이바 기요시(相場淸) 312
아쿠다가와 초우지(芥川長治) 317
안경순 424
안기성 325
안동영사관 87
안동영사관 경찰 228
안동조선인민회 155
안동조선인조합 87, 88, 89
안동조선인회 111
안전농촌(安全農村) 20, 28~30, 280, 355~365
안창호(安昌鎬) 257
애혼조약(璦琿條約) 44
액목(額穆) 40
야다 시치타로(矢田七太郞) 232
야마다 데이이치(山田悌一) 421
야마우치 시로(山內四郞) 232
야마카와 니시히라(山川西平) 340
야회(夜廻) 198
양세봉(梁世鳳) 135, 350, 356, 337
양자초조선인보민회(樣子哨朝鮮人保民會) 92
양재옥(梁載沃) 99
양창기(梁昌基) 336
연길청(延吉廳) 45
영구 안전농촌 364~371
영구고려청년회(營口高麗靑年會) 127

영안현 청년의용대 420
영안현(寧安縣) 42, 43
오의성(吳義成) 135, 430, 431
오인묵(吳仁默) 257
오족협화 397, 442, 454
오춘성(吳春成) 335
오카다 가네카즈(岡田兼一) 222, 261
왕덕림(王德林) 135, 278, 307, 342
요녕민중자위군(遼寧民衆自衛軍) 135
요시자와 겐키치(芳澤謙吉) 249
요양영사관 경찰서 228
용정조선인거류민회 68, 72, 76, 138
용정촌구제회(龍井村救濟會) 117
용정촌조선인거류민회 100~102, 115, 117
우장영사관 234
우장영사관 경찰서 228
우치다 고사이(內田康哉) 220
원세개(袁世凱) 59
월강죄(越江罪) 38
유아사 구라헤이(湯淺倉平) 83
유영석 447
유태순(俞泰順) 327
유하조선인거류민회 92
유홍순(劉鴻洵) 439
육영학교(育英學校) 121
윤복송(尹福松) 327
윤상필 397, 398, 438, 439, 440
윤태동(尹泰東) 439
윤학동(尹學東) 99
의군부(義軍府) 91
의란현(依蘭縣) 43
이경재(李庚在) 138
이규성(李奎星) 339

이도화 402
이동선(李東鮮) 327
이동성(李東成) 99
이동화(李東和) 390
이두(李杜) 135
이민실변(移民實邊) 36, 44, 45, 47, 59
이범익(李範益) 440
이상현(李尙賢) 99
이성재(李性在) 440
이수계(李樹桂) 355
이영근(李永根) 98
이오익(李五翼) 257, 258
이옥룡 451
이원순 402
이인우(李人雨) 335
이정만(李正萬) 326
이종갑(李鍾甲) 390
이종건(李鍾乾) 339
이주인 히코키치(伊集院彦吉) 204, 247
이주화(李周和) 325
이진무(李振武) 339
이진탁(李辰卓) 135
이택희(李澤禧) 99
이토 히로부미(伊藤博文) 17
이학만(李學萬) 337
이호원(李浩源) 339
이효원(李孝源) 338
이훈구(李勳求) 23
일만인관계농사보도위원회(日滿人關係農
   事輔導委員會) 455
일청통상항해조약 199
임윤기(林允基) 326
임한룡(林漢龍) 99

찾아보기 501

## ㅈ

자작농창정(自作農創定) 170, 362, 415
장개석(蔣介石) 134
장석주(張錫周) 99
장세용(張世涌) 339
장우근(張宇根) 99, 121
장작림(張作霖) 59
장주련(張周璉) 327
장춘영사관 230
장춘영사관 경찰서 228
장춘조선인회 111
장학량 134, 354, 355, 384
재만조선인각지대표연합대회(在滿朝鮮人各地代表聯合大會) 127
전만 조선인 중등학교 창립기성회(全滿朝鮮人中等學校創立期成會) 185
전만미곡동업조합(全滿米穀同業組合) 176
전만조선인민회연합회(全滿朝鮮人民會聯合會) 135, 137, 139, 144, 145, 152, 157~160, 174, 189~193
전운학(田雲鶴) 338, 339
전춘옥(田春玉) 328
정두용 399
정성희(鄭成禧) 335
정의부(正義府) 91, 128
정재윤(鄭在潤) 324
정철산(鄭哲山) 337
정초(丁超) 135
정해련 446
정황극(鄭黃極) 250
제1차 간도공산당사건 325
제2차 간도공산당사건 327
제3차 간도공산당사건 328
제4차 간도공산당사건 330
제5차 간도공산당사건 331
조선시찰단(朝鮮視察團) 123, 124
조선의용군 458, 459
조선인거류민회 18, 272
조선인민회 29, 30, 57, 61, 67
조선인보도위원회(朝鮮人輔導委員會) 440
조선혁명군(朝鮮革命軍) 135, 147, 349, 356
조선혁명당 338
조정래(趙廷來) 99
조철구(趙鐵九) 335
주덕해 458
중국공산당 만주성위원회(滿洲省委員會) 135
중국구국군(中國救國軍) 135
지청천 356
진학문(秦學文) 440
집단부락(集團部落) 20, 30, 162, 163, 280, 429

## ㅊ

차용육(車用陸) 338
참의부(參議府) 91
천진조약(天津條約) 62
철령(鐵嶺) 40
철령보통학교 122
철령영사관 230
철령영사관 경찰서 228
철령조선인회 112, 121, 127
청년의용훈련소 419
청소년의용대 419
청하서당(淸河書堂) 121
최명집(崔鳴集) 98

최병(崔炳) 336
최병모(崔炳模) 338
최석봉(崔碩鳳) 337
최원택(崔元澤) 325
최윤주(崔允周) 98, 138
최응남(崔應南) 256
최일봉(崔一鳳) 337
최정규(崔晶圭) 93
최종학(崔鐘學) 337
최종호(崔鐘鎬) 326
최창락(崔昌洛) 257
최창호(崔昌浩) 124
최천약(崔天若) 98
치발역복(薙髮易服) 45
치안 숙정(治安肅靜) 28
치외법권철폐현지간사회(治外法權撤廢現地幹事會) 190
치치하얼영사관 95
치치하얼영사관 경찰서 228
치치하얼조선인회 97

## ㅌ

통감부간도임시파출소 46, 50
통군부(統軍府) 91
통의부(統義府) 91, 92
통화보통학교 122
통화영사분관 123
통화조선인민회 179

## ㅎ

하동 안전농촌 383~389, 394, 395, 416
하마구치 오사치(濱口雄幸) 354
하세가와 기요시(長谷川淸) 321

하얼빈총영사관 95, 148, 152, 165, 250, 288, 380
하얼빈총영사관 경찰서 228
하이라얼조선인민회 148
하치야 데루오(蜂谷輝雄) 237
한교구축문제대책강구회(韓僑驅逐問題對策講究會) 126
한국독립군(韓國獨立軍) 135, 356
한성(韓星) 327
한수극(韓水極) 335
한영애(韓英愛) 335
한족문제연합강구회(韓族問題聯合講究會) 126
한족회(韓族會) 64
해란강참안(海蘭江慘案) 260
해룡민회 127
해룡(海龍) 40
해룡조선인민회 155, 158
해림조선인회 97
현규환(玄圭煥) 23
현칠종(玄七宗) 325
협화회(協和會) 158, 159
혼춘사건 286
혼춘조선민공회(朝鮮民公會) 66~69
홍순기(洪淳璣) 99
화전(樺甸) 40
황영춘 424
후나쓰 다쓰이치로(船津辰一郎) 231
휘남현 조선인농업조합 92
흥경사건 338
흥륭대서당(興隆台書堂) 121
히로타 고우키(廣田弘毅) 242
히시카리 다카시(菱刈隆) 242

동북아역사재단 일제침탈사 연구총서 14
# 일제의 재만 조선인 정책

**초판 1쇄 인쇄** 2022년 6월 20일
**초판 1쇄 발행** 2022년 6월 30일

**지은이** 김주용·김태국·이홍석
**펴낸이** 이영호
**펴낸곳** 동북아역사재단

**등 록** 제312-2004-050호(2004년 10월 18일)
**주 소** 서울시 서대문구 통일로 81 NH농협생명빌딩
**전 화** 02-2012-6065
**팩 스** 02-2012-6186
**홈페이지** www.nahf.or.kr
**제작·인쇄** 청아출판사

ISBN  978-89-6187-737-4 94910
      978-89-6187-669-8 (세트)

- 이 책은 저작권법에 의해 보호를 받는 저작물이므로 어떤 형태나 어떤 방법으로도 무단전재와 무단복제를 금합니다.
- 책값은 뒤표지에 있습니다. 잘못된 책은 바꾸어 드립니다.